高みをめざす
アップヒルアスリートの
トレーニングマニュアル
Training Manual for the UPHILL ATHLETE

東京新聞

高みをめざす

アップヒルアスリートの
トレーニングマニュアル
Training Manual for the UPHILL ATHLETE

スティーブ・ハウス
スコット・ジョンストン　著
キリアン・ジョルネ

海津 正彦　訳
山本 正嘉　監修

東京新聞

免責事項：本書を出版する目的は、持久力と筋力のトレーニング法や、栄養学、身体と精神の健康などに関して、有益な情報を提供することにある。とりわけロッククライミングやアイスクライミングといった、過酷な身体活動に積極的に参加している人、もしくはそのためのトレーニングを目指している人を対象としている。ただ、その情報は、必ずしも万人に当てはまるとは限らない。というのも、上述した活動は多くの場合、過激で危険を伴う可能性があるから。そのような活動をお　こなう人は、事前に資格を持った医療関係者に相談して参加の承認を受けること。さらに、当然のことながら、身体的または医学的に何らかの変調に気づいた時は、直ちにかかりつけ医もしくは有資格の医療従事者に相談する。本書を読んだという理由で、医療の専門家のアドバイスを避けたり無視したり、遅らせたりしてはいけない。

本書が掲載するすべての情報（文字情報、説明図、画像、レシピ、エクササイズ、トレーニング法、規定食、他の資料への言及など）は、もっぱら情報の提供と知識の普及を目的としている。本書の著者および出版社は、本書が提供する情報を用いた結果生ずるいかなる傷害、或いは損害に関し、読者または第三者に対して、義務もしくは責任を一切負わない。

Training for the UPHILL ATHLETE
by Steve House, Scott Johnston, Kílian Jornet
Copyright 2019 Patagonia Works
Text © Steve House, Kílian Jornet, Scott Johnston
Graphs, tables, and illustrations © Patagonia
Photograph copyrights held by the photographer indicated in captions.
Japanese Translation published by arrangement with
Patagonia Inc. c/o Taryn Fagerness Agency through
The English Agency (Japan) Ltd.

カバー表：スイス・アルプスのキリアン・ジョルネ　写真：Steve House
カバー裏：スイスのサース・アルマーゲルの岩の稜線を走るキム・ストーム
　　　　　写真：Dan Patitucci

CONTENTS

まえがき 風へ向かって 11

Chapter 1 本書の使い方 17

Section 1　持久力トレーニングの生理学的な基礎　　20

Chapter 2 持久力の生理学 23

持久力の進化 23

持久力と疲労 25

持久力パフォーマンスを決定する要素 27

　ATHLETE STORIES 1 29
　成果は決意の強さ次第／ジャネル・スマイリー

代謝というレンズを通して持久力を見る 33

成果（パフォーマンス）との関わり 45

　ATHLETE STORIES 2 51
　小さな課題にかかずらったら／ロッド・ビエン

脂質適応と代謝効率と持久力 60

有酸素代謝経路と無酸素代謝経路を強化する 65

　ATHLETE STORIES 3 66
　わたしの運動能力のルーツ／キリアン・ジョルネ

Section 2　持久力トレーニングの基本方針　　68

Chapter 3　持久力トレーニングの方法論 · · · · · · · · · · 71

小史 · 71

重要な概念の数々と、専門用語、基本原理 · · · · · · · · · · 72

運動強度という言葉を理解する · · · · · · · · · · · · · · · · 80

ATHLETE STORIES 4 · · · · · · · · · · · · · · · · · · 82
出発点へ戻る長い道のり／ダコタ・ジョーンズ

ATHLETE STORIES 5 · · · · · · · · · · · · · · · · · · 86
山岳ランニングのトレーニング法／ジョン・ケリー

ATHLETE STORIES 6 · · · · · · · · · · · · · · · · · · 93
ランニングが運ぶメッセージ／リッキー・ゲイツ

ATHLETE STORIES 7 · · · · · · · · · · · · · · · · · 104
山に入れば、耐久力はスピードと等価／マイク・フート

ATHLETE STORIES 8 · · · · · · · · · · · · · · · · · 114
エベレスト・マラソン／アンナ・フロスト

Chapter 4　自分のトレーニングを観察(モニター)する · · · · · · 117

回復状況を観察する方法 · 117

トレーニング記録(ログ)をつけて、トレーニング負荷をモニターする · · · · 127

中断した後、トレーニングに復帰する · · · · · · · · · · · · · 129

オーバートレーニング症候群（OTS） · · · · · · · · · · · · 133

ATHLETE STORIES 9 · · · · · · · · · · · · · · · · · 134
不利を有利に転換させる／ジャレッド・キャンベル

ATHLETE STORIES 10 · · · · · · · · · · · · · · · · · 138
苦労して学んだレッスン、トレーニングとレースは別物／マルク・ビンサック・ルビローラ

期分け · 144

ATHLETE STORIES 11 · · · · · · · · · · · · · · · · · 147
あるウルトラランナーの生活史／クリッシー・モール

Chapter 5　応用の手順：理論と実践の摺(す)り合わせ · · · · · · · 151

体力テストの方法 · 151

有酸素ベースの増大：キーワードは「とにかく分量」 · · · · · · · 158

持久力トレーニングのメソッド · · · · · · · · · · · · · · · · 162

ATHLETE STORIES 12 · · · · · · · · · · · · · · · · · 164
自分のラインをたどる／ルーク・ネルソン

ATHLETE STORIES 13 · · · · · · · · · · · · · · · · · 186
マイク・フートの世界新記録／ローラ・ラーソン

Section 3　筋力とアップヒルアスリート　　190

Chapter 6

アップヒル・アスリートの筋力トレーニング ········· 193

汎用筋力と特化筋力 ·················· 194

運動効率と筋持久力 ·················· 198

スピードと筋力 ···················· 198

筋持久力と筋力 ···················· 198

まとめ ························· 199

ATHLETE STORIES 14 ·················· 200
「なぜ？」はいつでも心の内に／クレア・ギャラガー

Chapter 7

汎用筋力の能力評価とその改善方法 ·········· 203

脚部および臀部の筋力評価と、基本的エクササイズのプログラム ······ 205

　脚部と臀部の強化プログラム　Stage1 ·········· 210

　脚部と臀部の強化プログラム　Stage2 ·········· 211

　脚部と臀部の強化プログラム　Stage3 ·········· 211

上半身の筋力評価と基本エクササイズのプログラム ······· 214

　上半身の強化プログラム　Stage1 ············ 217

　上半身の強化プログラム　Stage2 ············ 218

　上半身の強化プログラム　Stage3 ············ 219

体幹の筋力 ······················ 221

体幹筋力の能力評価 ·················· 225

体幹の筋力強化のワークアウト ············· 230

汎用筋力ワークアウト全体の組み立て方 ·········· 234

Stage1 〜 3　該当者のワークアウト ··········· 234

ATHLETE STORIES 15 ·················· 236
いずれ、事態は好転する／アントン・クルピチカ

Chapter 8

特化筋力トレーニングのメソッド ········· 239

筋力 ························· 239

筋持久力 ······················ 240

まとめ ························· 254

Section 4　トレーニング法　256

Chapter 9　プランの組み立て方 ……… 259

トレーニング・プランを立てるにあたって ……… 261

プランニングの概要 ……… 263

トレーニング・プランの作成 ……… 265

Chapter 10　移行期のトレーニング ……… 269

何からどう始める？ ……… 269

移行期のプラン作成に共通するガイドプラン ……… 272

ATHLETE STORIES 16 ……… 274
レースシーズンの組み立て方／ルーク・ネルソン

Chapter 11　ランにもスキーにも共通するベース期のトレーニング …… 277

できることから確実に ……… 278

有酸素ベースという土台 ……… 281

ATHLETE STORIES 17 ……… 283
「よーい、ドン！」で、勝利はわが物／リコ・エルマー

プラン作成の仕組み ……… 284

第 1 段階　アスリート・カテゴリーを選択する ……… 285

第 2 段階　マクロサイクル・プランを選択する ……… 287

第 3 段階　週タイプ別に掲げるメニューから、
ワークアウトを取り出して組み立てる ……… 293

B タイプの週 ……… 293

I タイプの週 ……… 295

R タイプの週 ……… 297

S タイプの週 ……… 299

T タイプの週 ……… 301

G タイプの週 ……… 302

ベース期のガイドラインあれこれ ……… 302

ATHLETE STORIES 18 ……… 309
山のお化け／ルーク・ネルソン

Chapter 12

スキーモと山岳スキーに特化してトレーニングを組み立てる ‥ 311

カテゴリー 1 のアスリートが、スキーモや山岳スキーを
目的としてトレーニング・プランを組み立てる ‥‥‥‥‥‥‥ 311

ATHLETE STORIES 19 ‥‥‥‥‥‥‥‥‥‥‥‥‥‥‥‥‥‥‥‥‥ 315
ねらったレースに合わせて鍛える／ハビエル・マルティン・デ・ヴィラ

カテゴリー 2 のアスリートが、スキーモや山岳スキーを
目的としてトレーニング・プランを組み立てる ‥‥‥‥‥‥‥ 321

カテゴリー 1 とカテゴリー 2 アスリートの、
試合期のトレーニング ‥‥‥‥‥‥‥‥‥‥‥‥‥‥‥‥‥‥‥ 326

Chapter 13

山岳ランニングに特化してトレーニングを組み立てる ‥‥ 337

練習量 ‥‥‥‥‥‥‥‥‥‥‥‥‥‥‥‥‥‥‥‥‥‥‥‥‥‥‥ 337

ATHLETE STORIES 20 ‥‥‥‥‥‥‥‥‥‥‥‥‥‥‥‥‥‥‥‥ 340
痛みの境を踏み越えて／エマ・ロッカ

山岳ランニングのトレーニング・プランを組み立てる
対象 カテゴリー 1 のアスリート ‥‥‥‥‥‥‥‥‥‥‥‥‥ 342

山岳ランナーのトレーニング・プランを組み立てる
対象 カテゴリー 2 のアスリート ‥‥‥‥‥‥‥‥‥‥‥‥‥ 350

ATHLETE STORIES 21 ‥‥‥‥‥‥‥‥‥‥‥‥‥‥‥‥‥‥‥ 355
野生動物との出合い／ジェフ・ブラウニング

ATHLETE STORIES 22 ‥‥‥‥‥‥‥‥‥‥‥‥‥‥‥‥‥‥‥ 360
仕合わせの中身／エミリー・フォースバーグ

用語解説 ‥‥‥‥‥‥‥‥‥‥‥‥‥‥‥‥‥‥‥‥‥‥‥‥‥‥‥‥ 362

索引 ‥‥‥‥‥‥‥‥‥‥‥‥‥‥‥‥‥‥‥‥‥‥‥‥‥‥‥‥‥‥ 369

監修者 あとがき パフォーマンスをさらに向上させたいと願うアスリートのために ‥‥‥‥ 376

まえがき

風へ向かって

　一晩中、風がその存在を主張していた。突風が叩きつける度にテントがバタつき、凍結した呼気の層が剥がれ落ちてくる。氷の小片は、どこかにそのまま落ち着き、解けるのは、寝袋から突き出している所——鼻の上に落ちたものだけ。目覚めたとき、疲れが抜けていなかった。だが、それはマルコ・プレゼリも同じ。夜が明け、マルコに続いてテントから出た。バチンとクランポンをはめ、登頂用パックを背負って、嵐の中登高を続けた。

　既知の世界はすべて下方にあって見えないが、重力のように私たちを引き寄せる。マルコは、着実に機敏に登っていく。わたしはふらふらと遅れ気味だ。いつしかマルコの姿も見えなくなった。どこか上の方にいるはずだが……。パートナーとわたしの世界の違いに戸惑い、淋しく打ちのめされた。いっときスピードを上げても、じき足元がふらついて喘ぎ、咳き込み、ゼーゼーがはじまる。雪上にあるのは足跡だけ——かつてここを通った人はいないし、その後通った人も未だいない、そんな中でときたま雲が切れて現れるマルコの緑色のジャケットは、ヒマラヤ7000メートルのモノクロームの世界にあって、異星人の印とも見える。あそこにマルコがいる、と理解している。後についていくことはできる。でも、追いつけない。

　2時間後、　わたしたちは引き返した。厳しいクライミングを5日間つづけた末に、頂上を諦めた。生涯の目標がまた1つ、見果てぬ夢が犇めく埃まみれの棚に加わった。

　これまで、わたしは何千という山を登ってきて、一度もトレーニングしなかった。わたしはクライマーとしてスポンサーを得て、世の注目を浴び、金銭を得てきた。でも、トレーニングしたことはない。わたしはパートナーたちの先頭に立って、数々の初登攀をなし、北米で最も急峻で氷漬けになった岩壁を60時間かけて

スイス・テッシュホルンを駆け下りるキリアン・ジョルネ　写真：Steve House

登り切った。それでも、トレーニングしたことはない。それが、今、これまでになく大きくて、高くて、難しい山を前にして、わたしは敗退した——その理由は、これまでトレーニングしたことがなかったからだ。

　帰国すると、コーチを探してトレーニングを始めた。半年後、わたしは体調を崩した。点滴を受けても熱が下がらない。21 日間絶食して、体重は 74 キロから 61 キロに落ちた。回復期に入りかけたとき、友人のスコット・ジョンストンに呼ばれて彼の自宅へ行くと、ハンバーガーを作ってくれた。スコットは以前クロスカントリー・ワールドカップに出場した選手で、わたしのクライミング・パートナーだった。

　それをデンと目の前に置いて、スコットがいった。「どうしてこんなことになったか、わかってるだろ。彼女、ってきみのコーチだけれど、クライミングを理解してない。きみの活動の内容をわかってない。で、オーバートレーニングになった。大幅にね。トレーニングは薄紙を重ねるように、徐々に、徐々に量を増やさなければいけないんだ」

　こうして、何千にも及ぶ持久力トレーニングと生理学のレッスンがはじまり、その結果が、2 人で書いた最初の 1 冊『Training for the New Alpinism』となった。いうまでもないが、新たにわたしのトレーナーとなったのはスコット・ジョンストン。私の体調は、万全になった。それから 2 年もしないうちに、私はプロクライマーになった——もう、ほかの仕事はしない。私のクライミング実績はワールドクラスとなり、以来、オーバートレーニングも、病気も、怪我も無縁になった。そんな中、カナダの山で 30 メートルの墜落を喫した。

　ひとつ言っておきたいのは、トレーニングに身が入らないという人は、それまでのトレーニング法が適切でなかった、ということだ。片足を大きく踏み出して沈み込む「ランジ」がいやでたまらない、という人は、ちょっと回数が足りなくて、トレールに出て強い脚力がもたらす快感を味わったことがないのだ。体の酸素摂取能力を高めてくれる、長距離スローランやスロースキーがきらいな人は、向かい風を突いて軽やかに山々を移動するときのあの感覚を知らないのだ。リラックスしていながら油断なく、素早く飛ぶように移動するときのあの快感を。

　フィットネスの世界は、怪しげな口上や、一時しのぎ、うますぎる話の地雷原だ。わたしが 30 メートルの墜落から回復しつつあるとき——数十箇所の骨折や、気胸、アイデンティティーの危機などからの回復期に、スコットとわたしは決心した。「トレーニング法とは？」という、誰もが抱く疑問に、わたしがプロクライマーとして答えよう、と。

　2014 年に『Training for the New Alpinism』を上梓すると、わたしたちの予想を遙かに超える評判を得た。売れる部数はアルピニスト相手にせいぜい 1 千部、

テッシュホルン（スイス）山頂にてスティーブ・ハウスとキリアン・ジョルネ　写真：Steve House Collection

と踏んでいた。それが、5万部売れた。

　こうして、自分たちは正しかったと知った。5万人のアルピニストがこの本を買ったわけではない。アルピニストは1万人で、残る4万人は、トレイルランナーや、山岳スキーヤー、山岳スキー競技（スキーモ）愛好家たちで、そういった人たちは、自分たち専用のトレーニング指南書がないので、アルピニズムなら似たようなものだろうと見当をつけたというわけだ。そういう人たちはあの本を買い求めて、文字通りにしろ、比喩的にしろ、嘘偽りのない、一時しのぎでない、空約束のないトレーニング法に接したのだ。

＊　＊　＊　＊　＊

　キリアン・ジョルネに会ったのは、2014年の初冬、地元コロラドの山中だった。キリアンはエミリー・フォースバーグとスキーに来ていて、名高いコロラドのパウダーコースを何本か滑る予定だった。チームを組むとすぐ、私は、テルライドに近い古典的なスティープ・ルート―― サン・ホアキン・クーロワールに2人を案内した。12月の曙光が差すころに、わたしたちは谷間をシール登高して、山の肩に乗り上げ、昼前に谷間に戻った。パン屋に寄って、マフィンを食べた。その日初めての食事を摂りながら、キリアンが、『Training for the New Alpinism』を大いに楽しんだと話してくれた。こちらはこちらで、あの本の反響が大きく、大勢の山岳アスリートたちがあの本を応用しているのに驚いている、と話した。

「そう、あの手のものは、こっちの世界じゃ皆無だからな」キリアンが言った。
「だったら書くべきだ――そんな本を、2人で」わたしは声を張った。朝早く、まだシール登高しているときに、キリアンが大学で運動生理学を研究していたと

聞いていたのだ。

　キリアン・ジョルネが異議を唱えた。「ぼくは、書き手になりたくない」。そう言って席を立ち、ゾーン3のインターバル・トレーニングに出かけてしまった。

　車を運転して家へ帰る途中、スコット・ジョンストンに電話し、そこで1つの計画が生まれた。その年の6月、デナリの標高4300メートルのキャンプで、計画の進行状況をキリアンに説明した。8月、今度はスイスのツェルマットで、キリアンと待ち合わせた。今回は次の本の概要を記した書類と、出版契約書と大量のEメールを携えていた。わたしたちは暇を見つけて、テクニカルでないピークハントもいくつかこなした。わたしにとって幸いなことに、その年の8月、アルプスは厚い新雪に覆われていた。それで、普段なら不可能な課題を自分に課した——急なトレールや尾根で、キリアンに離されないように努める、と。3日間雨に降られて、ヴァンの中で過ごした。大型フライパンでポテトとチーズのロスティを何枚も焼きながら、例の本に関する議論を戦わせた——さまざまなトレーニング・テクニックとそれぞれの意義について、トレーニングに関する誤解について、大量の情報の組み立て方と提示法について、などなど。わたしたちにとって唯一の問題は、スイス当局が黙認してくれる駐車スペースを探すことだった。

　キリアン・ジョルネの洞察力で武装したスコット・ジョンストンが、原稿を書きまくり、その草稿をキリアンとわたしの2人と共有した。助言者のネットワークが広がり、ルーク・ネルソンとマイク・フートが信頼できる校閲者として加わった。その間に、わたしたちの運営するウェブサイト「uphillathlete. com」は成長していった——サイトの訪問者が増え、質問が増え、トレーニング・プランやコーチングの依頼も増えた。出版予定日がまだ先だったころは、それより喫緊の挑戦目標に気楽に取り組むことができた。それが、期日が迫ってくるにつれ、スコットはもっぱら原稿書きに没頭し、3人のあいだで交わす会話も、さらに頻度が増した。何年にもわたって気になっている共通の疑問について、意見をぶつけ合った——生理学的にどこまで掘り下げるべきか？　過不足ない資料をどのように提供すれば、真の意味でセルフ・コーチできるようになるか？　VKレース（獲得標高1000メートルのスキー登行レース）に必要な体力とか、トルデジアン（イタリア北部アオスタ州でおこなわれる過酷なトレイルランニングレース）に必要な有酸素能力といった複雑なものを、どのように提示すべきか？

　結果として出きたものは、わたしが経験したクライミング・トレーニングの過程と、スコット・ジョンストンの30年以上に及ぶアスリート体験・コーチ体験が、キリアン・ジョルネの雪上やトレールにおける長年にわたる体験と洞察に結びついたものだ。

　前著『Training for the New Alpinism』を執筆する過程で得た1つ1つと、

トレーニング・プランを書いたり、クライマーをコーチしたり、スキーモレーサーをコーチしたり、トレイルランナーをコーチしたりするなかで学んできたもの──それが、今あなたの手中にある。

本書『高みをめざす アップヒルアスリートのトレーニングマニュアル』は、おびただしい時間のレース体験とトレーニング体験、コーチ体験をブレンドしたものだ。前著『Training for the New Alpinism』が、従来からあるスポーツの方法論を、高峰を登るという従来なかったスポーツに応用して構成したように、本書もまた、従来なかったスポーツをおこなうアスリートを対象にしているが、従来からある持久系スポーツにおいて、新たに開発され、全面的にテストされたトレーニング法を数々取り入れている。

本書は慎重に選択した情報を混ぜ合わせたもので、その狙いは、読者を力づけることにある。定説となっている知見の数々をしっかりとした体系にまとめ、その体系から導き出される基準に基づいて判断をくだす──そういう能力を読者に与えるのが狙いだ。

本書には、キリアン・ジョルネ以外に数々のアスリートたちの物語も載せている。そういったアスリートたちやキリアンのトレーニング法を鵜呑みにして真似しないでもらいたい（運動量にしろ、テクニックにしろ、彼らのトレーニングのどんな部分にしろ）。それより、彼らの言うことや、彼らが描くトレーニングの背後にある理論を理解し、その原理・原則を自分のレベルに合わせて応用しよう。ワールドクラスのアスリートたちが実行しているトレーニングを、ただ闇雲に真似てはいけない。

『高みをめざす アップヒルアスリートのトレーニングマニュアル』は、流行りものの対極にある。そこにあるのは、トレーニングに関する確かな知見であり、読者はそれを自分に当てはめることで、これから先何十年も、日々自分を向上させられる。たった1つの約束事は、しっかりと、厳しく、粘り強く努力すること。さあ、注意深く読み込んで、トレーニングに関する既定事項を知ったら、外へ出て、風へ向かおう。高みを目指すアップヒルアスリートの力強さを、存分に楽しもう。

では、山で。

スティーブ・ハウス　コロラド州リッジウェイにて
2018 年 5 月

Chapter 1

本書の使い方

　山岳ランニングと、山岳スキー競技と、山岳スキー、この3種類のスポーツでは、身体に要求されるものが相互補完的である（スキーモと山岳スキーの違いは、スピードとシール登高における運動強度の違いにある。山岳スキーが必要とする装備類は重いのだ）。トレーニングとしてランニングするスキーヤーは多いし、スキーに楽しみを見出し、トレーニングの1つにスキーを加えるランナーもますます増えている。わたしたちは3人とも、この3つのスポーツが持つ補完的な性質を、長年にわたって利用してきた。だから、それぞれに向けたトレーニングに関する話題を1冊にまとめるのは、ごく自然なことだった。3種類のスポーツのトレーニング法に共通するところは、できるだけまとめて論じたつもりだ。スポーツの違いがトレーニング法の違いとなる部分については、どういう理由で、どのような道筋で、別々のトレーニング・テクニックを当てはめるか明らかにした。本書の説明では、非常に大きな比重を競技に置いているものの、レクリエーション・レベルの人にも、競技的ではない登るアスリートたちにも同じように、本書は有効である。あなたが胸にゼッケンをつけていようと、あなたの関心がもっぱら孤独な挑戦の大いなる1日にあろうと、あなたの体は、いずれ同じ生理的な限界に直面する。いずれの読者層にも、本書から学ぶところがあると、わたしたちは考えている。

　わたしたち3人がこの本を書いたのは、各人が半生をかけて積み上げてきた、持久力トレーニングの科学と方法論に関する知識と経験を、読者と共有するため。とはいえ、まずは自己否定的な話から始める必要がある。わたしたちは3人が3人とも、トレーニング上の過ちをあれこれ犯したことがあり、中には2度3度と、繰り返したものもある。身をもって手痛い経験を積むことにより、効果の薄いトレーニング法を知ると同時に、正しいトレーニング法を知ることにもなった。誤ったトレーニング法は、正しいそれより多種多様だ。過ちは最良の教師といいながら、痛みを伴うし、多分——それより何より、時間の浪費だ。あなたが自分をう

山岳ランニングはスキーモと山岳スキーに相互補完的なトレーニングである。ユタ州キャッスル・バレーの尾根を走るハル・コーナー　写真：Dan Patitucci

まく導いて落とし穴や危険地帯を避け、無益な幾日間、幾週間を過ごさなくてすむよう祈っている。無益なトレーニングでがっかりするばかりか、悲嘆に暮れるなど、論外である。何十年にわたってトレーニング歴やコーチ歴を積み上げてくるあいだに、わたしたちは自分たちの方法を洗練させてきた。本書ではそれをあなたたちと分かち合いたい。

　身体のトレーニング法は、しばしば料理本まがいの様式化されたものとして提示され、このレシピで調理すればフィットネスという完璧なケーキができあがる、という。現実を見れば、わたしたちの体は非常に複雑な有機体で、誰にも効果を発揮する単一のレシピなどない。もちろん、すべての人は生理的に同一のシステムを持っているが、同一のトレーニング入力に対する反応となるとどのグループでも（その量も現れ方も）、まさに千差万別である。言い方を変えれば、あるコーチが10人のアスリートに同一のトレーニング・セッションを与えてその結果を計測したら、10の異なる反応データを得るだろう。アスリートたちが実行できるような、総合的指針とトレーニング処方を示すことは大事だが、個々の反応に対する配慮がなかったら、目隠しして歩くようなものだ。

　結論をいうと、本書は料理本ではない。ケーキを作るためのレシピなど書いてない。書いてあるのは、目に見えない身体システムに関する説明であり、それを読めば、一口にアスリートといってもさまざまに異なることが分かる。あなたはトレーニングに対する自分自身の反応がどんなものなのか、そして、それがどういう意味を持つのか、判断する基準を知る。大きく見てわたしたちの目的は、あなたにとって効果的なツールをあれこれ一揃い用意することにある。それを使って、あなたは各トレーニングの選択肢をかなり狭い範囲に限定しながら、トレーニングそのものを細部まで個人的なものに調整できるので、あなたにとって最良の結果を得ることになるだろう。

　どんなテーマにしろ、最良の研究法はそれを1つの枠組みとして捉えること。その枠組みをしっかりさせた上で、複雑な話題を1つ1つ分析していく。扱う素材はどれも、それほど理解困難というわけではないが、話題は広範囲に及んでいるので、本書を一度読んだだけで中身の情報をすべて吸収するなど、とても無理だ。わたしたちの希望としては、本書を参考のための手引き書として使ってもらえたら、と考えている。わたしたちが何十年もかかって学んできたものが、今後何年にも及ぶあなたのトレーニングのガイド役を果たせたら幸いだ。本書のどの部分も、それだけでは成り立たない。各セクションは、先立つセクションを前提に書いており、同じように、後につづく各セクションの前提となっている。

　セクション1では、持久力トレーニングの生理学的基礎を概観する。理想的な科学的研究として見れば限られたものではあるが、それでも、さまざまな「なぜ」

18

秋から冬へ。イタリア・南チロルのオクリーニ峠にてスキー・バウンディングのトレーニングをおこなうダヴィデ・シュトフィー。　写真：Federico Modica

をある程度まで理解する助けになる。たとえ、何がどのようにというところまではいき届かないまでも……。それに、何の分野でも同じだが、物事を知る手立ては学問しかない。このセクションでは、その後の話の理論的枠組みを提供する。

　セクション2は、持久力トレーニングの基本方針で、わたしたちが正しく理解して応用すればアスリートとして、あるいはコーチとして、これまでより一段上位に成長できるような数々の考え方を確認し解説する。自分のツールボックスに色々なツールが揃っていて、それぞれの課題に対して、どのツールが適しているか分かってくれば、単なる職人ではなく名人ということになる。このセクションで扱う項目の範囲は広く、深い。あなたは本書のこの部分に繰り返し戻ってきて、自分の知識を再確認することになるだろう。

　セクション3は登る(アップヒル)アスリートがおこなう筋力トレーニングに注力する。ウエイトリフターの用語としてではなく持久系アスリートのための用語として解説し、筋力にまつわる神秘のベールを剥ぐ。

　セクション4にたどり着くころ、わたしたちの焦点は、トレーニングの組み立て方に移っているだろう。ここでは、数々のワークアウトをカテゴリーに分け、デザインし、組み立てる方法について検討すると共に、それを自分が達成したい目標に応じて、どう組み合わせたらいいか話す。これまでに得たあらゆる情報を利用しながら、極めて基本的だけれど必要不可欠な有酸素容量の積み上げに始まり、競技会に必要なスピード・エンデュアランスのトレーニングに至るまで、どう進めていったらいいか示す。そして最後に、サンプルになるようなトレーニング計画を数例、紹介する。それをガイダンスとして利用しようと、自分のトレーニング計画にそのまま取り入れようと、あなた次第である。

Section 1
持久力トレーニングの生理学的な基礎

Chapter 2

持久力の生理学

すべてのモデルは間違っている。中には有益なものがある。

ジョージ・ボックス／数学者

　セカセカとこの数十ページを読み飛ばして、次のレースでキリアンを打ち負かすにはどんなトレーニングをしたらいいかなど、探さないでもらいたい。そんな情報は、ここにはない。これから何度も繰り返すように、自分の体力を最高点へもっていく唯一無二のレシピなどない。自分にとって最適なプランを最大限に利用できるに過ぎない。トレーニングには個人差があるので、この2、3章を冒頭に置いた。自分のトレーニングプランを組み立てる上で、正しい判断を下すためにはこういった情報が必要だ、というのがわたしたちの判断である。

　この章では、持久的な運動を可能にするエネルギー産生の裏に潜む生理的な仕組みを覗き見る。生理的作用の仕組みの基本を理解していれば、自分自身の、もしくはほかの人のトレーニングを組み立てたり、実施したりする際に、考え方の枠組みを得る助けになるだろう。どんなトレーニング計画にしろ、その裏にある原理原則を理解していなかったら、結果としてのパフォーマンスは、低下しないまでもハンディキャップを負うことになる。以下、持久力の生理学を概観する。

持久力の進化

　何万年ものあいだ、ヒトの祖先とともに何種類かの原人が存在し、狩猟採集する生き物として互いに競いつつ進化していた。そんな進化競争にわたしたちが勝利した理由の一端は、わたしたちヒトの持久力にある。常に食料不足で、カロリー獲得のために多くの時間と多くのカロリーを使っていた遠い昔、ヒトの祖先たちは代謝力を進化させて、貴重なカロリーを最も効率よく用いる者たちの遺伝子を世代から世代へ引き継いでいった。

　毎日のように長い時間、食料探しのために強度の低い運動をつづけながら、ときに狩りの熱いいっときが訪れて、狙った獲物を倒したり、ほかの捕食獣や腐肉

P20-21　デンマーク、フェロー諸島のエストゥロイ島の北の岬を走るルーク・ネルソン　写真：KelvinTrautman
P22　2017年3月エベレストとチョー・オユーへ向かう2週間前にノルウェー、ロムスダールのオンダルスネスで走るキリアン・ジョルネ　写真：Jordi Saragossa

食動物を出し抜くため、高強度の瞬発力を発揮した。ヒトの祖先の食事内容は、動物性脂質と動物性タンパク質の割合が高く、そこに植物由来の複合炭水化物がわずかに混じった。ヒトの祖先の生理は、豊猟だったときに体内に取り込んだ脂質を筋肉内にも皮下にも備蓄する形で、カロリーという燃料の貯蔵庫を発達させた。長く続いた狩猟採集時代、脂質はわたしたちの祖先を支えると同時に、食料不足のときに生き延びるチャンスを大きくしてくれた。わたしたちは大量の脂質を蓄えられるように進化して、何も食べないまま何日も過ごしても、体に回復不能なダメージを受けないようになった。しっかりと環境に適応した狩猟採集民は、食事と食事の間隔をさらに長く取れるようになり、脂質を糧にして高い強度で活動できるようになり、炭水化物が形を変えたグリコーゲンという稀少で貴重な蓄えを節約できるようになった。この話題に関してもう1点、興味深いのは、わたしたちの筋中のグリコーゲンの蓄えは休養中に素早く（たとえば、日単位ではなく時間単位で）回復することだ。そういった特性は、ほかの動物にはほとんど見られない。それで、ヒトは体力回復に必要な時間が短く、獲物を追い詰めることができた。

　脂質は多様な化学結合をもつ複雑な分子で、各結合が利用可能なエネルギーをもっている。しっかりトレーニングを積んだ持久系アスリートなら、たとえ細身でも、いつでも利用可能な脂質として10万kcal分を体内に備えている。一方、炭水化物の分子はもっと単純でエネルギー結合も弱く、1グラム当たりの熱量も脂質のほぼ半分しか産み出さない。体内の炭水化物の貯蔵量は、トレーニングを積んだアスリートでも2000kcal前後と少ない。そこでわたしたちの肉体は戦略として、過剰摂取したカロリーはその前身がなんであれ、すべて脂質として貯えるのだ。純粋な生理学的レベルの話として、この因果関係が、今日多発する肥満を説明している。多くの人はカロリー豊富な食物を大量に摂取していて、食料不足に晒されることなどめったにない。

　進化生物学でよくいわれる理論によれば、初期のヒトは持久的な運動能力を活用するとともに、体毛を失うことで、獲物と同じようなオーバーヒート状態に陥るのを免れ、その獲物を追い詰めて疲労困憊に至らしめたという。おかげで、ヒトは体力的には弱者でありながら、食物連鎖の頂点に立った。わたしたちの祖先は、自分たちより遙かに強い生き物と戦い、相手が疲れて自衛できなくなった時点で近づいて行って殺した――それができたのは、彼らが持久力を発達させていたからなのだ。さらにその説によれば、成功した狩りの結果である高タンパク質食のおかげで、脳はその容積と複雑さを増し、最終的に認知能力に革命が起きて、その後さまざまな文明を進展させ、今につづく進化の形質を獲得した。さらに言えば、あなたがこのページに書いてある言葉を正確に読み取れるのは、わたした

ちが遺伝的に受け継いできた低・中強度の作業を長期間持続する能力を活用して
生き延びてきたからなのだ。わたしたちは進化の産物であり、持久力は元々自分
たちの持ち味である。

（参考資料 Liedenberg, 2008; Billat, et al., 2003）

持久力と疲労

　持久力トレーニングの目的は、ランニングやクライミング、スキーを長い時間
（ときに何日間も）続ける能力を向上させることにある。持久力の限界を最終的
に決めるのは、こうした活動に対する、体の疲労反応である。疲労が持久力の限
界値を決める。というわけで、疲労に関する議論を、手短に整理しておこう。

　スポーツ理論の世界で持久力といえば、ある特定の運動強度（スピードとかパ
ワー）をどれだけ持続できるか、その最大値を指す。わたしたちのスポーツでは、
歩幅の減少や歩調の鈍化に疲労度が現れる。互いに連動する数種類の生理システ
ムは力を合わせて、種目毎に異なる競技時間と運動強度に必要な持久力を生み出
す。たとえば、バーティカル・キロメーター・レース（VK）では、50キロのト
レイルランとは運動強度がまるで異なる。とはいえ、どちらの種目でもランナー
は、自分にとって持久力／疲労の限界がどこにあるかテストされることになる。
必要とされる持久力のタイプも、経験する疲労のタイプも、種目毎にそれぞれ異
なる。

　運動生理学の学者に教えてもらわなくとも、わたしたちは疲労がスピードを落
とす要因だと知っている。適切にトレーニングすれば、疲労しにくくなり、スピー
ドの低下を未然に防ぐことになる。ただ、人間は非常に複雑な有機体だから、疲
労に対する抵抗力を向上させるためには、幾つもの身体システムに何点もの改良
を加える必要がある。簡単にいえば、吐き気がするほどいやな、あの恐ろしいス
ピード・ダウンが起こるのは基本的に、①その運動に見合ったエネルギーを、自
分の体が生み出せなくなるからである。その原因は②何らかの代謝物質が枯渇し
ているか、もしくは過剰に蓄積しているか、さもなければ③運動神経信号が弱
くなっているか、のいずれかだ。

　上で触れた数種類の生理システムを大きなグループに分けて、以下に挙げる。
狙いは、実際には密接に連結し合い、依存し合っている数種のシステムに人工的
な補助線を加え、いったん別々のものとして扱うことで、1つのモデルを作り出
すことにある。こうした単純化したモデル様式は科学の世界で広く用いられ、お
かげで複雑なシステムや概念をその構成要素に分解して理解を深めることができ
る。巧みなコーチング術は、こういった各種システムが互いに連結し合い、依存
し合っていると理解するところから始まるといえる。

脳と中枢神経系

　脳は管制塔である。発出するメッセージとそのフィードバックの入り組んだ網の目の中に存在する。医学博士で理学博士でもあるティム・ノックスが案出した「中央管理者理論」によれば、疲労と持久力制御の究極の権威者は脳である、と仮定する。脳のどこにその「管理者」がいるのか、物理的に特定することはできないが、今のところこのモデルが、持久力パフォーマンスの限界について説明しようとするとき、最も有効だ。簡単にいうと、疲労の原因やタイプに関わりなく、脳の反応は常に変わらない。つまり、脳が筋活動の抑制（出力低下）を指示し、そのためスピードが落ちるのだ。この理論はさらに踏み込んで、トレーニングを重ねると中央管理者が抑制指示を出す限界値を引き上げ、その結果、以前より多くの作業をこなせるようになる、というのだ（実際、そういう状況を示唆する実験結果もいくつかある）。

酸素供給システム

　心臓と肺と血管、この3者で酸素供給システムを構成し、身体各部の全細胞へ——その中にわたしたちにとって中心課題の骨格筋も含まれるのだが——酸素（O_2）を供給する任務を負う。

　肺——激しいエクササイズの最中に「息苦しい」と感じるかもしれないが、健康な肺は、人が必要とする以上に余裕を持って作られており、十分すぎるほどのガス交換能力を持っている。人の両肺の表面積は、テニスコート片面ほどの広さがある。

　心臓——酸素（O_2）の供給システムという観点から見ると、健康な人にとって最大のネックとなっているのは、多くの科学的研究が示すとおり、心臓の拍出能力だ。ただ、肺は思春期を過ぎるとそれ以上発達しなくなるが、**心臓はトレーニング可能**で、1拍毎の拍出量を増やすことができる。つまり、心臓から送り出す O_2 の量を増やして、筋肉に送り届ける O_2 の量を増やすことができる。この適応能力は自分が持っている遺伝子と、持久力トレーニングの経歴に左右される。心臓は青年期のころ完成域に達する。この期間に最も速く、最も大きく適応する。若者だけでなく、歳がいっていてもトレーニングをしたことのない人なら、すぐに目覚ましい勢いで心臓からの拍出量を増やせる。というのは、心筋は非常にトレーニングしやすい性質を持っているから。ただ、その上限は遺伝子的にあらかじめ決まっている。この拍出量の上限が、筋肉細胞に届く O_2 の限度を決定し、それがそのまま有酸素運動における出力の上限になる。アスリートとして鍛えぬいてきた人（長いトレーニング歴を持つ人）は、トレーニングをしても心臓からの拍出量の変化は、全くないとはいわないまでも、小さいだろう。

酸素利用システム（有酸素代謝システム）

　血液が送り届けた O_2 を筋肉がどれだけ活用できるかが、持久力パフォーマンスを決定するもう一つの重要な要素となる。この O_2 利用能力もまた、持久力を生み出すシステムの中ではトレーニング効果が上がりやすいシステムである。それは該当する筋肉の有酸素代謝能力に依存しており、その代謝力は何年もの時間をかけて改善させ、アスリートとしての成熟を実現することができる。この決定的に重要なシステムについては、この章で後ほど深く掘り下げるとして、差し当たり、ほとんどの持久力トレーニングがこのシステムに焦点を当てている、という事実を覚えておいてもらいたい。持久力というものは、かなりの程度まで、適切なトレーニング刺激を与えて、この有酸素代謝システムの質を高めた結果得られるものなのだ。

筋肉システム

　ここまで来たら、前述した３つのシステムの相互作用に触れないわけにいかない。脳は、運動神経系を通じて、どの筋線維をどれくらいのあいだ活動させるか制御している。すでに述べたように、稼働している筋肉の代謝能力の特性が、持久力に支配的な役割を果たす。トレーニング法が異なれば作業に動員される筋線維も異なり、その筋線維が受けるトレーニング刺激も異なる。長時間継続するトレーニングは、主に遅筋（ST）線維の有酸素代謝能力を改善する。比較的短時間で強度の負荷を掛けるトレーニングでは、主に速筋（FT）線維の特性である無酸素解糖の代謝能力を改善させる。

　持久力トレーニングは、疲労耐性という成果を望んでおこなう。効果的な持久力トレーニングは、上に述べたシステムに疲労を与え、その見返りとして、こういったシステムのあれこれに適合をもたらす。これらのシステムは、互いに連繋しているので、トレーニングもただ一方向を目指すだけでは（たとえば、１つのシステムに刺激を与えるだけでは）、時間の経過とともに効果が薄れてくる。アスリートはこの状態を高原状態と呼び、悪くするとパフォーマンスの低下をきたす。

持久力パフォーマンスを決定する要素

　持久力を必要とされる状況になって、あなたがどのようなパフォーマンスを発揮できるか？　結果は、さまざまな要素が絡み合って決定する。

　従来からの知恵と研究結果をふまえて、わたしたちは信頼するに足る概念に到達した——持久力パフォーマンスという目標を支える三脚は、主に、以下に挙げ

ATHLETE STORIES 1

成果は決意の強さ次第

ジャネル・スマイリー

　アルプスの谷間の道を夫のマークと歩いていた。最終的に 36 日間かかるはずのアルプス・スキー縦走の 21 日目のことだ。この国際チームの一員として参加した女性 3 人の内、わたしは最後に残る 1 人だった。

　マークに顔を向けて、「ねえ、気づいている──ゴールに行き着いたら、わたしは、アルプスをスキーで縦断した初めての女性、ってことになるのよ！」

　マークが興奮に顔を輝かせて、「ジャネル、そう、僕たちはそれをやってるんだ」と、大声で返してきた。その瞬間、わたしは決心した──中止という選択肢はない、手脚をもがれでもしない限り、このままスキーツアーをつづける、と。それまでは、唯々、その日 1 日を何とか堪えて翌日に繋ごうとしていた。それが、今回の旅を通じて今初めて、ゴールに到達しようと、真剣に思ったのだった。

　その冬の初め、マークとわたしはアスリート 7 人でつくるグループに加わらないか、と誘われた。登山家とスキーモ・レーサーの混合チームで、オーストリアのウィーンからフランスのニースまで、スキーを駆使し 40 日間かけてアルプス全山を縦断するという夢のような計画だった。

　これまでずっと、スキーツアーをお気に入りの野外活動にしていて、スキーレースとクライミングの両方にわたるわたしの経歴が、その壮大な計画に必要と見込まれたのだった。それはわたしの能力を超えた挑戦であり、自分には不可能と思われる挑戦だった。心の中で参加したいと思っても、

とても出来そうには思えなかった。休養日をとらずに 7 日間以上行動したことなどないのに、5 週間も 6 週間も体に鞭打って、休養日なしで行動する。それだけの作業負荷を、わたしの体が扱い切れるだろうか？

　1 月に 1 日だけ開いた説明会の席で、わたしたちは 5 人のチームメイトたちと初めて顔を合わせた。男性 3 人はスキーモ・レーサーで、オーストリア人と、ドイツ人、スイス人。女性 2 人の内 1 人はスペイン人ランナーで、もう 1 人はイタリア人アルピニスト。レーサーとアルピニストでは、山に対する見方が、必ずしも一致しない。レーサーたちは何事もスピード第一で考える一方、アルピニストにはチームに配慮し、地形を処理するに当たって安全を重視する傾向がある。マークはどちらかというと登山家で、わたしは両方の分野に跨がっている。

　スタート時点から、チーム内の力関係は緊張に包まれた。スキーモ・レーサーの青年たちが──この 3 人は 3 人ともドイツ語を話す──スタートラインを越すとすぐ、レース並みのペースで飛び出した。わたしたちは一つのグループとして事前に話し合い、その日のルートを 4 つのセクションに分けてプランを立て、それを互いに了解していた。それなのに、彼らはそれを無視した。スキーモ青年の 2 人は、最初のセクションをレース・スピードで飛び出そうと内々決めていたのだ。だから、2 人がこちらの理解できない言葉を喚きながら、トップスピードで飛び出したとき、わたしは訳が分からなかった。意思決定の重要な場面には

ジャネル・スマイリー、フランスかイタリアのどこかで。オーストリア・ウィーンからフランス・ニースの浜辺までアルプスを縦断する世界最長のスキーツアー「デル・ランゲ・ヴェーグ（ロングトレール）」の 29 日目。ジャネルが参加したチームは、1971 年に記録した 40 日間の記録を 3 日以上も短縮することに成功した　写真：Mark Smiley

一度も加わられず、どこへ向かっているかも分からないまま、前夜 GPS で受け取ったラインをただなぞった。

　初めの 1 週間はカオスだった——ホワイトアウトと強風のなか、1 日 10 時間から 15 時間、レーサーたちを追いかけて過ごす。排尿したり、着替えたりしていると、みな先へ進んで誰もいない。クレバスに嵌まったり、スキーを折ったりしているうちに、みな、もう山を半分降りてしまっている。その日その日を乗り切るだけで精一杯だった。

ひどい嵐に見舞われた「Der Lange Weg 2018」で一番の山場の日（74 キロ、4500 メートルの登り）、マッターホルン北壁の下を横断するフィリップ・ライター　写真：Mark Smiley

自分の手に余るような気もしたが、中途で諦めるのはいやだった。ただ好奇心だけで進みつづけた。心も体もいつ壊れてもおかしくない状態だった。わたしは何とか自分の心を取りもどそうとして、人に感謝の気持ちで接することにした。そうなると、相手のいい所を探さなければ、自分自身が底なし沼に落ち込む。外的なストレス要因が多く、それに耐えられるほどの精神力を持ち合わせていなかった。

その週に２度、チームは分解しかけた。主な問題は、リスク容認の程度に対する、メンバーの姿勢と考え方の違いにあったが、その度に、チームをまとめ直すことができたのは、先へ先へと計画を進めるのが面白いからだった。

ついにメンバーは減った。最初にスペイン人の女性ランナーが、この旅のスタイルと旅に伴う危険が自分は納得できない、と言って抜けた。次いでイタリア人の女性アルピニストが、オーバーユースに起因する故障で離脱した。

出発後７日間つづいた、わたしの精神的疲労もひどいものだった。１日が終わってブーツを脱ぐとき、明日はどのように目覚めて、またブーツを履くのか履かないのか、自分でも分からなかった。それでも、翌朝起きると、意を決してブーツを履き、動き始める。数歩進めば、体が何をすべきか思い出し、つづいて気持ちも動き出す。８日目に入る頃、わたしの体は作業負荷のルーティーンに慣れてきた。

わたしたちは様々な地形を通過した――山に登って下り、通り抜ける谷は、時に広々として時に狭まる。山頂の辺りに雲が渦巻き踊っている。１日また１日、日を刻むにつれて、私は気持ちが静まってくるのを感じていた。穏やかで非の打ちどころない下り斜面を、スキーをコントロールしながらゆるゆる滑るとエスカレーターにでも乗っているような感じで、過ぎ行く山々を見ながら、その美しさをひたすら味わった。スキー板の下を過ぎてゆく雪を見ているうちに、わたしは意識が遠退いていくような感覚に陥った。

今のこの状況に身を任せよう――わたしはそう決めた。自分とは意見を異にするメンバーも、山々も、様々に変化する条件も、厳しい天候も。普段ならちょっと不快だったりイライラするようなことも、好きになろうと決めた。風に背を向ける代わり、それと向き合ううちに、元気が湧いてきた。ホワイトアウトの中でわたしを暖かく包んでくれる衣類が、頭がクラクラするほどありがたく感じられた。事あるごとに摩擦を起こすチームメイトにさえ感謝したくなってきた。彼のあの無理強いがなかったら、この体と心で自分がどこまでできるか、知ることはなかったろう。その後も変わらず、その場その場でよいものを見つけようと心掛けている。それがわたしのなすべきことであり、習い性になっていた。

出発から21日目のあの日、この縦断を完遂すると決めたとき、自分にできるかどうか試そうという好奇心は、きっとできるという決意に変わった。それから15日。今や５人となったわたしたちチームは、スキーをザックにくくりつけ、地中海沿岸のニースの町へ徒歩で入った。移動距離１日平均35マイル（56キロ）、獲得標高１日平均8500フィート（約2600メートル）だった。

アルプス縦断の旅は「成果は決意の強さ次第」というわたしの考えに焦点を当て、拡大して見せてくれた。自分たちがあれだけのことをやってのけた、なんて未だに信じられないけれど、〈中止という選択肢はない〉という決意が成功をもたらしてくれたのだ。

Janelle Smiley　コロラド州アスペンに育ち、ワイオミング州ジャクソンホール在住。スキー登山のチャンピオンに輝くこと６度。'Fifty Classic Climbs in North America' のうち48ルートを完登。2018年にアルプス全山をスキー縦断した世界初の女性になった。現在、マインドセット・パフォーマンス・コーチとして活動し、個人を対象に体と精神、頭脳、心のバランスを整えてパフォーマンスの向上を目指して指導している。詳細については、janellesmiley.com を参照。

る３つの能力から成る。

❶ $\dot{V}O_2max$（最大酸素摂取量）：$\dot{V}O_2max$ の定義は、強度の高い運動の最中、体に取り込んで活用できる酸素の最大値、ということになる。その値は、１分間に消費する酸素の量（ml）を体重（kg）で割って算出する。単位は ml/kg/min で表し、その値で体重１キロ当たりで１分間にどれほどの有酸素能力（パワー）を出せるかが分かる。この $\dot{V}O_2max$ は、若者やトレーニング不足の人だと、トレーニング効果が非常に高く、トレーニングを積んだ人では、なかなか向上しないだろう。（56 〜 57 ページの解説「誤解される $\dot{V}O_2max$」を参照）

$\dot{V}O_2max$ は、心臓の拍出量と骨格筋の酸素利用量の積である。活動する筋肉量が増加すれば、結果的に酸素利用量も増加する。クロスカントリー・スキーやスキーモのようなスポーツでは、前進するために４本の手脚をすべて使うので、酸素の需要量は大きくなる。その結果、スキーヤーの $\dot{V}O_2max$ 値は、しばしば非常に高い。トレーニングしていない人の場合、一般的に男性は 35 〜 40ml/kg/min、女性は 25 〜 30ml/kg/min の範囲に収まるのに対し、男性アスリートの最も高い人の $\dot{V}O_2mx$ 値は 90 〜 95ml/kg/min に達する。全体的に女性の値が低いのは、体重に対して筋肉の占める割合が低いからで、80ml/kg/min 前後あったら最大の部類だ。わたしたちの有酸素能力をほかの生き物のそれと比べると、競走馬のサラブレッドは通常 180ml/kg/min ほどだ。一流のレースドッグは 250ml/kg/min を超えるだろう。ハチドリは 600ml/kg/min を超え、一番はミツバチで 6000ml/kg/min か、それ以上の値だ。少々前のページに述べたことを思い出してもらいたい。わたしたちはこの動物王国の中で、体力的には弱者なのだ。

❷運動効率：自動車の燃費と同じことで、自分の体を一定距離移動させるのに必要とするエネルギーの量で評価する。消費するエネルギーの量は、移動スピード（レース・スピード）と密接に関連する。もし１キロを４分で移動するのに、アスリート A の方が B よりエネルギーを 20％余計に消費するとしたら、A にはそれだけ大きなエネルギー出力を維持するだけの持久力が必要で、それがなかったら、またたく間に疲労してしまうだろう。運動効率は２つの要素から成る。つまり、機械的なもの（テクニック）と代謝機能である。優れたテクニックとは、あるスピードで移動するのに必要なエネルギーを効率的に用いることを意味する。非効率な動きに比べて、無駄になるエネルギーが少ない。２時間 10 分を切るマラソンランナーの走りを見ると、４時間台の競技者の重い足取りに比べ、優雅で流れるようだ。これが、効率的テクニック。２つ目の要素である代謝の効率は、わたしたちの目には見えないものの、同じように重要である。代謝の効率は、運動している最中に筋肉が使っている代謝経路によって異なる。以後の数ページで代謝システムの何たるかを詳説するが、必ずしもすべての代謝が同じエネルギー

効率を持っているわけではないし、システム内に同じ代謝ストレスを作り出すわけでもない。テクニカルな要素にしろ、代謝に関わる要素にしろ、どちらもトレーニングによる向上が期待できる。

❸乳酸閾値：下に挙げるとおり＊、混乱を招く一連の呼び方でも知られる概念。乳酸閾値（Lactate Threshold ＝ LT）については、後ほど詳述するが、ここでは、とりあえず、長時間にわたってつづけられる仕事率の最大値と理解する。そうか、持久力のことかと受け取ったなら、それで結構。乳酸閾値（LT）のペースが、持久力パフォーマンスの最良の予言者だ。代謝が持続的にエネルギーを産み出すことのできるこのペースが、あなたの持久力の最大の決定要素だ。幸い、この代謝効率は、持久力パフォーマンスの三脚の中で、多分最もトレーニングの効果が現れやすい。というわけで、さあ、腕まくりして、早速始めよう。

＊順不同に挙げると、無酸素性閾値、パワーもしくはペースの機能閾値、臨界ペース、臨界スピード、臨界パワー、第2換気閾値。こういった用語の意味だけでなく、その存在自体が、科学的に大きな議論を生み出してきたが、コーチやアスリートにとっては基本的に同じ意味を持つ用語として1つにまとめた。どの用語も、長時間（30〜60分）持続可能な最大出力、という意味だ。

代謝というレンズを通して持久力を見る

前述した持久力パフォーマンスの三脚の中で最後に触れた乳酸閾値（LT）を、最初に扱おう。ほかの2つについては、あとで説明する。

健康で十分トレーニングを積んだ人が2時間以内の競技をおこなう場合、持久力の限界は何よりも先ず、筋肉細胞が収縮するために必要とするエネルギーを継続的に産出できる割合にかかっている。一方、2時間を超す競技になると、燃料の備蓄が限界を決める主な要素となる（その点については後述）。したがって持久力トレーニングは、長期にわたって連続的なワークアウトをうまく組み合わせ、それを実行して、筋代謝の持続的な出力を増加させることになる。この基本的な考えをふまえて、本書を読み進めていけば、代謝過程に重きを置いてトレーニングするのが賢明だ、という大枠が理解できるので、人気はあるけれど方向性が間違っているメソッド——できるだけハードにとか、できる限り長くとか、できるだけ頻繁に、などというメソッド——に嵌まることはない。

持久力におけるATPの役割

持久力を生み出すものは、何か？　もっと具体的にいえば、筋肉に力を与え、山に登る推進力をもたらすものは、何か？　答えを書けば、わずか3文字——ATP。

アデノシン三リン酸（Adenosine Triphosphate 略して ATP）はエネルギーの

一時的な貯蔵分子であり全身の細胞にあまねく存在する。もし活力を生み出す分子を１種類だけ選び出せといわれたら、それは ATP だ。ATP がその化学的結合を切り離すときに放つエネルギーが、細胞生命のすべての機能に力をもたらす。

アスリートにとって何より大切なことは、ATP が放つエネルギーが筋肉を収縮させる力となること。作業量が増えれば、必要とする ATP の量も増える。だから、ヒトが数秒以上走るとき、ATP の供給状態――さらにいえば ATP の産生率が、スピードの上限を決めるリミッターとなる。持久系のアスリートに必要なのは、ATP の代謝回転率を高めるだけでなく、同時に、目標とする競技に必要な時間なり期間なりの間中ずっと、その高い回転率を維持しつづけることだ。

代謝：食物から身体作業へのエネルギー変換

あなたが口にする食物のエネルギーは、そのまま体に入っていくわけではない。まずは消化の過程で、脂質と炭水化物、タンパク質の３大栄養素に分解される。このうち脂質と炭水化物はさらに形を変え、さまざまな形の脂肪酸や糖類となり、その後の ATP 産生に用いられる。

代謝は生化学的な過程を表す用語で、脂質や糖質の分子結合が分解するときに放出するエネルギーを利用して ATP 分子を再合成する、という仕組みを指す。この仕組みを筋肉細胞内にある極小の ATP 再生産工場に見立てると、筋肉内のその極小工場では、ATP が分解して筋肉が収縮するのに必要なエネルギーを取り出したあと、今度は食物から得たエネルギーを使って ATP 分子を再び組み立てる。こうして代謝のシステムは全体として維持されている。

少量の ATP が分解と再合成を何度も繰り返すのは、いいことだ。というのは、ATP 分子は重い。人が１日の代謝を維持するには、安静にしていても、ATP が60 〜 70 キロ必要だという。それだけの ATP をすべて貯えて持ち歩かなければならないとしたら、基本的に、もう１人「あなた」が必要になる。

ATP を産み出す二通りの代謝経路

わたしたちは ATP を作り出すために、二通りの異なる代謝経路を持つ。そのどちらでも、多段階の化学的反応がおこなわれる。それぞれの経路では１単位当たりの燃料（炭水化物、または脂質）消費に対してそれぞれ異なる量の ATP を産生する。どちらの経路もその産生率は可変で、要求されるエネルギーが大きい時は、その最大容量まで稼働させることができる。わたしたちが目指すのは、ト

p34-35　イタリア・ドロミテのプンタ・ロッカで、スキーによる獲得標高と長時間記録に挑戦中のミケーレ・マッキャベリ　写真：Martina Valmassoi

レーニングによってその最大容量をさらに増やすことである。

無酸素解糖(グリコリシス)による代謝経路

　炭水化物があなたにエネルギーを補給する方式のこと。炭水化物に含まれるさまざまな糖類は、肝臓でブドウ糖に変換され、そのまま使われるか、さもなければグリコーゲンとして筋肉内もしくは肝臓にいったん貯えられ、後々必要に応じて使われる。無酸素解糖は、10段階の手続きを経てグリコーゲン分子を分解する。しかもその過程では酸素を必要としない（そのため無酸素という形容詞がつく）。この無酸素解糖の結果、最終的に2個のATP分子とともに、ピルビン酸と呼ばれる分子が1個できる。ATPは直接エネルギーとして用いられるが、もう一方のピルビン酸のゆくえは、持久力に関する議論にとって極めて重要なので、もう1つの有酸素代謝経路によるATP産生の方法を覗き見たあと、このピルビン酸の話題に戻ってこよう。無酸素解糖の進行速度は、有酸素性のエネルギー産生速度より遙かに速いので、ATPを多量に必要とし、しかも有酸素代謝のエネルギー

ミトコンドリア

ミトコンドリアは、血液を除く全身のあらゆる部分に存在する細胞小器官で、細胞内の発電所と見なされている。その小さな工場では、呼吸して体内に取り入れた酸素を使って、全身の細胞が生きるために必須な燃料であるATPを産生する。遅筋（ST）線維はミトコンドリアの密度が高いので、有酸素代謝の能力が高い。そのため遅筋は隣接する速筋（FT）より疲労耐性がある。速筋は有酸素代謝が得意でなく、パワーを産み出すためには無酸素代謝に頼らざるを得ない。

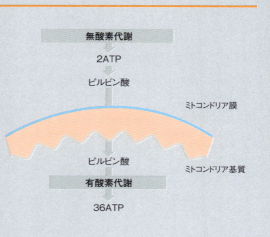

図2.1　ミトコンドリアとピルビン酸の行方
無酸素解糖の最終的な産物であるピルビン酸は、筋肉細胞のサイトゾル（細胞質の液体部分）に浮遊するか、さもなくばミトコンドリアに運搬される。そこではさらに大量のATP（筋が活動するためのエネルギー）を作り出す。ミトコンドリアは、体内のすべての細胞においてエネルギーを産み出す工場である

供給だけでは追いつかないとき——たとえば全力疾走のような、高強度エクササイズのときに用いられる。

有酸素性の代謝経路

筋肉細胞のミトコンドリア(37ページの解説図を参照)内で起きるこの化学変化は、複雑で何段階もの過程を要し、それが機能するためには、酸素を必要とする。この経路は、前ページで触れた無酸素解糖による代謝経路でできた、あのピルビン酸分子や、さらには脂質も使って多くのATPを生成する。有酸素代謝が作り出すATPの量は、無酸素経路のそれのおよそ18倍になるのだが、その工程は複雑で、それ故にゆっくりだ。脂質と糖質の利用割合をどのように改善していけば、溢れんばかりのATP出力を得られるようになるか——それが、トレーニング方式が持久力にもたらす効果を理解しようとするわたしたちの中心課題になるだろう*。何十年ものあいだ、有酸素代謝ではATP合成に時間がかかるため、高エネルギー出力の要求に応えられないと考えられてきた。ただし、エリートクラスの持久系アスリートに関する最新の研究によると、トレーニングを十分に積んで脂質の利用に適応したアスリートにとって、有酸素能力の貢献度は、最大強度を発揮する辺りまで、相当大きいだろうとされている。これ以上は、後ほど。

*有酸素代謝では、エネルギー産生にタンパク質を利用することもできる。しかし、運動に用いられるエネルギーとしてはごくわずかに過ぎない。

持久力における代謝の役割

これで、筋肉の収縮という機械的な動きと、ATPという化学的エネルギー、さらに代謝という三者の結びつきが、大分明確になっただろう。
■ATPは筋肉を働かせるための燃料となり、その過程で消費される。
■代謝はATPを再合成するための過程である。

図2.2　ATP再合成工場

代謝はATPの再合成工場としての機能を果たしている。口から入る食物が持つエネルギーは、切り離されたリン酸分子とADP(アデノシン二リン酸)の再結合に用いられ、もう一度ATP(アデノシン三リン酸)を作り出す。ATPからリン酸を切り離すとき、活動のエネルギーを生み出す。このATPからADPへ分解し、そして再度ATPに戻ってくるという連続的な循環が、代謝と呼ばれるものなのだ。もしATPを再利用できなかったら、わたしたちは大量のATPの備蓄を必要とするだろう。激しいエクササイズの1日はさておいて、ごく普通な1日を過ごすだけで、何十キロものATPが必要だろう

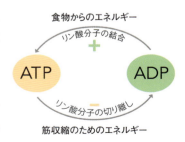

図2.3 ATPの産生が多いと
       パワーも増大する

あらゆる持久力トレーニングの役割は、ATPの再合成プロセスの能力を増加させることにある。あなたの代謝力がATPの再合成能力を高められれば、その分だけあなたのスピードは上がる

■ATPの再合成が早まれば、単位時間当たりにこなす仕事量も増える。
■1秒当たりにこなす仕事量を「パワー」と定義する。
■ATPの再合成能力の増加＝筋パワーの増加
■筋パワーの増加＝運動時のスピードの増加（ほかの条件がすべて同じなら）

　最も基本的なことをいえば、持久力とは、主に有酸素代謝により長時間にわたって素早いATP再合成を保つ能力を指す。持久力が向上すると、以前より速いスピードを、以前より長い時間保つことができるようになる。それはわたしたちがこれまで良質な「持久力」と表現してきたものに他ならない。さあ、これで持久力に関する理解が一段深まった。
　持久力トレーニングのおかげで、これまでより長い時間、これまでよりスピードを上げて走る能力が高まったのは、持久力トレーニングによってATPの再合成率を高く保てるようになったからだ。代謝と持久力を結ぶこの関係を理解した上で、持久力における代謝が果たす役割をトレーニングを通じてどのように操作するか、というところへ、焦点をさらに近づけよう。
　これでわたしたちが「**持久力とは、代謝の質のことである**」と主張する理由を理解いただけただろう。

乳酸の動態、持久力を発揮するための鍵

　これであなたは、近い将来、コーチングやトレーニングに関する判断を下す際の基礎知識を、大分理解してきた。体の代謝が持久力の大小を決める理由を理解した。例の2通りの代謝経路は、それぞれに仕組みがまるで違う。これから先の数ページで、その2通りがどう違うか説明しよう。それを基に、あなたは理解することになる――望み通りのトレーニング効果を得るためには、こういう理屈で、こういう形の適切なトレーニング刺激を与えればいいのだ、と。

代謝ミックス

　じっと座っていようと競技会で走っていようと、無酸素代謝エンジンと有酸素

代謝エンジンの双方が貢献して、体が必要としているエネルギーを賄っている。どちらがどれだけ貢献しているか、その割合を決める要素はいくつかある。

■**運動強度**——運動の強度（走るスピード）が増すにつれ、ATP の需要が増す。一定のスピードに達すると、有酸素代謝システムだけでは ATP の需要を賄いきれなくなり、無酸素解糖（グリコリシス）由来の ATP も使われるようになる。さらにスピードが上がれば、後者がエネルギー出力の大勢を占めるようになる。

■**遺伝的特性**——生まれつき遅筋（ST）線維の方が多い人は、スピードが上がっても有酸素代謝による ATP 産生を増やして対応できるので、無酸素解糖（グリコリシス）が優勢になる時期を遅らせることになる。

■**トレーニング歴**——これまで低〜中強度のトレーニングを大量にこなしてきた人は、遅筋における有酸素代謝能力が発達しているので、有酸素状態のまま速いスピードを保っていられる。同じように、高強度のトレーニングを中心にしてきた人は、代謝機能が初めから無酸素性／炭水化物利用に傾いているだろう。

乳酸：代謝経路の分岐点

ここで話をピルビン酸に戻そう。それは無酸素解糖（グリコリシス）の最終的産物であり、その行き着くところは 2 つに 1 つ。1 つは筋肉細胞内のミトコンドリアに入って、有酸素代謝経路をたどり、最終的に 36 個の ATP を作り出す（持久力という観点からすると、これは非常に望ましい結果である）か、さもなければ、ミトコンドリア膜の外側、筋肉細胞のサイトゾル（液性媒質）にとどまり乳酸となる。乳酸という用語は耳にしたことがあるだろう。たしかに悪評を受けても仕方ない面もあるが、ちょっと度が過ぎる。乳酸はアスリートの持久力を決定する際に中心的な役割を果たす物質なので、ページを割いて馴染みが感じられるようにしよう。

ピルビン酸から乳酸の分子が形成されると、それはただちに乳酸分子と水素イオンに分離する。乳酸分子もピルビン酸分子もその化学結合の中に有益なエネルギーを含んでいるものの、水素イオンは酸性で、無制限に蓄積すると、細胞のデリケートな酸／塩基のバランスを崩す。ピルビン酸から乳酸と水素イオンへの転化は、代謝プロセスの一時的な行き止まりを意味する。こういった代謝産物の蓄積が過剰になると、解糖が抑制され、ATP の産生が減少する。そんな状態をわたしたちは筋肉の疲労やスピードの低下として感じる。

したがってピルビン酸の行方が、持久系アスリートのパフォーマンスの良し悪しを決定する要因になる。ピルビン酸が代謝経路の分岐点に差しかかったとき、もしも、有酸素経路を選択してミトコンドリアの中へ入れば、身体活動をさらに維持するための価値あるエネルギーを大量に産出することになる。もしも、その分岐点で行き止まりの方（乳酸への転化）を選んでしまったら、次第に ATP の

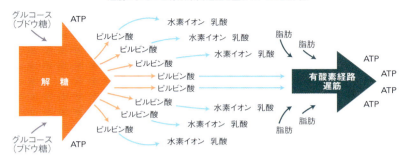

図 2.4　乳酸が問題になる場合

アスリートの持つ有酸素能力が不十分だと、ミトコンドリア膜（37ページの解説図）のところで代謝の渋滞が起きる。つまり、無酸素代謝によって生まれたピルビン酸が、ATPの産出に貢献するミトコンドリアの中に入っていけないのだ。それで、ピルビン酸はサイトゾルの中に滞って乳酸と水素イオンへと変化し、細胞内の酸性度を増すことにより解糖反応を鈍化させる。細胞におけるホメオスタシスのこの崩壊を、わたしたちは疲労として認識するのだ

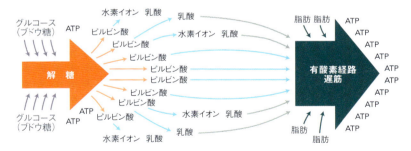

図 2.5　乳酸が役に立つ場合

有酸素能力の大きいアスリートは、ピルビン酸を活用する能力に長けているので、ミトコンドリア膜での目詰まりを防ぎ、その結果起きる好ましくない影響を防ぐ。細胞のホメオスタシスは維持され、エネルギー出力も高く保てる。それで、より速いスピードで、より長時間走ることができる

産生量が減ってきて最終的に止まり、アスリートの運動も同じように止まってしまう。これが持久系アスリートの誰もがしばしば身をもって体験する、疲労のメカニズムの1つなのだ。

ピルビン酸の行方を決めるものは何？

運動強度が比較的低いと、ピルビン酸の産生量が少ないので、そのほとんどが有酸素代謝経路に入っていける。この場合アスリートは自分の有酸素能力の範囲内で活動しているといえる。言い換えれば、ミトコンドリアのゆとりが十分なので、ピルビン酸を取り込み活用することによって、その蓄積を防ぎ、さらには乳酸への転化を防ぐことになる。こういった状態だと乳酸ができる量は最小に抑えられる。ここで持久系アスリートが覚えておきたい大事なことは、脂肪燃焼による有酸素代謝は、乳酸を発生させず、乳酸に関係する不利益を免れているということだ。そういうわけで脂質は、持久系スポーツにとって望ましい燃料なのだ。

運動強度／スピードを高めるには、ATPの再合成率を上げなければならない。そのエネルギー源は脂質と糖質の分解であり、強度が上がると後者への依存が増す。スピードが増してくるにつれ、ATPの需要に応えるため無酸素解糖に頼る割合が増えてきて、最終的には遅筋のミトコンドリアがピルビン酸を取り込む容量の限界を超えてしまい、乳酸と水素イオンがどんどん蓄積していく。運動強度／スピードを上げていくにつれて、次に挙げる3つのシナリオが順次展開する。

❶**低速**：強度が低いと、主に働くのは遅筋（ST）線維で、ATPの産生率はあまり多くない。多くのATPは、乳酸の産出をまったく伴わない脂質分解によってもたらされる。またST線維はミトコンドリアをたくさん持っているので、無酸素解糖で出てくるピルビン酸を取り込んで有酸素代謝に役立てる。出てきた乳酸は、心臓や、肝臓、その周辺で活動するST線維で用いられる。このスピードだと、活動は有酸素閾値（AeT）の範囲内に収まっている。（45ページの注1を参照）この運動強度は、従来アスリートが用いてきた5ゾーン・システムの1と2に当てはまる。（ゾーン・システムについては、71ページ以下の3章「持久力トレーニングの方法論」を参照）

❷**中速**：スピードを上げていくにつれて、ある程度速筋（FT）線維を動員するようになる。FT線維はより強い力を出せるので、より大きな力が求められたとき使われることになる。ただFT線維はST線維と違って、ミトコンドリアが豊富ではないので、疲労に対してST線維ほどしぶとくない。FT線維は必要なエネルギーの大部分を無酸素解糖に頼って、多量のピルビン酸を作り出す。それで、ピルビン酸と乳酸が溜まりはじめる。その溜まり方が、（ST線維や、心臓、肝臓などで消費され）除去されているうちは、その運動強度／スピードの維持は

運動強度の目安としての乳酸

　乳酸はピルビン酸と足並みを揃えて蓄積するので、運動強度の指標になる。血液中に乳酸の量が増えてきたら、解糖代謝によるピルビン酸の産生も高いことを示す。コーチやスポーツ科学者たちは長いこと、血中の乳酸濃度を運動強度の指標として用いてきた。乳酸の測定値に関しては、1冊の本が書けるくらいだし、実際そういう本がある。(『The Science of Winning』Jan Olbrecht 著)

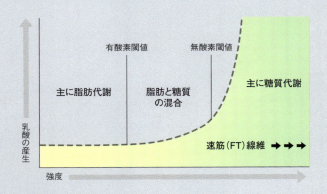

図 2.6　運動強度 VS 乳酸
運動強度が増していくと糖質に依存する代謝(解糖)による燃料供給が増え、それに伴って脂肪を燃料として用いる脂質分解の割合が減ってくる。血中の乳酸濃度を測ることによって、アスリートがこの代謝スペクトルのどの辺りで運動しているか、知ることができる

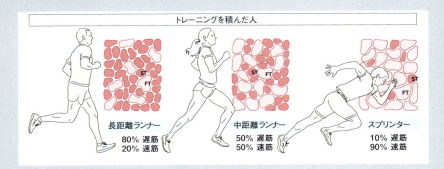

図 2.7　ST 線維と、FTa 線維、FTb 線維
トレーニングを積んだ長・中・短距離ランナーの脚筋における遅筋線維(濃い色のST)と、速筋線維(薄色のFT)の占める割合。STとFTの構成比は、遺伝的なものが大きな役割を占める一方で、何年もおこなっているトレーニングのタイプによっても影響を受けるようだ

登山後の血中乳酸量測定。オレゴン州バチェラー山で　写真：Steve House Collection

可能だ。30分前後から1時間ほど気持ちよくつづけられるこのハードペースは、運動強度でいうとゾーン3に当たる。

　❸高速：ATPの再合成率が引きつづき増していくと、最終的に乳酸閾値（LT）と呼ばれる臨界値を超す。（45ページの注2を参照）この運動強度／スピードを超すと、ピルビン酸／乳酸の産生率の方が除去率を上回ってしまう。その結果、乳酸の蓄積と、それに伴うあの厄介な水素イオンが筋肉の酸性度を増して、筋肉細胞の恒常性(ホメオスタシス)の安定した状態が大混乱を来す。それが、高速を生む基となるFT線維が必要としている解糖性ATPの生成を抑制することになる。LTに相当する運動強度／スピードを超える出力で数分活動をつづけているとATP出力が急激に落ち込むので、ペースを落とさないわけにいかなくなる。たとえ意識的にスピードを緩めなくても、体の方で自動的にスピードを落とすことになる。持久系アスリートなら誰でも、このタイプの疲労の経験がある。こういうときの運動強度はゾーン4から5に当たる。

　前記の❶、❷、❸は、活動している筋内部でおこなわれているそれぞれに異な

る代謝状態を表していて、運動強度をグレードづけするゾーン・システムの基礎をなしている。代謝状態に基づくゾーン・システムについては、後ほど詳説する。

注1 アスリートの有酸素代謝能力を示すのは AeT（有酸素閾値）だ。この値はときに、「血中乳酸増加開始点」と呼ばれる。というのは、この作業強度で血液1リットル中の乳酸の量が基準値に対して1ミリモルほど増加するからだ。この値は実験室の検査で正確に求められる。検査方法に関しては、71ページからはじまる方法論のセクションに書く。

注2 乳酸閾値、無酸素代謝閾値、最大乳酸定常状態、通常機能性閾値などの用語は、基本的にすべて同じ代謝事象を指している。覚えておいてもらいたいのは、いずれも乳酸の産生が除去のスピードより勝った状態、ということだ。この地点を超えるとエクササイズは、それからわずか数分間つづけられても、その後、疲労のためスピードが落ちてくる。

要約——持久力との関係から見た代謝

今読んだ内容がどういうことに繋がるのか述べる前に、ちょっと時間を割いて、整理しておく。

■あなたのスピード（運動強度）はすなわち、筋肉の ATP 再合成率のことである。

■ ATP は有酸素代謝と無酸素代謝のどちらでも作り出せる。

■あなたは無酸素代謝の ATP と、有酸素代謝の ATP をあわせて、全体のエネルギー需要を賄っている。

■有酸素代謝経路は、主に低強度で長時間の持久型運動に用いられる。

■無酸素代謝経路は、主に高強度の運動に用いられるべきだ。*

■無酸素代謝で作り出される ATP は、ピルビン酸／乳酸の蓄積によって低下を余儀なくされるので、持続時間が制限される。

■*遅筋（ST）線維はピルビン酸を取り込み、それを有酸素代謝の燃料として用いる。*

この、非常に重要な点に関して、また後ほど論ずる。

＊「べきだ」と書いたのは、そのうちに分かることだが、いまだトレーニングが十分でないアスリートの多くは、非常に低強度な運動でも無酸素性解糖に依存しているに違いない。有酸素能力欠乏症候群という問題については、数ページあとで説明する。

成果との関わり
（パフォーマンス）

運動のパフォーマンスという観点からすると、代謝における例のピルビン酸の行方は、2分以上つづく競技において、持久力を決定する基本的要素である。それを生理学的にいうと、次のようになる——たいていの持久力トレーニングの最終目的は、ピルビン酸分子が少しでも多くミトコンドリアに入り、有酸素代謝を増進させるようにすることである。どうすればその目的を達成できるかということに、この章の後半部を費やすとともに本書全体でもその点に大いに注目してい

45

る。

ここまで、ピルビン酸分子について長々と語ってきて、中には混乱している読者がいるもしれない。「乳酸はパフォーマンスにとって悪魔なのではないですか？」と言って、乳酸は悪者にされてきたけれど、**忘れないでもらいたい——乳酸が形成されるのは、ピルビン酸が有酸素代謝の過程に入っていけず滞留しているときだ、ということを**。ピルビン酸が増えると乳酸が増えることになる。ピルビン酸の増加量が、ミトコンドリアに入って除去される量を上回るようになると、乳酸が溜まっていくわけだが、適切なトレーニングをおこなうことにより、増加と消失の量が釣り合う運動強度／スピードを、高めることは可能だ。そして、この釣り合うポイントを乳酸閾値（LT）と定義する。LTの現れるスピードを高くすることが、結果的に持久力パフォーマンスを向上させることになる。

LTを高くする方法は2つある。

❶ピルビン酸／乳酸の産生を抑える。

❷活動中の筋肉からピルビン酸／乳酸の除去率を高める。

2つのトレーニング法は互いに異なり、相反する部分もあるので、トレーニング効果を最大限まで発揮したいなら、運動強度と持久力にまつわる代謝システムについて、ある程度理解していることが重要である。

ステップ1：乳酸の産生を抑える

どんなアスリートにとっても、自分の有酸素容量を最大にすることが最終目標となる。有酸素容量という用語は、有酸素代謝によってATPを産生できる限界を表している。大雑把にいうと、筋肉細胞の適応のことであり、それはトレーニングによって向上させられる。有酸素容量の大きいアスリートは、比較的速いスピードを保ったまま、長い距離を走れる。しかも必要とされるATPの多くを有酸素経路を使って作り出すので、乳酸の蓄積を最小に抑えられる。そのトレーニング・システムに関しては、1980年代の半ばに旧ソ連のスポーツ科学者、ユリ・ベコシャンスキ博士が「中距離ランナーのためのブロックトレーニング・システム」という記事に詳しく書き、その中でトレーニングの「反解糖原則」という新語を作り出した。

有酸素能力欠乏症候群（ADS）

あなたが自分の有酸素代謝システムのATP産生能力を超えて活動すると、その不足分を補うため、無酸素代謝システムに頼らざるをえなくなる。頼るといってもすでに学んだように、このシステムを使えば疲労も進行するので、いずれスピードを緩めなければならなくなる。高強度のトレーニング・メソッドを偏重しているアスリートは、通常、有酸素閾値（AeT）が低い。というのは、無酸素

ADSの実例

わたしたちはしばしばADS（有酸素能力欠乏症候群）に陥っているアスリートに出会う。中には、そのハンディキャップを負いながら、かなり高いレベルの実績を挙げている人もいる。成功しているアスリートにすれば、前進するために一歩後退するとも見えるトレーニングを実行するなど承服し難いだろう。

数年前、アメリカでもトップクラスのクロスカントリースキー選手が、トレーニングに関する助言を求めてスコット・ジョンストンに接触してきた。そのスキーヤーは$\dot{V}O_2max$のテストで素晴らしい数値を記録した（90ml/kg/分）にもかかわらず、普段のトレーニングのせいで、ADSに陥っていた。その人のパフォーマンスが2年間にわたって頭打ちになっていたのは、中〜高強度のトレーニング（ゾーン3〜4）に過剰に頼っていたからだった。その人のトレーニングを調整するために過激な方法を採って、先へ進む前にトレーニングを2段階後戻りさせることにした。このトレーニング処方に関して最も難しかったのは、トレーニング中のスピードが余りにゆっくりなので本人が戸惑っていることだった。

ジョンストンが処方した新たなトレーニング法に従い、4か月にわたってベース期を続けた結果、そのスキー選手のAeTペースは5分16秒/kmから、3分53秒/kmに改善するとともに、AeTに相当する心拍数も135回/分から、158回/分に増えた。こういうことが起きたのは、その選手が**すべて**の有酸素トレーニングをAeTより弱い強度でおこなった結果である。その人のAeTスピードは、もはや自分が戸惑うほどの低速ではなくなり、びっくりするほどの進歩をとげた。彼はこの低強度トレーニングを可能な限り大量におこなったおかげで、その効果を短期間で体現したのだった。彼は有酸素能力の貯蔵庫をきちんと整えたのだ。彼にとって改善したAeTが意味するものは、

● そのプログラムをはじめた時点より大きなパワー/スピードを有酸素代謝で生み出せるようになった。代謝効率（脂質適応）が大幅に改善したことで、体への代謝ストレスが減るとともに、燃料の単位グラム当たりのエネルギー出力も増すことになった。

● 彼の有酸素トレーニングのペースが、レースのペースに大きく近づいたため、無理しない程度の有酸素ベース・トレーニングでも、レースに特化したトレーニング効果に近いものが得られるようになった。さらにレースペースに近いスピードで走る時間が増えたおかげで、レースペースにおける機械的な運動効率が改善された。

● これまでより速いスピードを維持できるようになったため、ゾーン2ワークアウトでも神経筋へのストレスが大きくなるので、AeTセッションのあいだにおこなうリカバリー・トレーニングを増やす必要がある。このプログラムに入った初期は、ゾーン2のワークアウトを週6〜7回おこなえるが、最終的にはペースが速くなる分、疲労が蓄積するので、週1〜2回に減らさなければならない。

このように有酸素代謝の基礎がいったん出来上がったら、翌年は、レースに特化したトレーニングを増やすことができる。彼は個人記録を大きく更新し、2014年にはオリンピック・チームの一員に選出された。

この例から次のような教訓を得る。ADSに陥ると、AeTペースは非常に遅くなり、かつてのレースペースなど縁遠いものとなる。そうなったら、現在の欠乏状態で自分の有酸素システムが処理できるのはそれがすべてだ、と受け入れることだ。「もしかしたら」とか、「ほかにも」とか、「そうは言っても」と、考える余地はない。自分のエゴをなだめるために速いペースで走ってごまかしても、有酸素エンジンの発達を遅らせるだけだ。

イタリア、ガルダ湖のマルチェジネの近くのバルド山の山稜でロングランを実行するミケーレ・マッキャベリ　写真：Martina Valmassoi

代謝経路が強力に働いているあいだ、有酸素代謝に対するトレーニング刺激が小さくなっているからだ。わたしたちはこのような好ましくない適応状態を有酸素能力欠乏症候群（ADS）と呼ぶ。その症状として、AeTペースが遅くなる。しばしば、ショックを受けるほど遅くなる。そういう状態に陥ったアスリートは、これだけ厳しいトレーニングをしているのに、AeTの範囲を超えるポイントが、ジョギング程度のスピードだったり、歩くスピードだったりして、意気阻喪する。不信感にさいなまれたアスリートの典型的な反応は——歩くほどのこんなゆっくりしたペースで、トレーニング効果なんて得られるはずがない、というものだ。だが、その低い強度の有酸素運動こそが——低強度ないし中強度のトレーニングの量を積み上げることこそが——ADSから回復するための唯一の手段なのだ。あなたがADSかどうか判断するためには91ページの解説「10％テスト」を読んでもらいたい。

この用語の出所をはっきりさせよう。本書の執筆者スコット・ジョンストンが初めて ADS という用語に触れたのは 1985 年のことで、この用語の考案者フィル・マフェトン博士が、当時ランナーたちのあいだにしばしば見られる共通の症状を、ADS という用語を使って説き明かしたのだった。多分マフェトンは、あの伝説的アイアンマン・レースのトライアスリート、マーク・アレンのコーチとして最も有名だろう。マフェトンは ADS の状態に修正を加えるところに非常に大きな力点を置き、有酸素ベースを蓄積する低強度トレーニングの期間中に有酸素容量を最大に持っていって、その後、高強度トレーニングに努める作戦をとった。マフェトンはこの蓄積期間を、いみじくも「忍耐の局面」と呼んだ。体が有酸素能力を獲得するスピードはのろいので、忍耐力が必要とされる。勢いではなく、不断の努力と忍耐力をもってこのトレーニングに臨めば、報われるだろう。

この ADS の状態に陥っている例は、あなたが考えるより多い。47 ページの「解説」で、あるアスリートの例を検討した。

反　解　糖トレーニング・メソッド

どんなエクササイズにしろ、持続時間が唯一最大のトレーニング刺激となる。あなたが何らかの方法で（その作業をこなせる範囲内で）トレーニングをすればするほど、あなたはその状態に適応してくる。ATP の有酸素再合成率を上げるために最も有効なトレーニング刺激は、ST 線維内のグリコーゲンを枯渇させることだ。そのために最も有効なのは、低〜中強度のトレーニング・セッションを長時間つづけること。すでに持久力に十分適応している ST 線維から、グリコーゲンを枯渇させるには、長い時間がかかるのは当然だ。高強度のトレーニングを短時間おこなった場合、有酸素運動に未適応な FT 線維内のグリコーゲンを消費しても、持続時間が短いため、肝腎な ST 線維に大きなトレーニング効果を及ぼすことはない。そういうわけで持久力トレーニングは、従来から比較的弱い強度のトレーニングを大量にこなすのである。

もしもあなたが、乳酸の産生を抑えたいというなら——つまり、より多くの脂質を燃料に用いて、有酸素システムからより多くのパワーを引き出そうというなら、長時間に及ぶ低強度トレーニングを繰り返しおこなう必要がある。すべての持久系スポーツに共通する古典的トレーニング法が「有酸素ベース蓄積方式」と呼ばれるのは、そういう理由である。有酸素代謝能力の低い（有酸素ベースの小さい）アスリートは、どれほど高強度のトレーニングを積んでも、決して、自分が潜在的に持っている持久的な能力を最大限まで高めることはできない。

ステップ 2：活動中の筋肉における乳酸除去率を高める

49

図2.8　大型掃除機
有酸素代謝は、とりわけ遅筋において、掃除機のような役割を果たし、無酸素代謝の副産物である［悪者］を、すべて吸い上げる。この掃除機の容量（有酸素容量）が大きければ大きいほど、エネルギー産生総量に対する無酸素代謝の貢献度を大きくすることが可能となり、その分だけスピードダウンを遅らせることができる

遅筋線維
ピルビン酸
速筋線維

　有酸素代謝能力が高まって多量の乳酸を出さずスピーディーにランニングやスキーができるようになったら、次の段階として焦点を乳酸除去に絞って、持久力をさらに向上させよう。

乳酸の除去：乳酸シャトル
　持久力パフォーマンスの改善という視点からすると、筋肉内にあるピルビン酸／乳酸を活用できるようにすることが、最も重要なトレーニングの1つになる。カリフォルニア大学バークレー校のジョージ・ブルックス博士は、1980年代に研究した結果に基づいて「乳酸シャトル」と名づけた仕組みを描いたが、今のところそれが、LTの決定要因に関する最も優れた説明となっている。博士は、細胞内もしくは細胞間を移動する乳酸の運搬役を担っている数種類のタンパク質を発見した。それらが、乳酸が溜まって問題を起こしている箇所と、隣接するST線維のミトコンドリアとのあいだを往復して乳酸を運搬し、燃料として活用可能になるというのだ。
　筋肉内の乳酸レベルが上がると、それが運搬役のタンパク質を増やせという合図になる。その結果、乳酸を溜めるような高強度トレーニングが、乳酸シャトルの過程を促す刺戟になる。
　このメカニズムを当てはめれば、数十年も前から持久系スポーツのコーチが気づいていたことの説明がつく。つまり、低強度から中強度の有酸素運動を大量に

ATHLETE STORIES 2

小さな課題にかかずらったら

ロッド・ビエン

　これまでにわたしは100マイル・レースを18回完走して（100マイル＝160キロ）、どのレースでも、必ず途中で嘔吐した。1レース1回どころか、レースの度に20回も30回もだ。わたしの体はストレスがかかると、先ず、GIシステム（消化器官系）がダメになってしまう。食事療法を試したり、燃料補給のテクニックを変えたりしたが、結果はすべて同じ。嘔吐は続いた。レースを諦めるのも、このスポーツから離れるのも、嫌！で、わたしが到った結論は、〈この生理的奇癖を受け入れる〉ことだった。実際、今ではすっかり馴染んで、たまに大股で歩いていても吐いてしまう。

　わたしは18年間、ウルトラマラソンに出場し、アドベンチャー・ランにも参加した。とりわけ山岳地帯の100マイル・レースでは、苦しい思いを味わった。でも、止めたくないという願いが、どんな不快感も踏み潰す。一度だけDNF＊したのは、このままいったら命が危い、と感じたからだった。

　わたしは気づいている——DNFしたランナーは、細かな理由を並べ立てる。スタートしたらどうだっただの、数マイル進んだ辺りでは「トレールが、思っていた以上にドロドロで……」、15マイル地点では「踵にマメができちゃって」、30マイル地点では、「仲間に会えずいつものジェルを受け取れなかった」などなど。山岳レースにしろアドベンチャー・レースにしろ、レースが進めば、気力はさらにうせ、ランナーはこうした小さな課題にかかずらって力を吸い取られた挙げ句、DNFへ向かうことになる。

　2011年に参加したサンディエゴ100の35マイル付近で、わたしは胃袋の反乱に遭ってズルズルと2位から4、5番手に下がった。ガックリきて途中棄権の理由を求

め、適当な言い訳カードを探しはじめたが、どれか1枚選ぶ代わりに、わたしは決めた。問題解決の道を自分で探して、この状況から抜け出す、と。美しい山中を走っている今のこの状況に気持ちを集中した。5マイルほど先のエイドステーションに行き着くと、やや気分が持ち直した。影が長くなってくると、気力も胃腸も回復してきた。終わってみれば、2位でゴールして、思い出に残るレースとなった。悲観論を振り払って目先の目標に集中し、楽観論を注入することで、わたしは苦境を乗り越えた。

　持久系アスリートとして成功するには——精神的・身体的な課題に気づいたら、一つずつ解決することだ。そうすれば、ちっぽけな課題のあれこれに呑み込まれることなく、遠くまで見通せるようになる。胃腸の不調を理由にDNFする？吐いても走りつづける？

　持久系レースに参加するような人は、当然、冒険に胸を踊らせるだろうが、同時にレース中の肉体的、精神的障害を克服しなければならない、と覚悟することも重要だ。小さな課題にかかずらって、ゴールラインを横切るときの満足感を損なわないように。

　頭に響く否定的な声を閉め出し、代わりに、今、自分の力で扱えることに注力すれば、粘り強い心を養うことになり、より強く速い持久系アスリートになるだろう。

Rod Bien　パタゴニア・アンバサダー。アメリカでもトップクラスのウルトラランナー。2001年からウルトラマラソン大会に出場し、数々の勝利を収める。50キロレースや、50マイルレース、100マイル耐久レースで、度々コースレコードを出している。会社オーナーで妻がいる。子供3人の誇り高き父親でもある。

＊ DNF=Did Not Finish= 途中棄権

蓄積した段階で、高強度トレーニングを適切に補ってやると、このシャトル過程を増強し、結果的に LT を最高値に持っていき、最良の持久力を獲得することになる。**アスリートやコーチの多くが誤解しているのは、高強度トレーニングを分量的にどれほど用いるか、という点だ。**その必要量は、一般に想像するよりずっと少ないと判明しており、その辺りについては、このあとすぐ触れるつもりだ。

　ステップ 1 と 2 を合わせると、有酸素代謝の作用は掃除機のようなものだと分かるだろう。ピルビン酸を吸い上げることで、乳酸の蓄積を減らしているのだ。ST 線維は最も大型の掃除機を備えていて、作業中の筋肉群から乳酸を大量に除去する役割を担っている。ST 線維の有酸素代謝容量が大きいということは、掃除機が大型だということになる。

乳酸除去力の増加と持久力：
持久力向上の鍵になるのは代謝

　以上の話を踏まえると、持久力を向上させる最上の方法は以下の 2 つになる。

　❶有酸素容量を増やして（掃除機を少しでも大きくし）、ST 線維のミトコンドリア貯蔵量を増やし、過剰なピルビン酸と乳酸を吸い上げ、利用して、有益なエネルギーを作り出す。

　❷乳酸シャトルのメカニズムを改善すれば（掃除機を強力にすれば）、運動強度が高くなってきたときに出始める乳酸が、効率よく有益なエネルギーに変換され、ATP 再合成の鈍化を防ぐ。

　この狙いを達成するのは、微妙で難しい。❶のために必要なトレーニングのタイプと、❷のために必要なトレーニングのタイプとは、まるで異なるからだ。有酸素容量を増加させるためには、低〜中強度の作業を大量にこなす必要がある。一方で、乳酸シャトルの効率化を図るには、トレーニング強度を上げて、乳酸の産生をかなりのレベルまで増やさなければならない。

　掃除機が大型で強力なほど、高い強度の作業がこなせるので、アスリートはその分だけ高強度／高速を長時間維持できる。

　あなたの ST 線維の有酸素容量が大きくなると、その分だけ多くの乳酸が筋肉内のミトコンドリアに入って往復でき、有益なエネルギーとなる。そうなれば、これまでより高い出力を、長い時間維持できる。あなたは、きっと耳にしたことがあるだろう——すごいエンデュアランス・アスリートに関して、お世辞の言葉がいろいろと並べられるのを。たとえば、「あの人は、大きな有酸素ベースを持っているんだ」とか、「彼女は大型モーターの持ち主なんだ」とか。いま、運動生理学を理解したあなたは、そんなコメントの背景にあるものを理解している。こ

コロラド州ロッキー・マウンテン国立公園のロングズ・ピークのトレールを駆け下りるサビーナ・パリジャン　写真：Fredrik Marmsater

こで一言、あなたの直観にそぐわない苦言を呈しておく。**高強度での持久力を向上させるために、あなたは、地味で、低強度で低出力な、遅筋線維の有酸素容量を最大にしなければならない。**

高強度トレーニングの誘惑：
持久力トレーニングは反直観的

　トレーニングのタイプによって、体内における適応の様相が異なる。最も重要な低強度な有酸素トレーニングへの適応は、構造的なものである。つまり、身体内部のさまざまなタンパク質構造を発達させることである。トレーニングすることで筋肉の毛細血管を密にし、ミトコンドリアの量を増加させ、ひいては心臓の働きを変えていく。こういった変化は、目立った変化が現れるまで数週間から数か月かかるが、ときに何年もそのままということもある。それもあって持久系アスリートのキャリアは、しばしば非常に長く、40歳代に入っても記録を伸ばす。

　一方、高強度トレーニングに適応すると、無酸素代謝による出力が高まるが、それは既存する構造の機能的な変化である。解糖酵素の活性度が高まり、乳酸の運搬を担うタンパク質に変化が起こる。こういった適応は、ワークアウト後数時間以内に生じ始め、数日から数週間後も一定の改善が見られる。

　高強度のトレーニング刺激に対する反応は早いので、トレーニングに適応した

53

という感覚がすぐさま訪れる。特に有酸素能力を高めようとして、数週間から数か月間我慢して過ごしたあとでは、その感じが強い。それで、よしこれは効くぞ、という肯定感を得て、多くのアスリートやコーチたちは、ついつい高強度トレーニングを使いすぎることになる。高強度トレーニングは激しく、疲れなければ、と思い込んでしまう。目に見え手で触れる成果、それが嫌いな人なんていない。

　だが、高強度トレーニングを主体にしていると、長期的に見た場合しばしば望むような結果を得られない。その理由は、高強度トレーニングをやり過ぎたからではなく、低強度トレーニングの量が少な過ぎるからなのだ。この誤ったトレーニング戦略の結果は、通常、次のような経過をたどる。高強度トレーニングの結果、ほんの2、3週間わくわくするような大きな成果を経験したあと、先ず高原状態を迎え、次いでパフォーマンスの急落を経験する。そういうことになるのは、あの低出力のST（遅筋）線維がトレーニング刺激を十分に受けていないため、有酸素容量が不足し始めるから。掃除機が小型に戻ってしまっているのだ。本番のレースにおいてスター的役割をはたす無酸素代謝に比べ、有酸素容量の役割は、いかにも脇役的であるものの、持久力の限界値が決まる際には、ST線維の有酸素容量が決定的な役割を果たす。

　パフォーマンスが高原状態に入ったり、急落した場合、しばしばトレーニング・プログラムの強度を上げる必要があると解釈されるが、実際は、まったく逆の対処法が必要となることが多い。有酸素ベースが枯渇していたら、そのベースが回復しない限り、持久力は回復しない。高強度トレーニング・プログラムの局面に入っているあいだも、有酸素容量トレーニングの量を十分に維持することは、長期間にわたってパフォーマンスを維持するための基本となる。

　こうした混乱、混同が起きるのは、わたしたちの直観が誤っているからだ。アスリートは自分の持久力が限界に近づいてくると、それが自分の運動強度的な限界なのだ、と思ってしまう。斜面の傾斜が増してきて、同じペースを維持できないとか、レースのゴール直前数分で競争相手を追い抜こうと懸命になっても、脚力が追いつかないとなると、つい直観に頼って、このレースに必要な高強度のトレーニングが不足していたのだと思いがちだ。弱い箇所があるなら、そこを鍛えろ、と直観が語りかける。

　だが、もともと掃除機が小さすぎるなら、それは見当違いというもの。

大型モーター

　上の記述から、適切な持久力トレーニングを進めるためには、低強度トレーニングと高強度トレーニングの双方が大切だ、と理解できるだろう。どちらか一方だけでは、パフォーマンスを最大にすることはできない。最終目的に達するため

には、2つの方式をバランス良く、適切なタイミングで用いることが重要だ。

　有酸素容量が増加すれば、目指す種目の競技時間の長短にかかわらず、すべてのアスリートに大きな利益となる。

■持久系アスリートにとって何より魅力的なのは、AeT（有酸素閾値）と定義する掃除機のサイズを大きくすれば、それがそのまま持久力、つまりLT（乳酸閾値＝掃除機のパワー）を大幅に上げることになる点だ。

■そうなれば、非常に高強度のワークアウトも含めて、疲労からの回復率を向上させることにもなるだろう。次のセクション2で読むように、キリアン・ジョルネを多くのアスリートと比べたとき、この辺りが彼の最も大きな強みの1つとなっている。大型の代謝モーターを備えていれば、無酸素代謝においても、その分だけ多量の作業をこなせる。さらに、すべてのトレーニング適応は、そのトレーニングに費やした時間の長さに直結して起きる。ということは、あなたの有酸素システムが向上すれば、その結果として、あなたの無酸素能力の改善にもつながるのだ。

　フィットネスの館は、地面にがっちり基礎（高いAeT水準）を固めた上に建設する必要があり、早い内から上階部分に気を遣いすぎてはいけない。

持久力の三脚の、残る二脚：運動効率と$\dot{V}O_2max$

　ここまで持久力において代謝が果たす役割について、多くのページを割いてきた。それで、運動効率と$\dot{V}O_2max$を軽視しているように思われるかもしれないが、これからその2項目について、詳しく説明しよう。

運動効率：正しいテクニックの価値

　効率的な動きのメカニカルな側面を指して、しばしばテクニックと呼ぶ。それはスポーツの種目によってさまざまに異なり、目で見てヒントを得たり、直接コーチを受けて学ぶもので、書物では学べない。

　何によらずテクニックというものは、ピアノの演奏から不整地のランニングに至るまで、特定の練習を何時間も、何時間も繰り返して初めて、身に付く。繰り返し練習するうちに、運動神経が幾つもの筋動員パターンを創り出し、試行錯誤を経て結果的に望み通りの動きにたどり着く。ここでいう動員パターンとは、何千という運動単位（神経と筋線維のつながり）が、正しい順序、正しい強度で、寸分の狂いなく連繋して、狙い通りの技術を発揮することを意味している。

　もしあなたのトレーニングが、都市部のフラットな土地のランニングに偏っていると、あなたの神経組織には、そういうタイプの動作パターンばかりが刷り込まれる。つまり、脳の運動皮質は傾斜のない整地での動作パターンの記憶の図書館を発達させていき、そこからさまざまな動員パターンを選び出してくる。その

55

誤解される $\dot{V}O_2max$ （最大酸素摂取量）

$\dot{V}O_2max$ という用語は、メディアや持久力に関する科学研究の場でも、盛んに行き交っているから、$\dot{V}O_2max$ こそが持久力パフォーマンスの指標だ、と思い込んでも責めるわけにはいかない。そんなあなたが、「$\dot{V}O_2max$ なんて、持久力の指標にならない」と知ったら、さぞかし驚くだろう。

20世紀の初頭、アーチボルド・ヒル博士は、身体が取り込んで利用できる酸素の最大量を初めて測定した。測定それ自体だけでなく、その測定値が人体が運動するときの限界を示していることを理論づけたことで、博士は1922年にノーベル賞を受け、その後100年近くにわたって、運動生理学の基礎理論の大きな部分を形成してきた。ところが、ヒル博士の理論もその測定値も、そもそも持久力を意味していたわけではなかった。それがつい最近になって、どういうわけかマスコミとそれに釣られる形で一般大衆が $\dot{V}O_2max$ は持久力パフォーマンスを意味するものであり、さらには持久力パフォーマンスそのものであると見なされるようになった。確かにその数値はよく目にするし、持久力の潜在能力と関連するものの、有酸素持久力そのものを規定するわけではない。

$\dot{V}O_2max$ という用語が定義するものは、その人の有酸素パワーの上限値である。ある意味で筋肉の最大出力と類似する。だが筋が最大出力を、何回も繰り返し発揮できないように、$\dot{V}O_2max$ を長時間維持することはできない。とはいえ、最大筋力が高ければ、それより軽い重量を連続して何度も持ち上げる能力（筋持久力）の点で有利になるのと同じように、$\dot{V}O_2max$ の値が高ければ、有酸素持久力を高レベルに引き上げられる可能性がある、ということになる。

さまざまな研究の示唆するところによれば、$\dot{V}O_2max$ を決定する最大の要素は、左心室の拍出量だという。つまり、心臓が1拍する度に、酸素運搬役の血液をどれだけ押し出せるか、ということである。

本書の著者スコット・ジョンストンが長期にわたって個人の特性にも着目しつつおこなったテストによれば、エリート・クラスの持久系アスリートの $\dot{V}O_2max$ は、競技シーズン中も、また長い選手キャリアを通じても変化が見られないか時に減少しながら、彼らのパフォーマンスが、目立って向上していることがある。このような結果が得られる理由は、無駄のない動きと、LTにおけるスピード、言い換えれば持久力パフォーマンスを支える三脚の、残る二脚に支えられているのだろう。

$\dot{V}O_2max$ は、トレーニングに対する「反応の第1波」と呼ばれる。それは若者や持久力トレーニングを始めたばかりの人が、急速にその値を伸ばす傾向を捉えた言葉だ。そういうことが起こる理由は、主に心臓がトレーニングに素早く反応して、前述した左心室の拍出量をはじめ、その他の要素が絡んで、血流量を増加させるからだ。

持久力の向上を目的とする科学的研究では、多くの場合、被験者に特定のトレーニング手順（プロトコル）を何週間か施したあと数値の変化を測定する。$\dot{V}O_2max$ は心臓血管系の能力を評価する指標として標準になっているが、その理由は計測が容易なので被験者間の比較だけでなく、過去におこなわれた様々な研究との比較も容易にできるからだ。決して、持久力の予見者として最適だからというわけではない。たまたまそういう状況になったため、一般人のあいだに、$\dot{V}O_2max$ を持久力と同一視する風潮が生まれた。

この誤解を助長したその他の要因を挙げると：
- どの研究もたいてい研究期間が比較的短い。それは、長期に及ぶ研究に協力してくれる被験者を見つけるのが難しいからだ。研究は月単位から、ときに年単

位と長く、個人生活にも割り込んでくる。そんなものに関わりたい者などなかなかいない。そのため研究者は短時間で結果を得られる指標を用いて、トレーニング介入をおこなう。高強度トレーニングによる機能適応は短時間のうちに発現するので、結果的に研究対象として$\dot{V}O_2max$ を取り上げる例が増えることになる。

● どの研究でもたいてい、被験者は趣味でスポーツしている人か、トレーニングしていない人だ。高レベルのアスリートで、日常のトレーニングを放り出して研究に協力しようという人などなかなか見つからない。元々 $\dot{V}O_2max$ が低い人にトレーニングさせているのだから、効果が現れて当然なのだ。

● この種のテスト結果は、$\dot{V}O_2max$ の平均値の変化として公表される。被験者の中には数値的に減少する人もいるだろうが、平均値が明確にプラスであれば、トレーニング手順（プロトコル）が効果を発揮した証拠だとして、それを掲げる。トレーニング反応に関する個々の例は、どれほど重要であっても考慮されない。

こういった要因に導かれて一般人の頭の中でに、$\dot{V}O_2max$ の重要性が過剰に膨れ上がることになる。そのような研究の多くは、高強度インターバル・トレーニング（HIIT）プログラムと、低強度連続トレーニング手順（プロトコル）とを比較対照する。この極端な単純化と誤った解釈のせいで、こうすれば $\dot{V}O_2max$ が必ず上昇すると約束するトレーニング・プログラムが一気に大量に出現したのだ。HIIT は人体システムのうちの、迅速かつ劇的に反応するシステムに影響するので、HIIT 手順（プロトコル）は、どんな場合でもたいてい、フィットネスへの近道のように見えてしまう。研究成果に対するこのような誤解と、新し物好きなメディアと、時間に追われて近道を求める人々、この3者が交じり合った結果、HIIT フィットネスの狂乱が巻き起こった。そういったトレーニングプログラムは、多くの場合ジムを拠

点に、社会的な広がりを見せ、多くの人々をエクササイズに向かわせた。しかしランニングやボート漕ぎ、XC スキー、スキーモといった主要な持久系スポーツで、HIIT プログラムだけを偏重して世界クラスのアスリートになった例はない。さあこれで十分だろう！

高強度トレーニングは、あらゆる持久系アスリートにとって重要だけれど、あくまで補助的な手段として利用されるべきで、有酸素ベースの代用にはならない。

ここから得られる教訓は大事だ：

❶ 次のような文を読んだら、眉に唾をつけよう。「〇〇〇という HIIT 方式は、効果的なトレーニング・レシピの決定版と証明された。なぜなら、これを採り入れた者の $\dot{V}O_2max$ の平均値を X ％向上させたから」

❷ 持久力フィットネスへ至る近道が、新たに見つかる、などと信じてはいけない。ただ、フィットネスの流行に便乗する過剰宣伝が新たに発覚したと思うべきだ。万が一そんなものが見つかったら、ありとあらゆる持久系スポーツのプロ・アスリートたちが、そのジムに殺到するだろう。

❸ 持久力トレーニングの歴史は、試行錯誤の物語。それは 100 年以上の長きにわたって、何千、何万ものコーチと何百万ものアスリートによって、形づくられてきた。たとえ証拠の裏付けが乏しくてもその母数が膨大にあるため、コーチたちは何が有効で、何が無効か、判別してきた。新たな試みが数々生まれて、良きものは残り、悪しきものは消えるか良きものになるまで修正された。こうした数々の試みは、最高レベルの競技会で、ストップウオッチという何より厳格なテストにさらされてきた。

参考文献：
Bassett DR Jr, Howley ET, "Limiting factors for maximum oxygen uptake and determinants of endurance performance," *Medicine and Science in Sports and Exercise* 32, no. 1 (Jan. 2000) : 70-84.

フランス、ピエラ・メンタ 2013 の 2 日目、ボーフォールテンのロズラン側を通過中。ピエラ・メンタのような何日にもわたるステージレースでは、脂質の適合が完走のために大きな役割を果たす　写真：Jocelyn Chavy

機能は非常に優秀で効率よく、何も意識しないまま自動的に最適なエングラムを選び出すことができる。ところが、競技の場がフラットではなく、不整地だったり下り坂だったりスキーモだったりすると、図書館の棚は空っぽ同然なので、あなたは前頭葉の意識操作を用いて対応せざるを得なくなる。その意識操作は、スピードが遅く効率も悪く、疲労が大きい。

　簡単にいえば、下りに強くなりたいとか、不整地に強くなりたいというなら、そういう場所を走ることだ。2本の指で演奏するピアノ曲「チョップスティックス」をいくら練習しても、ショパンの曲は演奏できない。あなたは競技における

様々な場面を想定し、自分のエングラムの図書館を充実させなければならない。それは困難な上に、時間がかかる。だが、ほかに途はない。(代謝効率については次の「脂質適応」の項を参照)

$\dot{V}O_2max$

　十分トレーニングを積んだアスリートにとっては、持久力を構成する3要素のうち、最もトレーニング効果が現れにくい要素だ。パフォーマンスとの相関関係も、3要素の内で最も稀薄である。有力な証拠の示すところによれば、その限界は、おおよそ遺伝子的に決定されているそうだ。両親は選べないのだから、その数値に過度にこだわっても不毛である。わたしたちは極めてハイレベルな国際大会に出場するアスリートをコーチするが、その中には、例外的に高い$\dot{V}O_2max$

の値を持っていながら、ささやかな結果しか残せない選手がいる。その一方で、$\dot{V}O_2max$ が比較的小さいアスリートが同じレースに参加して、素晴らしい成績を残すことがある。こうしたバラツキを極めて身近に度々経験したせいで、何か一つの数値を取り出してパフォーマンスの予言者のように見なしていいものかどうか、わたしたちは疑っている。大切なのは、パフォーマンスというよりも $\dot{V}O_2max$ そのものの値を上げるためにトレーニングするという一般的な風潮に、疑問を向けることだろう。$\dot{V}O_2max$ に関しては文献も多いので、56 ～ 57 ページに「解説」を入れて情報を追加しておいた。

脂質適応と代謝効率と持久力

　もう何年も前から、持久系アスリートのコーチたちは（持久系スポーツの幅広い分野で）認識していた——しっかりトレーニングしたアスリートたちは、脂質をうまく利用している、それも、従来の研究成果から想定される理論値より高い強度（ときに最大強度）まで脂質を利用している、と。コーチたちは、この脂質への適応状態の良否が持久系スポーツにおける成功を勝ち取る鍵になるだろう、と見当をつけた。しかし、研究結果は、コーチの経験を支持しなかった。それが今では、新たな科学的研究により、コーチたちの信じたところが正しいと証明された。

参考文献
Yeo and Carey, "Fat adaptation in well trained athletes," *Applied Physiology, Nutrition, and Metabolism* 36, no. 1 (2011).
Seiler et al., "Rethinking the role of fat oxidation: substrate utilization during high-intensity interval training in well-trained and recreationally trained runners," *British Journal of Sports Medicine* 1 (2015).
Volek et al., "Rethinking fat as a fuel for endurance exercise," *European Journal of Sport Science* 15, no. 1 (2015).

科学者たちの誤解の道筋

　何十年ものあいだ研究者たちは、次のように語ってきた——体がエネルギーを利用するに当たって、脂質が主要な役割を果たすのは、低～中強度の運動に限られ、しかもその貢献度は理論上わずかなものにすぎない、と。つまり、高強度の運動のエネルギー需要に応えられるのは、もっぱら炭水化物だというのだ。この話には正しい側面もある。このような実験に被験者として参加した一般人にはそのまま当てはまるし、レクリエーションレベルで運動している人にも、ある程度当てはまるのだ。

　科学者たちに支持されてきたこの見解は、神聖なものとしてスポーツ科学文献の殿堂に祀られて、栄養学やスポーツの科学者たちの中には、未だに、こう断言して憚らない人がいる——アスリートたちは、ひとたび LT に到達すると、脂質

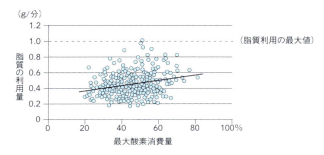

図2.9 どのようにして科学者たちは間違ったのか
青い点は、さまざまな運動強度における脂肪の利用量を研究した結果である。この種の調査では大半が、トレーニングしていない一般人を被験者にしている。横目盛は運動強度を VO_2max に対する割合（％）で示しており、縦目盛は脂質の利用量を示している。右肩上がりの太線は、調査結果の平均値を示す。上方の破線は、脂質を利用可能と予想される最大値 (1g/分) で、それは強度が比較的小さいとき起きると考えられていた。運動強度が高くなるとエネルギー産生全体に対する脂質の貢献度は落ちていってゼロになる、というドグマが何十年も受け継がれてきた一方で、コーチたちは昔からトレーニングを積んだアスリートの脂質利用率はもっとずっと高い、と見ていた。この図はコーチたちの見解が正しかったことを示唆する

代謝は停止して、運動が要求するエネルギーに貢献することはなくなる、と。

　それが、新たな研究によると（前ページの「参考文献」参照）、トレーニングを積んだアスリートの脂質利用率は大幅に高く（最大で2倍）、従来の知見とは異なって最大強度に至るまで脂質利用を維持できるという。たとえてみれば、自動車の馬力を上げながら、同時に燃費を改善するようなものだ！

脂質適応体質になる

　脂質適応体質になるためのトレーニング法は、極めてシンプルだ。本書にあるトレーニング処方箋を実行すれば、そこから得られる見返りは、注ぎ込む努力に比べて大きいだろう。数ページ前の記述を思い出してもらいたい——グリコーゲンを枯渇させることが、有酸素適応を促す最も力強いトレーニング刺激になる、と書いたはずだ。トレーニング・セッションを長時間つづけるうちに、あらゆる活動筋のST線維のグリコーゲンが枯渇してくる。だから、そうした低強度ワークアウトを長時間つづけると、脂質適応が高まるのだ。空腹状態で有酸素容量トレーニングを一定程度おこなうと、この脂質適応を昂進させることができる。朝起きて、何もカロリーを摂らないままトレーニングすると、グリコーゲンがやや枯渇した状態になる。それで、筋肉は仕方なく、身近にある脂質を燃料として利

図 2.10　最大強度運動中の脂質利用量

最近の研究で、トレーニングを積んで脂質適応している持久系アスリート(その脂質利用率をオレンジ色の楕円で示す)と、脂質適応の進んでいないアスリート(その脂質利用率を緑色の楕円で示す)を比較した。その結果、トレーニングを積んだ持久系アスリートは脂質を利用する量が2倍余り多く、そうした脂質の貢献は、以前考えられていたよりずっと高強度な範囲まで及ぶ。脂質適応は持久系アスリートにとって大きな利益がある(出典：Volek 他)

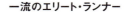
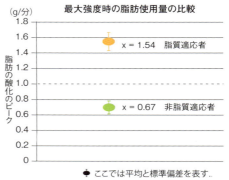

用し有酸素代謝力を増進させることになる。炭水化物を減らして脂質を増やした食事にしてもまた、脂質適応を進めることになる。ただし、毎週12時間以上トレーニングするアスリートの場合、食事内容を変えてもその効果はあまり目立たないだろう。それは、低強度トレーニングの量に刺激されて、すでに脂質適応が促されているからだ。

　脂質適応の向上に伴って得られる利点は2つ。1つ目は、燃料不足にまつわるものだ。体の脂質備蓄量は、たとえトレーニング十分な痩せた人でも、実質的に無制限(筋肉内脂肪は最大10万カロリー分)である一方、グリコーゲンの備蓄量は、トレーニングが十分な人でも2000カロリー分がせいぜいだろう。グリコーゲンは脂質適応した人にとっても、最終的な結果を左右する重要な栄養素だ。グリコーゲンの備蓄を使い果たすと極限的な疲労状態に陥って、たちまちガクンとパワーが落ち、パフォーマンスに大影響を及ぼす。だから、底なしと言っていい脂肪の備蓄タンクから少しでも長い時間、大量のエネルギーを取り出して、グリコーゲンの備蓄利用を節約できれば、燃料切れの赤ランプが点灯する時間を遅らせることができる。

　2つ目の利点は、1つ目より大きな潜在力を感じさせるのだが、全力を出しきる手前の強度における乳酸の産生が減少することだ。ご存じのように、うっかりして筋肉内に乳酸を貯めてしまうと、一時的な疲労状態に陥ることは、わたしたちが身をもって知るところである。そんなときの感覚は、スポーツ科学者ならずとも理解できる。たとえあなたが、自分から強度ダイアルの目盛りを緩めなくとも、代わってあなたの体が、無意識のうちにそれをおこなう。脂質利用の限界強

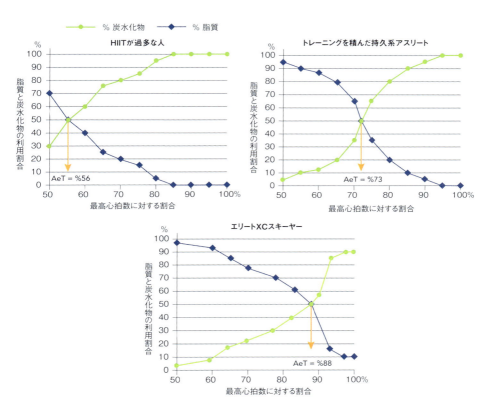

図 2.11 トレーニング歴が異なるアスリートの脂質 VS 炭水化物の燃焼割合の比較

上の図は 3 人の異なるアスリートにおこなった代謝効率テストの結果を示している。1 人はトップクラスのクロスカントリー・スキーヤーで、1 人はレクリエーションとして競技会に参加するランナーで週 64 キロ (40 マイル) 走る人、もう 1 人は熱心な HIIT(高強度インターバルトレーニング) 実践者で有酸素トレーニングはおこなわず、週 3 〜 4 回 HIIT をおこなっている。図はトレッドミルを走って、異なる運動強度における脂質とグリコーゲンの貢献割合を表している。緑色の線は、テスト中のエネルギー総量に対する炭水化物の利用割合を示し、青い線は脂質の利用割合を示している。横軸は運動強度の指標として心拍数を示し、縦軸に脂質と炭水化物の利用割合を示している。どの強度においても、脂質と炭水化物の貢献度を合わせると、100％となる。交点のオレンジ色の矢印が示す値が、各被験者の AeT(有酸素閾値) のおおよその値である。AeT の値が右へ行くほど、アスリートの掃除機が大きいことになり、持久力のパフォーマンスを発揮できるだろう

度を高められれば、乳酸の産生がその分少なくなり、主観強度も低くなる。得るところ大！

夏の日盛り、イタリア・ドロミテを走るジャニーヌ・パティトゥッチとシンシア・アルヴァーソン
写真：Dan Patitucci

ここまで話してきたすべてを、図解すれば

　63ページの3つの図は、2つの代謝システムの相互作用を示している。使われる燃料（炭水化物もしくは脂質）それぞれの貢献度をパーセントで縦軸に示し、横軸に増加する運動強度を示す。青線が脂質の貢献割合、緑線が炭水化物の貢献割合である。青の値と緑の値を合計すれば100パーセントになる。3つのグラフは、アスリートのトレーニング状態が異なると、エクササイズに対する代謝反応も異なることを示し、さらに、**持久力とは、代謝の質のことである**ということを図示している。

　このグラフでは横軸に各人の最高心拍数に対する割合を運動強度の値として示している。縦軸は燃料として使われる、脂質と炭水化物の割合である。

　この3つのグラフを見比べると、持久力トレーニングをしっかり積んだ人と、そうでない人とのあいだに、異なる運動強度（％）における脂質と炭水化物の貢献割合に、劇的な違いが見られる。注目してもらいたいのは、このエリート・クロスカントリー（XC）スキーヤーにとって有酸素（脂質）代謝の貢献割合が、どんな運動強度（％）においても、ほかの2人に比べて大きいことだ。トレーニングを積んだこのスキーヤーはほかの2人に比べて、有酸素代謝システムを用いて多くのパワー（ATP）を産生できる。青線と緑線が交叉する点は、通常 AeT に該当する。XCスキーヤーの場合、交叉する点が、グラフの遙か右寄りにある。これは有酸素ベースが非常に大きいということになる。

有酸素代謝経路と無酸素代謝経路を強化する

代謝という作用の基礎をひと通り話し、持久力において代謝が果たす役割についてひと通り説明したので、次の章で展開するトレーニングの方法論の基本に触れておこう。

ATP を素早く、また長時間にわたって産生する能力を向上させることで、あなたは持久力パフォーマンスを改善できる。2つの代謝経路は明確に区別できるので、両者が明確に異なるタイプのトレーニング刺激に反応すると聞いても驚くことはない。どんな種目を目指してトレーニングするにしろ、どういう刺激を与えれば望む結果を得られるか理解するのが、最初のステップになる。

有酸素システムへの適応に理想的なトレーニング刺激を強く与えれば、無酸素システムに対しては否定的な効果をもたらすだろう。逆に無酸素トレーニングに強い効果をもたらすワークアウトはどれも、有酸素システムの働きを小さくするだろう。ここまで読んであなたは理解するようになったはずだ──エクササイズのあいだ中、多様なエネルギー需要に応えようとして働く2つのシステムの絡み合いは複雑だ、と。

とはいえ、代謝システムの複雑さは又、美しさでもある。わたしたちの適応能力は高い。わたしたちはさまざまに異なるトレーニング刺激に応じて、適応の仕方を変え、多様な持久力に応じられるようになる。自分の代謝パターンを偏らせて、1、2分で終わる競技に必要な無酸素性持続力を極大化することもできるし、何時間も、いや、ときに数日もかかる種目に合わせて、それなりの有酸素代謝へと偏らせることもできる。しかし、両方を同時に最大化することはできない。極論はさておきここでは、現実の話としてわたしたちは、**自分がおこなうトレーニングの目的を、目標とする特定の種目で望む成績を得るため、という一点に絞らなければならない。**

登るアスリートのトレーニング哲学

次の章で、昔からおこなわれてきたあらゆる持久系スポーツにおいて、60年以上にわたる歴史の試練を経てきた持久力トレーニングに関する考え方をたどる。

その要諦は：まずはじめに有酸素容量（AeT）を最大化しなければ、潜在的持久力の全開もない、ということ。

次のセクション2では、上記の作業を実現するためにさまざまな方法を探る。

65

ATHLETE STORIES 3

わたしの運動能力のルーツ

キリアン・ジョルネ

わたしが育った家は、周りを山と森に囲まれていた。5歳になるまでテレビを観たこともなかった。妹とわたしは、学校に行かないときはいつも外でいっしょに遊んだ。木に登ったり、露岩から飛び降りたり、子供時代は人と違って、いつも戸外で過ごし、森へ行き、雪にまみれて、山という地形に馴染んでいった。

母も父も、2人とも山が大好きだった。父は山岳ガイドで、登山に関しては、どちらかというと保守的な考えを持っていて、登山技術や、安全に関する知識、山々への畏敬の念を教えられた。母は若い頃からクライミングとランニングを楽しんでいて、どちらかというと計画を練るのは苦手だったけれど、経験は豊富だった。山へ行くと母は活き活きしていた。軽い荷物で速く移動するのが好きだった。

わたしが3歳になると、家族で付近の山へ登るようになった。XCスキーで登るとき、両親はぼくたちの下降用に、アルペンスキーを担ぎ上げた。それが、わたしのスキー登山事始めだった。5歳になる頃には3000メートル峰に登り、氷河の山旅を経験し、ロープやクランポン、アイスアックスを使った。その頃わたしは初めて、やさしいクーロワールを登った。当時の写真を見ると、ヘルメットがバカでかくて、まるでキノコみたいだ。

みんなでバックパックを背負い、40日かけてピレネー山脈を縦走したのは、わたしが10歳のとき。わたしたちは毎年そんなことをした。そうして持久力を身につけ、何日も山旅を続ける術を学んだ。13歳になる頃、母ともっと長い山歩きをするようになり、ときに食べ物も飲み水も十分持ってないこともあった。ある日、食料も水も

持たずに出かけ、16時間も岩から滴る水をなめてすませたことを覚えている。

その頃から、スキー登山のトレーニングを始めた。長距離自転車レースに参加し、山小屋泊まりで80キロのランニングをしていたけれど、トレーニング・プランらしきものは何もなかった。カタルーニャのスポーツ技術研修センターに入所すると、担当コーチが毎月1回トレーニング・プランを送ってきて、日々何をすべきか指示してきた。コーチは2人いて、1人が10人ほど担当しているようだった。わたしは13歳から17歳まで、トレーニング量やインターバル・トレーニング、運動強度、回復、山の状態と登山技術などを学んだ。

当時、まだ学生だったので、トレーニングは早朝か放課後。日中はジムに行ったり、走ったりした。週末は長時間のトレーニングに使った。ときにはバックパックにスキーをつけて、自転車で学校へ行き、授業が終わると、雪のある場所まで自転車を漕いで約60キロ、2時間スキーして、また自転車で家に帰った。ときには、学校まで片道25キロの道のりを、走って往復した。コーチは何度も何度も、トレーニングのやり過ぎだ、といってムキになった。わたしがサイクリングはトレーニング場所へ行くための単なる移動手段、と言ってもだめだった。わたしは集中力が非常に高い、というよりこだわりが強い、というのが事実だ。

いつだってわたしは回復力に優れていたので、そんな大量の作業量でもやりおおせた。思うにそれは子供時代に1日中外で遊び、3歳のときから長い距離をハイキングしてきたおかげだろう。

スポーツ技術研修センターでは、毎年年

キリアン・ジョルネと妹、ピレネーで
写真：Kilian Jornet Collection

が指示する数値より、ちょっと多めに、ちょっと強めにトレーニングしていたが、それからは、コーチの指示する数値に敬意を払うようになった。わたしが聞けば、彼女は答えてくれた。

17歳になって、フランスのフォン・ロムーの大学に入り、スポーツ科学を専攻し、解剖学と生理学を学んだ。わたしは、何年間もコーチに言われてきたことの裏づけとなる理論を学んだ。そのとき初めて、自発的にトレーニングを始めた。先ずは丸１年間のプランを立て、毎週何をするか、図表化した。それがうまく機能して、次々と好結果を得た。しかし、レースの準備が次第に自動化されるようになってくるにつれ、わたしは長期にわたるプラン、詳細なメニューを作らなくなった。もっとトレーニングするか、休養が必要か？ もっと追い込めるか、すでにやりすぎか？ これまでよりも自分の感覚に任せてトレーニングしている。そのようなトレーニングをできるだけの背景がわたしにはある――長年に及ぶコーチとのトレーニング歴と、そこから得た諸々の知識のおかげだ。

わたしにとって、山の中でおこなうトレーニングは、楽しみだ。時にわたしは、スポンサーのために働く。旅したり、写真を撮ったり。でも、トレーニングは仕事でない。骨身を惜しまず取り組むけれど、快速登山への愛を失ったら、元も子もない。

Kilian Jornet 自らを山岳愛好家と規定する。競争も楽しむが、このスポーツの何よりの価値は、心の内と外の両側に広がる風景を発見することにあると考えている。

度初めに、$\dot{V}O_2max$ や、回復力などの検査を受けた。結果の数値がどういう意味を持っているのか、初めのうちは分からなかったが、コーチと話すうちに分かってきた。いつだってわたしは、ワークアウトの裏に隠れている意味を理解しようとしていた。たとえば、コーチはどうしてある日はインターバル・トレーニングをさせ、また別の日には持久力トレーニングをさせるのか？ ある日わたしはコーチに訊いてみた、どうして、量を重視するトレーニングと強度を重視するトレーニングの両方が大事なのか、と。それまでわたしは、コーチ

67

SECTION 2
持久力トレーニングの基本方針

Chapter 3

持久力トレーニングの方法論

　前のセクションでは、持久力とそれを裏付ける生理学がどんなことを可能にしてくれるか、その基本を説明した。そこで得た知識を活かすために、2章で述べたように、わたしたちは全員が、同じ言葉を話す必要がある。このセクションでは、まず用語と原理原則について共通の語彙を確立し、次いで、そういった原理原則を持久力の改善に役立てる方法を探る。

小史

　持久力を増すための方式（メソッド）とは、どんなものか？　その由来は？　上手くいく理由はどこにあるのか？　持久力の生理学と同じように、持久力トレーニングの方法論全体に共通する知的な枠組みがある。その骨組みをしっかり押さえておけば、自分が置かれている状況において何が適切なトレーニングか理解し、それをおこなうことができる。

　過去百年余りにわたって、さまざまな形の持久力トレーニングに対する身体の反応に関する知見が蓄積されてきた。おびただしい量の科学的研究を重ねて、持久力を構成する多種多様な特性を明らかにしてきたが、最も効果的なトレーニング・メソッドを確立する最前線にいたのは、科学者たちではなく、コーチだった。コーチたちは昔から、試行錯誤を通して何が有効で、何が有効でないか明らかにしてきた。失敗したトレーニング法は、捨て去ったり修正したりして、進化と似たような過程を経て、最も効果的な方法となった。科学者たちはあとからやってきて光で照らし、あれこれの成功したコーチ・メソッドがどうして機能したのか突き止め、それをもって理論的枠組み作りを助けた。本書で用いる概念（コンセプト）をいくつか理解していると、あなたがトレーニング中に何か判断しようとするとき、考えの道筋ができるだろう。

そのスポーツの研究生となる

P68-69　モンタナ州グレイシャー国立公園のトゥー・メディシン地域の稜線を走るアリソン・ディミット・グナムとケイティ・ロゴツケ。遠くで山火事が起きている　写真：Steven Gnam
P70　ノルウェーのロムスダールで有酸素容量トレーニングをおこなうキリアン・ジョルネ　写真：Sébastien Montaz-Rosset

キリアンのノート

運動生理学に関する教育を受け、コーチたちの指導を受けた。その結果として、どのようなトレーニングをすればどのような結果を得られるか、わたしは特にジュニア時代に習得した。軽いランニングが自分の体力にどのような意味を持つか、スピードを上げたテンポ走がどのような意味を持つか、さらには、そのすべてをどう組み合わせたらいいか習得した。スピードを上げて、激しく動いてトレーニングするための前段階として、基礎力の裾野を広げる方法を習得した。わたしは書物とコーチの両方から学んだおかげで知識を蓄え、自分の体が日々のトレーニングの結果どのような効果を得られるか予想できるようになった。自分がどうして長い距離を楽々こなせるのか、十分に回復できるのか、わたしは自分で分かっている。わたしは科学を学ぶ研究生であると同時に、自分自身のトレーニング反応を見つめる研究生でもあった。

またわたしは学生時代を通してランニングのバイオメカニクスをいろいろ研究した——本気になってランニング・テクニックを磨き、リラックス法を研究した。何かうまくいかないことあると、問題点を探って、その理由を突き止めようとした。

するとその要因はストレスにあるとわかった。今わたしは信じている——表に出て夏なら走り、冬ならスキー。それがどんなに気持ちいいか、感じることはとても大事だ。トレーニングはそれ自体、本質的に精神の負担になるものではない。好ましい場で良き人と楽しくやるもの。そうしてストレスを減らすことが、回復には大事だし、トレーニングを先へ進めることになる。

単一のサンプル（あなた自身の例）に基づいて試行錯誤するのは危険で、過ちを犯しがちだ。セルフ・コーチのアスリートは自分自身の責任において、どんなメソッドが効果的か、そうでないかだけでなく、その理由まで、精一杯努力して学ぶことになる。そうして得た基本的な知識をうまく利用すればあなたは、トレーニングにまつわる無用な過ちを犯さないですむ。安心してください——ここにある知見はすべて、実験済みです。

重要な概念の数々と、専門用語、基本原理

基礎知識を蓄積した上で、トレーニング・プログラムや個々のメニューを見渡すと、因果関係の観点からものを考えられるようになる。そうなると視野が広がり、トレーニングも、他人のレシピをただ真似るのではなく、知識に基づいて自分で判断できるようになる。コーチングの大部分（特にセルフ・コーチングの場合）は、結局、歴史の試練を経たメソッドをうまく取り入れることになる。ほかの科学と同じように、複雑なシステムに関する理解を進めるには、単純化したモ

デルを使うことだ。トレーニング・モデルを用いる方法には、結果を予測するとなると限界があることを、わたしたちは承知しているが、それでも身体という複雑なシステムと、トレーニングに対する人体の反応を理解しようとするとき、それは役に立つ。

トレーニング効果

> トレーニングとは、あなたがおこなう作業を指すのではない。
> あなたの体に与える好ましい影響のことだ
>
> レナート・カノーバ

　体の生理的システムの一部が、恒常性(ホメオスタシス)の安定した状態から大きく外れると、そのシステムは危機状態に陥る。トレーニング刺激を与えてそういう不安定に陥ると、それが引き金となって、わたしたちがトレーニング効果（用語集を参照）と呼ぶものがはじまる。体にトレーニング・ストレスが加わると、ある種の適応反応が起こるのだ。それは、先ず疲労として現れ、次いで、適応能力として認められるようになり、前回と同じストレスが加わっても、今度はもっと強い抵抗力を示せるようになる。

　トレーニング効果という概念は、ハンス・セリエが発見した汎適応症候群の重

図3.1　トレーニング効果の例

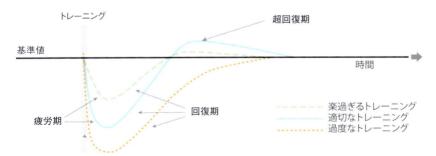

トレーニングの結果、人は疲労し、一時的に作業能力が低下する。回復期に入ると適応がはじまり、体力レベルが高まる。超回復期のあいだに新たな刺激を与えると、数週間から数か月にわたって体力レベルの改善が見られる。回復が不十分なままトレーニング刺激を頻繁に与えすぎたり、逆に、運動不足でトレーニング刺激の頻度が少なすぎたりすると、適応プロセスが起こらず、アスリートの体力は低下していく

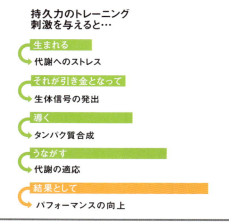

**図 3.2
持久力トレーニング
の連鎖**

持久力のトレーニングに刺激を与えると、それが引き金になって次から次へ変化が起き、パフォーマンスが改善する。この種の変化は、遺伝子レベルまで及ぶ。遺伝子はトレーニング刺激によって強化されるか、強化を抑制されるか、どちらかとなる。

要な派生概念だ。ウィーン生まれの医者で化学者のセリエは、ストレスという言葉を、わたしたちが現在使っているような、生物学的な意味合いで使った。彼の首尾一貫したストレス学説によると、ストレスを引き起こす生物学的な要因（ストレッサー）は、有益でありながら有害な形で、生体に作用すると説明する。

上の図 3.2 は、トレーニング・ストレッサーとかトレーニング刺激といわれるものが加わっている最中からその後に、連鎖的に起きる効果を示している。

容量トレーニング vs 活用トレーニング

トレーニングする際のモデルとして、容量トレーニングと活用トレーニングを区別することは、たとえきっぱり分けられなくても、大いに効果的だ。あるワークアウトの目的が、ある種の作業の容量を増加させるためのものか、それとも、ワークアウトで得た容量を最大限効果的に利用するためのものか理解することは、個々のワークアウトをトレーニング計画に組み込む際の助けになる。

各種の持久系スポーツの中で、アメリカの水泳界は他国の追随を許さない国際的な成功を、何十年にもわたって途切れることなく収めてきた。その成功は、世界の競技者やコーチの注目を集めてきた。驚異的経歴をもつマイケル・フェルプスのコーチとして有名なボブ・ボウマンは、容量トレーニングと、活用トレーニングという別々の言葉を用いて、スイマーのおこなうトレーニングを 2種類に分けた。その2つを、ボウマンは次のように定義した。

■**容量トレーニング**：アスリートの潜在能力を長期的に向上させるトレーニング。容量トレーニングは、一般的にベース期に重点的におこなう。このトレーニングは、競技会そのものや活用トレーニングを実施するために必要な基礎力

2018年のアルティトイ・テルヌア大会で、ピレネー山脈のフランス側、ツールマレーのコルから上部へ向かうレーサーたち。この大会はスペイン最大で、最も人気の高いスキーモ大会　写真：Davide Ferrari

を向上させる。従って多くの場合、何かのスポーツに特化したものではない。

■**活用トレーニング**：アスリートのパフォーマンスを比較的短期間に向上させるトレーニング。活用トレーニングは、一般的に、目標とする競技会の試合準備期から試合期にかけて、優先的に用いる。このトレーニングは、アスリートが目標とする競技会の特異性に合わせておこなう。

何十年ものあいだ、スポーツ界に論争の嵐が吹き荒れた。アスリートのトレーニング法として、まず容量を増加させて汎用性の高い能力に焦点を当てトレーニングを積んだ上で、競技会の直前に短期間の活用トレーニングを組み合わせるのが効果的なのではないか？　いやいや、どんな能力にしろアスリートが現時点で持っている競技能力を最大限まで活かすように、最初から大会向けに特化したトレーニングをおこなう方がよいのではないか、と。

アメリカのランニング系スポーツ界では、21世紀を迎えようという頃、この手の議論を盛んにおこなったものだ。アメリカのランニング界は1970年代から80年代にかけて大きな成果を挙げたあと、90年代から2000年代初頭にかけて、低迷の時代に陥った。その時期は、多数のコーチとアスリートたちが容量重視のトレーニング・システムから離れ、活用重視のトレーニングを偏重するようになった時期と重なっていた。それ以前、1980年代に、ボート競技界はこの論争を経験していた。それは、ドイツにおけるコーチ哲学が一変したことを受けてのことだった。ドイツでは活用トレーニング重視の道を捨て、有酸素容量の蓄積を基本とする指導法へと劇的に変化していた。そのような変化が起きてから間もなく、ドイツはボート競技の支配者となった。クロスカントリースキー界の内部に同じような論争が起きたのは、2004年にノルウェーの運動生理学者ヤン・ヘルガルー

シャモニー近郊のアルジャンティエール氷河を登るコリン・ヘイリーとセバスチャン・モンタス＝ロッセ。コリンとベン・ティベッツの2人は、セバスチャンとビビアン・ブラチェスの支援を受けて、世界で初めてモン・ブラン山塊を南北にスキーで縦断した。全行程89キロ、獲得標高6800メートル、所要時間32時間だった。トレーニングの観点からすれば、これは活用トレーニングと考えられる。挑戦目標という観点からからすれば、ずいぶん巨大な相手である　写真：Ben Tibbetts

ド博士が、容量トレーニングは役立たずだとする意見を、完膚なきまでに叩きのめして、センセーションを引き起こしたからだった。

　この2つのトレーニング・モデルは、究極の実験場である競技会場において、何百万ものアスリートと何千ものコーチによって十分にテストされた。そして根強い反対意見もある中で、この論争に勝利したのは、まずは容量を蓄積した上で、活用トレーニングをある程度加えるという方法だった。キリアン・ジョルネが膨大な量のトレーニングを、それも高い強度でこなせるのは、容量を蓄積するトレーニングを何十年にもわたって積み上げてきた結果だ。エリート・アスリートのトレーニング法を真似るのはとても魅力的だ。しかし何年もかかる容量蓄積トレーニングをせずにそれをしたら、実は活用トレーニングをしていることになる。この本を読み進めるうちに、長期にわたって利益を得ようとしたら、このような他人の真似が最良の道ではない理由を理解するだろう。

　こういった考え方を述べるために、スポーツの種目ごとにそれぞれ異なる用語を用いてきた。しかしボウマンの言葉が、多分、最もわかりやすく、理解しやすい。以下は、ボウマンの説明である。

容量トレーニング

容量トレーニングは、当該スポーツに必要とされるさまざまな種類の作業能力のそれぞれを増加させる。登山や山岳ランニング、スキー登山、スキーモといった山が舞台のスポーツにおいて、容量トレーニングと呼ぶものの内容は以下の通り。

■**有酸素運動の容量**：このトレーニングは、体の移動に使う主要な筋が、有酸素代謝によって、ATPを作り出す能力を改善する。それは、ミトコンドリアの量と、毛細血管密度、有酸素系の酵素群、心拍出量が増加することに起因する。この能力は、持久系のあらゆるアスリートにとって、何より優先すべきだ。持久系アスリートにとって有酸素運動容量はいくら大きくても、そのためにパフォーマンスが阻害されることはない。

■**無酸素運動の容量**：これは解糖系代謝によってATPを作り出す能力を増加させる。持久系アスリートには、大きすぎる無酸素能力が邪魔することもあり、どこまで増やすかは目指す競技によって大幅に異なる。

■**筋力の容量**：このトレーニングは、当該スポーツの動作に必要な筋力の最大値を増加させるとともに、主働筋に交じる局所筋群の筋持久力を強める。一定レベルの筋力を持つことは有益である。しかし過度な筋力は、山が舞台の持久系アスリートにとって邪魔になるかもしれない。この点については筋力を扱うセクション3で詳しく論ずる。

■**テクニックの容量**：これを鍛えると、移動やバランス保持、適切な運動パターンなど、運動の経済性が改善し、エネルギー・コストが小さくなる。

容量トレーニングに関するメモ：

■このトレーニングで得たものは一般的に、表に出てくるまで長い時間がかかる。しかしその効果は、活用トレーニングで得るものより長持ちする傾向がある。

■通常、上に挙げた各種トレーニングは個別におこなう。本質的に何か特定のスポーツのためというより、もっと全体的なものだ。競技や特定の種目に直接結びつく、というものではない。

■狙いは、将来に向けてパフォーマンスの潜在力を向上させることにあり、短期的にはパフォーマンスが低下するかもしれない。それは、自動車の高速道路網を構築することにたとえられる。建設途上のあいだは、ぐずぐずだらだらで、交通渋滞の原因になるかもしれないが、ひとたび完成すれば、大量の車が高速で行き交って仕事がはかどり、人の能力も活かせる。

活用トレーニング

　活用トレーニングは、短期間のうちにパフォーマンスの成果を高めるためにおこなう。ランナーや山岳スキー競技者がこのタイプのトレーニングをするとなる

と、レースに出るか、レースに特化したワークアウトをおこなうことになる。それはアスリートがその時点で持っているさまざまな能力を、競技会で最大限発揮できるようにすること。先ほどの高速道路網にたとえるなら、そこに高速車輌を大量に送り込むことだ。高速道がシステム全体として、増えた分の車の流れを処理できれば、多くの仕事がたちまち片づく。もし、高速道がまだ工事中で速度制限していたら、いくら大量に車を送り込んだところで、交通量は限られ、処理できる仕事量は極端に制限されてしまう。活用トレーニングは、容量トレーニングより効き目が早い。その効果を最大にするため、それは種目なり目標とする競技に特化すべきだ。通常は目的とする種目を模した強度でおこなう。

　ここでは、生理学の視点から活用トレーニングがどう見えるか述べよう。
■有酸素活用トレーニングは、持久力トレーニングとも呼ばれ、またLT（乳酸閾値）トレーニングとも、$\dot{V}O_2max$ トレーニングとも呼ばれる（従来のゾーン・システムでは、ゾーン3、ゾーン4、ゾーン5に該当する）。それは持久系アスリートの最大強度レベルでの持続能力を増加させる。このトレーニングはあらゆる持久系トレーニング・プログラムで一定の役割を果たすものの、強度が高いトレーニングという性質上、特に競技時間が2時間以内の競技会でとりわけ重要になる。その場合、最高スピードがLT（乳酸閾値）程度か、それを上回る。一方、3時間を超す長時間競技になると、有酸素容量トレーニングと有酸素活用トレーニングの内容は、基本的に同じ強度になってしまう。というのは、ほとんどの競技スピードはLT以下で、AeTに近いスピードで競うから。
■無酸素活用トレーニングは、競技中維持できる無酸素容量の割合を増加させる。典型的な方法は、実際の競技スピードより5〜10%速く走るか、あるいは、距離を大幅に縮めて、競技会で想定されるよりかなり大きな負荷をかける。このタイプのトレーニングは筋持久力に対しても強いトレーニング効果がある。

活用トレーニングに関するノート
■活用トレーニングは、アスリートの容量的な能力を低下させるが、その低下分は、トレーニング・サイクルの各段階でおこなう容量トレーニングで得たものと、相殺勘定になるはずだ。
■活用トレーニングの効果は変動しやすく不安定だ。活用トレーニングをおこなうと、手早く効果を得られるが、それはしばしば長続きしない。もしも、レースに出る度に悲惨な結果に終わるとか、シーズン中ずっと満足なレースをつづけられないというなら、1つの可能性として、容量トレーニングに比べて、活用トレーニングの割合が大きすぎるのかもしれない。

■活用トレーニングは、アスリート各人が自己ベストを達成するために必要だ。とはいえ、アスリートの有酸素容量が小さかったら、活用トレーニングに励んでも最大の効果は期待できない。ここでも、あの高速道路網ステムを思い出すことだ。

■有酸素容量の大きいアスリートは、最大の効果を得るため、活用トレーニングをもっと増やせるし、そうすべきだ。エリート・アスリートが、容量の低い初心者よりずっと大量に、ずっと厳しくトレーニングする理由が、ここにある。さらに、トレーニングする際にもっとも犯しやすい過ち――アマチュアがエリートを真似てはいけない理由が、ここにある。

運動強度に関するおさらい

有酸素閾値（AeT）　肺におけるガス交換（換気）がゆっくりきちんと制御されている状態。息を止めることなく会話でき、鼻呼吸で間に合っている状態なら、有酸素代謝がエネルギーの大半を供給しているので、その運動強度を何時間も保っていられる。この上限のポイントを有酸素閾値（AeT）、または第1換気性作業閾値（VT1）と呼ぶ。このポイントを超えると呼吸数が急増する。持久力トレーニングをしている大半のアスリートにとって有酸素閾値は、血中の乳酸濃度が基準値からわずかに（1ミリモル/L程度）上昇して、約2ミリモル/Lとなる強度に相当する。

乳酸閾値（LT）　スピード（運動強度）がさらに増すと、体が要求するエネルギーも増す。そして遂に乳酸産生率が乳酸除去率を上回ることになる。その境目をLTと呼ぶ。LTレベルの強度では、乳酸濃度がさらに上昇しているものの、一定の範囲を保っていて、1時間ほどは運動を続けられる状態である。そこからさらに強度を上げると、

乳酸値が一気に上昇し、結局アスリートは、スピードを落とさざるを得なくなる。

　持久系のアスリートなら、その境目を各自知っている。そこを超えると、ほんの短時間しか同じペースを保てず、いずれ一気にスピードを落とすか、止まることになる。LT（乳酸閾値）は持久力を測るのに最良の指標だ。その値を高めれば（LTに相当するスピードか心拍数、もしくはその両方を改善させれば）、持久力のパフォーマンスは高まる。幸い、持久力を表す数々の指標の中で、LTは最もトレーニング効果が上がりやすい。

　この境目は第2換気性作業閾値（VT2）に合致しているので、そこを過ぎると目に見えて一気に呼吸が深く、頻繁になる。さらに会話が出来なくなり、息継ぎのあいだに二言三言、単語を口にできるだけとなる。LTを超えると運動の持続時間は秒単位ないし分単位となり、強度が上がるにつれて、持続時間はさらに短くなる。

ワシントン州レーニア山を背景に、タトゥーシュ山脈のピナクル・ピーク・トレールを走って有酸素トレーニングをするケイティ・ボノ。ケイティはタホマとデナリの両方で女子スピード記録を保持している　写真：Jason Thompson

　容量トレーニングと活用トレーニングは、それぞれに持ち場があり、互いに独立していることは明らかだ。それでも、アスリートが大半の時間を注ぎ込むのは、容量のトレーニング。目指す大会に応じた容量トレーニングを十分にこなした後に限って、活用トレーニングを加えて得る利益を、最大にできるだろう。活用トレーニングの効果は、驚くほど早く現れるので手応えを感じ、ついつい惹かれてしまう。だからこそ、持久系アスリートは賢明になって長期的視野を持つ必要がある。真の持久力は、年を重ねて作り上げるもの。週単位、月単位では無理だ。

運動強度という言葉を理解する

　　　　　　わたしは心拍計で運動強度をモニターする。
　　　　だが、ずいぶん長いことそれをつづけてきたので、
　　　もう、時計は不要。自分の心拍数は感覚的にわかる。

その誤差は、1分当たり数拍以内だ。

キリアン・ジョルネ

　どんな持久系スポーツでもトレーニングする際には、最適な運動強度を決定することが、何より大事だ。運動強度がエネルギー・システムの動員パターンや、作業に当たって遅筋（ST）と速筋（FT）という2種類の筋線維の、どちらがどのくらい稼働するかが決まる。トレーニング効果は、運動強度と直結しているのだ。ここであれこれ議論する目的は、あなたがトレーニングの狙いを正確に定め、自分の意図した結果に到達することにある。

　運動強度は、サイクリングならパワー・メーターで測れるし、ランニングなら、ロードにしろトラックにしろ、ペースで測れる。だが、登るアスリートの場合、トレーニングもレースも、多種多様な地形や多種多様な自然条件の下でおこなうので、運動強度をコントロールするために使える唯一の手立ては、心拍数（HR）ということになる。

運動強度のゾーンに関する考察

　85ページに掲げる心拍数に基づく強度別ゾーン表は、各ゾーンにそれぞれ明確な役割を割り当てている。それはトレーニングの全体計画を構築する際に役立ち、どんな持久系スポーツのどんなアスリートにも通用するものだ。この5ゾーン・システムの重要な鍵は、生理学の部（セクション1）で扱った2つの代謝指標、AeT（有酸素閾値）とLT（乳酸閾値）である。この2つの指標は、敏感にトレーニング効果を反映するから、その数値はいつも固定しているわけではなく、長期的に見れば、体力の状態が向上すると、現在自分が位置しているゾーンが少しずつ動くと考えてよい。このゾーン表を個人個人の代謝閾値に基づくものにすれば、個人向けのゾーン表となり、最高心拍数に対する割合に基づいて運動強度を決定する一般的な方法より、遙かに正確なものとなる。この2つの値の決め方については、5章で扱う。

　まず言っておきたいのは、エクササイズに対する代謝反応は、ゾーン・システムという言葉や85ページに掲げる表が暗示するものと違って、明確な境界を持つわけではないということ。また人によって大きな違いがあるだけでなく、同じアスリートでも日々状態は変わる。同じ人が同じ心拍数（145拍／分）でトレーニングしても、十分に疲労から回復している日と、疲労が溜まっている日では、その効果が違ってくる。このように、ゾーン・モデルにも欠点はある。それでも、運動強度のコントロールという課題に、有益な光を投げかけてくれる可能性はある。ゾーン・システムは、AeTとLTという代謝指標だけを用いた3ゾーン・

ATHLETE STORIES 4

出発点へ戻る長い道のり

ダコタ・ジョーンズ

初めての冒険として、わが家の周りに高くつづく山並みの縦走に出発した。当時わたしは17歳で、つい最近知ったばかりだった——地元のグループが、時間があればスピードを上げて、なるべく遠くの山まで行こうとしている、と。その頃わたしは、これといって特にしたいこともなく、自然豊かな地元の山でも歩いてみようか、と思っていた。それで、バックパックに食料と飲み水、ほかにも少々詰めて、冒険に出発したのだった。

登ること4時間、道のない森を抜けて、高い稜線に乗り上げた。右にも左にも、川の源流域が盆地となって広がっている。行く手に岩だらけの山稜が延び、輝く青空を背景に、途中に鋭い峰の輪郭が浮かび上がっていた。ピークは4つあり、くだりがどうなっているか、ここからは見えない。

程なくして、わたしは急な岩壁の基部に腰をおろした。それは仁王立ちになって、来るなら来いと待ち構えているようだった。ロープも経験もパートナーも、何もない。わたしは下ることにした。でも登ってきた道を引き返すのはいやだ。ここから見ると回り道だし、長すぎる。代わりに、眼下に広がる源流域の盆地へくだることにした。川の流れに沿っていけば、今朝、徒渉した箇所に行き当たるはずだ。こうして、生まれて初めて、苦難の旅に乗り出した。

盆地は静かで、淀みの水は上空の暗くなってきた雲を映していた。さらに進んでいくと、流れが高さ100メートルの滝となって落ちており、わたしは山腹に生える木の幹にぶら下がっては、次の幹に跳び移るようにして、下った。そこを過ぎると、身の丈より高い灌木が一面に生い茂り、足元には倒木が入り組んでいた。それを避け

て山腹の草付を行くと、今度はブユが群れをなしてやって来て、素肌にびっしりたかり、噛まれて痛い。仕方なく、山裾に沿って駆けだし、露岩を縫って山羊のように飛び跳ねた。さらにくだって膝の深さの流れを歩くうちに、両岸が切り立ち狭まってきて、ついに垂直となり、長くつづく冷水の水路を泳ぎくだる羽目に陥った。18時間後、車に帰り着いたとき、日はとうに暮れ、疲労困憊して、泥だらけ、擦り傷だらけで、お腹が空ききっていた。でも、私は脱出したのだ。一気に、絶望感が高揚感に変わった。

その後繰り返し冒険行を重ねるうち、私は山旅に慣れ、それが冒険という言葉に相応しくないように感じられてきた。本物の冒険には不確実性や不安と緊張、葛藤が伴い、それを乗り越えた時の達成感が必要だ。一方でわたしは、情熱を傾けてひたすら動き回り、未知を探すうちに、長距離ランニングがすっかり得意になり、トレイルランニングのプロになれそうな域に達していた。プロのトレイルランナーになるために、わたしは山から遠ざかり、高地でインターバル・トレーニングをおこない、食事もクロス・トレーニングのルーティーンも目的に沿ったものをこなした。アスリートは生活のスケジュールを、自分の利益になる活動（たとえばトレーニングや、食事、睡眠など）の時間が最大になるように組み上げ、必ずしも必要でないもの（友達づくりや、仕事、冒険に行くことなど）は最小に抑えて、それに慣れる必要がある。わたしは山で過ごす時間が非常に少ない山岳ランナーになった。

ランニングで成功したいと思うあまり、結局、わたしは故障した。「多いことは美徳」という姿勢で、体力にまかせ、誰より

フランスのアヌシー近郊のラ・トゥルネットを駆け上がるダコタ・ジョーンズ　写真：Martina Valmassoi

　も遠くまで走った。そして、わたしはトレーニングで力を出しつくし、レースで苦しむことになった。そのうち右足を疲労骨折し、治ったと思ったら、ハムストリングを肉離れし、その回復中にアキレス腱を痛めた。そんなことが2、3年の内につづいて起きた。自分の得意なことができなくなって、これ迄のキャリアは崩壊した。再びトレーニングができるようになると、今度はカムバックを焦って、前回と同じ故障パターンを繰り返した。山々はいつも近くにあったけれど、冒険という言葉が大分まえから今までとは別の意味合いを帯びてきた。

　この本を読むとき、頭の片隅に留めておいてもらいたい——登る(アップヒル)アスリートになるためのトレーニングは、自分が大好きなことをたくさんできるようにするための手段に過ぎない。筋力を蓄え、備えを万全にすれば、好機を捕らえるためのツールになるものの、捕らえた好機を活かさなければならない。山へ行き、実際に山の斜面を登ることを忘れてしまったら、登る(アップヒル)アスリートとして失格だ。わたしは優秀なランナーになるつもりで、トレーニングに時間をかけ過ぎ、実際に山を走る時間が少なくなってしまった。自分の人生の中心は山での冒険なのに、近年そのような冒険はほとんどしていなかった。野生の地を探りたいという情熱を導きの光として、文化もスポーツも混沌としたこの状況を乗り切っていこう。トレーニングは大事。でも、それは自分が好きなことを実現するための手段に過ぎない。何のためにトレーニングしているのか、忘れないで。

　近頃、わたしは生活に必要なものを減らして、以前、地図も持たずわずかな食料で行ってきたあの18時間登山の姿勢を取りもどそうとしている。あのときは足元の状態がろくに分からなくても、笑いながら進みつづけた。あそこを回り込んだら何があるかわからず、夕食までに帰宅できるかどうかなんて考えもせず動き回っていた。うまく、賢くトレーニングすれば、不測の事態にも対処できるようになり、わたしの冒険はもう一度冒険になるだろう。もしかしたら、小さな喜びが訪れるかもしれない。新たに何かを試みようとすれば、喜びの中に苦しみもあるだろう。でも、そこへ向けて正しいトレーニングをつづけていれば、不安の中に心安らぐときを得られるかもしれない。大切なのは、満足して1日を終えること。

Dakota Jones　コロラド州南西部、デュランゴ在住。現在、充実した時間を過ごしている。

システムから、細かな区分にこだわり過ぎて「偽りの正確性」を備えた７ゾーン・システムまでいろいろだ。そういった中で、わたしたちは、最もありふれた５ゾーン・システムを提供する。さまざまある中で、時間をかけて有効性が証明されたこの５ゾーン・システムが、トレーニングの現場で何か判断しようとするときに、最も有益なモデルだとわたしたちは考えている。以下に、５ゾーン・チャートに挙げた１つ１つについて、詳しく説明しよう。

回復ゾーン

　ゾーン１より下位に、有酸素能力の向上には小さな役割しか果たさない運動強度の領域がある。しかし、それは、厳しいトレーニング・セッションからの回復を早めるという、大きな役割を果たす。この回復ゾーンの運動を終えた直後から２、３時間のあいだ、あなたはそれまでより気持ちよく感じるに違いない。軽いエクササイズなら、どのような形のものでもいい。ただ、回復効果が大きいのは、主眼とするトレーニングとは異なる様式のエクササイズだろう。個人差が大きい

運動強度ゾーン・システム

　ゾーン・システムといっても何種類かあり、あれこれ迷うのも理解できる。いずれのシステムもある程度欠点を持っていると言っておこう。どのゾーン・システムも、心拍数を運動強度に結びつけようとしている。ところが、運動に対する体の反応は、さまざまな要素によって日々変化する——最も大きく影響するのは回復状況で、それ次第で、たとえ同じ強度でトレーニングしても、その日自分がどのゾーンでトレーニングしているか変わってしまう。つまり、ゾーン区分の鍵となる代謝指標（AeT と LT）が、日によって数拍分変わるかもしれないのだ。ワークアウトのあいだ、心拍数が同じなら体の生理状態も同じだろうと見るのは、単なる仮定に過ぎない。また、次のような疑問も起きる——各ゾーンをさらに細分化してサブゾーンを設け、心拍数を１拍刻みで、それに対応する運動強度を設定す

べきではないか、と。だが、それは科学者がいうところの「偽りの正確性」である。　前記の諸要素に影響されるだけでなく、実際のトレーニングで心拍数を、１拍刻みで正確に管理することなど不可能だ。７ゾーン・システムに関する記事を読むとき、それがあなたのトレーニングに役立つかどうか、注意深く考えるべきだ。

　わたしたちは、次ページに掲げる伝統的な５ゾーン・システムをおすすめする。このシステムが鍵として使うのは、有酸素代謝の代表的な２つの指標——Z2 の上限に当たる AeT と、Z3 の上限に当たる LT である。これならシンプルに大別して、低〜中程度のトレーニングをおこなう有酸素ゾーン（Z1 〜 Z2）と、非常にハードで短時間のトレーニングをおこなう無酸素ゾーン（Z4 〜 Z5）があり、両者の中間にハード・トレーニングの Z3 があるということになる。

ので具体的な時間は示さないが、疲れた脚には水泳がおすすめだ。就寝前に 15
分間ウオーキングすれば完璧という人もいれば、日々フォーム・ローラーをゴロ
ゴロさせる人もいるし、ヨガの人もいる。中には、スロージョグを 1 時間という
人もいる。回復のためのワークアウトは、ゾーン 1 の上限の心拍数から少なくと
も 20% 下げる。

	心拍数	主観強度	トレーニング効果、目的	代謝の種類	動員する筋線維	トレーニング方法
ゾーン5	適用外	超最大、持続不可能、疲労困憊	パワー、スピード、テクニック、無酸素容量、無酸素持久力	ATP/CP 系と解糖系、有酸素代謝の関与は最小	全ての ST + 全ての FT	8～60 秒のインターバル運動
ゾーン4	LT（乳酸閾値）～最高心拍数	厳しい、全力でなんとか持続が可能	最大有酸素パワー、筋力／スピードの持久力、運動効率、テクニック	有酸素能力も無酸素能力も最大出力	全ての ST + 大半の FT	30 秒～8 分のインターバル運動
ゾーン3	AeT（有酸素閾値）～ LT（乳酸閾値）	中程度、厳しいが心地よい、疲労困憊にはならない	有酸素容量、無酸素容量、乳酸シャトル、運動効率	無酸素解糖／無酸素代謝が支配的になってくる	全ての ST + 若干の FT	10～20分のインターバル運動、または 60 分までの連続運動
ゾーン2	AeT の -10%～AeT	AeT の 高 い 人は中程度、AeT の 低 い 人は楽	有酸素容量、運動効率	有酸素脂質燃焼が主力、脂質利用が最大	大半が ST	30～90 分の連続運動
ゾーン1	AeT の -20%～ -10%	非常に楽～楽	有酸素コンディショニング	脂質の有酸素燃焼	ST	30 分～数時間の連続運動
回復	AeT の -20%以下	軽快	リカバリー	脂質の有酸素燃焼	ST	20～60 分の連続運動

図 3.3　5 ゾーン・トレーニング・システム

AeT（有酸素閾値）と LT（乳酸閾値）を重要な代謝指標として用いる 5 ゾーン・システムを示
す。この表では、トレーニング効果や、代謝の種類、各ゾーンにおいて主要な役割を担う筋線維、
トレーニング効果を上げるために用いるトレーニング方法も記載している。AeT/LT に付記し
てある％は単なる目安であり、厳格なものではない。研究施設で入念におこなったテストなら、
その数値を決められる。回復ゾーンは、定義を明確にして用いているわけではないが、ゾーン
1 との境界は、アスリートの回復状況によって動くので、明確ではない。そういうわけで、数
値を明示したゾーン区分をしない。

ATHLETE STORIES 5

山岳ランニングのトレーニング法
——山もない、時間もない中で——

ジョン・ケリー

本書を読んでいるあなたは、山の中に住みたいと思っているかもしれない、いや、たぶん、そう思っているだろう。わたしだって、しばしば田舎暮らしを夢見る。普通ならテレビが置いてあるリビングでスライドショーを流しながら、懸垂している図を夢見る。1人、心静かに風景を楽しみながら、むろん、信じ難い量のトレーニングを黙々とこなす。だが、わたしたちはたいてい、何もかも捨ててモンタナへ引っ越すわけにはいかない。

わたしの現実は、ワシントンD.C.郊外の家屋密集地域に、妻と幼児3人と暮らしていて、標高差30メートルの丘を見つけるのも大事だ。創立間もない技術系の企業で責任ある仕事に就いているから、山へ逃れる時間なんて、ほとんどない。

ウルトラ・ランニングの世界でわたしの名前を知っている人はたいてい、バークレー・マラソン2017大会で、わたしがたった1人の完走者だったからだろう。バークレー・マラソンは獲得標高が2万メートルを超え、エベレストを海抜0メートルから2回登るよりも高い数値になるので有名だ。地形にも時間にも恵まれないわたしが、どんなトレーニングをしてそのレースに備えたのか、って？ 正直言ってそれは、モンタナの住人がおこなうトレーニングと比べたら、非効率で楽しくないものだった。それでもトレーニングが可能だったことは、結果が証明している。

2015年のバークレー・マラソンに参加させてくれという主旨のわたしの「嘆願書」は、妙な理屈をこねたものだった。「このレースは、ずっと前からわたしの興味を引いていて、個人的にもすごく大きな意味を感じています。わたしの祖先は200年以上も前からコースに隣接する土地に住んでいます云々」しかし、正直言って、それで参加が認められるとは思ってなかった。素人がバークレーを完走するのは、野球のワールド・シリーズの9回ツー・アウト満塁の場面に、ガキがのこのこ出て行って3振を食らうようなものだ。でも夢は楽しい。

だから、返ってきた招請状を手に、どうしたものか途方に暮れて、妻との嬉しい会話をこんな調子ではじめた。「おい、覚えてるだろ、私が嘆願書を送った、ってこと。でも、そんなの、認められるはずないよね、って言ったけど……」

私はトレーニング経験ゼロだった。さあ、バークレーにどう対処する？ 頭の中で近所の低い丘を、必死で探した。1キロ足らずで高度差30メートル足らずの坂道とか、長さ40メートルで、高さ4、5メートルもない短い急坂がある程度だ。グーグルアースで等高線が詰まっている場所をくまなく探した。目をつけたのはマール・リュ・リッジだ。住まいから1時間離れているが、800メートルの距離で標高差150メートルは魅力だった。

そんな丘を走った。走り回った。何の計画も、具体的な目安も、何もなかった。頭の中をバークレーの膨大な数値に占拠されたまま、確信する一事にこだわった——とにかく、坂道を走らなければ、と。平日の夕刻には近くの丘を走り、週末になると夜明け前から車を走らせて、マール・リュ・リッジへ行き、日が暮れるまでずっとワークアウトをつづけた。積雪30センチの中で、距離60キロ、獲得標高6000メートルを9時間台でこなしたこともある。バークレーのトレーニングにふさわしい悲惨な状況！ そう思いながら。

バークレー・マラソン 2017 で、コース上に置いた本の中から自分のゼッケン番号と同じ数字の 1 ページを破り取るジョン・ケリー。彼はこの年、完走した。テネシー州フローズンヘッド州立公園
写真：Alexis Berg

　それでも、最終的にまだまだ準備不足と感じていた。さらに悪いことに、トレーニングはわたしの生活をむしばんだ。毎夕、毎週末、トレーニングしているあいだ、妻は幼児の世話をしていたのだ。その年わたしは、バークレーのファンラン（5 ループのうち、3 ループ）を完走したが、それは関係者のほぼ全員にとって、驚異的な結果だった。それはトレーニングのおかげというより、実は栄養補給最少計画のおかげだった。30 時間余りだったら、ジェルとエナジーバーにプラス α があれば大丈夫と、わたしにはわかっていたのだ。
　そこまで体験すると、今後は何をしたらどれ程のことができるか見当がついてきた。2016 年と 2017 年、わたしはトレーニングの狙いを、単に走行距離と獲得標高に置くのではなく、時間の有効活用とトレーニングの効率化にも注目することにした。近くの丘に距離 80 メートルで獲得標

イエローゲートにタッチするジョン・ケリー。バークレー・マラソンを完走し、レース史上数少ない完走者の1人となった。ジョンはコースで見つけたビーニー帽と、その場しのぎのレインジャケットとして使ったゴミ袋の残骸を身につけている　写真：：Josh Patton

高29メートルという急坂を見つけたので、週末はそれを利用した。もはや、ドライブに2時間使わなくてもよくなった。平日はすべてランニング通勤でまかなった。獲得標高はほとんどないが、バークレーの丘を60時間走りつづけられるよう、LTの運動強度を保つことに注力した。傾斜を変えられるトレッドミルを購入して週末は家で過ごし、子供たちが眠ったり遊んだりしているあいだ、妻がゆっくりできるようにした。どれも裏口から抜け出して山を走るほど効果的ではないが、この程度なら継続してできるし、家族と接する時間も適度に持てる。

トレーニングの効率に焦点を移すと時間ができて、トレーニングの量も多くなった。バークリー2017に向けたトレーニング量は、2015年の時に比べて、1週当たり距離で20マイル（32キロ）、獲得標高で6000フィート（1830メートル）増えた。トレーニングの質は高く、バークリーの要求項目に合わせた特別仕立ての体系的ワークアウトを実行した。

トレーニングの課題は、1人1人に独特な制約が複雑に絡み合う中で、最大の効果を上げるところにある。山岳ウルトラマラソンのためのトレーニングに、思い通り時間を使える人は、極めて稀だ。仕事や家族、睡眠などに費やす時間を除いたら、1日24時間ではどう見たって不足する。トレーニングにおいて、いや、人生万般において、自分ができる最善は、与えられた条件の中で行動することだ。といっても、何も、日々忙しくて山へ行けない人は全員、希望を捨てなければならない、ということではない。それは1つのパズルであって、自分に可能な最善のトレーニング法を当てはめて解決すべきなのだ。それができれば、あのバークレーのときのように、やがて成功が訪れて心満たされ、ああいった障害があったからこそ、それを乗り越え、これだけのことができたのだと自覚するのだ。

John Kelly　トライアスロンに習慣的に出場するウルトラランニングのデータ科学者。バークレー・マラソン完走者。コナ鉄人レースの男子30～34歳部門でトップ10入賞、ビデオゲーム・キャラクターのコスプレ・マラソンで世界記録、などを持つ。カーネギー・メロン大学で博士号を取得し、分析ディレクターとしてQxBranch, Inc.に勤務。双子を含む3児の誇り高い父親はメリーランド州ロックビル在住。ウェブサイトrandomforestrunner.comに自身のランニング歴を公開している。

ゾーン1：有酸素コンディショニング

　このゾーンの運動強度は、有酸素能力を高める基盤となる。このゾーンのトレーニングを過小評価すると、有酸素能力が徐々に衰えてくる。トレーニング生活の全体を通して、このゾーンのトレーニングが基礎を形作り、その上に強度の高いトレーニングが積み上がっていく。ゾーン1のトレーニング効果——血液量やミトコンドリアの量や毛細血管密度の増加、作業中の筋肉の有酸素系酵素の増加——そういったものはすべて、有酸素代謝能力の改善を促す。この強度で長時間トレーニングすれば、脂質代謝もまた促進する。ランニングプログラムの初期段階にこのゾーンを用いれば、衝撃の大きい負荷に対する身体の準備ができるので、怪我の予防にも役立つ。この強度では、血中乳酸濃度は1ミリモルから、1.5ミリモル前後を上回ることはない。ゾーン1の上限強度の心拍数は、その人のAeT（ゾーン2の上限強度）より10%低く設定する。

　ゾーン1のトレーニングは、最短30分から最長で数時間の範囲で連続しておこなう。この強度でのトレーニングは、持続時間が長いことからテクニックや運動効率を改善するトレーニングとして大きな効果がある。すべての登るアスリートは、このゾーン1のトレーニングが、1年間におこなう有酸素トレーニングの50%から70%を占めるようにする。

ゾーン2：有酸素容量

　持久系スポーツについて語るとき、わたしたちはしばしば有酸素ベースの重要性に言及する。それが持久系スポーツで成功する鍵となるからだ。ゾーン2の運

有酸素システムの指標として、最も重要なのは、有酸素閾値におけるスピードである

　この速度をできるだけ高くしないことには、高強度作業を維持することはできない。キリアンはそういう考えを十分理解しているので、カレンダーがレースの予定で一杯の年でも、彼のトレーニングは低強度の有酸素ベース・トレーニングが中心である。この事実を理解しているかどうかが、長期間にわたって成績を最大にするために重要

である。
　前のセクションの生理学に関する記述によれば、この地味な有酸素ベース・トレーニングが基礎となってより速いスピードを、より長時間維持できるようになる。世界レベルの持久系アスリートの多くは、分野を問わず、トレーニング総量の80〜85%をゾーン1〜2のトレーニングに充てている。

キリアンのノート

2016年、わたしのトレーニング時間は1300時間少々だった。その中で高強度トレーニングをおこなったのはおよそ275時間で、そのほとんどはゾーン3～4でおこない、ゾーン5を若干交えたが、このゾーン3～5の高強度トレーニングはほぼすべて、レース中におこなった。その年、わたしは数多くのレースに参加した。トレーニングとして他に350時間、ちょっと頑張って快適だけれど速めのゾーン3をおこなった。残る675～700時間

はすべてゾーン1～2の、もっとずっと軽い有酸素容量を改善する強度だった。この年は、レース予定を詰め込んでいたので、高強度トレーニングの割合が大きかった。注:計算するとレースの占める割合が約20%で、ゾーン3が26%、ゾーン1～2が54%となる。もちろんもっと若い頃、とりわけ10代の頃は、これほどレースに参加しなかったから、トレーニングの比率配分は、大幅に有酸素容量を改善する強度に重きを置いたものだった。

動強度でトレーニングをおこなうと、脂質を酸化してエネルギーを得る有酸素代謝の出力を最大に働かせることになる。それで、有酸素代謝力の最も重要な指標の1つであるAeT（有酸素閾値）の値を上げるには最も効果的なのだ。しかもこのAeTには、エリート・レベルのアスリートを別にして、極めてトレーニング効果が現れやすいという性質がある。その値を上げておけば、LT（乳酸閾値）スピードという指標で計測されるもう一つの重要な持久力を最大限まで向上させる助けになるだろう。

ゾーン2のトレーニングで得る利益は、ゾーン1の場合とほぼ同じだが、出力が増した分だけ動員する筋線維が増し、結果的に筋線維の予備が大きくなる。トレーニングは普通30分から120分連続しておこなう。これは主にベース期の段階でおこない、試合が近づいてきて、トレーニング・プランに強度の高いトレーニングが加わってきたら、その役割は小さくなっていく。

有酸素トレーニングを始めたばかりの人や、有酸素能力欠乏症候群（47ページのADSの解説を参照）の人は、有酸素ベース・トレーニングに割り当てる時間をほぼすべて、ゾーン2のトレーニングに充てて、ゾーン1のトレーニングを完全に省略してもいいだろう。というのも、そういう人たちのペースは、ゾーン1の強度ではゆっくり過ぎて、筋肉を鍛えることにならないから。しかし、AeTの値が高くて、この閾値付近でのペースが速いアスリートは、ゾーン2のトレーニングを1週間つづけると、オーバートレーニングに陥る危険がある。そういう人たちは、有酸素ベース・トレーニングの多くをゾーン1や回復ゾーンまで落として積み上げる必要があるだろう。そういう人たちにとってゾーン2のワークアウト

は、毎日おこなうには負担が大きすぎるので、週1〜2日に限り、週間トレーニング総量の10〜15%以下に抑える必要がある。

ゾーン3：エンデュアランス

このゾーンは基本的に有酸素運動と捉えられるが、ゾーン1や2とは性質が異なる。この強度になるとスピードが増してきて、筋肉はATP再合成のさらなる増加を求めるようになる。遅筋線維でも解糖系に頼るようになると同時に、速筋線維の動員も始まって、解糖がATP再合成の主たる源となる。ペースが上がるにつれて、乳酸レベルが上がりはじめるが、トレーニングを積んだアスリートの場合、乳酸の蓄積はパフォーマンスを低下させずに1時間ほど持続可能な範囲に留まる。運動強度を維持してそのスピードをそれだけの時間保つには、高いエネルギーが必要なので、有酸素システムと解糖システムの双方が、そのゾーン3トレーニングから、強いトレーニング刺激を得ることになる。それほどトレーニン

10%テスト

有酸素容量が十分なアスリート、つまり掃除機が大きくてパワフルなアスリートにとって、ゾーン3のトレーニングは極めて有効だ。とはいえ、十分とは、どれ程の容量を指す？　心拍数もしくはペースで測って、自分のAeT（有酸素作業閾値）がLT（乳酸閾値）まで10%以内に上昇していることを指す（一流アスリートの場合、ゾーン3の範囲はAeTがLTまであと6〜7%、心拍数で10拍以内に迫る）。2つの閾値の差が10%以上あるとき、アスリートは有酸素容量がまだ不十分で、有酸素ベースをさらに積み上げる必要がある。一方、2つの閾値の差が10%より少ない人は、ゾーン2のワークアウトを減らすか、止めるかして、代わりにゾーン3のトレーニングを入れる必要があるだろう。

以下に10%テストの方法を記す。先ず、152〜155ページに詳述したAeTテストのどれかを使って自分のAeTを決定する。次いでLTテスト（155〜156ページ）をおこなう。

大きい方の心拍数を小さい方の心拍数で割って、AeT心拍数とLT心拍数の違いを算出する。（この方法が割合を出す方法として従来の方法と違うと分かっているが、わたしたちの目的には十分有効だ。）

例を挙げると、テストした結果AeT心拍数が128だったとしよう。LTヒルクライム・テストをおこなって、平均150拍の値を得たとする。150 ÷ 128 = 1.17、ということはLT心拍数はAeT心拍数より17%大きい、ということになる。

この場合、ゾーン1〜2のトレーニングで有酸素ベースを向上させる余地が大きいから、気持ち先行で、そろそろゾーン3もしくはそれ以上の強度を加えよう、などと思ってはいけない。

グしていない者にとっては、この強度のトレーニングが筋持久力の改善に強力な効果をもたらすだろう。なぜなら、筋持久力の限界を決定するのは、それだけの高出力を保つために必要な速筋線維の有酸素容量なのだから。

このゾーンの上限が、LTと定義される。つまり乳酸が蓄積するスピードが、乳酸が除去されるスピードを上回るようになる直前の値だ。LTを越えると、どんなアスリートも活動する時間が限られ、やがて、ペースを落とさざるを得なくなる。大半のアスリートは、そういう状態に陥ったときの感じを「あー、あれね」と、直感的に理解できるだろう。

多くの人がゾーン3のトレーニングを魔法の強度、持久力トレーニングの何でも屋と見る。このゾーンのトレーニングは非常に効果的だから、持久力トレーニングとしてはこれだけやっていれば、時間の節約になる、と思ってしまう。たしかに惹かれる気持ちも分かるものの、わたしたちはこの強度のトレーニングを使いすぎないように、と強く警告する。それには落とし穴もいろいろあって、いつ

分極化トレーニング

ステファン・ザイラーは（右下の注①参照）、世界クラスの持久系アスリートを対象に——その種目はクロスカントリー・スキーや、ランニング、サイクリング、ボート競技など数種に及ぶ——彼らが実際にどんなトレーニングをおこなっているか調査して、人気の出版物がすすめるところと逆だということを発見した。ザイラーは、オリンピックの金メダリストや世界チャンピオン、ツール・ド・フランスの選手などを含む一流選手のトレーニング記録を見せてもらった。そして、トレーニングの運動強度をAeT以下と、AeT〜LT、LT以上の3段階に分けて、それぞれの割合を調べたところ、競技種目が何であれ驚くほどの共通点があった。彼らはプロとしての競技力を保つため最良のトレーニング・メソッドを選ぶはずなのだが、データを照合すると彼らが好む強度分布ははっきりしていた。そこから導き出したザイラーの結論は、エリートたちがAeT以下でトレーニングする時間は全

体の80％で、AeT〜LT強度で大凡6〜8％、LTを超える強度で12〜14％というものだった。これはゾーン3のトレーニングで得るものは多い、という直観とはずいぶん違うようだ。すでに2章で言及したように、ザイラーは「分極化トレーニング」という言葉を用いて、このシステムを解説している。ザイラーは別の研究（下の注②参照）で、レクリエーション・ランナーにおいても、分極化トレーニングを用いるとパフォーマンスの向上が見られた、としている。

注：①「持久系アスリートにとって、トレーニング強度とその時間配分はどうしたら最善か？」（ザイラー、International Journal of Sports Physiology and Performance、2021、Vol.5）。

注：②「分極化トレーニングはレクリエーション・ランナーのパフォーマンスを向上させるか？」（ザイラー、International Journal of Sports Physiology and Performance、2014、Vol. 9）。

ATHLETE STORIES 6

ランニングが運ぶメッセージ

リッキー・ゲイツ

歴史的に見てランニングは、個人的な成果や、勝ち負けを競うものではなかった。意思疎通の手段だった。紀元前490年、マラトンの戦いが迫る中、フェイディピデスはアテネからスパルタまで125マイル（約200キロ）以上を走って、来襲するペルシャ軍に対抗すべく、支援を求めた。スパルタ軍が出動に手間取っていると、彼は残念な報せを持ってアテネに引き返した。だが、重大情報を携えて超長距離を走ったランナーは、フェイディピデスが最初ではなかった。中南米でも日本でも、世界中の古代文化が生んだランナーの元祖は、伝令たちだった。

今、わたしは、情報伝達を担う者になることが、チャンピオンになることより価値ある目標だと考えている。だがわたしは、レースや世界記録を目指してひたむきに集中している人たちに、そういう判断を伝えない。というのは、わたし自身、今の考え方に到達するまで、同じ道をたどってきたからだ。ランニング人生に入ってからしばらくの間、わたしもそういう光景を追い求めていた。

コロラド大学のカレッジにいたとき、非常に強力なクロスカントリー・チームの一員になろう、と心に決めた。それまで2年間、休学して旅して回った後ようやく、そこに照準を定めたのだった。わたしは自分のトレーニングを厳しく管理した。毎回走る度に、時間と距離を記録した。時計を持たずに外に出ることはなかった。毎年8月になるとチームに交じってレースして、先頭集団から1分以内のゴールを目指したが、3年つづけてわずかに届かなかった。

最後となった3回目のトライアルの後、わたしは気づいた──これまで自分にふさわしくないものを目指してトレーニングしていたようだ、と。山に戻って走ると、これまでずっと、自分のゴールではないゴールを追求していた、と分かった。わたしは自分を見失っていた。この失敗のおかげで、このスポーツに対する心底からの愛と感謝が生まれたのだった。

わたしは時計を捨て、距離を追い求めるのを止めた。わたしは新たな目標を立てた──アメリカ山岳ランニング・チームに入ること。そのためには、何らかのトレーニング・プログラムが必要だったが、あまり堅苦しく考えずに、感覚に従うことにした。それから4、5年間、わたしが続けたプランはシンプルだった。1日に1回走ること。どうしても家から出て走る気になれない日、そんな時は、庭先から通りに出て、そこから戻ってきてしまうかもしれない。わたしのルールではそれでも○。ほとんどの場合は、気分が乗らなくて、しぶしぶランパンとシューズを身につけても、ドアを押して表に踏み出し、通りに出れば、そのままずっと先まで行くことになる。

ときに、気持ちはすっかりそちらへ向かいながら、頭がついてこないことがあり、ときに、そのつもりになっても、体がついてこないことがある。重要なのは、精神と体のバランスを保ち、両方の声に耳を傾けること。

このトレーニング法のおかげで、24歳のときアメリカ山岳ランニング・チームに加わり、その翌年には、国内のビッグタイトルを2つ手にした──アメリカ山岳ランニング選手権と、アメリカトレイルランニング選手権だ。わたしは山を走る。それが自分らしさ。

トレイルランニングと山岳ランニング

は、環境に関する新たな認識をもたらしただけでなく、それが、旅を存分に楽しむための1つの方法にもなった。少しずつレースへの関心が薄れてくるにつれて、国内にしろ外国にしろ、その土地を知る機会としてランニングを捉えるようになった。ランニングは、自分が新たな土地に浸って、新たな人と出会うための理想的な手段、と見なすようになった。

2017年、わたしは正真正銘のクロスカントリー・アドベンチャーに乗り出した。3月1日から8月1日まで、大西洋岸のサウスカロライナから太平洋岸のサンフランシスコまで、3700マイル（5920キロ）の道のりをたどった。あの、古のランナーたちのように、情報伝達を担う者になりたかった。人と人を繋ぎ情報を伝える手段として、ランニングを使いたかった。事前トレーニングはしなかった。せいぜい体重を増やすようにした。というのは、その5か月間に少しずつ体重が減って、増やした分をすべて失うことになるのだから（実際は、もっと減った）。私は軽量パックとともに（砂漠地帯を通過する際は手押し車を使いながら）、州から州へ明確なメッセージを運んだ。「人それぞれ政治的な意見は違うかもしれない、生い立ちが異なるかもしれない。でも、わたしは良い人、あなたも良い人、わたしたちには、相違点より共通点の方が多い」と。いつ州境を跨ぎ越したのか、意識したことはほとんどなかった。

東海岸から西海岸へ、共通性という糸で縫い繋いだあと、わたしは次のアドベンチャー、「ストリート、隅から隅まで」という企画を立ち上げた。2018年の秋、40日にわたって、サンフランシスコの通りという通りをすべて、計1200マイル（1920キロ）走る計画だ。アメリカ大陸を横断するランニングは、非常に長く、細い道だった。一方、サンフランシスコの道路を隈な

く走るというのは、クレヨンを握って都会の網目を懸命に塗りつぶし、白い部分をなくすようなものだ。わたしは、このアメリカがどれほど多様性に富んでいるか体験してきて、もしかしたら一つの都会も、国と同じレベルの多様性を持っているかもしれない、と見当をつけた。わずか7マイル四方（約11km四方）というサンフランシスコの町でも、自分が好奇心を失わず、新たな人や、新たな場所、新たな機会に心を開いている限り、その多様性が体験できるかもしれない、と思っている。

長年にわたるわたしのランニング歴――クロスカントリーを希求した日々から今日に至るまで――を説明する一語があるとすれば、それは「一貫性」ということになるだろう。もうわたしは、毎日走ったりしない、けれど、ちょくちょく走る。なぜなら、その一貫性を保ちきれなかったら、このスポーツの深みを探りきれなくなるから。

走る行為そのものが、情報伝達を担う者としてのわたしの役割。ランナーとして15年あまりにわたって進化してきたおかげで、ランニングそれ自体がもつ可能性――レースと競争を超えた先にある可能性が、解き放たれた。それは少しでも速くなろうという呼びかけではなく、スローダウンしようという呼びかけである。自分の心を開き、見るもの、聞くものに心を寄せること。それが現代の情報伝達を担う者なのだ。

Rickey Gates　現在、「アメリカ横断ランニング旅」を視覚表現と文章表現の両面からまとめている最中で、自分の体験を語り伝える方が、実際の旅より余程難しい、と思い知らされている。現在カリフォルニア州オークランドに、ガールフレンドとバイク 'Freedom Machine' とともに暮らす。

アメリカ横断5か月ランの113日目、ユタ州グリーンリバーに近い砂漠を走るリッキー・ゲイツ。モアブの町で受け取ったこの手押し車の助けを借りて水を運び、90マイル（144キロ）の砂漠を一気に走り抜けた　写真：Ricky Gates

しか活用トレーニングに変質しかねないのだ。ゾーン3のトレーニングは誰が
やってもすぐに大きな効果が現れるから、ついつい誘惑されがちだが、この強度
のトレーニングは、年間トレーニング量の10%を超えるべきではない。という
のは、前ページの解説「10%テスト」をおこなって、有酸素ベースがいまだ不十
分という結果を得た人たちがこの強度を使い過ぎると、いともたやすくパフォー
マンスを低下させることになるから。

ゾーン4：有酸素パワー

　ゾーン3のトレーニングと同じように、これもまた持久力の向上に即効性があ
るので魅力的だし、あらゆる持久力プログラムにとって必要なものだ。このLT
（乳酸閾値）を上回る強度では、有酸素代謝と解糖代謝の両方を全開で利用する
とともに、乳酸を除去するシャトル・メカニズムも働く。こういった適応反応は
いずれも短時間のうちに起きる。ワークアウトを進める度に、目に見えて体力が
改善していくと実感する。そんな急激な利得を嫌う人なんていない、でしょ？
さあ、続きを読もう。

　ゾーン4のワークアウトは、ゾーン3のそれと同じように、筋持久力の面で非
常に強力な効果を現す。ただし、それほどトレーニングを積んでない人の場合、
局所的な筋持久力が不足しているので，ゾーン4やゾーン5のワークアウトをつ
づけられる時間は短く限られるだろう。それを自覚するのは、トレーニング中に
脚が悲鳴をあげているけれど、心拍数はゾーン3の範囲内に収まっているときだ。
そんなことでは、ゾーン4のワークアウトが目指す成果は得られない。まずは筋
持久力を高めて、心拍数がゾーン4の高い水準を維持できるようにすべきだ。（筋
持久力については、セクション3の「筋力」の部を参照）

ゾーン5：最大強度の無酸素運動

　これは最大強度のトレーニングで、30～45秒しかつづけられない。心臓の反
応は運動負荷の変化よりやや遅れて起こるので、心拍数を計っても適切な運動負
荷の目安にならない。この強度では、脳が命令して、利用できるモーターユニッ
トの予備を大量に使う必要がある。この強度では解糖代謝システムと神経筋シス
テムに大きな負担がかかり、それがまた刺激になって、各種目に特異な体力と技
術を強化することになる。結果的に、スキーモ・スプリントような、短距離競技
に不可欠な無酸素パワーの持久力を発達させる最良の道となる。

　持久系アスリートは、トレーニング期間中ずっと、ゾーン5トレーニングを組
み込めるし、そうすべきだ。トレーニング・サイクルの初期には、非常に高強度
の(普通は山の急斜面の)全力登高を10秒間程度おこなう程度に留め、その後徐々

ジェフー'ブロンコ・ビリー'ブラウニングは、近づいてくる雷雨に追われて山をおり、予定よりも早くトレーニングを終了した。コロラド州サン・ファン山脈　写真：Steven Gnam

に時間を延ばして、持久力の効果を生み出すようにする。

　この種のトレーニングの欠点は、大きな負荷をかけるため故障する恐れがあることだ。十分な筋力の基礎があれば、このパワフルな作業の助けになる。このトレーニングは、常に、インターバル形式でおこない、トレーニング間の休憩は思い切り長くとる。1回毎のワークアウトで出力を最大にするため、十分に休憩時間をとり、筋肉内のATP（アデノシン三リン酸）の貯蔵量を回復させる。ほとんどのATPは、3分もあれば回復する。何回かインターバルを繰り返した後、目立ってパワーが落ちてきて1回毎の休憩時間を長くしても回復しなかったら、そこでワークアウトを終了する。FT（速筋）モーターユニットを疲れさせるという、意図した作業を果たしたことになる。こういったワークアウトは、持久系スポーツのアスリートにとって、精神的にきついかもしれない。どうしても、長くはさむ休息が逆効果のように思われて、休息インターバルのあいだイライラしてしまうのだ。

継続性、漸進性、変動調整（モジュレーション）

　この3つの用語は、成功したトレーニング・プログラムのすべてに共通する基本方針だ。この用語を常に心にとめてトレーニング・プログラムを組み立てて、ひどい過ちを犯さないでもらいたい。

　適切なトレーニングは1つ以上の身体システムに、ある種の危機的状態をもたらす。そのストレスが体の構造的システムと機能的システムに刺激を与える。双方のシステムに起きる無数の適応プロセスは、さまざまに異なる刺激に誘発されたものであり、適応の程度もいろいろだ。

　適応に失敗して停滞に陥ることもあり得るし、その原因を無視したままトレー

ニングを続けていると、悪くするとオーバートレーニングに陥って、体力のレベルを落とすことになりかねない。自分に課すトレーニング負荷に体が慣れるまでには、時間がかかる。同じようなトレーニング刺激を与える場合でも、体の構造的システムと機能的システムが現在の負荷に十分適応していなければ、望むような効果は得られない。

継続性

　トレーニングにおける継続性とは、トレーニングの定期的なスケジュールを保って、中断の機会を最小にすることだ。熱心に規律正しく計画の要件を満たすこと。いうまでもなく、予想外の事態を見込んで、計画には若干の柔軟性が必要だ。トレーニングの中断は、ままある。なんとかしてそれに対処するように努め、見過ごしてはいけない。仕事や、旅行、病気でトレーニングを1週間休んだら、その分のトレーニングを実際にやったようなふりをして、計画の次の段階へ進むわけにはいかない。体の準備が、先へ進むようになっていないのだから、退歩する可能性が大きい。

　中断の期間をどのように処理するかは、その長さと理由による。1日、2日、中断しても、月間のトレーニング量が5%以上減らない程度なら、大きな問題にはならない。トレーニングを頻繁に休んだり、長期間休んで、月間総量の5%を超えるようだと、その後のトレーニングは、計画を一歩後戻りさせるなどして再調整する必要がある。

漸進性

　効果的なトレーニングは、漸進的でなければならない。つまり、トレーニング期間中、負荷はあくまで徐々に徐々に上げていって、その効果を自分のものにする必要がある。その内に体力がついてくれば、以前は大きすぎて無理だった負荷が、次第に物足りなくなってくる。

　徐々に負荷をあげていく漸進性とは、トレーニング刺激に体が適応するのに時間が掛かるということ。人の体には目覚ましい能力が備わっていて、適正なトレーニング刺激と、十分な回復時間を与えてやれば、人体は頻繁に加えられる穏やかな漸増刺激に適応する。ところが、たまに棍棒で強打されるような刺激を受けても、まともに反応しない。初心者や半可通な人は共通して、熱意とモチベーションを思い出したように爆発させ、トレーニング負荷を大きく変化させる。こういった散発的なトレーニング（それはトレーニングと呼ぶに値しない）は、最適の結果どころか、悲惨な結果をもたらしかねない。漸進性をいくら強調しても、強調しすぎることはない。

現在のトレーニング負荷の強度に体がいったん適応すると、これまでと同じ刺激では、もはや負荷として不十分となり、身体的な適応が進まなくなる。適応の次なるサイクルを求めてトレーニング負荷に関して何か積極的な変化を実行する必要があり、それがなければ、元の強度レベルに適応したまま進歩は止まる。そこからどう変化させるかは、自分が伸ばしたい特性によって異なるが、大きく分けて２つの方向性がある。容量と強度である。有酸素容量のような容量的な能力を伸ばしたいなら、方法は単純で、トレーニング量を増やすことが中心となる。ところが、性質が異なる２つのもの、たとえば、無酸素容量とスピードとか、有酸素持久力と筋持久力といったものを組み合わせて、その能力を同時に上げようとすると、もっと手の込んだトレーニング・メソッドを取り入れて、慎重かつ巧妙に管理する必要がある。

　トレーニング負荷を漸増させるといっても、具体的な方法はアスリート１人１人異なるものとなる。初心者や年間トレーニング量が少ない人は、長年トレーニングをして体力のポテンシャルがすでに限界近くまで上がっている人より、速いペースで進歩する。一般論として、トレーニング時間が年間350 ～ 400 時間の初心者は、時間単位のトレーニング負荷を、最大で年に 25％増やせるかもしれない。500 時間以上のベテラン・アスリートは、すでに限界近くに達しているため、それほど大幅に増やすことはできないだろう。そういう人たちは、年 10％の増加がせいぜいと考えるべきだ。エリート・レベルのアスリートは、しばしば、年間トレーニングの総量を変えず、より強度が高くて、その種目の特異性に合ったトレーニングをいくつか選んで、組み合わせて成果を上げている。

モジュレーション

　変動調整（モジュレーション）とはトレーニング負荷の強さを上下させることで、体力増強を図って強い刺激を与え終わった後、体に恒常性（ホメオスタシス）を回復する機会を与えることをいう。モジュレーションにより、そのトレーニングが適応を狙う対象のシステムにストレスを加え、次いで適応する時間的余裕を与え、さらに、次のトレーニング負荷を与える。モジュレーションの周期は対象とするシステムによって、時間単位だったり、週単位だったりする。入念におこなえば、アスリートはいくつかのシステムが一時（いちどき）に適応できるようにトレーニングをモジュレートできる。トレーニングの前、最中、後で、どう感じたか入念に把握し、日々トレーニング・ログに記録しておけば、トレーニングを含めた生活上のさまざまなストレス要因にどう対応したらいいか知るための助けになる。

　モジュレーションの極端な形に頑張り過ぎ（オーバーリーチ）と呼ばれるものがあり、上級アスリートがときどき取り入れる。その流れは、先ず普段の週よりやや低い負荷の週

をもうけたあと、短期間、意図的に非常に高いトレーニング負荷を掛け、つづいてしっかりと回復期を過ごす。状況によっては、週末に2日連続で目一杯ワークアウトした後、3〜4日軽く体を動かす、というのもアリだろうし、丸々1週間高所の山小屋に籠もって、日々2回ほど長時間インターバル・ワークアウトを詰め込み、その後回復に丸1週間かける、というのもアリだろう。

特異性トレーニングとクロス・トレーニング

　特異性(スペシフィシティー)トレーニングという語を、目的とする競技を想定したトレーニングという意味で用いる。結局のところ、エリート・レベルのスイマーたちの主たるトレーニングは泳ぐことであり、チャンピオン・サイクリストたちは自転車を漕ぎ、トップ・ランナーたちは走り、ワールド・クラスのスキーヤーたちは（雪のあるなしに左右されるものの）滑る。それには訳がある。アスリートもレベルが上がれば上がるほど、競技に特化したトレーニングによって得られるものが大きくなるからだ。

　逆にいえば、持久系アスリートの初心者や、トレーニングを永らく中断していた人たちの場合、持久力を養うトレーニングなら何をしても、体力向上の点で目に見えて得るものがあるということになる。現代用語では、それをクロス・トレーニングという。

　ところが、体力が改善するにつれ、次第にその伸び代が小さくなってきて、自分が目的とする種目と直に結びつくトレーニングに変わらざるを得なくなる。たとえば、キリアン・ジョルネはこの段階に達したとき、プールでいくら往復を重ねても、カヤックを漕いでも（疲労からの回復に役立ちこそすれ）、自分の登行スピードに関しては、何の益も見いだせなかった。キリアンは、自分が目指す大会に要求される条件に似せてトレーニングしなければならなかった。

　持久力の改善を求める登る(アップヒル)アスリートは（たとえビギナーでも）、自分の体重を自分の脚で運ぶエクササイズを優先すべきだ。サイクリングは、一般的なエクササイズとして優れている。しかし、ちょっと効率がよすぎるので、費やす時間と動作の特異性という観点からすると、効率的なトレーニング・ツールとはいえない。自転車に腰掛けた姿勢だと、自分の全体重を体で支えるわけではないから、運動のエネルギー・コストを大幅に削減し、体を運ぶために必要な筋肉の量が大幅に減る。それに自転車だと、体の動きが決まっているから、身体各部の連繋(コーディネーション)や、バランス、不整地で必要な多彩な足使いも不要だ。サイクリングは回復のためのワークアウトや故障の後のリハビリに役立つ。キリアンは筋持久力のトレーニングに、以前ギア比を高くしたサイクリングを取り入れていた。だが、それは彼のトレーニング全体からすれば、ごく少量だったし、今では止めて

いる。

　もう一つ、水泳も優れたエクササイズで、山が舞台のわたしたちのスポーツと重なる部分はほとんどないけれど、回復期に用いるには打ってつけだ。泳いでいるときのあのうつ伏せ状態だと、心臓はそれほど激しく働かなくても、血液を送り出せる。また水が体温を低く保ってくれるので、より多くの血液を筋肉に送ることができる。ここまで読んで、もしもあなたが自分の基礎力蓄積期には、ランニングとハイキングを強調すべきだと受け取るようなら、あなたは理解したことになる。

　クロス・トレーニングはエリートレベルでないアスリートにとって、どういう意味になるのだろう？　体力レベルの低い人だったら、方法や運動強度の別なく、どんなエクササイズでもやれば効果があるだろう。しかし、たとえレクリエーションレベルであっても競技者となると、クロス・トレーニングの効果は小さくなってくる。もし、ランニングする距離が週40キロ以下（25マイル以下）、もしくはランニングの時間が週6時間以下なら、どんな形のトレーニングであれ——ハイキングでも、サイクリングでも、ボート漕ぎでも、階段踏みマシンでも、それこそ水泳でも、何か1つ加えれば、効果が上がる。しかし、もっと大量のトレーニングを楽々こなしていて、自分のパフォーマンスをさらに大きくしたかったら、追加するトレーニングのエネルギーはランニングに注ぎ込むべきだ。本書で扱う

あなたはFTアスリート？　それとも、STアスリート？

　痛くて金のかかる針生検をしなくても、あなたがFT（速筋）優位か、ST（遅筋）優位か、判定する方法がある。

FT優位：
- 短距離走の成績が良好
- 垂直跳びが得意
- 軽度なワークアウト中に乳酸レベルが高い
- 好調を長期間維持できない

ST優位：
- 全力で走っても遅い
- 垂直跳びの成績が悪い
- 高強度作業中に乳酸産生量が少ない（無酸素性能力が低い）
- 体が好調な期間が比較的長く続く

- 長時間にわたって厳しい有酸素トレーニングをした後でも、回復が早い
- ワークアウトを長時間つづけても、あまり燃料補給を必要としない

FTアスリートに必要なこと
- 有酸素ベース（ゾーン1〜2）トレーニングを増やして、無酸素システムへの依存度を減らす
- 運動時間の長いゾーン4のインターバル・トレーニングを多用しない。短時間（2分以内）の繰り返しで、乳酸産生を低く抑えるとよい

STアスリートに必要なこと
- 短時間のスピード走をしばしば処方して、無酸素性能力の向上を図る

キリアンのノート

わたしは 12 歳の時、すでに 1 日 8～10 時間ロードバイクを漕ぐ日が多かった。そのころわたしは強いクライマーになりたいと思って、長時間、大きいフロントギアで漕いでいた。13 歳のとき、真剣にトレーニングと取り組むようになり、コーチの下で本格的なトレーニングが始まった。その年は 600 時間トレーニングした。自分がトレーニング好きで、苦しいのも決して嫌いじゃないと知った。コーチとともにピレネー山脈のロングハイクに何度も出かけた。そうして若い頃に、持久力を大量に蓄積した。その年からわたしは 80 キロ走（50 マイル走）の長距離トレーニングを始めた。そんな長距離を走る者の中にあって、わたしは飛び抜けて若かった。その後はそのまま 1 年に 10％ずつトレーニング時間を増やしていった。ここ 8 年間は年間のトレーニングを 1000～1300 時間、確保している。トレーニング時間をここまで増やしたかったら、1 年当たりの増加率を 10％程度に押さえつつ数年がかりで増やしていかなければならない。

わたしが知っている世界レベルのスキーヤーや山岳アスリートの中には、年 600 時間のトレーニングで、非常に優れた成果を挙げる人もいる。ランニングにしろ山岳スキー・レースにしろ、距離が比較的短ければ、この程度のトレーニング時間でも間に合うだろう。しかし超長距離レースになったら、もっと大量のトレーニングが必要になる。

スポーツは、すべて体を脚で運ぶものなので、脚を使っておこなうトレーニングでしか起こらない効果をうまく取り入れる必要がある。

個別性

**10 人のアスリートに同じワークアウトを課したら、
反応はまちまち。**

レナート・カノーバ

トレーニングに対する反応は、個々のアスリートでそれぞれ独特なため、おびただしい数のコーチの頭髪が白くなった。このような個別性の問題は、トレーニング・メソッドを適用する際に、しばしば見過ごされたり、誤解されたりしてきた。個別性に影響する要素は、以下の通り。

■**これまでのトレーニング歴**　あなたはこれまでずっと活動的でないまま過ごしてきて、最近ようやく持久系スポーツに興味が湧いてきたのですか？　それとも、成長期を通してランニングかクロスカントリースキーのチームに入っていましたか？　持久力トレーニングを何年もつづけていた人は、特に子供時代から青年時代にかけて経験した人は、たとえ最近はあまり活動的でないにしても、

図 3.4 回復と適応時間

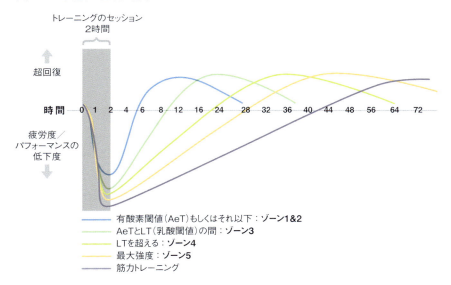

縦軸は体力の高低を定性的に示し、横軸は時間の経過を示す。数値そのものは個人によって若干違いがあるが、この表を作成した人は何年にもわたって何百人ものスイマーのデータを集めて、この数値に到達した。この値は、本書の著者たちの経験と見事に合致する。
(『The Science of Winning』Jan Olbrechit 著、F&G Partners Publishing 提供)

その頃培った構造的な適応がいろいろ体に残っているだろう。トレーニングに対する適応力は、10代を過ぎて20代になると鈍くなり、中年を過ぎるとより一層の努力が必要になるだろう。

■**最近のトレーニング歴** あなたは過去2年間、週3日、律儀にスポーツジムを訪れ、クロスフィット・トレーニングをしていますか? さもなければ週6時間から10時間、山を駆けるか歩くかしていますか? さもなければ、この10年、やれ仕事だ、やれ家族だといって、出不精になっていませんか? 今後どういうトレーニングをすべきかは、そういったあれこれに左右されるだろう。

■**日常のストレス要因** 生活する上でのさまざまなストレス——学校や、仕事場、家族、その他の人間関係にまつわるストレスが、トレーニング負荷をこなす能力に大きく影響する。

■**速筋タイプと遅筋タイプ** あなたの筋線維のタイプは、元々速筋(FT)優位? それとも、遅筋(ST)優位? この違いもまた、持久力トレーニングの効果を左右する。(これについては101ページの「解説」を参照)

ATHLETE STORIES 7

山に入れば、耐久力はスピードと等価

マイク・フート

2009年に初めて100マイル（160キロ）のウルトラマラソンを走ったとき、わたしが最大の目標にしたのは、スピードだった。その後、10年にわたって山岳レースに参加し、山岳アドベンチャーに加わって気づいたのは、トレーニングの究極の目標はスピードではなく、耐久力だということ。

わたしが最も心惹かれる大会は、距離が100マイル前後あって急傾斜でスピードの遅いレース、たとえばUTMB（ウルトラ・トレール・デュ・モン・ブラン）とか、ハードロック100など、消耗戦の要素が強いレースだ。参加者は怪我したり、ペースダウンしたり、DNF（途中棄権）したりする。うがった見方をすれば、必ずしも最初にゴールした人が、最速の人とは限らない。最も壊れにくくて、スピードダウン率が全体的に最も少なかった人、ということになる。わたしは単なるスピードよりも、そのような考え方に、ずっと惹かれてきた。スピードを追い求めるのではなく、スピードダウン率を小さく抑える。そのために、わたしは耐久力を培ってきた。この耐久力への欲求が、何年にもわたって、わたしのトレーニング法を形作ってきた。

2015年に親しい友人2人と、モンタナ州ミズーラのわが家の玄関口から、カナダのバンフまで、大陸の王冠として知られる地域を縦断した。3週間で600マイル（960キロ）、ルートの大部分をトレールから外れた稜線に採り、その間に13の山脈を通過する。明けても暮れても北へ北へ、登山技術を要する地形や、もろい岩場のクライミング、凶悪なヤブを切り抜けていった。随所で、自分の限界まで追い込まれたが、計画を全うする能力に疑いを抱いたことはなかったし、傷一つ負わなかった。い

ま思えば、わたしがもっぱらスピードを重視していたら、あの夢は叶わなかっただろう。わたしの耐久力が、あの試練を乗り越えさせてくれたのだ。

困ったことに、耐久力を養うのに近道はない。嬉しいことに、トレーニングとレースのストレス、敢えて言えば人生のストレスに対して、心と体の回復力を高めようと努力することは、楽しく、張り合いのある作業となる。

わたしの場合、耐久力を高めるトレーニングの鍵となった要素は3つ——トレーニング量と、筋力トレーニング、セルフケア優先主義である。

トレーニング負荷の総量を高く積み上げておけば、大きなレースの作業負荷を、首尾よく処理できると固く信じている。その欠点は、大きな目標を目指して容量を積み上げるには、時間が必要になるということ。だが、それで22時間しかもたなかったものが、24時間もつようになるというなら、試す価値はある。

同じように、筋力トレーニングの効果も大きいと信じている。週に1度でもジムに通えば、故障し難くなって、積極的な姿勢が身につく。

最後に、わたしはトレーニングをサポートする様々な補助作業にも注目している。マッサージやストレッチポール、ヨガなどを積極的に利用して「体のバランスを整える」ようにしている。さらに、「無気力指令」の発信元である、食事と睡眠も重要だと経験的に知った。

過去10年間のトレーニングとウルトラレースを振り返ってみて、わたしは1マイル（1.6キロ）走のスピードが、速くなったとは思わない。しかし、山の中を100

2017年のハードロック100の約80マイル地点で燃料(食料)を補給するマイク・フート。マイクはこのレースでキリアン・ジョルネに次いで2位となった　写真:Steven Gnam

マイル走らせたら、ランニングを始めた当初より、速くなっているだろう。それで十分。

Mike Foote　意欲的で実力派の山岳旅行家で、世界中の大きなウルトラマラソン大会で、何度も表彰台に立っている。アメリカ山岳スキーチーム所属。2018年にスコット・ジョンストンのコーチングを受け、スキーによる登下降を組み合わせて、24時間で6万1200フィート(1万8653メートル)の世界新記録を打ち立てた。

105

キリアンのノート

わたしは回復が早いから、リカバリーのテクニックについて、これまで特に考える必要はなかった。ただ、同じリカバリーでも、急坂のインターバル・トレーニングのような激しい運動による筋疲労からのリカバリーと、長時間つづく有酸素トレーニングのリカバリーでは、その性質が異なることは意識している。

激しい筋持久力ワークアウトで疲労すると、回復まで 72 時間かかることがある。スピードの速いレースに出場したり、山で大量の標高差を稼いで、筋肉を痛めつけたら、回復するのに 2 日かかるだろう。翌日もトレーニングに行けるけれど、そんな日は脚が重いのでスピードを落とす。

休養の質もまた、とても大事だ。家にいても、家の周りで何か作業したり、事務所の机に向かっていては、まともな休養にならない。休養するというのは、何もしないか、何もかもゆったりおこなう、という意味だ。

有酸素運動で疲労が溜まった時は、別の話になる。わたしは何によらず長時間つづけるけれど、リカバリーの時間や日数をどれくらいにするか、自分の体に聞いて決める。もし、リカバリー運動しても無駄な気がしたり、疲労が回復してこない感じだったら、すぐに止めて休養日にする。昨日も今日もそんな調子がつづくようだったら、たぶん、いま頑張っているトレーニングのレベルまで自分が達していない、ということだろう。また、何日もそのワークアウトに身が入らないようなら、その時点で休養することだ。

上記したもろもろの違いに関係なく、わたしたちの体がトレーニング刺激に対して機械のように同じ反応を示すなら、トレーニングは単純なもので、道路地図をなぞってA地点からB地点へ行くようなものとなる。だが、人間は極端に複雑な有機体で、一人一人独自の特性を備えており、それをトレーニングに持ち込む結果、各人各様の反応を示すことになる。最もありふれた過ちは、ほかの誰かのトレーニング——その分野のスポーツで成功している人の例を、そのまま真似ることだ。メディアは、よく彼らの直近 6 週間のトレーニング内容をレポートしたがる。何々をどうこうした結果、これこれの記録破りな結果を得た、などと。こうした話は読者や視聴者にとって刺激的で、その魔法のワークアウトを完遂すれば、同じように素晴らしい結果を得られると思い込みがちだ。しかし、それではあまりにも安易だ。報道する側の人たちに、本当に役に立ちたいという気持ちがあるなら、そういったチャンピオンたちが過去 10 年間どんなトレーニングをしてきて、それを最終段階のワークアウトに繋げ、どのような効果を得たか、伝えてくれればよいのだが。短期的な活用トレーニングの効果を決定するのは、長期にわたる容量蓄積トレーニングの履歴なのだ。

モンタナ州ビッグスカイのローン・ピークで2014年のラット50Kを走り終えボロボロのルーク・ネルソン。2014年のレースは、スカイランニング・シリーズの最終戦として、世界中からトップクラスの山岳ランナー、ウルトラランナー、トレイルランナーが参加した　写真：Steven Gnam

トレーニング刺激と回復：その相互関係

　これまでの議論でわかるように、トレーニング負荷を掛けた反応として、いったん体力は低下するが、十分に回復したあとは、トレーニングに入る前より体力レベルが上がる。しかし、その回復期に、一体何をしたらいいのだろう？　ベッドで体を休める？　運動の量や強度を減らす？　次のワークアウトを始めるまで、どのくらいのあいだ休養する必要がある？

　こういった大事なあれこれを考え併せると、適切なトレーニングとは全体をバランスよく組み立てることだとわかる。トレーニング計画を作るのは比較的やさしい。難しいのは、その計画をうまく実行して、自分の体力レベルを、狙った時期に最高点へ持っていくことだ。多くのアスリートが間違うのはそこであり、わたしたちの手助けで過ちを避けられたら、と願っている。

　トレーニング計画を立てる上で最も過小評価されているのは、回復期である。トレーニング期間中はたいてい、ある程度疲労している。疲労は、トレーニングに対して体が送り返してくる情報である。その情報をどのように解釈して、適切に応えるか、それがトレーニングを成功させる基本である。

回復期間

　前日のハードなエクササイズで疲れていると仮定しよう。筋内グリコーゲンを取りもどすのに8時間から72時間必要だという程度なら、通常、次のヘビー・トレーニング・セッションを、1日か2日後にずらせば十分だろう。疲労が深刻で、ゾーン1ないし、回復強度のトレーニングがようやく、という状態なら、幾日か有酸素トレーニングを挿むべきだ。次に前回と同じような挑戦的なワークアウトをおこなったとき、効果が上がるだろう。

107

夏の嵐の後、晴れ渡ったイタリア・ドロミテのパレ・ディ・サン・マルティーノ山脈を背景に走って体をほぐすクリスチャン・ヴァレスコ　写真：Federico Modica

　持久力トレーニングは、筋内のエネルギー貯蔵量に劇的な効果をもたらすので、十分トレーニングを積んだアスリートはトレーニングしていない人に比べて、3倍も余計に筋内グリコーゲンを蓄えている。そうなると、ワークアウトとワークアウトのあいだに挟むべき回復時間の長さは、人によってまちまちになるはずなのだけれど、トレーニングを積んでいる人は常日頃から、厳しいトレーニングを長時間しているという現実と相殺すれば、最終的に大凡のガイドラインは決まってくる。

　高強度エクササイズや筋力トレーニングは、丸々2〜3日という長い回復時間を要し、その後でようやく、同じような負荷をこなせるようになる。低強度の持久力トレーニングを2、3時間足らずおこなった場合、普通、8〜24時間以内に回復するだろう。2時間を大幅に超える長時間トレーニングでは、たとえそれが低強度のものでも、グリコーゲン貯蔵量の回復には、24〜48時間かかるだろう（103ページの図3.4を参照）。こうした長時間ワークアウトの最中や、それを終えたあと30〜60分以内に物を食べると、回復までに要する時間を大幅に、ときに何日単位で、縮めることになるだろう。

　1週間過ぎても、2週間過ぎても気力や体力が戻ってこなくて、全体的な体調が上向いてくる感じがしないなら、トレーニングがきつ過ぎたか、回復時間が足りないか、積極的回復セッションの強度が高すぎたか、いずれかだ。たまに気分が乗らないことは、誰にもあるが、気持が沈んで上向かず、1週間ずっとそのままだったら、その状況と向き合う必要がある。最初の一歩は疲労を疲労として認めることだが、たいてい、それが最も難しい。

わたしたちはアスリートからトレーニングに関していろいろ質問を受けるが、故障してからとか、オーバートレーニングに陥ってからということが、あまりにも多い。そういう人たちは、こちらがトレーニングに対する考え方を説明すると、決まってこう答える。「なるほど。きっと、トレーニングが多過ぎたか、回復が十分でないか、どっちかなんでしょう」。彼らが次に、「いったいどうすれば？」と訊いてくるときはたいてい手遅れで、過激な手段で対処するほかない。

回復を促進させる

　回復過程のスピードアップは、いくつかの段階で可能なので、うまく取り入れるべきだ。

　自分の体を限界までトレーニングで追い込んでいるアスリートにとって回復期の戦略は、トレーニング計画全体を構成する部分として、必要不可欠である。一方、ある1週間にこなせるトレーニング量が、体力的にというより時間的に限られる人にとって、回復戦略は必須ではないかもしれないが、それでも有益なツールになり得る。

　以下に、回復を促進するためにごく普通に用いられる方式を、大事なものから順に列記する。

2015年モン・ブラン・マラソンを前に、フランス・シャモニーで理学療法士のアルノー・トルテルから痛みを伴うマッサージを受けるキリアン・ジョルネ　写真：Jordi Saragossa

109

コンペックスの電気筋刺激マシンを使用して、大容量トレーニングの合間に脚筋の回復を助けるキリアン・ジョルネ。フランス・シャモニー　写真：Jordi Saragossa

食事

　回復のために最も大切な要素。

　食べ物は燃料だ。しかも、トレーニングからの回復という視点で食事する必要がある。どういうことかというと、まず、理解してもらいたいのは、長時間にわたる激しい運動のせいで、体内の栄養的な蓄え——とりわけグリコーゲンが激減している、ということだ。カロリー豊富な食べ物を体内に取り込むのが早ければ早いほど、トレーニングで損傷したり枯渇したものの修復が早まることになる。運動した後の効果的な栄養補給戦略について調査したところ、若干バリエーションがあるものの、共通のガイドラインがあるようだ。

　1時間以上の運動をした直後、30分以内に100〜200kcal摂取する。それだけのカロリーを胃に負担を掛けない形で（それには試行錯誤が必要かもしれないが）、炭水化物とタンパク質の比率で3：1か4：1で摂る。運動直後のこの短い一時、筋肉は素早くグリコーゲンを再補充することが可能だ。この機を逃すと、回復は——トレーニングやレースの内容にもよるが——何日も遅れる可能性がある。

睡眠

　前夜の睡眠が十分だったか不足していたかどうかで、翌朝の気力や表情が変わる、と誰もが普通に感じる。この身についた感覚には、科学的な裏付けがある。

　良質な睡眠は、回復過程を左右する。レム睡眠のあいだに重要な作用がいろいろ進んで、それがトレーニング中に受けたダメージの修復を助ける。そんな再建過程の大半は、睡眠中にさまざまなホルモンが分泌された結果起きる。レム睡眠は睡眠の中でも重要な局面でありながら、必ずしも明確に定義されているわけではないのだが、次のように理解すればいいだろう——それは、ひと晩の内に何回

イタリア、サッソ・ボルドイ、ヴァル・ディ・ファッサのカナツェーイでおこなわれたバーティカル・キロメーター・クレパ・ネグラ・レースで日頃のトレーニングの成果を発揮するアスリート　写真：Federico Modica

か起こり、一度起こると90〜120分つづき、精神的に非常に深くリラックスした状態となって、トレーニングからの回復過程を助けてくれる。ソマトトロピン（別名HGH）という天然のヒト成長ホルモンの分泌を促す2大刺激は、レム睡眠と激しい運動である。HGHは、より高いトレーニング負荷に適応するために人体が備えている大切な機能の1つなのだ。その産生を促せば、楽に賢く筋力と持久力を発達させることができる。

　何にせよレム睡眠が妨げられると、体は深刻な影響を受ける。たとえば、寝付きが悪くて寝不足だった？　いよいよ大一番というのに、起きたらどうも回復してないような感じだって？　それでも、うとうとする内に15分でも、ぐっすり眠れれば、驚くほどの回復効果が期待できる。

マッサージ

　堅く張った筋肉は、体を酷使したという明確なサイン。持久力トレーニングでは、同じ動きや似たような動きを何千回も繰り返す。この繰り返しの結果、筋肉が急性の炎症を起こし、こりや痛みとなって現れる。

　実のところ、炎症はトレーニングへの適応を進めるものなのだが、嬉しいものではない。腕のいい人にマッサージしてもらうと、疲労した筋肉に血流が行き渡り、新たな栄養素が速やかに補充されて、筋肉の炎症が収まり、回復が早まる。そういう理由で、プロのサイクリストは、激しいトレーニングのあとや、何日にもわたるレースの区切り区切りに、マッサージしてもらう。それが、効く！　マクマスター大学のマーク・ターノポルスキー博士の最新の研究によると、筋肉の深部線維マッサージについて、わずか10分間施術するだけで、筋肉の回復スピードが劇的に改善するという。

ユタ州アーチーズ国立公園を走るローラ・オーグ　写真：Martina Valmassoi

セルフマッサージ

　日々マッサージしてもらうなんて、ほとんどの人にはできない相談だし、そんなお金もない。だから、セルフマッサージでも同じように効果的だと聞くと嬉しい。セルフマッサージのための道具はいろいろ開発されていて、わたしたちもあれこれ試してみたが、今ではゴムボールに頼っている。小さくて、持ち運びが楽だし、フォーム・ローラーより応用が利き、範囲の広い狭いも、圧力の強い弱いも自由になる。わたしたちのお気に入りは、Mobility WOD の 80 ミリのボールと、Roll Model のボールだ。ジル・ミラーの著書『The Roll Model』は、疲労からの回復を早め、慢性的な筋骨格系の障害を治療するためにボールを使うローリング技術を解説した名著である。ここでは、詳細を説明しないが、この本をお勧めする。

　基本的に、ボールを転がすことで筋線維の毛羽立ちを刈り揃える効果を生み、癒着を減らし強ばった筋肉をほぐして、ベテランのスポーツマッサージ療法士の両手に次ぐものとなる。加える圧力の強さや位置を自分で調整して、必要な部分を狙い撃ちできる。中には、ボールだと圧力が強すぎる人もいるだろう。そういう人は、初めのうちはフォーム・ローラーの方が適当だろう。フォーム・ローラーに全体重を掛けられるようになったら、次にボールを使えばいい。ベッドに入る直前にこうしたセルフマッサージをおこなうと、気持ちがほぐれ深い眠りに入る助けになる。

　電気筋刺激マシンをリカバリー・モードで用いると、マッサージと同じような働きをするので、回復期に用いるツールとしてとても有効だ。

2013 サンディエゴ 100 をスタートするジェフ・ブラウニング（ゼッケン 2）。彼は 16 時間 59 分 24 秒のタイムで 1 位となった。カリフォルニア州
写真：Jeff Johnson

生活上のストレス要因を減らす

　瞑想のようなリラクゼーション・テクニックも、さまざまなストレスを減らすので、回復期に役立つ。体はストレスに遭うと、たやすく反応する。仕事のストレスだろうとトレーニングのストレスだろうと、それは変わらない。ストレスの多い日々を過ごしているなら、最良のトレーニング戦略は、生活上のストレスを減らす道を見つけることだ。そうすれば、もっと多くのトレーニングストレスと向き合うことができる。

回復のためのワークアウト

　これをワークアウトと呼ぶと、語弊がある。普通のトレーニングにおけるワークアウトと同一視してはいけない。中には有酸素能力を維持する効果を併せ持つものがあるものの、その主目的はあくまで回復過程を速めることにある。誰かに「これ以上運動をつづけたら、苦労して積み上げてきた体力が落ちるばかりだ」などと言われたら、反射的に「そんなバカな……」と思うかもしれない。だが、こういった極端に強度の低いセッションを交えることで、力強い回復効果が得られることは、もう何十年も前から、コーチたちのあいだで知られてきた。科学者たちは今なお、その理由を解明しようとしているのだが。

　回復のためのワークアウトをするときには、以下のことを心に留めておこう。
- ■運動強度はごくごく容易に感じられる程度でなければならない。この点については、この章の「運動強度という言葉を理解する」(80 ページ) で詳説している
- ■この「回復のためのワークアウト」は、トレーニングとトレーニングを互いになるべく接近させて、たとえば 1 日に 2 回おこなう人がよく用いるが、1 日 1 回でも特に厳しいワークアウトをこなしたあとには有効だろう
- ■運動様式の違うエクササイズ、たとえばサイクリングやカヌーのパドリング、特に水泳などは、オーバーユースした脚部を休めるのに有効だ
- ■疲れ切っているとか、ちょっと気分が悪いというときには、早歩きでも回復のためのワークアウトになる。たいてい、どんなときだって、じっと座っているより、軽くエクササイズしている方が、回復の助けになる

ATHLETE STORIES 8

エベレスト・マラソン
──ワイルドだった、ウルトラランニング事始め──

アンナ・フロスト

地べたに坐り込んでいた。エベレスト・マラソン2009のゴールまで、あと3キロ地点。涙が流れ、息もできないくらいで、埃と血にまみれ、レース開始直後から腫れ上がっている足首をさすっていた。たった今、ヤクが頭から突っ込んできたのだ。ヤクのやつめ。

ネパールに来てから、もう8週間。その間、ヤクにちょっかい出されたことなんて、一度もなかった。でもそのヤクは、わたしが気にくわないようだった。くるっと向きを変えると突っかけてきて、わたしは指関節を痛めつけられ、地面に叩きつけられた。当たってきた場所が手だったのが、不幸中の幸いだった。そうでなかったら、肋骨が折れていただろう。

ヤク飼いがすっ飛んできてわたしを立たせ、コースに押し出した。「さあ、さあ、走って、走って！」励まされて、わたしはそのままゴールへ向かった。泣きながら。

マラソンが始まる1週間前まで、順調にトレーニングしていた。わたしは今回初めて、ヨーロッパ以外の国でスポンサーをつけて走るので、高所順応のため早々と入国していた。この地域を探ってみたい気持ちもあった。それで、荷物持ちのポーターを1人雇って、茶屋から茶屋へバッグを運んでもらうことにした。そうすれば、自分は5000メートルの峠まで駆け上がって、谷へ駆け降りて、次の村まで長い距離を走ることができる。ポーターには毎日出発前に、どこそこの茶屋で待っていてくれ、と伝えておいた。これは、軽い荷物で気楽に長い距離を走るには、素晴らしい方式だった。

高い峠に着く度に、わたしは自分が小さく感じられた。この身は高さ5000メートルにあるのに、周囲の高峰は、さらに3000メートルも高い。それで自分が取るに足りない存在で、母なる自然がいかに偉大か、思い知らされるのだった。

こういった点と点をつなぐランニングのほかに、わたしは典型的な山岳ランニングのトレーニングもした。毎週2日ないし3日、同じ茶屋に泊まって、裏山の往復走を繰り返した。急な坂道を見つけると、短くて30秒、長いと5〜8分のインターバル・トレーニングをおこなった。高所順応が進むにつれて、インターバルの強度を強め、時間を延ばせるようになった。

走っている最中に一度ならず、見ず知らずの人に招かれて、コーヒーや紅茶、野菜入り米粉団子の「餃子」をご馳走になった。代金を受け取ってもらえなかったのは、わたしがあんまり痩せているので、もっと太る必要があると見られたのだろう。でも同時に、そういう土地柄でもある。人々は楽天的で心が広く、自分がろくに持っていなくても、進んで人に与えてしまう。

6週にわたって周辺を探って高所順応を進めたあと、いよいよエベレスト・マラソンのランナーたちと顔を合わせた。その人たちといっしょに、先ずはスタート地点のエベレスト・ベースまで登る。そのトレッキングの最中に、乾いた空気のせいでわたしは高所咳を患って不調になり、高度障害と空咳で、ほとんど眠れなくなった。スタート地点が近くなればなるほど、調子が悪くなった。

レース当日の朝も例外ではなかったが、出発しないわけにいかない。エベレスト・ベースをスタートして約10キロ進んだところで足首を捻り、下肢の外側全体がべったり地面にくっついた。たちまち腫れてきた。鎮痛剤と抗炎症剤を飲み、靴下に雪を

114

グリーンランドのカーナーク近郊でトレーニングするアンナ・フロスト　写真：Kelvin Trautman

られた手の傷は膿んで赤く腫れている。あそこの泥には、バクテリアとヤクや家畜の糞の粉末がたっぷり入っていたのだ。そのせいで、両目は結膜炎に罹っていた。手元のティーツリー・オイルを両目と、片手と、片方の足首に擦り込んだ。そのあと、森で見つけた2本の棒を支えに、よろよろとルクラ空港への道を降り、カトマンズへ帰る飛行機に乗った。

わたしにとってはじめてのウルトラは、最後の1区間17.7キロに12時間かかった。

詰めて走りつづける内に、足首の痛みは遠のいていった。ほかに、窮地を脱け出す方法はただ一つ、ロバに乗ることだったが、ロバを探して乗るなんて、ごめんだった。

咳が止まらず、足首が硬く腫れていても、自分の走りは、かなりのものだった。わたしは西欧人の先頭で、2人のネパール人男性が先行していたが、2人とは離れすぎていて、気にならなかった。わたしは、ただ、ゴールインしたかった。

5キロほど進むと、コースの屈曲点に尼寺があり、そこの尼僧たちが大勢、駆け出してきて、わたしの首に白いカタ（儀式用の白絹スカーフ）を掛けてくれた。皆、女性ランナーを見て胸を躍らせているのだ。

そこからわずか2キロ先で、例のヤクの一件があって、ヤク飼いにそのままナムチェへ行けと促されたのだった。わたしは完走した。このときほどワクワクドキドキのゴールは、思い当たらない。自分にとって初めての超マラソンだった。そう、たしかにマラソンなのだが、レース会場まで行くのも並外れなら、レースも並外れ、レース当日を乗り切るのも並外れだった。

ゴールした翌朝、目が覚めると、あっちもこっちも痛いところだらけ。足首は腫れ上がり、脚全体が黒ずんでいた。ヤクにや

いろいろ不快なことや、想定外の紆余曲折があったが、これでわたしは、ヒマラヤと恋に落ちた。この、良くて悪くてびっくりつづきで充実した体験が忘れられなくて、わたしは毎年毎年、彼の地へ戻って行った——ネパールに3回、ブータンにも3回。彼の地に着いて、あらためて人々の広い心と思いやりに触れ、必要なものなんてわずか、と思い出してホッとする。少ないほうが豊か。それは、人生における真実であり、とりわけ、レースにおける真実だ。何が何でも必要なのものはただ一つ、やる気。たとえ、片足が腫れ上がっていても、行く手にけんか腰のヤクがいても、ゴールへ向かって足を前に出しつづける気持ちがあればよい。

Anna 'Frosty' Frost　多方面に情熱を注ぐニュージーランド人女性。2004年以降、ランニングと世界旅行の2つを見事に縒り合わせて、世界を探り、世界の発見に努めている。10年近いあいだ世界を巡って、距離も地形もいろいろなタイプのレースに定期的に参加して、好成績を数多く残した。その後、体調がどん底となり、山でも人生でも、ハイからローまで経験した。しかし、近年、ランニングは、単に駆けることだと知り、新たな生活を得てカムバックした。ランニングは自分がおこなう行為であって、自分の存在そのものではないのだ。

115

Chapter 4

自分のトレーニングを観察_{モニター}する

　目標を**高く**設定したら、その分努力しなければ、目標の達成はおぼつかない――それは自明の理。それで、懸命に努力するうち、自分を危ういところまで追い込んでしまい、肉体的・精神的ストレスが自分の手に負えなくなって、ついに破綻を来す。ほとんどのアスリートは、トレーニング負荷とそれに対する疲労度を観察し分析する方式_{メソッド}を求めることになる。ごく稀に専ら勘を頼りに、観察手段_{ツール}を持たぬままうまくやっている人もいるが、たいてい1つ以上の観察手段の恩恵を受けている。

　高いかどうかは、相対的なものだ。初心者には耐えがたいほど高いトレーニング負荷でも、世界レベルのアスリートにとっては体力維持の強度にもならない程度のものだろう。誰にも当てはまるトレーニング処方なんてない。**それだからこそ、わたしたちは、あなたに合うかどうか分からない処方箋を提供するのではなく、丸々1冊本を書いて、トレーニングの理論と実践法を伝えようというのだ。**常に油断なく自分を観察しつつ、理にかなった手堅いトレーニングの原則を慎重に応用すれば、最良の結果が得られる。

　先ず第1の原則は、トレーニング負荷の増加は緩やかであれ、ということ。稀に計画的に頑張り過ぎる_{オーバーリーチ}場合を別にして、自分の体に前回の負荷が浸み込む時間を与え、少しずつ積み上げていく。わたしたちの体は極端な変化を好まない。

　第2の原則は、トレーニングが体に及ぼす影響を、自ら興味を持って理解すること。体が発する微_{かす}かなシグナルに耳を傾け、その意味を理解するよう習慣づける。囁_{ささや}き声を聞き逃さなければ、やかましく鳴り響くアラームを聞くこともない。

回復状況を観察する方法

　自分の体がこなせる限界を探っているうち、いつの間にか境目を踏み越えてしまうことはよくある。踏み越したままだと、疲れが溜まる。通常なら疲労は短期的だ。というのは、疲労はすぐに意識され、1日、2日トレーニング負荷を弱めて対処するから、たいてい、それで体の恒常性_{ホメオスタシス}を回復し、再び以前の道筋に戻って

1日の仕事を終え、フランス・グルノーブル近郊のネロン尾根を町へ向かって走りくだるレミー・ルーベ　写真：Ulysse Lefebvre

117

いく。十分に注意して、この短期疲労を慢性化させないことだ。さもないと、ず
るずるとオーバートレーニングの領域にはまる恐れがある。

　義務感でトレーニングしない。この本を読もうという人で、トレーニングのモ
チベーションが湧いてこないというときは、十中八九、自分の体が、ちょっとゆっ
くりさせてくれと伝えているのだ。モチベーションに欠ける日が2〜3日つづく
ようなら、明らかに警告のサインである。

　計画にあるから、というだけで厳しいワークアウトをおこなっても、効率が上
がらないし、もっといえば、利益を得られない。疲労の状況は、トレーニングの
受け入れ準備に決定的な影響を及ぼす。自分の疲労状態を正確に評価することが、
効果的なトレーニングの肝である。以下に、あなたの回復状況を観察・評価する
シンプルな方法をいくつか挙げる。

疲労のタイプ

　持久系アスリートなら、疲労を活用する術を学ばなければならない。疲労に対
する抵抗力を高めるために、わたしたちはトレーニングし、どれほどの痛みや不
快に耐えられるか見るため、レースに参加する。疲労は、どのような形で現れる
にしろ、あなたの体力を向上させる刺激でもあるから、持久系アスリートにとっ
ては、切っても切れない仲間のような存在である。トレーニングを成功させるた
めには、103ページに示した疲労曲線を味方につけることが、重要事項の1つであ
る。あなたの体が適応できないほど速いスピードでトレーニング負荷を増加させ
ると、疲労は、あっという間に友人から最悪の敵に変わってしまう。さまざまに
形を変えて現れる疲労を見抜いて、それをこちらで制御して相手に制御されない

キリアンのノート

　自分の体に耳を傾ける。時に体は、だいじょうぶ行けるぞといい、実際に行ける。また時に、予定時間にならないうちに止めた方がいい、と気づいて、今日はもうトレーニングは十分、とつぶやく。どこまでやったらオーバートレーニングになるか、あなたは知らなければならない。トレーニングを始めたら何年かかけて、どんな時にもうひと頑張りできて、どんな時にそれをしてはいけないか、時間を掛けて習い覚えるといい。

　自分に合ったトレーニング方式を見つけたいと思うなら、自分の体に備わっているそういう感覚を、各自意識する必要がある。トレーニングをたっぷりおこなったあと、時にあなたは疲れすぎて不快になるかもしれない。それでいいのだ。自分自身を知る一段階なのだから。ただ、しっかり記録しておこう——何をどうしたら不快になったか、振り返って学習する。そうして、また先へ進む。

ワシントン州のセント・ヘレンズ山麓を周回するルウィット・トレール（全34マイル）の20マイル地点、コース脇で疲労を和らげようとしているカレブ・アンブローズ　写真：Steven Gnam

ようにするには、学習というプロセスが必要である。アスリートの中には、そんなことを予想せずに突き進んで、試合で結果を出せず、理由が分からず途方に暮れる人がいる。だが、多くの場合わたしたちは、人体のちょっとした仕組みや弱干の原則を当てはめて、疲労がわたしたち個々人の体にどのように影響しているか理解すれば、そこから多くのものを得られる。

　疲労をうまく管理して味方につけようとするなら、さまざまに形を変えて現れる疲労を理解することが重要だ。疲労は、大きく3つのタイプに分類できる。各タイプは、しばしば互いに重なり合い、影響し合っているが、話をわかりやすくするため、ここでは1つずつ取り上げる。

① **カルシウム蓄積タイプ**：筋肉細胞内にカルシウム・イオンが蓄積すると、それが筋肉の収縮を阻害する。カルシウム・イオンを細胞間に移動させるカルシウム・ポンプの能力が蓄積量に追いつかなくなると間もなく、筋肉は収縮力を失う。このタイプの疲労は短時間に強く筋肉を収縮させたときによく見られる。懸垂（プルアップ）の経験を思い出してもらいたい。この種の疲労が起こるのは、通常15秒以内の激しい運動をした場合である。そこからの回復は2〜3分あまり。一般的にこのタイプの疲労は自己抑制的だから、まだ筋肉が力強く収縮する能力が残っているうちに、その動きを終わらせてしまう。頑張れば、もう1回体を引き上げられるかもしれない。しかし、1度のワークアウト中に繰り返し何度も疲労状態まで追い込んでしまう（体を引き上げられないところまで5セットも6セットも繰り返す）と、②や③の疲労を誘発して疲労の度合いを深め、回復まで数日要することになりかねない。

119

② **代謝障害タイプ**：激しい運動を短時間におこなうと、代謝の産物として筋肉内にはATP再合成の働きを阻害する物質が溜まってくる。乳酸が最も有名だが、もう1つ、水素イオンの蓄積に由来する酸性度の増加もある。ATPの再合成に対するこういった阻害要因は、筋力低下を来し、その結果、スピードが落ちてくる。たとえば、山地を60秒間、全力で駆け上がるときの疲労を想像してみる。それは、燃えるような筋肉の痛みと結びつく。そこからの回復は、数分単位だ。

　　もっと長い時間単位で見ると、ATP再合成の代謝プロセスに使えるグリコーゲンの蓄えがなくなると、筋力が落ちてくる。何時間もつづく大会中に起きる古典的な「シャリバテ」を思い出してもらいたい。それはしばしば心理的混乱と筋肉協調の乱れを伴う。このタイプの疲労では、回復するまで短くて2〜3時間、長いときには2〜3日かかる。

③ **神経伝達系タイプ**：大脳の運動野が発した電気信号は、運動神経を通って筋肉に至り、各神経細胞の連接部で化学物質（神経伝達物質）を介してその電気信号を筋肉細胞に伝える。そういう化学物質の放出も、高い頻度で長時間つづくと次第に枯渇して、電気信号が弱まり、筋力も落ちてくる。①②のタイプの疲労も、何度も繰り返したり、長時間つづいたりすると、最終的にこのタイプの疲労となることがある。ここからの回復には、普通2〜3時間から、数日かかる。

中央管理者理論

　20世紀の初め、人間のパフォーマンスの限界に関して、信用できる1つの理論が提示された。運動生理学の生みの親アーチボルド・ヒル博士が20世紀の初めに提示した$\dot{V}O_2$max理論は、何十年という長きにわたって修正され、補強されてきた。

　ほかにもう1つ、本書のセクション1（26ページ）で、人間のパフォーマンスの限界と疲労に関する理論に触れた。ティム・ノックス博士は次のように信じたのである——人の脳には自衛本能が組み込んであるから、恒常性（ホメオスタシス）から遠く離れて警告ベルが鳴り出さないよう、自分で行動を制限する。前述した疲労のタイプは3つに分かれているが、興味深いことに、結果はどれも同じことになる。脳の指令により、筋肉の出力が抑制され、ホメオスタシスを回復する。ノックス博士など多数の人たちは、この理論が今日では疲労に関する最も強力な理論であるという数々の証拠を提示している。さらにノックスは、こうも言っている——体が繰り返し快適領域から外れると（ホメオスタシスの状態から離れると）、中央管理者は、ホメオスタシスからの逸脱に寛容になり、筋出力の制御を控えるようになる、と。トレーニングでも同様で、そういう状態になる。疲労はどのようなタイプのものであれ、今のところまだ十分に理解の行き届かない、この筋肉と脳の関係に依拠

フランス、シャモニーのラックブラン山荘のドミトリーでフォーム・ローラーを転がすライアン・サンデス　写真：Kelvin Trautman

しているようだ。

疲労発現のパターン

　疲労の要因を学んだなら、次はそれを疲労と認識したときの現れ方に目を向ける。要因と結果とを理解したら、自ずと行動へ導かれる。つまり、疲労を和らげ回復を早めるために何をすべきか分かる。下に掲げる提案は、著者たちがこれまで蓄積してきた経験と研究に基づいている。先ず最初に、疲労の症状には、大きく2つの類型があると考える。Aグループを筋肉性（並びに神経性）疲労、Bグループをエネルギー性疲労とする。

　本書のほかのモデルと同様に、このモデルも100％正確なわけではない。疲労の原因は、互いに重なり合い、相互依存的である。あなたは下に挙げる症状のどれに合うか分からない。しかし、こうした全体的な類型が頭にあれば、そのときどういう行動をとったらいいか決める助けになる。

Aグループ：筋肉性疲労

　筋肉が痛む、もしくは動かないとか重いとか、バネがないと感じる？　前者のように筋肉痛を感じる場合は、筋線維が微細に断裂しているのだ。後者のように脚が動かない場合、すでに記したような神経伝達系に由来する疲労かグリコーゲンの枯渇、有力な容疑者はこの2つである。

筋肉痛のとき

　あなたは筋力ワークアウトの強度を上げただろうか？　ダウンヒル・ランニン

ジェン・シェルトンが味わっている安堵と満足に比べれば、泥も、砂も、水ぶくれも、日焼けも、汗疱も、何ほどのものでもない。ジェンは今、ジョン・ミューア・トレールの全長 210 マイル (336 キロ) を走り切るという長年の目標を、4 日がかりで成し遂げたところだ。このトレールはシエラ・ネバダ山脈の高峰ホイットニー山 (4421 メートル) から、尾根伝いにカリフォルニア州のヨセミテ渓谷までつづく　写真：Ken Etzel

グのスピードを速めたり、距離を延ばしたりしただろうか？　そのようなことをすると、その後、筋肉に触れたり階段を降りたりするとき筋肉が痛むかもしれない。それはよくいう DOMS（Delayed Onset of Muscle Soreness 遅発性筋肉痛）で、通常はワークアウト後 48 時間経ってから痛みのピークを迎える。これになったら、先ず耐えるほかなく、DOMS 期間中、軽い有酸素運動をこなす。その状態をやり過ごすために、するべき事と、してはいけない事は以下の通り。

すべき事：
- 回復を促すための軽い有酸素ワークアウト
- プールでのスイム、もしくは軽いバタ足
- 回復用にセットした電気刺激機
- 軽いマッサージ
- ワークアウトの 12 時間後にイブプロフェン（抗炎症剤）の服用
- ワークアウトの 12 時間後にアイスバス（冷水浴）
- 頻繁に軽いストレッチをして筋肉をほぐす
- いつもより余計に睡眠をとる
- いつもより余計にタンパク質を摂取する、特に就寝前に
- フォーム・ローラーまたはボールを転がしてセルフメンテナンス

してはいけない事：
- スピードを出したり、パワーを使ったり、筋力を使う運動
- 高強度の有酸素インターバル・トレーニング

- オーバーストレッチ

脚の筋肉が動かない、重い、バネがないという感じのとき

　このような状態に陥るのは、通常、短期間にトレーニング負荷を増やし過ぎたからだ。この10日間の内に、あなたはトレーニングの距離か獲得標高を延ばすとか、トレーニング強度を上げるとかしなかっただろうか？ ランニングで足を蹴り出すとき、あれっバネがない、と感じなかっただろうか？ 階段昇りをしていて、いつもより脚が重くなかっただろうか？ 夜寝ていて、脚が痛まなかっただろうか？ 思ったようにスピードやパフォーマンスが上がらず、ワークアウトにいつもより苦労しなかっただろうか？ こういった状況はすべて明瞭な警告の印で、無視するとオーバートレーニングに陥る可能性がある（この点については、数ページあとに詳しく書く）。ただしこの状況は、疲労のタイプとしてはちょっと複雑で、おそらく、グループBのエネルギー枯渇（グリコーゲン枯渇）性疲労と、神経性疲労の混じり合ったものだ。もし、2日ばかりごく軽いトレーニングで流しても回復しないようなら、さらに何日か、次に挙げる原則を保つ必要がある。

すべき事：
- スイミングプールを有効活用して水泳やバタ足の軽いエクササイズ
- フォーム・ローラーまたはボールを転がしてセルフメンテナンス（1日2回、必要かも）

フェリチン

　フェリチンは血液中に存在する非常に重要なタンパク質であり、鉄分を貯蔵し、運搬する役割を担う。鉄元素はフェリチンと結びつくことで細胞膜というバリアーを通過して、鉄分をヘモグロビン分子へ運ぶ。ヘモグロビン内で鉄分は酸素と結びついているので、フェリチンのレベルが低いと、血液の酸素運搬能力が小さいこととなり、持久系アスリートにとってパフォーマンスの低下という結果をもたらす。フェリチンの基準値の範囲は、アスリートの要求を考慮していないので参考にならない。一般人にとって「低フェリチン」の基準値は 12ng/ml だが、持久系アスリートの場合、フェリチンのレベルが 50ng/ml 以下だと幾分なりとも持久力パフォーマンスが低下し、30ng/ml になるとパフォーマンスが著しく低下し慢性疲労という結果になるだろう。そのような症状がうかがえるなら、簡単な採血検査でフェリチン・レベルを調べておくとよい。この症状はアスリートを診ることの少ない医者が見落としがちである。

- 深部筋線維のマッサージ
- 加圧衣料の着用
- 両脚を心臓より高い位置に保つ
- ワークアウト直後の炭水化物摂取量を増やす
- 回復のための軽い有酸素クロストレーニング：サイクリングやボート漕ぎ
- 睡眠の質と量を高める

してはいけない事：
- 長時間の有酸素運動、特に標高差を稼ぐこと
- ゾーン3～5のインターバル・トレーニングのような、激しいワークアウト
- 筋持久力の向上を目指すワークアウト
- ヒル・スプリントのような、無酸素持久力を目指すワークアウト
- 大量のアルコール摂取

Bグループ：エネルギー性疲労

　本書を読むような人なら、たいていはトレーニング好きだろう。誰かに背中を押されなくても、ドアを押し開けてワークアウトするだろう。実際には、多分、外へ行こうとするのをときどき誰かに引き止められるくらいだろう。おそらく、スポーツが生きがいともいうくらいで、怠くて気力が湧いてこないとそれがストレスになるのではないだろうか。だが、気力が湧いてこないときは、それを警告の印と受け取るべきだ。あなたに向かって体がメッセージを発し、あなたはこちらのBグループの疲労に侵されているのかもしれない。朝、目覚めがすっきりしない？　いつもより長く寝たのに、それでもだめ？　どうしても、昼寝が必要？　何となく怠い？　友達と会うのが面倒？　仕事や家庭が重荷？　そういうときは、次のようなことを2、3日間試して、事態が改善するかどうか試すとよい。

すべきこと：
- 食事の質を高める
- 睡眠の質と量を上げる
- 友達と接する時間を長くする
- 血液検査を受けてコルチゾールや、フェリチン、テストステロンの値や、単核球症の有無を調べる
- 簡単な心拍テストをおこなう。安静時と階段昇り後の比較（次ページ以下を参照）
- 魚油サプリメントの服用
- 就寝前1時間はコンピューターに類する機器の使用を避ける
- 短時間、軽く、ゾーン1の有酸素運動をおこなう（ごく短時間なら強度を上げ

イタリアでおこなわれたスキーモ大会で全力をつくすフィリッポ・ベッカーリ　写真：Federico Modica

るのも可）

してはいけない事：
- 強度の高い運動。たとえば筋持久力トレーニング、もしくはゾーン3～5のインターバル・セッション
- アルコール摂取
- 肉体的、心理的にストレスが加わるような生活

自分の感覚

　いつだって誰だって、トレーニングに入るときやウォーミングアップを終えた時点で、「今日はどうかな？」と自分の感覚に問い、その直感を活かしてきた。下に挙げる各項目を、たとえ数値で管理していても、その数値が自分の感覚に沿うものかどうか、確かめる必要がある。ウォーミングアップの大事な役割は、自分がトレーニングに入っていいかどうか見極めることにある。そのときの感じ次第でためらうことなく、ワークアウトを減らすなり、取りやめるなりする。

安静時心拍数

　安静時心拍数が高いときは、前日までのトレーニングで負荷をかけ過ぎていて、全身の交感神経系が高まっていることを示している。何かに感染したか、病気になりかけているか、睡眠不足か、何か生活上のストレスがあるのかもしれない。だが、理由は何であれ、その後2、3日は、トレーニング時の体の反応をいつもよ

り入念にモニターして、安静時心拍数がさらに高まっていくか、正常値に戻っていくか、見届けなければならない。

　単に心拍数を計るだけだが、毎朝つづけて、変化の因果関係を観察するのは大事だ。ほとんどのアスリートは、この安静時心拍数にむらがあるだろう。疲労や病気だけでなく、ほかにもさまざまな要素が安静時心拍数に影響を与える。だからといって、朝、心拍数が高かったら無視すべきではなく、ほかの要因も含めて、その理由を探るべきだ。毎日同じ時刻に、同じような条件の下で計るようにすること。

階段昇降テスト

　この極めて単純なテストは、自分の回復状況を計り、トレーニングすべきかどうか判断を下す助けになる。神経系に軽く負荷をかけて、その結果を記録するだけ。心拍計を身につけて、家の階段の1段目を、普通のペースで昇り降りする。心拍数が毎分50から70拍にあがるくらいのペースでその動作を1、2分つづける。強度が高い必要はなく、ただ交感神経が働けばそれでいい。そのときの最高心拍数を記憶したら、すぐに椅子に腰掛けて1分後の心拍数を記録する。所要時間や、回数は大事ではない。日々トレーニング記録をつけながら、頻繁にこのテストをおこなううちに、トレーニングからの回復状況と心拍数の減り方のあいだに相関関係がある、と分かってくる。

階段昇りテスト

　このシンプルな評価法では、日々昇り降りしている1階分の階段を1段ずつ歩いて昇ったり、1段おきに弾みをつけて昇って、階上で脚の感じをチェックする。気にしているとじきに、今日はしっかりワークアウトしようとか、もう少し回復させる必要があるな、という感じが分かってくる。

キリアンのノート

　わたしは各心拍数における走行時間を記録するとともに、日々、獲得標高を記録している。

　一覧表にワークアウトを1つ1つ記入し、トレーニング内容を短く書き、そのとき感じたことを添える。まだ若かった頃から、この形式でトレーニングをすべて記録してきた。レースがうまくいったとき、あるいはスピードが出ないと感じたとき、振り返って、その理由を探る。

トレーニング記録（ログ）をつけて
トレーニング負荷をモニターする

　トレーニング効果という語は、様々な形のトレーニング刺激に対して、身体が
どう反応しどう適合したかを、質的に捉えて述べる言葉だ。**トレーニング負荷**と
いう語は、ひと区切りのワークアウトが与えるトレーニングの形と時間の多寡を、
半ば定量的に表現する。トレーニング負荷がトレーニング効果をもたらす。どち
らも、トレーニングの類型と、強度、分量次第で変化する。たとえば、ゾーン1
のランを3時間つづけた時のトレーニング負荷は、ゾーン4の範囲で1キロ×4
回のインターバルを1時間でおこなう時の負荷に、ほぼ匹敵するが、トレーニン
グ効果と適応の程度はまるで異なる。

数値化して追跡する

　トレーニング負荷の大きさは、作業の量と強度によって決まる。まずガイド役
になるプランを用意して、どんなワークアウトをどのタイミングでおこなうか決
め、自分のワークアウトの結果を忘れずに記録する。その記録を蓄積していくこ
とで、後々、よりよいプランに結びつく。記録が正確で、情報が豊富であればそ
れだけ、次のプランニングに際して有益だ。

　トレーニング記録（ログ）といっても、ノートに記した簡単なものから、オンラインの
記録・計画サイトのように凝った仕組みのものまでいろいろだ。わたしたちが
コーチする際に用いるプラットフォームは TrainingPeaks.com で、その社が商標
権を持つ測定基準を使うと、驚くほど正確に体力や疲労をモニターできる。ほか
にもいろいろなオンライン・サービスがあり、Strava や、Moves Count、Garmin
Connect、Polar Flow なども、トレーニング・データの記録を蓄積し、いずれも
TrainingPeaks と同期できるものの、本書の執筆時点では、それらは高度な追跡能
力を持っていない。

キリアンのトレーニング記録法

　キリアンが記すのは、
ランの場合：時間と、獲得標高、距離。
スキーの場合：時間と獲得標高のみ。
　加えて、ワークアウトの技術難度を
簡潔な4段階評価で添える。
難度1：スキー場のコース内、または走
　　　　りやすい走路／容易なトレール

難度2：スキー場のコース外、もしく
　　　　は荒れた走路／中難度のト
　　　　レール
難度3：スキー場のコース外で、一部
　　　　手足を使う登り／トレールを
　　　　外れた登山
難度4：クライミング

イギリスのレイク・ディストリクトで、快調にAグレードのトレーニングに励む無名のランナー
写真：Jordi Saragossa

所要時間

　トレーニング負荷の最も簡単な追跡方法は、トレーニングの総量を時間、もしくは距離で記録することだ。ロードランナーにとってマイル数かキロ数で記録するのは、何十年も前から標準の測定基準である。一方、何時間かかったか記録するのは、山岳アスリートにとって標準の記録法だ。ご存知のように、山では距離数が同じでも、負荷が同じというわけではない。だから、測定基準としては、所要時間の方が適している。

獲得標高／下降の累計

　トレーニング時間に加えて、累積の獲得標高と下降標高をワークアウトの度毎に、そして1週毎、さらにひと月毎に算出しておくと、脚を使うアスリートは、トレーニング負荷をいっそう明確に把握することになる。というのは、山岳ランナーや山岳スキーヤーにとって、トレーニング強度というときに重要なのは、通常、垂直方向の要素なのだから。標高を獲得するトレーニングは、たとえ強度が低くても、緩傾斜地でトレーニングするより筋肉の参加する量が多くなる。標高差が増せば、トレーニング負荷も増す。

　斜度や、足場の状態、乗り越える岩の段差の高さ、登降差などすべてを勘案した公式などないけれど、週に距離80キロ（50マイル）、獲得標高1800メートル（6000フィート）より、週に距離60キロ（40マイル）、獲得標高3000メートル（10000フィート）の方が、負荷としては大きいと知っていれば十分だ。どちらの方が骨が折れるか、あなたの脚が教えてくれる。時間や距離と同じように、獲得標高も記録する。ベース期の間に、トレーニング負荷を漸進的に積み上げる必要がある。本書のセ

クション4、「トレーニング法」で、どのようにして負荷を漸進させるか示す。

ワークアウトの結果にグレードを与える

　トレーニングの進捗状況をモニターするためにしばしば用いる簡単で有益なツールは、ワークアウトを終えるたびにその時点での感想にアルファベット・グレードを与え、記録簿に記しておくことだ。このグレード方式を、回復モニタリングテスト（125〜126ページ）と関連づけて用いれば、ある程度のフィードバックを確実に得られるだろう。

A　自分がスーパーマンになったような気がして、体力的に余裕十分だった

B　気持ちよいワークアウトだった。何の支障もなく課題を完遂できた

C　ワークアウトをやり終えたが、怠くて、気力が湧かない

D　予定したワークアウトを最後までやりおおせなかったか、予定を短く切り
　　上げた

E　疲労や病気のため、トレーニングできなかった

　ワークアウト毎に、こうした形でグレード付けしておけば、過去2、3週間分のトレーニング・ログをざっと見返して、流れとかパターンといったものが見えてくる。まず間違いないのは、Cが2回以上連続する、もしくは、1週間以内にCとDが2回あったら、計画を中断して、見直す必要がある。何らかの理由でトレーニングをやりきれなかったということは、現在の体力の状態と比べて、設定した負荷が高すぎたか、回復が不十分だったか、どちらかなのだ。

　どのワークアウトも常にAグレードである必要はないが、いつまでたっても低いグレードのままだったら、それは、あなたの体があなたに向かって、何かを語ろうとしているのだ。何か病気に罹っていながら、まだ症状が出ていないのかもしれない。トレーニングの内容を何も変えずにいたら、CがDになって、そのままトレーニング・ログには同じアルファベットが並ぶことになる。あなたの体はトレーニングを受け入れることなく、オーバートレーニングへ向かってまっしぐら、ということになる。

中断した後、トレーニングに復帰する

　計画的に休むこともあれば、休息を余儀なくされることもある。病気や怪我、学校や、仕事、家庭、友人などのせいで、ときに計画を妨げられる。多くの場合、最良の作戦は、小さな後退を冷静に受け止め、将来同じことを繰り返さないよう期待しつつ、そこから何かを学び取ることだ。

スイスのハルダーグラート(全25キロ)を走るシモン・ドゥヴェルネ。インターラーケンとブリエンツを結ぶこの山稜は、草花に覆われている　写真：Dan Patitucci

疲労

　トレーニング・プランを中断する理由として、最も多いのは疲労だろう。疲労そのものに関しては、すでに25ページで論じているので参照のこと。

　疲労やそれにまつわる事情でトレーニングを2日以上休んだあと、トレーニングを再開するときは、あわてて前回の続きから始めない。おそらく、負荷が高すぎて疲労過多になったのだろうから、トレーニングに手心を加え低強度のワークアウトを、時間も半減させて、2日ほどおこなう。それが、回復を取り戻す機会になるだろう。それで支障がなかったら、時間を75％に上げて1日、2日トレーニングして、また様子を見る。復帰を急ぐと、いともたやすく元に戻って、トレーニングサイクルを初めからやり直すことになりかねない。

病気

　計画が頓挫する2番目の理由は、おそらく病気で、そのダメージは長期に及ぶ恐れがある。実は、病気の前駆症状を抱えている人は多い。それなのに、自分の弱点を認めず病気を否定する、というのはよくあることだ。しばしば耳にするのは、「うん、病気なんかじゃない。ちょっと風邪ぎみ、かな。トレーニングぐらい平気さ」という言葉。この手の強がりは単なる風邪をこじらせ、副鼻腔炎や上気道炎、下手をすると肺炎を招く恐れがある。どれに罹っても、完治するまで数週間を要する可能性がある。

　風邪を引くのは、体が持つ免病力の強さが足りず、ウイルスを抑えきれなかったということ。トレーニングし過ぎたか、休養が十分でなかったか、もしくはその両方のせいで、病んだのだ。軽度から中程度のトレーニング負荷なら、免疫力を高めるが、負荷が大きいと（強度が高いか、時間が長いか、もしくはその両方

トレーニングに対する強迫観念

トレーニングしなければ、という気持が強過ぎて、不調のときはトレーニングするなという助言を蔑ろにすると、しばしば以下のパターンに陥る。身に覚えがあるのでは？

1日目：体調不良の症状が出たが、1日目はいつも通りのトレーニングをおこなう。

2日目：前夜、症状がやや悪化したので、この日はトレーニングを軽めに。それで乗り切れると考えた。

3日目：症状がさらに悪化したので、1日休養。

4日目：症状は変わらないが、じっとしていられず、ランニングに出た。

5日目：まだ気分は優れないが、友人たちがスキーに行くので、同行した。

6日目：調子が悪くなった気がして、1日休養。回復を図る。

7日目：症状がやや回復したので、トレーニング再開。厳しいワークアウト

をこなした。ヤッホー！

8日目：いよいよ、本格的に不調。1日休養。

9日目：つらくて、ベッドに寝たきり。

10日目：悪寒、高熱。

11日目：相変わらず、ぐったり。

12日目：やや回復。トレーニングせず。

13日目：とにかく、何かしなければ！だが、ワークアウトを短く切り上げる羽目に！──気力湧かず。

14日目：気管支炎の症状で寝込む。抗生剤を服用。

上の例から、無理矢理トレーニングをつづけようとしたら、いともたやすく2週間も無駄に過ぎてしまうと分かるだろう。最終的に病を得て、さらに10日あまりもトレーニングから離れることになるだろう。1週間で解消できたはずのものに、丸々ひと月も手こずってしまう。その結果、元のトレーニング強度を取りもどすまでに、長い時間を使うことになるのだ。

だと）、免疫力は低下する。ワークアウト終了直後の1時間は、特にそうだ。そういうわけで、昔から親に言われ続けている訓戒がある──激しいトレーニングの後は、乾いた衣服に着替えろ、冬には帽子を被れ、と。この短いひとときは特に感染症に罹りやすい。こういった予防手段は大して手間もかからず、それで健康が保てるなら、安いものだ。

　長年にわたって大勢のアスリートたちを手助けしてきた経験から見てお勧めするのは、何か病気のサインが現れたら、とにかくトレーニングを**中断**する。自分の体と限りある体内の貯蔵エネルギーを、全面的に抗体の産生に振り向けて、病気と闘う。病んだ体をさらなるトレーニング負荷で苦しめたら、免疫システムをさらに弱めて治癒を遅らせるだけでなく、新たな病気を招く恐れがある。単純だけれど万能なこの方式を採れば、最短時間で以前の効果的トレーニングへの復帰が保証される。

病後

　それで、風邪などの軽い病気の予後、どうするか？　通常のトレーニングに戻るには、どうすればいいか？　まだ少々頭がぼんやりしているかもしれないが、大分元気を取り戻している。よくある鼻風邪でも、治るまで２、３日かかる。４日目や５日目に、いきなり中断する以前のトレーニング負荷に戻ろうなどと思ってはいけない。有酸素代謝システムは体調不良の間に、大打撃を受けただろう。だから、トレーニングを再開するにあたって、まずゾーン１〜２の強度に戻る必要がある。

　いきなり、病気前と同じ強度のトレーニング負荷から始めたら、たいてい落ち込むことになるだろう。思ったより苦しかったと自覚するのは、エネルギー産生の手段として、大幅に無酸素代謝に頼らなければならなかったからだろう。それでは、病気になるまでおこなっていたような、有酸素システムに効果的に働きかけるトレーニングにならない。**あなたのトレーニングにおいて、素早くトレーニングの流れを取り戻せるごく単純な処方箋を、わたしたちは見つけた――それは、病気でトレーニングから離れていた日数と同じ日数分、軽いトレーニングの日を設けるのだ。**そうすれば、日々有酸素能力が戻ってくると感じながら、ノーマルな状態に戻っていける。その期間中にもトレーニングの時間と強度を、極めてゆっくりと強めていくことは可能だ。このメソッドを実地に応用してうまくいった例は数多い。この方式を用いれば、ちょっとした病気の後ならたいてい１週間以内に、以前の状態を取り戻せた、という感触を得られるだろう。

トレーニング計画に休止期間が見込まれる場合

　自分のスケジュールに休止期間が入ってくると予想されたら、その直前に短期間――たとえば１週間――トレーニング負荷を増加させておいて、それから出張なり帰省なりに出かければよい。現地に着いたら、予定にある中断期間を回復期に見立てて、その間に、短時間、軽いワークアウトを、幾種類かおこなうのだ。過負荷の期間を過ごした後、こういった計画的休養を入れるのは非常に効果的で、それから数日〜数週間後に、体力レベルが一段高まる可能性がある。

　こういった休止期間が予想されるときは、数週間前からスケジュールに組み込むようにする。そうすれば、休止前に厳しいトレーニングをすることで、休止期間中にしばしば感じる不安を払拭できる。事前にプランを立てておけば、帰省や出張を休養の好機と捉え、次のトレーニング期間に積極的に取りかかることができる。

オーバートレーニング症候群（OTS）

　自分の能力を最大限まで引き出そうとするアスリートは、究極の体力向上と身

ATHLETE STORIES 9

不利を有利に転換させる

ジャレッド・キャンベル

　ハードロック100に向けてトレーニングを始めた頃、何か困難なことや、ばかにきついことがあると、冗談まぎれによく友人と話し合ったものだ——ハードロックのトレーニングに、うってつけだ、と。ヘッドランプが故障したまま夜間走れば、視力トレーニングにうってつけ。ストレス多い仕事漬けの1週間の後、長距離走に出れば、内分泌系のトレーニングにうってつけ。食料がなくなって消耗状態で走れば、備蓄体脂肪を活用する体にするのにうってつけ。凍結したトレールや、滑りやすいトレールの摩擦不足は、反射神経を磨くのにうってつけ。膝までの深雪をつぼ足でラッセルして進めば、持久力トレーニングだ。

　山岳アスリートになる、ということは、目まぐるしく変化する状況に苦もなく適応できるようになる、ということ。といっても、最新式の防水ジャケットやヘッドランプを揃えればすむ、という意味ではない。山が舞台のプロジェクトに付き物の荒れ狂う状況に、精神的に対応できるようになることを意味する。ベテランの山岳アスリートは自分の能力を駆使して障害や困難の気

2012年のハードロック100の序盤、コロラド州サン・ファン山脈のグラント・スワンプ・パスから駆け下りるジャレッド・キャンベル　写真：Fredrik Marmsater

配を嗅ぎつける。物資補充や装備、栄養補給や天候などあらゆる種類の障害や課題を克服し、それを優雅に吸収する。そんな人になろうとして意図的に「逆境トレーニング」をおこなえば、山岳アスリートとして強力なツールを得ることになり、さらには、スポーツを超えて応用可能な気持ちの切り替え訓練になるかもしれない。

2005年、わたしはクライミング中の事故で踵骨（かかとの骨）を粉砕した。もう二度と走るのは無理だから、何か別のスポーツを始めるほうがいい、と医者に言われた。1枚の金属板と6本のビスを埋め込んだあと、傷が快方に向かうと、わたしは二足歩行のスポーツをつづけようと、がむしゃらに頑張った。手術後のいっときは、松葉杖登山と上半身の筋力トレーニングに絶好の時間だった。思いの外上腕支持の松葉杖が気に入り、わたしは馴染みの山々の頂上へ松葉杖で登った。松葉杖ハーフマラソンにも出場した。

それから6年後、2011～12年の冬のシーズンに、自分にとって初めてのバークレー・マラソンに参加するつもりで、トレーニングに励んだ。この大会は、テネシー州東部のワイルドな土地を舞台に130マイル余り（200キロ余り）走ったり、歩いたりする過酷なレースで、ルートファインディングに苦しみ、悪天候に悩まされながら、標高差6万フィート（約18000メートル）を獲得しなければならず、完走を阻む要因は数え切れないといわれる。1986年の第1回大会から数えて、完走した選手はわずか10人ほど、完走率は2％に届かない。バークレーへの挑戦を決めたとき、わたしは経験を十分積んでいたので、身体トレーニングのプログラムをどのように組み立てればいいか、自信があった。どうしても必要なのは、気持ちの準備だった。

住まいに近い＊ワサッチ山脈で1月、2月に脚力を鍛えようとすると問題がある。賢い人はスキーを走らせる。だが、わたしが知っているバークレーの要件を考えると、最悪の気象条件でも苦もなく対応でき

るようになりたい。わたしは意図的に、天候不順な条件を選択した。朝嵐が来て、午後は晴れる、という天気予報なら、朝の内に走る。バークレーのあの悪名高い藪こぎを想定して、わざと登山道から外れて斜面を直登する。オークの灌木帯を這い登ったり、ウラシマツツジの藪を掻き登ったりしているときは、うん、これはバークレーの模擬練習にピッタリ、と思って心を躍らせた。

わたしは2012年にバークレーを完走し、その後、2014年と16年にも完走して、バークレー史上初で唯一人の3回完走者となった。

何年もかけて、通常なら不利といわれる状況を、有利な状況に転換してきた。代替の反応パターンを利用して、私は数々の過酷なウルトラマラソンと山岳スポーツを完走してきた。だが、さらに重要なのは、そういう考え方がランニング以外の生活全般に対するわたしの姿勢にまで及んでいるということだ。人生におけるさまざまな出来事に直面した時、それがドラマチックなものにしろ、緊張感溢れるものにしろ、わたしは案外落ち着いて、冷静でいられる。どんな挑戦にも、必ず何か学ぶべきことがあり、その先で自分が少しマシになる可能性がある。人生においても、スポーツにおいても、明るい面を見つけ出して、常に前へ進んでいこう！

Jared Campbell　ユタ州に拠点を置くアドベンチャー・アスリート。氷雪の高山の連続登頂や、砂漠地帯の冒険行など複数の技術を組み合わせて、一見不可能と思われるプロジェクトを成し遂げるのが得意。10代から20代にかけて、憑かれたようにロッククライミングをおこない、世界各地を訪れた。その後、高山の継続登攀や、さらにウルトラランニングへ活動の幅を広げた。100マイル以上のウルトラマラソンを完走すること30回余り。ハードロック100の10回完走を最年少で達成。バークレーマラソンを3回完走したのはこの人だけ。

＊ワサッチ山脈　アメリカ西部、ユタ州＝アイダホ州の州境に広がる山地で、ロッキー山脈の一部。最高峰はネボ（3636メートル）。

135

体の崩壊を分ける稜線上で、微妙なバランスを操ることになる。アスリートのレベルが高くなればなるほど稜線の幅は狭くなり、バランスの保持が困難になる。体力レベルの向上という結果をもたらす手段はただ一つ、体にかけるトレーニング負荷を高めることだ。エリート・アスリートの誰もが、難しいと知りながら目指しているのは、トレーニングと回復という両者のあいだに適切なバランスを見つけることだ。トレーニング刺激が十分でなかったら、当該のトレーニング・サイクルにおいて自分の潜在力を、たとえ何％という単位であれ、活かし切れない。一方、ストレスが大き過ぎたら、オーバートレーニングという崖から転落するリスクがある。そうなると、あなたの潜在力を大きく削ぐことになる。トレーニング負荷と、それに加えて生活上のストレス要因が——家族の柵とか、学校、仕事の苦労などが、寄ってたかって、この微妙なバランスを保つ作業を複雑にしている。こうした日常生活にありふれるストレスを無視するのは危険すぎる。

　オーバートレーニングは医学的な問題だ。最も分かりやすい形としては、故障として現れる。しかし、体系的な持久力トレーニングをやり過ぎたときの影響は陰険で、意欲が低下して体がトレーニング刺激に応えられない状況に陥る。オーバートレーニングの状態に陥ると、以前と同程度、もしくはそれ以上にトレーニングしても、体力が落ちてくる。ほとんどの持久系スポーツにおいて、オーバートレーニングのせいで目標を達成できなかった例は多く、選手生命を縮めた要因としても、故障とともに多数を占める。中には、数年間も伸び悩んで苦闘したあげく、タオルを投げた者もいる。

　持久系アスリートたちは、オーバートレーニングの危険が極めて高いと自覚しているが、それは、日々トレーニング計画をこなすなかで、他の種目に比べて特に大量のエネルギーを必要とするからだ。その値は、非常に激しいトレーニングでは1日6000kcalを超す。残念なことに、ほとんどのアスリートはオーバートレー

キリアンのノート

　2007年、わたしはオーバートレーニングに陥った。その冬は盛りだくさんで30ものレースに参加し、そのまま休養期を入れずに、次のトレーニング・サイクルのランニングに取り掛かった。最初の自覚症状は、一向に回復しないことだった。わたしは、いつになく疲労していた。2〜3週間不調がつづいたので、鉄分が欠乏しているかと思い、血液検査を受けた。図星で、鉄分の値が極めて低かった。それで丸2週間、完全休養した。その後トレーニングをごく緩やかに再開した。わたしは症状を早期に捉えたので、中断期間を長引かせずにすんだ。幸いだった。

ニングを直観的に認識することができない。多くの場合、自分がオーバートレーニング状態に陥っていると気付くまでに長い時間がかかるので、そう診断がされる頃にはたいてい手遅れで、極端な手段に頼らざるを得ない。

オーバートレーニング vs. アンダートレーニング

ややアンダートレーニングの方が、わずかでもオーバートレーニングに陥るより、ずっとまし。これは記憶すべき、重要な大原則だ。大会当日アンダートレーニングでも休養充分なら、意志の力で能力の井戸を少しばかり深く掘り起こせる。しかしオーバートレーニングで疲労していたら、いくら意志の力があっても、空っぽの井戸からでは筋力も持久力も汲み出せない。

モチベーション vs. 義務感

ハイレベルな競技会にエントリーするような人は、よい成績を挙げたいと思っている。持久系アスリートの大半は、タイプAの性格に当てはまる。「多ければ多いほどよい」というトレーニング哲学をもっている。総じて、持久力トレーニングは、「多ければ多いほどよい」というのは**事実**だ。意志力、辛抱強さ、やる気――呼び方は何であれ、魂の奥で熱く燃えているものは、自分がアスリートとして持っているもののなかで、最も大事な特質だ。が、同時に、それが自分の判断力を曇らせ、自分を無慈悲な課題追求に向かわせるなら、最悪の敵になりかねない。オーバートレーニングというのは、厳しいワークアウトのせいで筋肉が硬直したり痛

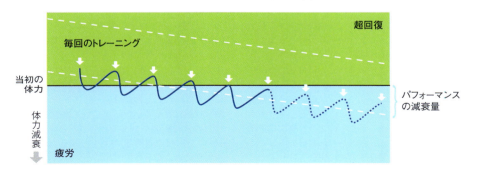

図 4.1 オーバートレーニング

十分に回復しないままトレーニングをつづけると、体調は簡単に長期にわたる減衰に陥る。早く気づいて改善しないと、復調まで何か月もかかることがある

ATHLETE STORIES 10

苦労して学んだレッスン
トレーニングとレースは別物

マルク・ピンサック・ルビローラ

16歳のときからスキー登山とトレイルランニングのトレーニングを積んできた。今、わたしは29歳だから、その間実行してきたトレーニング・プログラムに関する判断のどこが正しくて、どこが間違っていたか、分析するだけの経験を持っている。

自分のトレーニングに関する最大の問題点は、長期にわたってわたし個人の必要と限界を考慮したトレーニングをおこなってこなかったことだ。数年間、わたしはチャンスを得て、キリアン・ジョルネといっしょにトレーニングし、レースに参加し、いっしょに旅した。互いに友人で、レース期間中はともに暮らし、ナショナルチームの一員としてトレーニングした。互いにそばにいて、アスリートとして、人として、ともに成長してきた。多くのことをキリアンから学ぶのは、喜びであり、大きな力となった。

とはいえ、問題もあった。どうしても時間がタイトになって、ゆっくり成長できなかったし、彼との間に十分な距離をとれず、自分なりのトレーニング法を見つけられなかった。その結果、成績は頭打ちになった。

ご存じのようにキリアンは卓越した身体能力とテクニックを兼ね備えた天才であり、トレーニングやレースに要する心理的能力もずば抜けている。しかし、キリアン流の調整法は、わたしのような者には危険である。ときどきわたしは自分のトレーニング計画にキリアン流の方法を取り入れていた。キリアンは常にわたしより一段階も二段階も先を行く。おかげで大抵はわたしのパフォーマンスのレベルが向上する。だが、それはまた、わたしのオーバートレーニングを招くことにも繋がった。

このパフォーマンス・レベルの差——キリアンの体とわたしの体の違い、それを体験的に受け入れられるようになるまで時間がかかった。何シーズンか無駄にして、少なからず心理的葛藤も経験した。燃え尽き症候群に陥りそうなところまで追い込まれた。

その頃わたしが考えていたのは、毎年もっとトレーニングする必要があるということ。時間を長くして、もっと距離を延ばし、もっと標高差を稼ごう、と。23歳までこのやり方が機能して、トレーニング負荷を高めると、その分だけパフォーマンスも向上した。当時、わたしは年間700時間トレーニングして、山岳スキーによる獲得標高は1シーズン19万メートルだった。それを、年間850時間、1シーズン当たりの獲得標高22万メートルに増やそうとして、結果的にオーバートレーニングに陥り、それが4シーズンつづいた。

目標値を達成しようとすると、わたしにとってゾーン2以上の強度になって、長時間の持久力トレーニングとしては速すぎた。とりわけ、他の選手を交えて走ると、そうだった。この速すぎるペースのせいで疲労が重なって、競技シーズンが始まる頃になると、わたしの体はすでにストレス過剰な状態になっていた。そこへ、有酸素レベルの長時間のインターバル（たとえば、ゾーン3〜4の強度で、10〜15分×3本）を大量におこなったので、さらに疲労を溜め込むことになった。この状態では、速いペースのトレーニングの割合があまりに多すぎる一方、スピードは、目標とする競技スピードに達していない。山岳スキーレースやスカイランニング・レースでは、ゾー

バーティカル・レースのヨーロッパ選手権 2018 は、イタリア・シチリア島のエトナ山で開催。当日はひどい霧のため、参加者は互いに姿が見えず、今の頑張りが、誰かに追い付くためなのか、誰かに追い付かれないためなのか、分からない状態だった。そんな中で誰もが思っていたのは、自分の体と心とテクニックに集中するのが最善の道、ということだった　写真：Jesus Dyañez

ン4まで強度を上げた状態で、通常1時間半から2時間競技が続く。

こういった過ちの根元にあるのは、心理的、心情的なものだ。チーム（トレーナーや医師、理学療法士、スポンサー、友人など）は、そのような状態に陥る危険性がある、と警告し、わたしもそれを理解していた。にもかかわらずわたしが彼らの警告にあまり注意を払わなかったのは、トップレベルに食い込むには、もっとトレーニングをする必要があると思い込んでいたからだ。「痛みなくして得るものなし」が最良の結果を得る唯一の道と思い込んでいたのだ。

それに、トレーニングする度に、また1年全体を通しても、わたしは自分が体調良好で、速くて、力強いと自覚する必要もあった。身体活動を控えて家で休養する方法を知らず、トレーニングする度に、良い数値を出し、絶えず向上しようと努めた。毎回のトレーニングを競技のように捉えていた。常に自分自身が強くて健康である、と自分に言い聞かせる必要があった。

このようなやり方でも、短期的には好結果を得られるかもしれないが、わたしの場合、心理的、心情的な傾向から悪い結果を招いて、やる気を失い、フラストレーションと疲労を溜め込むことになった。このように誤った決定を重ねたのは、自己評価の能力に欠けるところがあったからだ。レースシーズンに備えておこなう自分なりのやり方に自信を持てなかったからなのだ。

自分の精神的な姿勢を組み立てなおして、再びレースに向かえるようになるまで時間がかかった。シーズンを終えてから次のシーズンに入るまでに、トレーニングを10%以上増やすことはできないと、認めないわけにはいかなくなった。トレーニングに関して、以前のように性急ではなくなってきて、以前のトップコンディションまで戻るのに、ゆっくりと何年もかけるつもりになっていた。自分の体が耐えられるのは山岳スキーでは、年間700時間、獲得標高は1シーズン20万メートルと判断して、いまわたしはそれだけの量をゾーン1～2の非常に

ゆっくりとしたペース——疲労を感じずに数時間保っていられるペースで、トレーニングしている。ほかの人といっしょに走るときは、たとえグループから離れて終わることになっても、自分のペースを崩さない。トレーニングは、競技会ではない！

インターバル・トレーニングについていうと、わたしは全力走で30秒～3分を繰り返す。この種のトレーニングで最も大事なのは、その間常に全力走、ということだ。それが無理なときは、家に帰って回復を図り、次のセッションに備えたほうがいい。

お気に入りのアスリートや友人を真似て<ruby>真<rt>ま</rt></ruby>似てトレーニングしてはいけない。なぜなら、同じ人物は2人といないし、2つの異なる体に同じ効果を作り出すことはできないから。重要なことは、周りの人が何をしているかではなく、あなたの体が何を必要としているか、見つけること。わたしは自分のトレーニングを、自信を持っておこなうには感情をコントロールする必要があると、経験的に理解した。自分のことだけに集中して、自分の体に刺激を与えてパフォーマンスを上げるには何が必要か、それだけを考えるようになってきた。

今、わたしは理解している。持久系スポーツにおいて自分の体が生理的に進化してピークに達するまでには、長い時間がかかる。その結果として、レースがある。トレーニングの日々は、来たるべきレース当日の自分の姿を思い描きながら、基礎を積み上げよう。

Marc Pinsach Rubirola　1989年にピレネー山脈の南東部、スペインのカタルーニャ地方の町に生まれた。18歳のとき、ピレネーの北麓、フランス側フォン・ロムーに住まいを移して、スポーツ科学を学び、山岳スキーとトレイルランニングに本格的に取り組んだ。現在、毎年約30のレースに出場する。実績として2011年のスキーモ世界選手権のエスポワール・カテゴリー（23歳未満の部）で優勝、ピエラ・メンタ2018とパトルイユ・デ・グレイシャー2010で4位、メッツァラマ・トロフィー2011で3位、2015年の世界選手権で5位以内の完走。また、ワールドカップで度々上位10位以内でゴールしている。

んだりとか、とりわけ過酷なレースのあと回復に2〜3日余計にかかる、といった状態を指すのではない。スポーツ科学の世界では、そのような短期的な疲労を頑張り過ぎ(オーバーリーチング)と呼び、トレーニングという流れの中でノーマルな部分となっている。ただし、オーバーリーチングは慢性化するとオーバートレーニングに発展し、生理的ギャップを渡ってしまうと、何か大胆な手段をとらない限り、戻ってくるのが難しくなる。

イタリア、ヴァル・ディ・ファッサで開催されたバーティカル・キロメーター・クレパ・ネグラ・レースで競技者を空から俯瞰　写真：Federico Modica

初期症状と、共通して見られる反応

　オーバートレーニングは持久系アスリートの全てが慣れているような疲労ではなく、そのような疲労とはまるで別物だ。両者の境をなすこの閾(しきい)を踏み越えると、医療の領域となる。まだ解明されていなくて、多面的で、それを経験した人でないと診断が非常に困難な領域である。普通の家庭医にオーバートレーニングの典型的な症状を説明したら、それは心気症です、と診断されるだろう。オーバートレーニングが中程度まで進んだ持久系アスリートでも、医者にかかっている患者と比べれば、まだまだ健康で精力的に見える。OTS（オーバートレーニング症候群）は、最終段階に至って初めて、医療の対象となるような典型的な病状が表面化する。

　OTSは体が生まれつき持っている適応作用の崩壊を意味する。内分泌系と自律神経系が、これまでと同じようには作用しなくなるのだ。そうなると、以前は容易と見なしていたトレーニング負荷──体が適応していたので、短期的な疲労状態にあっても楽々こなしていた負荷が、今では破壊的で耐えがたい重荷になる。厳しい(ハード)と楽々(イージー)の概念を根本的に修正しなければならなくなる。そんな劇的変化に対する備えなど、誰もほとんど持ち合わせないから、自分がこんなにあっけなく、アスリートから病人になったなんて受け入れ難い。

　オーバートレーニングの初期段階に共通して見られる最初の兆候は、パフォーマンスがどうしても上がらなくなり、何となく怠(だる)くて気力が湧かない、という状態だ。そんなときコーチやアスリートは想定する──このパフォーマンス低下の原因は、体調(フィットネス)の不良である、と。ほんの2、3日前まで、とにかく、あれほど調子よかったのだから、オーバートレーニングなんて到底あり得ないと感じる。

故郷ハワイ州オアフ島カイルア近郊のオハナ・トレールを走るロッド・ビエン　写真：Liz Barney

パフォーマンスが低下したときに共通する反応として、特にセルフコーチに頼っているアスリートの場合、すぐさま何らかの形でトレーニングを増やそうとする。見込みとしてはこうだ。トレーニング計画に何か鍵(キー)になる要素が欠けていたのだろう、だったら、その何かを加えてやれば、好調を回復できる——そう考える。それでトレーニングを増やしても、改善は見られない。それどころか、たいてい状態はさらに悪化し、解決を求めてさらにトレーニングを重ねることになる。そのようにして、危険な負のスパイラルが始まり、最終的に、単なる身体的問題以上の問題になっていきかねない。それまで体作りに大量の時間とエネルギー、資金を注ぎ込んできたのだから、スポーツ競技とそこでの成果は、いろいろな意味で、その人の人格を規定することになるだろう。トレーニングにもレース結果にも、いつも納得できないまま、毎度毎度激しく疲労していたら、モチベーションも自信も、**そのうち一挙**に崩壊するだろう。

きちんと測定されたコースでトレーニングしているとか、ペースの数値目標を決めてトレーニングしているとかで、数値的に落ちてきたというなら、オーバートレーニング状態を認識するのはずっと容易だろう。しかし、山が舞台のスポーツでは、日々トラックが変わるので、自分の状態を把握するのが一気に難しくなる。そういう理由もあって、わたしたちは評価基準となるワークアウトを何種目か設定するよう、アドバイスしている。それを使って、自分がトレーニング・プログラムの中で前進局面にあるのか、後退局面にあるのか、判断しようというわけだ。

自覚症状

オーバートレーニングの影響は、いの一番に交感神経系に強い衝撃を与える。そして、まず最大下の強度レベルでの運動における心拍数が、普段より増える。普段の陽気さや活発さがなくなり、トレーニングしていても何となく怠い(だる)。トレーニング・セッションのあいだの休憩時にも、ストレスホルモンのコルチゾール値が上がったままになる（医者を訪ねて調べてもらえば、の話だが）。

何もせずオーバートレーニングの初期症状を放置していると、副交感神経系をも巻き込んで、さらに衰弱させるタイプの症状に進行する。副交感神経系が関係してくると、ホルモンがネガティブに作用して、最大レベルでも最大下レベルでも心拍数が通常より**低く**なる。

そうなったときは、以下のあまり嬉しくない自覚症状が幾つ現れているか観察する。

■根深い疲労が、しつこくつづく
■コルチゾル値の高止まりが長引く（血液検査が必要）
■テストステロン値が下がっている（血液検査が必要）
■心拍変動が低下している（特別な心拍計か、ECG（心電計）が必要）
■神経過敏になる
■鬱症状
■体重減少
■無月経
■不眠症
■性欲低下
■熱意とやる気の低下

　神経系が関わる疲労が深刻になると、完全休養が最低でも数週間必要になり、その後ようやく、簡単なエクササイズから徐々にトレーニングを再開することになる。ゾッとする、だろう？　　何としても、避けるべき状態。それを避ける最上の方策は、トレーニングに対する体の反応を、常日頃からモニターすること。この Chapter 4 ですでに書いた手段を使ってモニターすることだ。オーバートレーニングや回復不全の症状は、トレーニング不足より始末が悪い。保守的な方へそれた方が、よっぽとマシだ。

オーバーユースによる故障は、オーバートレーニングの指標

　それまでのトレーニング・セッションの疲労から十分に回復せず、適応もしないまま、いつも通り一本調子で筋肉に新たなトレーニング負荷を加えていくと、少なくとも体力の向上は見られないだろう。それどころか、先走って加えるストレスが溜まって、筋肉や腱を弱め小さな故障の原因となる。すると、さらなるダメージを防ごうとして、脳から指令が出て筋の収縮力を抑制しようとする。ひたむきに努力するアスリートなら、その痛みと苦しみを軽々と乗り越えて使い過ぎの状態を保つことは可能だが、そのうちに、小さな断裂が、炎症を伴う本格的なものに発展し、さらに明らかな負傷、損傷に至る。腱炎が慢性化し、悪くすると、腱や筋肉が完全に断裂することになりかねない。

　負傷、損傷は必ずしもオーバートレーニングを意味するわけではないが、トレーニングの目的である適応が起きていませんよ、と指摘されていることになる。こ

うした適応不良は、オーバートレーニングとの衝突針路に入っているから何か緩和措置をとりなさい、と警告を受けている可能性がある。

　こうした警告のサインを素直に受け入れよう。体が白旗を掲げて、見落としているものがあると注意喚起しているのだ。回数や時間などをただ追いかけるのではなく、トレーニングに対する体の反応という、もっと大きな構図に目を向けよう。

　持久系アスリートの多くは、1度や2度、オーバートレーニングになりかかったことがある。まあ、1度であってもらいたいが……。特にトレーニング負荷が高くなってきたら、オーバートレーニングという厄介な落とし穴にはまらないように、敬意をもって対処する必要がある。

期 分 け
ピリオダイゼーション

　スポーツトレーニングにおける期分けの概念は、トレーニングの期間を幾つかの独立したブロックに区切り、それぞれに明確な目的を与えるというもので、もともと旧ソ連で生まれ、その後、ソビエトのスポーツ科学者たちの論文を、西側でも広く認知するようになった。その要旨は、アスリートたちのトレーニングでは、いちどきにたくさんの課題を追うのではなく、2つ、3つに絞って注力させるようにした方が、いい結果を得られるという考え方で、なるほどその通りだと証明された例も数多かった。念のためにいい添えると、すでに述べた容量トレーニングと活用トレーニングを区別する方式も、この期分けの1つの形である。

　必ずしも、誰もが期分けのトレーニング・プランを取り入れているわけではない。大きな成果を挙げているアスリートの中には、単純な構成のプランを固守している人もいて、そういう人は年間計画のすべての局面に、異なるタイプのあらゆるトレーニングを入れて、アスリートとして自分のすべての能力を常に維持している。そういう方式を使いこなして成功するためには、相当程度の自己観察と幅広いトレーニング歴を必要とする。そのような人は、おそらく、この手の本を必要としないので、そうでない人たちのガイド役を果たすため、わたしたちは以下に期分けトレーニングの基本を展開する。すべてのトレーニング理論に共通することだが、これはコチコチの石でできているわけではなく、個別性の原則により人によって幅広い解釈と応用が可能だ。

　期分けトレーニングの一般的な考え方とは、何か月も先のゴールを目指して「長期サイクル」——つまり、1年、もしくは1シーズンを1単位として、トレーニングすることである。そのマクロサイクルの期間が決まれば、今度はそれを幾つかの「中期サイクル」に分割する。メゾサイクルのトレーニングには特定のはっきりした目的がある。各メゾサイクルは、先行するメゾサイクルを踏まえ、後続するメゾサイクルの前提となるので、その組み立てが、期分けの構成全体の要と

なる。1メゾサイクルは、数週から数か月つづき、それを、さらに「短期サイクル」——
典型的な例は7日間で1単位——に分割する。その1マイクロサイクル内にあって、
日々のトレーニング処方は、当該メゾサイクルにふさわしいと考えられる能力を
発達させるように用いる。

　また、アスリートがマクロサイクル的に見て進歩し、目指す競技会向けに特化
した能力が上がってきたら、これまで積み上げてきた能力を、大きく落とさない
ことも大切になる。ありがたいことに、何かの能力を維持するためのトレーニン
グ刺激は、最初に積み上げるときよりもずっと少なくてすむ。

移行期

　大きな競技会後の休養明けや、競技シーズン後の休養を終えたアスリート、あ
るいは体系的トレーニングを経験したことのない人が、本格的トレーニングに入
るに当たって設ける準備期間を指す。休養していた期間の長さや、シーズンや競
技会で受けた（精神的、身体的）疲労度、（当該スポーツにおける）アスリートと
しての熟練度により、その期間はまちまちで、シーズン中に好調を維持した経験
者なら2週間と短いだろうし、新規参入者や過労状態にあるベテランだったら、
長々と8週間というところだろう。

ベース期

　トレーニングにおける最も重要な作業をおこなう期間である。この期間、アス
リートは、自分が参加する競技に必要な基本的能力の作業容量を増加させること
に焦点を据える。フィットネスの摩天楼を築きたいなら、巌の硬度の基礎が要る。
この期間中に、体力は上向いていくが、同時に軽い疲労も伴うためその効果は裏
に隠れている。日々持ち越すこの軽い疲労は、トレーニングに適応するために必
須の過程でもある。そういうわけで、この期間中はトレーニングや競技会で、最
高のパフォーマンスを期待してはいけない。

試合準備期

　この段階で、いよいよ肝となるトレーニングを、基礎力トレーニングに加える。
参加を予定している競技会の要求事項を、ほぼ全面的に反映したトレーニングと
なる。これまで何か月もかけて進めてきた基礎力トレーニングのすべて、といわ
ないまでもほとんどの要素を組み合わせる。その期間は、ベース期では月単位だっ
たが、こちらでは週単位となる。もしも基礎力の蓄積がうまくいっていたら、こ
の期間に体力レベルは、これまでにない高さに達するだろう。トレーニング容量
の維持と回復のためのワークアウトを、活用トレーニングのきついセッションと

セッションのあいだに挟む。疲労の程度は相変わらず高いだろうが、目玉となるワークアウトの前後に入れてうまく回復させてやれば効果的だ。この期間におこなうワークアウトの例を挙げると：

■ VK競技（Vertical Kilometer ＝ 1キロ登高競技）の準備なら：ゾーン4の強度で3分間の登高×8回、回復運動として4分間かけてゆっくり歩いて降りる。

■ 100マイルレース（160キロ・レース）の準備なら：試合前3〜4週間にわたり、ゾーン1〜2のトレーニングを2日続けて8〜10時間ずつおこなう。

試合期

これまで数か月にわたって、銀行口座に相当量の作業容量を貯蓄してきた。いよいよその貯蓄を取り崩すときが来たのだ。このシーズン中に競技会に参加するにしろ、個人的に自分の限界を押し上げるような成果を求めるにしろ、原則は同じ。

この期間中に何回か、大きな出費を要するお祭り騒ぎがあり（競技会に参加して、自分が貯えた能力をそこで活用し）、その合間に回復の時期が訪れるので、両者のあいだで微妙なバランスをとりつつ——さらに、願わくは大会と大会のあいだに繋ぎの時間を長めにとって、預金口座の残高を、多少なりとも埋め戻しておきたいものだ。参加を予定しているレースや大会の数とそのストレスの多寡にもよるが、いったんシーズンに入ってしまえば、まとまった時間をとってあれこれトレーニングするのは難しいだろう。もし、今期はシーズンを長くして、レースに数多く出たいというなら、シーズン中にあらかじめトレーニング・ブロックを設けたらいいだろう。比較的短距離のレースなら次のレースとのあいだを少なくとも2週間空け、ウルトラ級の大会の後なら4〜6週間空けて、その間に必要な回復を図り、さらに体力ベースの作り直しを図る。

そこで思い出してもらいたいのは、体力の蓄積には時間が必要だということ。いつも体が疲労を多少抱えているような状態にしなければ、結果に現れるほどの適応刺激は生まれない。シーズン中にそのようなトレーニング・プログラムを実行しても、何とかして数週間の休養期間を作り出さなければ、思ったような効果が得られず、成績一覧に悪い結果を残すだけ、ということもあり得る。レースとレースのあいだをまとめて2〜3週間空ければ、メンテナンス・レベルのベース・トレーニングは可能だが、忘れないでもらいたいのは、自分は直近のレースを終えて、ひどく疲れており、そこからの回復に時間を要することだ。さらに、次のレース前のテーパリング（負荷を漸減させる）日数を計算に入れれば、レース間隔が3週間空いていても、体力を再構築するためのトレーニングに割けるのは、わずか10日になってしまうかもしれない。

ATHLETE STORIES 11

あるウルトラランナーの生活史

クリッシー・モール

寒くてじめじめ湿った中で長距離ランを終えて、その日もまた、玄関口から家の中へ入って行きました。アメリカ北西部の太平洋岸に長期間つづく、この寒くて物悲しい冬のあいだ、わたしは幾度となくこのランニングを繰り返していました。気の滅入るような天候の中で、何週間も、毎日のように1人で何10マイルも走るうちには、心が折れそうになることもあるし、玄関の鍵を開けようとする頃には、低体温症になりかけていることも、珍しくありません。それは2月初めのことで、UTMB高黎貢2018の100マイルレースへの出発を1か月後に控えた頃でした。このまま、当初のトレーニング・プランをつづけたら、目的のレースのゴールラインを踏み越えられないだろう、とわたしには分かりました。

100マイルレースを走り切るには、トレーニングの距離を積み上げるだけでは不十分です。心理的なもの、動機的なものが、もっと深いレベルで必要なのに、わたしはそういったものを、物悲しい冬に奪い取られてしまったのです。

わたしは、必ずしも我慢強い人間ではないけれど、ランナーとしてはしつこいほうなので、注意深く自分を見ると、どうやら、ランニングを通じて学んだ教訓を、自分の生活に応用しているようなのです。今回は、わたしにコーチを依頼してくるクライアントに対するアドバイスを自分に当て嵌め、トレーニング負荷を減らしました。週80～90マイル（130～144キロ）だった走行距離を、30マイル（48キロ）に減らし、その時間を筋力トレーニングと柔軟性の向上に振り向け、体力回復食を自分で調理しました。カウチに体を沈めて子犬を抱き寄せ、窓打つ雨を笑ってやり過ごしました。

心の張りを取りもどすにはバランスが肝腎と理解していても、それは簡単な話ではありません。相手がクライアントなら手綱を引いてゆっくり進むようアドバイスできても、自分のこととなると、話はまるで違ってくるのです。ランニングに関して、わたしには1つの信念があります。このようにカウチに埋まりながら自信を持って先を見通せるようになるまでには、事前の経験が必要なのです――過剰に追い込んでレース当日不調に凹んだ経験と、休養をとって記憶に残る好成績を挙げた経験が。

今から15年まえ、そのような理解も我慢強さも、まだ十分持っていない頃、新婚旅行でフランスを訪れた前夫とわたしは、第1回のウルトラ・トレール・デュ・モン・ブラン（UTMB）を走りました。2003年というと、トレイルランニングの経験が2～3年しかない頃で、自分が肉体的にどこまでいけるのか知りたくて、何に対しても積極的でした。

その夏、フランスは巨大な熱波を経験しました。レース当日もやはり蒸し暑いだろうと予想したのですが、大会の1週間前から嵐が吹き荒れ、それまでとは真逆の天候になりました。横なぐりの雨と、極端な低温。予想が完全に外れて、わたしはコース脇の見知らぬ人から衣類を借りなければなりませんでした。借りたシャツが木綿だったので、それを重ね着しました。60マイル（96キロ）付近で、わたしの腸脛靭帯が痛みだし、最後の30マイル（48キロ）ほどは歩きました。持っている衣類をすべて着込んで手で押さえ、両目と鼻と口以外は、すべて隠して。ゴールラインも歩いて越えました。わたしは優勝したけれど、実質的には棄権でした。第2位の女性がゴー

147

ヘッドランプをつけたクリッシー・モールはスイスのハルダーグラートでトレイルランニング中、日の出を迎えた　写真：Dan Patituccilis

ルしたのは、それから8時間後のことで、それ以前に出場者の大半は──男性も女性も、50K、もしくは100Kのフィニッシュラインでレースを止めていました。

　並々ならぬ闘志と覚悟をもってゴールしたあのレースが初めて垣間見せてくれたもの──それは、100マイル（160キロ）を走るという経験が、ほかのもっと短い距離のレースとはまるで違う、ということでした。それから15年過ぎて、数々の100マイルレースを経験して、わたしはその長い距離にも、回復するまでの時間経過にも、今ではすっかり馴染んでいます。ただ、年齢が上がってくるにつれて、回復するまでに要する時間は、年々長くなっています。レースが終わるたび毎に、約2か月間、大きな努力を払って体調の回復を図るばかりで、自分の好きなランニングから離れなけ

ればならないのは、辛いことです。

　UTMB高黎貢（ガオリゴン）2018の場合は、大会まえに4週間トレーニングを減らすことで、わたしはレースに対する積極性を取りもどしました。スポンサーの運動靴メーカーが、レースに参加するための旅にまつわる機材と費用を一切合切面倒見てくれることになり、さらにチームの一員として同行するボーイフレンドのDJの旅費まで出してくれることになりました。20代の頃は、レースを走ること自体が大きな問題でした。UTMB2003では、実際、自分が100マイル走りきれるかどうかが最大の疑問でした。このスポーツに参加するようになってから早18年、こういった国際ウルトラレースにあと何回参加できるか分からないので、毎回その意味を掘り下げていかなければなりません。そういう体験をDJと分

かち合うことは、わたしにとって大きな意味があり、わたしが自分の人生で大切にしているものの一端を DJ に見てもらって、普段家では見られないわたしを見てもらうのは、わたしにとって大きな意味があります。

わたしたちは、レースが始まる 2 日ほどまえに北京に到着したので、わたしが書いた本の中国語版の販売促進活動をおこないました。また、この旅のあいだに言葉を交わした人は誰も彼も、UTMB 高黎貢の開催地である雲南省騰衝の素晴らしさを激賞しました。食べ物はスパイシーで、風景は起伏に富んで美しく、瑞々しい、と。たしかに、その通りでした。

そんなスパイシーな食事も素晴らしい景観も、その大会の圧倒的な規模を前にして、霞み気味でした。発煙筒が焚かれ、レーザーライトが行き交い、声高なアナウンスと、大音量の音楽が鳴りつづけました。わたしは、24 時間のあいだに、これほど多くの写真を自撮りした覚えがありません。

いったんレースが始まると、ふるさとの山麓でおこなってきた準備のおかげで、体調は上々でした。高黎貢の山々はそれほど大きいわけではなく、最高点でも 9000 フィート（2700 〜 2800 メートル）ほどですが、登降差が激しく、グラフを見ると鋭い山と谷の繰り返しで、最終的に獲得標高は 2 万 7500 フィート（約 8400 メートル）、足元の地形の変化についていくのが精一杯で、精神を消耗したけれど、弱気になりそうなときでも、力強く走りつづけたいという炎を燃やしつづけました。一時的にトレーニングを控えるという例の作戦が、図に当たったのです。好奇心の強さと積極性は以前のレベルに届きませんが、今のわたしは、どうしたら自分のやる気を掻き立てられるか、知恵と要領を備えています。レースに参加して長年にわたって経験を積んできて、それが報われたと感じて、わたしは信じられないほどの生きがいを感じました。

わたしは 2 位に 2 時間以上の差をつけて

女性 1 位となり、全体でも 10 位に入りました。UMTB の創始者ポレッティ夫妻の夫君、ミシェル・ポレッティからトロフィーを手渡していただきましたが、彼は UTMB の例の第 1 回大会で、最後の 30 数マイルの一部をともに歩いた間柄であり、今回シャモニー以外で実施される最初の UTMB 国際大会で、わたしが優勝したのです。その瞬間、わたしは思い当たりました、ウルトラランニングというこの競技にずいぶん長いこと関わってきたものだ、と。もう、18 年になるし、あのモン・ブランの周りをよたよた歩きまわったときから数えても、15 年になる。ランニングはいつも変わらず、わたしの人生を縫いつなぐ糸。それはわたしの動きや、友人関係や、何 10 年という時間を通して、わたしを見てきたのです。

わたしは一介のランナーですが、シャモニーであのゴールラインを、不屈の魂をもって跨ぎ越したときのわたしとは違います。わたしは本来プランナーですが、同時にランナーであり、なるべく現役でいたいと願っています。レース後は大人しく回復を図るより、次から次へレースを走りたいランナーです。常に長距離走がもたらすさまざまな教えを身につけ、それを人生に取り入れようと、最善を尽くすランナーです。

長距離走の彼方にある意味を求めるランナーなのです。

Krissy Moehl　22 歳のときにウルトラトレールを初めて走った。18 年に及ぶキャリアの中で、参加したレースは 100 を超え、その中で優勝したレースは 60 回、総合優勝は 2 回。ウルトラスポーツの競技者として成長し、そのまま同スポーツで生計を立てるようになり、現在、ウルトラマラソンの選手として、またコーチとして活躍し、自己啓発講演会の講師やレースディレクターを務める。2015 年 12 月に『Running Your First Ultra』を出版して、その多彩な経歴に著作者という肩書きを加えた。パタゴニアや、バスク・フットウエア、プロテック・アスレチックス、アルティメイトディレクション、リリー・トロッターズのアンバサダーを務める。公式サイトは www.krissymoehl.com、インスタグラムは instagram@krissymoehl 。

Chapter 5

応用の手順：理論と実践の摺り合わせ

　この5章では、知識の土台造りから歩みを進め、トレーニング理論の現実への応用法を述べる。あなたは、ここでしっかり準備を整えて、自分独自のトレーニング・プラン作成へ、さらに一歩近づくことになる。

　本書をここまで読んできて、明白になってきたことが1つある。それは、トップクラスの持久系アスリートたちは、自分の有酸素性エネルギー代謝能力（有酸素能力）を最大まで高めているということ。つまり、AeT（有酸素閾値）をLT（乳酸閾値）の近くまで引き上げていることだ。以前触れた10％テストを思い出してもらいたい。彼らは同時に、LTの値も、最大心拍数の間近まで引き上げている。以下に挙げる2つのグラフはいずれも、アスリートに乳酸カーブテストをして作成したものである。図5.1は、5か月間ベーストレーニングのシーズンを送った後の結果であり、トレーニングの内容はゾーン3と4の占める割合が高く、ゾーン1や2は非常に少なかった。図5.2も同じように5か月間ベーストレーニングのシーズンを送った後の結果だが、こちらはその間、本書が勧める方式に則ってトレーニングを進めた後の結果である。

　本書が対象とするどんな競技でも——非常に高速なVK（Vertical Kilometer＝標高差1キロ競争）でも、100マイル（約160キロ）競争でも、数日がかりのスキーツアーでも、パフォーマンスの限界を決定する最大の要因は、有酸素能力である。従って、わたしたちは本書の解説の大半を、そこに注ぐことにする。ほかのトレーニングの役割は、すべて補助的で二次的なもので、その有酸素能力の発達を手助けしているのだ。

　それでは、どのようにしてその必要不可欠な基礎力を己の力で開発する？　これまで紹介してきた実例や原理原則を利用しながら、あなたの有酸素能力を最大まで発揮するのに役立ちそうな、さまざまな方式について解説していこう。

体力テストの方法

　最良のトレーニング計画を望むなら、エクササイズに対する自分自身の体の代

アマ・ダブラムを背にクーンブ谷を走るキンバリー・ストローム。ネパール　写真：Dan Patitucci

151

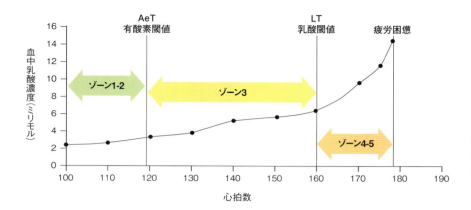

図 5.1　心拍数と血中乳酸濃度の推移（有酸素容量が低いアスリートの例）
　ここに掲げるのは、有酸素容量が低いアスリートが、乳酸カーブテストをおこなった結果である。これを見ると心拍数 120 前後で AeT（ゾーン 2 の上限）となる。ということはランニングのペースでいうと、ほぼ 1 マイルを 10 分（1 キロ /6 分 12 秒）になる。ゾーン 3 の上限、つまり LT は心拍数 160 のときに当たり、これは 1 マイル 8 分 20 秒（1 キロ /5 分 10 秒）となる。2 つの閾値が 40 拍分も離れているのは ADS（有酸素能力欠乏症候群）に陥っているからであり、このアスリートはこれからかなり大量に有酸素ベースを積み上げる必要がある

謝反応を明確にしておくことが、重要である。しかも、つい今しがたわたしたちは、「理論の現実への応用法」と口にしたのだから、ここは一つ、自分の身体能力の測定作業からはじめるのが理の当然だろう。

有酸素閾値（AeT）のテスト法

　自分の AeT を確認すれば、有酸素能力の決め手となる値を知ることになり、それを基本にしてトレーニング計画を組み立てることができる。何はともあれ、先ず AeT の値を知ることだ。その方法は幾つかあり、実行するにあたってそれぞれの長所短所を検討しておこう。

❶ **MAF 方式**（メソッド）　The Maximum Aerobic Function（最大有酸素機能）と呼ばれるこの簡素なメソッドは、1980 年代にフィル・マフェトン博士が考え出したもので、ウルトラランニングの世界で広く受け入れられてきた。その極めて簡素な公式は、大きな支障なくトレーニングを 2 年間継続している人の場合、180 から自分の年齢を引けば、それがすなわち AeT の心拍数になる、というもの。マフェトン博士によれば、当人のトレーニング歴に基づいて以下の修正を加えるという。

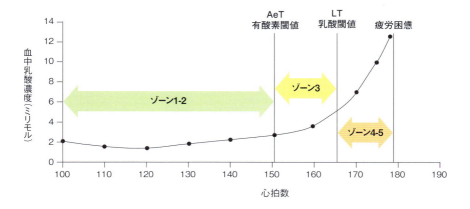

図 5.2　心拍数と血中乳酸濃度の推移 (有酸素トレーニングを積んだアスリートの例)

　上は、同じアスリートが適切なトレーニングを 1 シーズンつづけたあと、乳酸カーブテストをおこなったときの結果である。グラフは有酸素容量の大幅な増加を示している。注目すべきは AeT が 150 拍／分まで上がっている点であり、このときのペースは 1 マイル 8 分 15 秒 (1 キロ /5 分 9 秒) だった。そして LT の心拍数も 165 拍／分まで上がり、そのペースも 1 マイル 7 分 30 秒 (1 キロ /4 分 40 秒) となった。このアスリートがこの状態であれば、以前だったら 1 時間保つのがようやくだったペースを、数時間維持できるだろう。例の掃除機の話を思い出してもらいたい。この掃除機はいかにも強力なようだ。

■怪我からの回復、もしくは長期の活動休止、年間 2、3 回以上病気した、などの場合は、そこからさらに 5 を引く。

■すでに 2 年以上、順調にトレーニングをつづけていて、順調に体力が伸びている場合、そこに 5 を加える。

　わたしたちの経験では、この公式を当てはめると控え目な数値になりがちだ。自分の AeT (有酸素閾値) における心拍数が、実際よりやや低く出る傾向があるということは、このメソッドは、とりわけ新規参入者や、フィットネス状態がよろしくない人にとって、安心して利用できるメソッドということになる。このメソッドの最大の問題点は、トレーニング効果による AeT 心拍数の増加分を計上する余地がまったくないことだ。わたしたちの経験によれば、有酸素ベース・トレーニング・プログラムに新たに参加した人は、AeT に相当するペースがぐんぐん向上するし、それに応じて心拍数も下がってくる。この MAF 方式に頼っていると、AeT に相当する心拍数を年齢を基準にして算出することの限界に行き当たる。

デル・ランゲ・ヴェーグ（ロングトレール）の30日目、あるいは32日目。デビッド・ヴァルマンとフィリップ・ライターが曙光へ向かってスキーで登る。フランスにて　写真：Mark Smiley

❷ **呼吸指標**　中程度から高度に訓練した持久系アスリートを、何百回もフィールド・テストして得られた結果から、わたしたちには見えてきた──心拍数と血中乳酸濃度は互いに関連しており、鼻呼吸を保っていられる状態、もしくは会話をつづけられる状態で運動しているときの心拍数がAeT（血中乳酸濃度はほぼ2ミリモル／L）に相当する。ただし、この話が通用するのは、有酸素トレーニングのバックグラウンドがしっかりしている人に限る。有酸素持久力のトレーニング歴を持たない人や、トレーニングのバックグラウンドがあっても、それが高強度の負荷を短時間掛ける方式に大きく偏っていたり、定期的にエクササイズしていない人の場合は、この呼吸指標は血中乳酸レベルに結び付かない。そのような人は、❶のMAFメソッドを使うことにして、本書を読み進める。

❸ **乳酸カーブテスト**　このテストはトレッドミルを上り傾斜5％に設定しておこなうか、屋外の緩傾斜がつづく丘でおこなう。先ず15分間のウォーミングアップからはじめて、体の有酸素システムを全面的に作動させる。テストそのものは、3分間区切りで、段階的にスピードを上げながらおこなうが、スピードの上げ方は、1段階につき心拍数が10拍ずつ増すように調節する。大事なのは、10拍増した段階で、心拍をできるだけ早いうちに、できるだけ安定させること。そして、次の段階に入る直前に、微量の血液サンプルを採取し、ポータブル乳酸測定器を使って、そのときどきの血中乳酸濃度を測る。測定は、不必要と思われるほど低い心拍数の段階──ウオーキングの段階あたり──からはじめる必要がある。少しずつ少しずつ、各段階で10拍ずつ増していくので、あなたはAeTの曲線上をゆっくり、ゆっくり昇っていく。血中乳酸濃度が2ミリモル／Lを超えた時点で、有酸素閾値の心拍数に達したことになる。つまり血中乳酸濃度が安静値（約1ミリモル／L）

より1ミリモル／L分だけ増加したことになる。もし、このテストを丘でおこなっている場合は、1段階終わる毎に、丘を歩いてくだる。

　このテストは、1人でも、友人と2人でも、実行は容易だ。ラボでテストを受けるより安価に、友人と共同で乳酸測定器を買えば、好きなときにいつでも、このテストをおこなえる。わたしたちが利用している偉大な小型測定器はここにある。

　http://www.lactate.com/lactateplus.html

❹ **呼気ガステスト**　このテストはラボで、専門技師が高価な機械を操作しておこなう。テスト料は150ドルから350ドルと高価だが、運動強度に対する代謝反応の判定法としては最良の基準とされる。このテストを受ければ、心拍数と走るペース（といっても、トレッドミルだが）を関連づけながら、あなたのAeT（有酸素閾値）とLT（乳酸閾値）、さらにはお節介にも$\dot{V}O_2max$まで測定してくれる。2種類の閾値が分かりさえすれば、それでいいのだが……。多くのラボでは、さまざまな運動強度における脂質／糖質の利用割合を、分かりやすいグラフにして渡してくれる。ラボの技師はテスト結果をああだこうだと説明してくれるだろう。その中で最も貴重で利用価値が高い情報は、AeTに達した時点の心拍数であり、それが、LTに達した時点の心拍数に比べてどの位か、ということだ。AeT時点の値がLT時点の値より10%以上低いなら、まだAeTの値を引き上げる余地がある、ということになる。

注意　生理学的なテストを熱心に勧めるラボやフィットネス施設の多くは、AeTテストはおろか、AeTの概念そのものに馴染みが薄いのに$\dot{V}O_2max$テストを実施したがり、そのついでに、あなたのLTはここで起きると説明する。この辺りについては、生理学的基礎について述べたセクション1の解説「誤解される$\dot{V}O_2max$」で触れた。AeTの値を知ろうとしてこのようなテストを利用する時の問題点は、$\dot{V}O_2max$の検査手順が、しばしば、各強度段階を短時間で切り上げてしまうことだ。あなたは、検査強度をぐいぐい上げながら有酸素代謝ゾーンをさっさと通り過ぎていくことになる。そして検査技師はあなたを早々と最大強度まで^（レッドライン）もっていき、あなたのAeTやLTの代謝領域が安定しないうちに、彼らにとって最重要な$\dot{V}O_2max$を測定しようとする。与えている負荷に対する有酸素代謝の反応が落ち着き、AeTやLTの正確な値を決定するには、少なくとも3分間つづける必要があるというのに……。

乳酸閾値（LT、無酸素閾値）のテスト法

　AeTテストと違い、こちらはかなり単純である。持続可能な最大スピードで昇り勾配を30分ないし1時間登る。次善の策としてトレッドミルでも十分だろう。

155

ルーク・ネルソンは苦しさに耐えながら、閾値テストの辛い後半に臨んでいる　写真：Greg Snyder

　トレーニングをそれほど積んでいない人は、30分間に留める。というのは、筋肉疲労の方が先に来て、心肺能力を十分発揮しないうちにテストがつづけられなくなるから。

　テストに入る前に少なくとも15分ないし20分間、じっくりウォーミングアップする。脚が疲れている状態で、このテストをしてはいけない。有効なテスト結果を得るつもりなら、テスト前の2、3日間、トレーニング負荷を減らすといい。ウォーミングアップの締めに、ゾーン3のランニングかスキー登行を2、3分間つづけたら、心拍モニターの記録を取り始めて、テスト開始。なるべく早く維持可能な最高のペースまでもっていって、テストのヤマ場に入る。自分の息苦しさと心拍数の推移を注意深く観察していると、心拍数がごく狭い範囲に落ち着いて、心地よい辛さと感じられる状態になる。そこからスピードを上げて、心拍数を毎分2、3拍上げると、じきにスピードダウンせざるを得なくなる。この絶妙な箇所（スイート・スポット）を探り当てて、その後テスト時間いっぱいまで、その強度を保つ。最終的に、そのときの平均心拍数が、その人のLTの運動強度（ゾーン3の上限値）ということになる。トレーニングを積みコンディションを整えたアスリートなら、この出

ユタ州ローガンのグリーン・キャニオントレールで冬の有酸素ランニングを行った後のジェフ・ブラウニング　写真：Fredrik Marmsater

力を最大1時間、維持できるだろう。だが、トレーニング不足だと、筋肉疲労が先に来る。それでそういう人には、ここでは30分間のテストを推奨する。

有酸素ベースの増大：キーワードは「とにかく分量」

持久力を最大化するには、有酸素容量（AeT）の最大化が不可欠

　パワーやスピードが勝負のスポーツで成功するかどうかは、その人の遺伝的要素が大きい。一方、持久系スポーツでアスリートが好成績を挙げるのに必要なのは、忍耐力と挫けない心である。「努力は宝」と考えるタイプAの人が、持久系スポーツに惹かれるのに、何の不思議もない。わたしたちがよく受ける質問は、「どれくらいやったらいいでしょうか？」というものだ。その質問には、答えられない。キリアンにはウォーミングアップにもならない程度でも、彼が回復日の朝食前にする程度のことでも、ほかの誰かには過大な負荷かもしれない。どれだけトレーニングするかは、その人が持っている有酸素容量次第ということになる。

それを、あえて数値で表せば

　あなたにとって最適なトレーニング負荷を算出するのは、極めて個人的な作業である。そのガイドラインを後半部の「プログラミング・セクション」に例示するが、最良のアドバイスは、自分の手に余ることをするより、小さく始めて徐々に増やす、ということ。新たなトレーニング・シーズンに新たな計画とともに乗り出そうというとき、きっと、あなたは休養十分で、心躍らせていることだろう。ところが、レースと同じことで、出だしからしばらくの間張り切りすぎて、2、3週間後には、何となく気分が乗らないということになる。それで気落ちして、トレーニング計画の練り直しが必要になる。その際、つい安易に、これまで負荷が小さすぎたのだろうと思い込み、少し上げて調整しようと考えがちだ。急いで負荷を上げ過ぎたから、気持ちが落ち込むのだとか、故障したのだとか、なかなか考えられない。後退しなければならない局面で前進しようとしても、それは無理。

　自分の有酸素トレーニングの量が正しいかどうか、どうすれば分かる？　簡単な判別法は、以下の通り。

有酸素ベース・トレーニング（ゾーン1、2）の場合：もし、前日できたトレーニングが、今日も、明日も、またその翌日も、という具合に幾日もできなかったら、それはやり過ぎ。現在のメニューの狙いは、有酸素ベースの蓄積なのだから、量的に多すぎるか、強度的に強すぎるかどちらかだ。但し：心拍数の比較で、ゾーン3の上限とゾーン2の上限の差が10％以内である場合、あなたはゾーン2のトレーニングを、もっと減らすべきだ。あなたの場合、この段落の1行目にある括弧書きの（ゾーン1、2）

ジョージア共和国(旧グルジア共和国)、コーカサス山脈シハラ山の南西稜を登るチャド・セイヤーズ 写真:Jason Thompson

を、(ゾーン1)のみと捉えるべきだ

　ワールドクラスの持久系アスリートたちは、競技会に向けたトレーニングに、おびただしい時間を費やしている。最高レベルの人たちにとっては、実際、フルタイム・ジョブであり、試合と試合のあいだは、時間的にも体力的にも回復するだけで精一杯だ。わたしたちの大半は、そんな贅沢を許される状況にないだろう。そこでもっと視野を広げて、フルタイムの仕事と家庭を持ちながら国内の試合に参加する山岳ランナーやスキーモレーサーに目を向けてみよう。そういう人たちは12か月にわたって、毎週一定時間トレーニングし、年に3週間トレーニングを休む。

- そういう人たちの平均トレーニング時間は、週平均12.5時間。その内40時間以上トレーニングする週が3週、23時間以上の週が11週。年間合計650時間。
- そういう人たちの平均獲得標高差は、週平均9843フィート(3028メートル)。その内2万フィート(6154メートル)以上獲得する週が6週と、1万5000フィート(4600メートル)以上の週が17週で、年間合計51万2000フィート(15万7538メートル)。
- そういう人たちの平均走行距離は、週平均55マイル(90キロ)。その内100マイル(160キロ)以上走る週が7週と、75マイル(120キロ)以上の週が25週で、年間合計2860マイル(4576キロ)。

最高クラスのキリアンの場合、トレーニング時間は年間1300時間台で、獲得標高は150万フィート（50万メートル）。スピードと持久力の点で彼が挙げた数々の驚くべき偉業について、記録や記事を読むとき、この数字を思い出してもらいたい。心理学者で超一流の才能に関する研究の第一人者K.アンダース・エリクソン博士が氷山の錯覚と呼ぶものを、そこに見出す——最終的な産物は、年単位で積み上げてきた準備過程の結果である。キリアンが幾ばくかの遺伝的恩恵に与っていようといまいと、問題ではない。大事なのは、彼が幼い頃から人生を見通して、ひたすらトレーニングに向き合ってきた、ということだ。

　注意してもらいたいのは、わたしたちがこうしていろいろな数値を取り上げるのは、なにも、あなたを怯ませたり、このくらいトレーニングしなければ成功は覚束ない、と言いたいからではない。**将来の見通しを立てるにあたって基本とすべきは、結果は準備に費やした時間に正比例する、という現実である。**45分間の階段踏みマシン・ワークアウトを、欠かすことなく週3日——それだけで、自分の潜在能力の限界に届くことはない。しかし、個人的な制約がいろいろある中で、あなたの出発点として、それは、完璧に理にかなっている。大事なのは、正しい地点からスタートすること。そこから前進し、適応し、その過程で価値ある教訓を学ぶこと。

　今すぐプロ・アスリートと同じことをしない理由は？　それは、あなたにはプロ並みの作業容量がないから、世界レベルのトレーニング計画をただ真似ても、オーバートレーニングに陥るか、故障するか、その両方になるか、いずれかだから。人の体は驚くべき適応力を備えていて、十分な時間を与えてやれば、加えた負荷に対する適応が起こる。秘密も、魔法もない。あるのは、ただ運動を目指す志と、その志を可能にするライフスタイルを作り上げることだ。

いよいよ始めよう

　はじめて有酸素代謝増進プログラムに取り掛かるとき——それはあなた個人のAeT（有酸素閾値）の90％以下でつづける持久力トレーニングなので、しばしば疑問や不満の声を引き起こす。エリート・ランナーであれば、低強度ゾーンで走っても、決してゆっくりではない。しかし、悲しいかな現実は、多くのアスリートにとってゾーン1からゾーン2のトレーニングは、極端なくらいゆっくりとしたペースで、どう見てもトレーニング効果があるようには思えないのだ。あなた自身がそういう判断に陥ったら、例のADSクラブ、つまり有酸素能力欠乏症候群クラブに、ようこそ、ということになる。（有酸素能力欠陥症候群＝ADSに関する議論については46〜49ページ参照）　あなたのAeTペースが遅い理由は、あなたの有酸素容量が低いから。言葉を変えれば、あなたの有酸素代謝が作り出すATP（アデノ

160

シン三リン酸）が、がっかりするほどのスローペースしか支持してくれないのだ。有酸素レベルでのスピードを増す唯一の方法は、あなたの有酸素容量を増やすこと、ということは、AeT レベル、もしくはそれ以下のレベルでトレーニングを積むことを意味する。

　もしもあなたに ADS の症状があるなら、はじめのうちできるのは、トレーニングの時間のほぼすべてを、あなたの AeT 値、つまりゾーン 2 の上限、もしくはそれに近い辺りの有酸素トレーニングに充てること。そのペースなら、ゆっくりなので筋肉に負担を掛けないですむから。ただ、そこで問題になるのは、たいていの人にとってはゆっくりすぎると感じられることだ。そういう人たちは、これまでずっと AeT を大きく超えるペースでトレーニングしてきた。持久力トレーニングの世界には、AeT ではなく LT（乳酸閾値）レベルの強度でトレーニングして、持久力の限界値を絶えず上げていこうという誤った考えが、はびこっている。たいていの人たちにとって、AeT 以下のペースまでスピードを落とすのに慣れるには、大変な自制力を必要とする。だが、近道は存在せず、それを避けていたら、有酸素トレーニングというわが家全体が、何とも心許ない土台の上に建つことになる。

　これまでの例をいろいろ思い出してもらいたい——十分に体力を高めたアスリートにとって、**低強度ということは、ゆっくりということではない**。時間をかけてトレーニングして有酸素容量を最大まで開発した人は、AeT のレベルでもかなり高いスピードを長時間保っていられる。

　だから、最初の一歩は、課題の有酸素ベースをできる限り積み上げること。時間的な制約がある中で、年間計画にも日課にも組み込んで……。ただ、忘れないでもらいたい——迷ったときには、時間をかけて、楽なペースで。

　誰にも当てはまる処方箋などない。非常に高い有酸素容量を備えていて、1 マイル 7 分（4 分 20 秒／キロ）のペースで、週に 100 マイル（160 キロ）をこなすアスリートもいれば、中にはわずかな上り傾斜で息が切れ、歩かなければ有酸素運動のペースを保てなくなって、四苦八苦しながら週に 20 マイル（32 キロ）がやっと、という人もいる。

　それでも、このようなトレーニングを何か月もつづけるうちに、あなたの有酸素システムは、以前よりずっと強靱になっているだろう。AeT（有酸素閾値）のタイムトライアルを行うことで、その変化の具合を 2 週間に 1 回程度チェックする。このテストは簡単なので、気軽にいつものワークアウトに組み込める。幾つかあるトレーニング・コースから 1 つ選び、同じ心拍数で走ってその所要時間をただ書き留めるだけ。そうすれば、2、3 週間に 1 度、比較できる。トレーニング法が間違っていなければ、タイムが短縮して勇気を得ることになる。

カナダ、ブリティッシュ・コロンビア州とアルバータ州との境に聳えるアッシニボイン山麓で連続トレーニングを行うアリソン・ディミット・グナム　写真：Steven Gnam

くれぐれも忘れないように——AeTとLTの間隙が10%に近づいていたら、ゾーン2トレーニングの量を減らして、回復ゾーンとゾーン1のワークアウトを増やす。有酸素代謝の限界値でランニングしなければ、有酸素運動の利得はない、というのは間違った感覚だ。この点を理解し、体の準備が整ったら、さあ、次はいよいよゾーン3とゾーン4トレーニングを導入する番だ。

持久力トレーニングのメソッド

　低強度ないし中強度の負荷を長時間与えつづけるトレーニングと、高強度の負荷を短時間与えるトレーニング、この両者のバランスをとるのは難しく、コーチングやトレーニングを科学というより芸術にしている要素の1つだ。これまでにも、有益な一般的ガイドラインを幾つか解説してきたが、その組み合わせ方は、目指す競技の特異性(スペシフィシティー)と、トレーニングする人の個別性(インディビジュアリティー)にも関係する。大会の競技時間が短くなればなるほど、強度の高いトレーニングが必要となる。アスリートが経験を積んでいればいるほど、強度の高いトレーニングが必要となる。

　持久力を改善するためのメソッドとして、明確に異なる方法が2種類ある。継続トレーニングと、間欠トレーニング(インターバル)である。ここで、その両者を掘り下げよう。

継続トレーニングで、基礎的な有酸素容量の向上を図る

　「継続」といった場合、身体への負担度が一定の運動を最低30分から数時間つづけることを指す。ゾーン1とゾーン2の強度で連続トレーニングの時間を積み上げて、年間トレーニング総量の80〜90%を埋める必要がある。見出しに「基礎的な」とあるので勘違いして、「初心者用だから省略可能」と受け取らないでもらいたい。そちらの基礎は、わたしたちがいう**基礎**とは別物である。わたしたちに

ATHLETE STORIES 12

自分のラインをたどる

ルーク・ネルソン

　ジャレッド・キャンベルとわたしが、ノーランズ 14 ＊ の全山登頂短時間記録（FKT ＊）を目指して出発してから約 35 時間、わたし自身はもう中途断念する気になっていた。ここまでの行程を考えると、残る山々すべてにこれから登頂するなど想像できなかった。

　その日の午前中、5 つ目か、6 つ目の山頂でわたしはジャレッドに聞いた——最後に登る山を指差してくれ、と。「うん、あそこに山がみえるだろ、あの、地平線に見えるヤツ。あの向こう側になる」わたしは気が動転した。地平線には、はっきり見分けられる山なんてないのに、最後の山は、それより、さらに向こうにあるという。

　コロラド州のサワッチ山脈には 1 万 4000 フィート峰（4267 メートル以上の峰）が 14 座あり、ノーランズ 14 を完登するには、どちらか一方の端から始めて、好きなルートを採って山脈の各ピークを繋いで行く。距離は約 100 マイル（160 キロ）で、獲得標高は約 4 万 6000 フィート（約 1 万 4000 メートル）。ジャレッドとわたしは、2017 年 9 月、この全山自力登頂の FKT を更新しようと出発した。

　昔からずっと、わたしは、山々を効率的に移動することに魅かれてきた。山岳ランニングの道に入ったのは、ランニングの経験があったからではない。山岳ランニングを始めたのは 10 年ほどまえのことで、それまではほかの手段で山々を巡っていた。カヤック、クライミング、バックカントリースキーやスノーボードもやった。山の中で体を動かしていて、わたしが一番魅力を感じるのは、持久力を発揮する場面だった。

　数年間、わたしはトレイルランニングのレースをメインに活動していたが、レースのあいだには必ず、上に書いたような手段で余技として山岳プロジェクトをおこなっていた。主目的はあくまでレースのためのテーパリングや、レース後のリカバリーのためだった。大抵はレースとレースの合間や、長時間走トレーニングの一環としておこなっていた。そのうち、1 つの目標が生まれた。2014 年 8 月、ジャレッドと私は、アイダホ州の 1 万 2000 フィート峰（3658 メートル以上の峰）全山登頂の FKT を目指した。わたしたちは 1 度の山行で、該当する全 9 座に登頂した。アイダホ 1 万 2000 フィート峰の FKT は、これまで 38 時間だったが、それを 28 時間に短縮したのだった。

　その後わたしは、それまでレース中心だった目標を FKT へ振り向け、単独行で山々を移動したい、と思うようになった。このように自己分析する機会が訪れたのは、コーチのスコット・ジョンストンとの話し合いがきっかけだった。「なるほど。ここは、決め時だな。素晴らしいアドベンチャーを採るか、レースをつづけるか、両方は無理だろう。二兎を追う者、になる」

　プロの山岳ランナーでありながらレースから身を引くのは難しい。というのは、関係者たちがそこに集い、仲間のレーサーもスポンサーも、そこで個人の能力を測るのだ。我が道を貫くのは難しい。初めのうち、スポンサーがどう反応するか分からず、神経過敏になっていたが、わたしが働いている企業は極めて好意的だった。

　わたしは 2017 年夏のアイダホ・リンクアップというプロジェクトを実行に移した。ジャレッドとわたしは、ベアーズ・イヤーズ国定公園の横断登山をおこない、3 日かけて自力で 140 マイル（224 キロ）

満面の笑み浮かべるルーク・ネルソン。ボルダー山塊とホワイト・クラウズ山塊の縦走を2日で成し遂げた直後。アイダホ州ケッチャムにて　写真：Steven Gnam

登降し、次いでユタ州の1万3000フィート峰（3962メートル以上の峰）全山登頂のFKTをワンプッシュでなしとげた。全19座を33時間で登ったのだ。ジャレッドとわたしの夢は大きい。ときに、大き過ぎるほど……。

わたしの好みは、1つ1つの目標に対して日程の設定が緩いこと。そうしてさまざまな要素――トレーニング、天候、体調などが完璧に揃うまで待って、すべてが理想的な状態になってから実行に移す。ノーランズ14FKTの場合、8月から9月中旬までと設定し、雨の時季が明け、天気の晴れ間が見えたところで実行日を確定し、最後の準備に取りかかり、出発した。

ノーランズ14FKTの行程に入ってから丸1日以上経って、わたしが「この調子じゃむりだ、もう中途断念する」と言い出した時、ジャレッドはわたしの気持ちをもう一度、正しい方へ向かわせてくれた。

わたしが弱気な言葉を吐き、ジャレッドがそれを聞き流しながら数時間歩きつづけるうちに、ようやく支援チームが待機する中継点に到着した。するとジャレッドはシューズを脱ぎ、クルーが持ってきた補給物資から、やおら何かを食べ始めた。刻々と5分過ぎていった。

「おい、そろそろ行こうぜ」わたしから言った。わたしが心理的に参っているだけで、身体的にはまだ余裕がある、と彼は見抜いていたのだ。この先どこまで行くのか、脳裏に描けても描けなくても、そんなことは関係ない。自分がなすべきは、片足置いた先に次の片足を出すこと。

わたしたちは奮起し、ノーランズ14の全山登頂を完遂した。記録更新はならなかったが、53時間29分で歴代2位の記録となった。

トレイルレースは楽しく、関係者が集う大切な場であるものの、単にレースに参加するのではなく、山中では各人各様、独自に行動できたら、もっとずっと面白くなり可能性が広がるだろう。レースではコースを1つに限定する。参加者たちは、誰かほかの人の想像力に行動を制限され、その人が考えた困難に縛られる。わたしがレースから離れることになった一番の理由は、山では自分独自のラインを引きたい、人とちょっと違う経路をたどりたい、ということだった。

ノーランズ14は、これまで経験した中で最も困難なものだった。睡眠不足、高度障害、トレールから外れた場所での移動など、そうした要素をすべて含んだ上で100マイルとなると、凄いことになる。それを試みれば、たいていの人は、自分の能力が自分の想像以上のものだと分かるだろう。それは、信じがたいアドベンチャーを味わうためのレシピなのだ。自分の限界を乗り超えさせてくれる。

Luke Nelson　生涯を山岳彷徨（ほうこう）に費やしている。青少年時代を通して、クライミングやカヤック、スノーボードに親しんだあと10年余りまえに、山岳地帯を移動する手段としてランニングが有効だと気づいた。数々の山岳ランニング・レース、山岳スキー・レースにおいて、10回余り表彰台に立ち、アメリカ山岳スキー選手権で優勝している。生涯を通じて、山々を効率よくスピーディーに移動して楽しんでいる。

＊ノーランズ14：コロラド州サワッチ山脈の1万4000フィート峰（4267メートル以上の峰）14座すべてに登頂することを指す。決まっているのは出発点と終了点の両端と、14の頂上のみで、細かなルートをどう採るかは問われない。

＊FKT（Fastest Known Time）：公表されている短時間記録

とって、この語の意味は「支持基盤」であり、その上にあらゆるトレーニングを築く。この基礎なくして、どんなトレーニングも、決して十分な効果を上げられない。たとえ朝のジョギング30分でも、基礎力維持の助けになる。心すべきは「継続は力なり」の一言。一定時間つづく低強度ワークアウトを、忘れることなく小刻みにつづければ、必ず狙い通りの効果が現れる。

ウォームアップ

　簡単に見えるこの作業は誤解され誤用されているので、ウォームアップ手順における基本要件とガイドラインをここに記しておく。ウォームアップの目的は、筋肉をこれからおこなうワークアウトに最適な状態にすることにある。一般論として、ワークアウトなりレースなりの運動強度が高くなればなるほど、ウォームアップに要する時間は長くなる。ゾーン1や2のワークアウトであれば、当該の運動をゆっくりおこない10分間かけてそのペースに持っていけばいい。しかし、強度の高いトレーニングをするなら、もっと時間をかけて下に挙げるウォームアップ・ルーティーンをこなすよう勧める。疲れている日は、いつもより長目にウォームアップして、体調を探り、その日に予定しているワークアウトを短く切り上げるかどうか決める。

ステージ1　ウォームアップをはじめるまで、あなたの体はあまり動いていなかっただろう。いってみれば、自律神経系の副交感神経の部分が強く働いている状態にあった。神経系の中でこの部分は、休養と消化を 司 っている。ウォームアップのはじめには、交感神経系を稼働させることが目的となる。皮膚や筋肉の毛細血管を広げて、血圧を適正値に調整することで、稼働する筋肉が血液と酸素の恩恵を受けられるようになる。ウォームアップの鍵となるのは、体温の上昇である。それには軽い有酸素運動が最も適している。いつ汗ばんで来たか意識する。それが毛細血管の拡張と体温上昇のしるしとなる。それまでに、最低10分かかるだろう。その間に、有酸素代謝システムの準備も整ってくる。

ステージ2　自体重を使った動きとダイナミック・ストレッチを用いて、そのペースと力加減を少しずつ増していけば、各関節の伸長反射が活性化し、筋がより大きな負荷を受け入れる準備ができてくる。痛みは一切感じないようにして、このステージを5分から10分間つづける。もしも、この後インターバル・セッションに入る予定なら、このステージの最後に、トレーニングのメイン・ワークアウトと同じ運動（ランニングなりスキーなり）をゾーン3の強度で2、3分間つづけて、ウォームアップのシメとする。

ウォームアップ手順の一例

- ゆっくりと有酸素ランニング又はスキー、ゾーン1で汗が滲むまで、10〜15分ほどおこなう
- 低強度ワークアウトの予定なら、そのままはじめる
- 高強度ワークアウトの予定なら、次の段階へ
- ランニングが主運動なら下記のエクササイズを次第に強度を強めながらおこなう
  エアー・スクワットを10回おこない、休みを入れないで、次に…
  脚振りを片脚10回ずつおこない、休みを入れないで、次に…
  上体ひねりを左右10回ずつおこない、休みを入れないで、次に…
  その場で腿上げランニングを20秒続け、休みを入れないで、次に…
  爪先で軽いジャンプを20秒続け、休みを入れないで、次に…
  登り坂をゾーン3〜4の強度で2〜3分
- スキーモが主運動なら、下記をおこなう
  ゾーン3のスキー登高を3分間続け、休みを入れないで、次に…
  ゾーン5のスキー登高を10秒×2回、あいだに2分間のリカバリー

クールダウン

　クールダウンの目的は、自分の身体システムを、ゆっくりと恒常性[ホメオスタシス]に戻して、体の深部体温を下げ、産出した老廃物を代謝によって多少なりとも分解し、ワークアウトに焦点づけていた心理状態をリラックスさせることにある。ワークアウトの（もしくはレースの）強度が高かったら、その分クールダウンの時間も長くなる。低強度ワークアウトを長時間つづけた後なら、最後に2分ばかりウォーキングすれば、特にクールダウンする必要もないだろう。高強度のワークアウトやレース後のクールダウンとして典型的なのは、回復ゾーンないしゾーン1の運動を、20分から30分つづけることだ。

回復[リカバリー]ワークアウト

　この極めて低強度なワークアウトの重要性は、いくら強調してもし過ぎることはない。トレーニングが進んでAeTが向上するにつれて、ゾーン2のワークアウトが神経と筋に掛ける負荷が大きくなり、そこからの回復を図るためにトレーニングの間隔を空けざるを得なくなる。それで、間に挿む最低強度ゾーンの回復ワークアウトの占める割合が、ますます高くなる。さらに、トレーニング負荷のモジュレーションを強調する必要も出てくるだろう。そうしたごく軽い有酸素運動が、疲労した体に劇的な回復作用をもたらす。

イタリアのラゴライ・チーマ・ダスタ山岳スキー・レースで競い合う選手たち　写真：Federico Modica

　その理由は分からないが、持久系スポーツのコーチたちはほぼ全員、こういった穏やかなワークアウトを処方することに価値を見出してきた。著者のスコット・ジョンストンは数々のクロスカントリー・スキーヤーをコーチしてトレーニングの成果を挙げてきたが、その人たちは長時間熱心に回復ワークアウトをおこなった。ケニア人ランナーたちを指導した西欧人コーチの中には、ケニア人たちがよろめくようなゆっくりペースで、長い時間回復ランニングしているのが、彼らのトレーニングの鍵になっている、と指摘する人もいる。

　ほとんどの人にとって回復ワークアウトは、30分から1時間でよいだろう。就寝前に20分間早歩きすれば、それで十分ということがあるかもしれない。理由はどうあれ、この非常に低強度なトレーニングを省略してはいけない。たとえ、楽すぎて何の役にも立たない気がしても……。少なくとも、回復プロセスを早めて、次回の激しいトレーニング向きに、自分の体を準備することになる。適切におこなえば、自分の体調は、このワークアウトをはじめたときよりも、よくなっていると感じるはずだ。そして、翌日は、それなしで済ませてしまったときよりも、ずっと気持ちがいいはずだ。

　効果的な回復ワークアウトを欠かさない習慣がつくと、翌日のトレーニングが、

いつもたいてい快調なことに気づくだろう。もしそうでなかったら、回復ワークアウトの時間をもうちょっと長くするか、少しペースを落とす。もし脚が疲れている気がしたら、ここでクロストレーニングを取り入れて、自転車を漕いだり水泳したりするのもいいだろう。

いつもシンプルに

　トレーニングでは、心拍数と呼吸が最良の指標となる。上り傾斜が急になってきて、歩いている局面でも、この2つの指標によって、運動強度を狙っているゾーンの水準に維持できる。くだりでは心拍数が落ちてきても、気にしない。落ちるに任せる。もし走っているなら、くだりになる度に、心拍数をゾーン内に保とうとして、自分に鞭打つことはない。山岳スポーツにおいてダウンヒルの局面は、筋力改善という貴重な効果をもたらす。だから、心拍数が低いからというだけで、軽視してはいけない。山地でワークアウトするときは――登りでもくだりでも、いっときも無駄にしないように。

気晴らし<ruby>　<rt>ピックアップ</rt></ruby>

　長時間に及ぶゾーン1〜2のワークアウトを、楽しく効果的なものにするには、ちょっとした気晴らし（いっときスピードを上げること）を織り込むといい。この気晴らしは、トレーニング・セッションの初期段階なら8〜10秒程度、後期でも15秒ほどに抑える。こういったピックアップが、トレーニング刺激としてなぜ効果的なのか、あれこれ議論できるが、ここでは、持久系スポーツに共通して受け入れられている戦略だ、というだけで十分だろう。有酸素ベース・トレーニングに入って2、3週間経ったら、このピックアップを、加えてみる。

　人によって、ワークアウトのはじめの頃が新鮮で、ピックアップ向きだと感じて繰り返すかもしれないし、人によっては、そのときの地形や気分に応じて、ワークアウト全体の所々に放り込むかもしれない。

　それを、ワークアウトの初期に織り込めば、気分がフレッシュでまだスピードも速い頃だから、トレーニング効果としては、スピードと筋力の増進に役立つだろう。後半に交ぜれば、疲れた脚を早く動かすことができ、持久力の向上に役立つだろう。

　このピックアップの総量は、1度のワークアウトに対して、初めのうちは6回から8回に限るべきだ。スピードを上げるといっても、あくまで気晴らし。ペースを速めるだけで、全力疾走は禁物。ピックアップとピックアップのあいだには、緩いランニングを最低でも2分間、挿む。過去の経験から、こういったワークアウトは、週1回で十分だろう。有酸素ベース・トレーニングを堅実にこなしてき

たアスリートなら、この作業が、もう一段厳しい段階のトレーニングに向けて、いい準備となるだろう。

強度を上げて、継続ワークアウト

運動強度が AeT より高く LT 付近まで、つまりゾーン 3 のワークアウトは、有酸素代謝と無酸素代謝、双方のプロセスを交ぜ合わせてトレーニングしようというとき、大いに役立つ。「運動強度ゾーン・システム」の項で触れたように、このトレーニングは持久力の向上に強力な効果をもたらすので、ついつい魅了されがちだ。罠にはまって、距離数を目的とするランニングの大部分を、以下に挙げるタイプのトレーニングばかりに変容させないように。

テンポ走

テンポ・ワークアウトは、ゾーン 3 までスピードを上げた、軽快な連続走を指す。普通、20 分から 1 時間つづける。運動強度はゾーン 3 の幅いっぱい——つまり AeT から LT の間になる。ただ、トレーニングにより有酸素容量をうまく蓄積していたら、あなたの AeT は LT の 10% 以内に迫っているだろう。ということは、ゾーン 3 の心拍数の範囲は、ごく狭い（しばしば 15 拍以内）、ということになる。目標はトレーニング時間中、努力度＝心拍数をできるだけ一定に保つことにある。このワークアウトを、激しい運動や個人的なタイムトライアルに変えたい気持ちを押さえ込まなければならない。目的はそこにはなく、実際、激しすぎる努力は、目的をぶち壊す。繰り返す——目的は、努力度＝心拍数をできるだけ一定に保つことにある。このワークアウトの前後に、ゾーン 1 の運動を 10 〜 20 分おこなって、ウォームアップとクールダウンしよう。

同様に、調子の上がっているアスリートだったら、長時間にわたるゾーン 1、2 のワークアウトの最中に、ゾーン 3 のテンポ走を 20 〜 30 分間、加えるのも有益かもしれない。

漸進的長時間走

このトレーニングは、テンポ走と同じような効果を持つが、長時間ワークアウトの終盤に、さらにスピードを上げて走ってストレスを加える点が違う。ウォームアップとして非常にゆっくり走り始め、次第にペース——つまり、努力度＝心拍数、を上げていく。このワークアウトのキモとなるのは、10 〜 30 分持続可能な LT 前後の強度でおこなう運動の部分であり、それが、疲労が起こりつつある体に作用して持久力を大幅に改善することになるだろう。このトレーニングは、はじめのゆっくりしたペースの部分も含めて、60 分でもいいが、90 分以上 2 時間まで

カリフォルニア州ヨセミテ国立公園を有酸素強度で走るフィリップ・ライター　写真：Jordi Saragossa

引き延ばせば、その効果は一段と高まる。

　ビルドアップ走の一例をあげると：最初はゾーン1の強度を40分間つづける。次いでゾーン2に上げて30分間。それが終わる頃には、体調が良くてもっといけるか、それとも、引き返してゾーン1で終らせた方がいいか、分かるだろう。もし、調子がいいと感じたなら、ゾーン3のワークアウトを20分間、追加する。それでも、まだいけると思ったら、最後に5分だけ、ゾーン4に上げる。

　こうした高強度な連続ワークアウトの後、回復ワークアウトを1日～2日おこなうと、トレーニング効果が最大になるだろう。初期のベース期間が終わった後、このようなトレーニングを10日から2週間に1度おこなえば、体力レベルの高い人でもトレーニング刺激としては十分だろう。

まとめ

■有酸素運動の強度が適切かどうかの基準は以下の通り：ひと晩寝ただけで回復し、翌日また前日と同じワークアウトをこなせるか？　ワークアウトをつづけながら人と会話がつづけられるか？　鼻呼吸でワークアウトをつづけられるか？　ワークアウト中、血中乳酸濃度が2ミリモル/L以下に留まっているか？　あなたのAeTペースは、2週間から1か月単位で改善しているか？

■とにかく辛抱強く。この地味な作業をきちんと実行すれば、後々大きな見返り

ホイットニー山群を背景に力走しラッセル山（4296メートル）へ向かうジェン・シェルトン。カリフォルニア州シエラ・ネバダ山脈にて　写真：Ken Etzel

を得る。この期間をあわててすませたり、近道しようとしたり、高強度の作業を長々挟んだりすると、しっぺ返しを食らって、レースシーズンを棒に振ることになる。
- １週間に１度、長距離ワークアウトに気晴らし(ピックアップ)を加えて、筋持久力もある程度つけた上で、さらにきつい高強度有酸素インターバル・トレーニングに乗り出すことにしよう。
- 最低でも６週間から８週間、有酸素ベース・トレーニングをおこなったら、そろそろ10日前後に１度ずつ、強度を増した連続ワークアウトを加えたらよさそうだ、という気持ちになるだろう。

高強度インターバル・トレーニングで、持久力の最大化を図る

　　　　　ここに、重要でありながら未解決な問題がある——
　　　持久力を築くのに最も有効なのは、どちらのタイプのトレーニング？
1) 最大酸素摂取量の90％に相当する強度の負荷を40分間掛けつづける。それとも、
2) 最大酸素摂取量の100％の高負荷（著者注　ゾーン４）を16分間掛ける。

ペール・オストランド著「運動生理学のテキスト」1970年　より

ステファン・ザイラーによる最近の研究が、この問題を解決したかもしれない。この研究ではトレーニングを積んだ持久系アスリートたちに、2分間の休憩を挟んで4分間の作業×4本のグループと、同じ要領で8分間の作業×4本のグループ、さらに16分間の作業×4本のグループに分けて、インターバル・トレーニングを試みた。そして、持久力の増加という点で、8分間×4本のグループが、ほかの2グループより統計的に有意に大きいという結果を得た。興味深いことに、彼らは作業時間の長短に応じて、運動強度を選択し、最大努力を出し切って作業時間と反復回数をこなした。そして4分間インターバルの場合の強度は、ゾーン4～5の上限付近に、8分間の場合はゾーン4に、16分間の場合はゾーン3の範囲に収まっていた。

　ただ、この結果は、しっかり訓練したエリートクラスのアスリートに当てはまる一方、それほどトレーニングしていなくて、筋持久力の低いアスリートは、ワークアウトの間中これだけの高速／高強度を保つことはできないだろう。そういう理由から、わたしたちは次のように提案する――大方のアスリートは、ゾーン3のインターバル・トレーニングと筋持久力トレーニングを併用して、ゾーン4のワークアウトに備えるのがいいだろう。

小史――インターバル・トレーニングの正体

　これまで100年以上ものあいだ、インターバル・トレーニングは様々な形で存在してきたが、その現代的用法が広く知られるようになったのは、ある人のおかげだ。1930年代の後半、ドイツ人のトラック競技コーチ、ヴォルデマール・ゲルシュラーが、**インターバル・トレーニング**という用語を考案し、一定時間つづく高強度作業を、短い休止時間で区切って断続させるトレーニング法に、その語を充てた。彼の理論によると、その休止時間中に心筋に重大な変化が起き、結果的に心臓が拍出する血液量（心拍出量）が増加するという。今日、一般的に**インターバル**という語は、休止時間よりも、一区切りの作業時間を指す。また、ゲルシュラーが見たように心拍出量が増加するため、ゾーン4のインターバル・トレーニングは、しばしば$\dot{V}O_2max$トレーニングとも呼ばれる。以前、心拍出量が$\dot{V}O_2max$の上限を決める最大要素だ、と書いたことを思い出してもらいたい。

　ゲルシュラーと共同研究者たちは、競技の規定距離を短い区間に分けて考えたらどうか、と提案した。その短く区切った各区間を強度を上げて何回か、短い休憩時間を挟みながら、繰り返す。そうすれば、アスリートは心臓血管系の強化を図りつつ、高強度のトレーニングを大量にこなすことができ、同じ時間連続して運動するより効果的だろう、と考えた。そして実行してみると、独特の適応が起

きた。こうして、意図的に作業を断続させるトレーニングの方式が生まれた。

インターバル・トレーニングの基本原則は、高強度で運動したら、回復を図り、また高強度運動を繰り返す、ということ。ゲルシュラーは、このインターバル・メソッドを適用する際に、手順を厳格に守るよう要求したが、その時代から現代に至るまでには、さまざまな修正が加えられてきた。繰り返しの回数や、1回の作業時間、運動強度、回復時間、休憩にしてもアクティブ・リカバリーにするかパッシブ・リカバリーにするか、などなど。どうしたらインターバル・トレーニングの効果が最大になるか決め手を求めて、何百もの研究がなされてきた。そして、究極の回答は……すべて状況次第。この一節を始めるに当たって引用したペール・オストランドの言葉を思い出してもらいたい。

条件としては、次のようなことがある。
■どのようなトレーニング効果を狙うか？
■アスリートがどのようなトレーニング履歴を持っているか？
■トレーニングサイクルのどの場面に、インターバル・トレーニングを入れるか？

インターバル・トレーニングは、持久力トレーニングという全体計画の一部を占める重要な構成要素である。確固たる有酸素ベース（高い AeT 値）を備えるアスリートが、純粋な有酸素トレーニングを高い割合でおこないながら併用すると、長期的に最良の結果を得ることになるだろう。だが、何より大事なのは、インターバル・トレーニングが体力を高めるための近道ではなく、それ自体独立したトレーニング・メソッドでもない、と自覚することだ。

その方法

「わたしの高強度トレーニングは、
互いに異なるいくつかの単純なタイプに分かれると思う。
ゾーン4の $\dot{V}O_2max$ トレーニングと、ゾーン3の筋持久力トレーニング、
そしてヒル・スプリント（後述する）のような筋力トレーニングだ」

キリアン・ジョルネ

インターバル・トレーニングの利用法を、ごく大雑把に有酸素インターバルと、無酸素インターバルに分ける。
■有酸素インターバルは、有酸素代謝システムの糖質と脂質の双方の代謝能力に最大ストレスを与えることを意味する。その効果は、ゾーン3と4の範囲でおこなわれる作業期の運動強度で決まる。
■無酸素インターバルは、無酸素代謝容量を最大限まで引き上げるとともに、レー

頑張って、休んでの繰り返し。モンタナ州グレイシャー国立公園、ルイス山脈の尾根上で一息つくアリソン・ディミット・グナム　写真：Steven Gnam

スの特異性に応じた筋力の向上に役立つ。運動強度は極めて高くなければならない（ゾーン5）。効果を上げるためには、速筋線維を最大限まで動員する必要がある。この手の筋線維はすぐに疲労し、回復に時間がかかる。休養十分な体で始める必要があるし、作業時間と作業時間のあいだの休養インターバルも長くとる必要がある。脚が疲労しているときに、このトレーニングをしてはいけない。競技会に合わせて、ここぞというときに限って使う。

　この種のワークアウトは疲れて当たり前と勘違いして自分を追い込み、体があわやシステム崩壊を起こしそうなところまでいってしまう人も少なくない。たしかに、これは非常に**厳しい**トレーニングだから疲労する。しかし、自分の現在の能力を遥かに超えるような追い込み方をしてしまうと、回復時間が余計必要になるし、場合によっては何日単位の休養が必要になるだろう。このトレーニングの頻度が高過ぎると、かえってトレーニングの継続性を損なうことになりかねない。
　具体的にワークアウトをどう組み立てるか、という議論に入る前に、インターバル・トレーニングの基本についておさらいしておこう。先ずは、エアロビック・インターバルについてだが、それは、持久系アスリートにとって、こちらのインターバル・トレーニングの方が重要で量的にも多くなるからだ。

有酸素インターバル（エアロビック）

　このトレーニングは、有酸素持久力の向上に強力な効果があり、その内容は運動強度によって2つに分かれる。ゾーン3インターバルは、閾値インターバルと

175

イタリア、トレンティーノ・アルト・アディジェ州のパッソ・デル・トナーレでスキーモのトレーニング　写真：Federico Modica

も呼ばれ、また、ゾーン4インターバルは、$\dot{V}O_2max$インターバルとか、有酸素パワー・インターバルとも呼ばれる。どちらも、種目の特異性に合わせた運動様式を用いる必要がある。

閾値インターバル（ゾーン3）

　このインターバルの目的は、LTスピードを高めるとともに、その持続時間を増すことにある。ハードワークを続ける作業時間は、アスリートのトレーニング状況に応じて、20～60分。筋持久力を高める効果も大きい。

　このトレーニングが初めてという人は、まずは3～6分という短い作業時間を繰り返すところから始める。作業時間と休息時間の比率は3：1から4：1で、休息時間にはアクティブ・リカバリーを用いる。経験豊富な持久系アスリートなら、1セッションで、20分×3本、もしくは30分×2本でもこなせるかもしれない。

　このトレーニングは厳しい中にも快感があり、トレーニング気分を味わえるので、アスリートの中には、トレーニング・セッションの度に毎回、ついついこのトレーニングを多少なりとも織り交ぜてしまう人がいる。わたしたちは、読者の方々がすでに理解しているものと願う――1種類のワークアウトや一定強度のワークアウトだけで最高の成果を挙げることはなく、さまざまに異なる強度と継続時間の組合せがもたらす効果に勝ることはない。この閾値インターバルは、トレーニング・メニューの重要な一要素に違いないが、成功を収めている持久系ア

スリートのトレーニング量を年間ベースで見ると、それの占める割合は小さなものに過ぎない。

有酸素パワー・インターバル（ゾーン4）

　このインターバルは、しばしば$\dot{V}O_2max$ インターバルとも呼ばれ、LT（乳酸閾値）より高い強度（通常、最高心拍数の95%付近）でおこなう。個々の運動時間の合計（正味のトレーニング時間）は、15 ～ 30分とする。このワークアウトは持久力に関わるあらゆるシステムの容量を最大限まで利用する。このトレーニングが効果を発揮するかどうかは、アスリートが持っている筋持久力次第である。そこで、本書のトレーニング計画を扱うセクション4でわたしたちはある提案をしている——事前に筋持久力に特化したトレーニングの期間を設けてゾーン3トレーニングをおこない、十分に筋持久力をつけてからこのゾーン4インターバルに進み、効率よくトレーニングを進めよう、と。もし、脚の筋肉が途中で疲労してくると、スピードを緩めることになり、そのため、心拍数がゾーン4の範囲より低くなってしまい、

30/30方式

　30秒の運動と30秒の休息を繰り返す、この30/30という方式は、通常のインターバル・トレーニングにゾーン4の強度を導入する際に適し、登り坂で頑張ってもスピードが上がらないような場面で、多少なりともスピードを付加することになる。先ず、しっかりウォーミングアップして、最後にゾーン3で3～4分間。これで、30/30のセットに入る準備が整う。

　走るにしろスキーで登るにしろ、激しく動けば30秒は短いので、ペースをうまく調節する必要がある。はじめに飛ばしすぎて、5本目以降にガクンと遅くならないようにする。そのため30/30の1本目はやや加減して、2本目の最中に心拍数をゾーン4まで持っていくとよい。それ以降の30秒間はペースを落とすが、その程度は心拍数が5～7拍低くなる程度に保つ。その

まま30/30を繰り返し、パワーとスピードが落ちてきたと感じるまで、もしくは、もう心拍数をゾーン4まで上げられないと自覚するまで、つづける。持久力が向上してくれば、ワークアウトの量を増やせるだろう。

　わたしたちがアスリートに勧めるのは、最初の段階で6分間の30/30を2回、あいだに2分ほど力を抜く時間を挿んで、ペースと努力の感覚を得る。次の段階では、8分×2回、次いで10分×2回、15分×2回と進み、その後、20分間のセッション×1回を目指す。計30分を1回で、というのは目標としては素晴らしいが、達成するのは厳しい。こういったトレーニングは、とりわけスキーモ選手に有効だ。スキーモではスムーズな脚の回転とスピードが要求されるから。

意図したトレーニング効果を得られなくなる。そういうわけで、十分な効果を得るため、このワークアウトは休養が十分な状態でおこなう必要がある。体調が思わしくないときは、作業時間を短くする。筋持久力については、筋力を扱う次のセクションで詳しく論ずる。

ゾーン3のトレーニングが楽になったら——つまり、1週間の合計トレーニング時間の10%前後をゾーン3でこなせるようになったら、少しだけゾーン4の強度を加える。たとえばゾーン3の2分間を、ゾーン4の1分間に入れ替えてみる。それで、回復に苦労するようなら、ゾーン4の分量を減らす。

トレーニングの階段を一段昇ろうとしているこの時期、ゾーン3と、ゾーン4のインターバルは別々の日におこない、両者の間隔を72時間以上空ける。

1回の作業時間は30秒から8分までとして、作業：休息レシオは2分以内なら1：1。作業時間が長くなっても、適切な休息時間は2分。休息インターバル中もアクティブ・レストでごく軽く体を動かしつづけて、フル・レストしない。そうすれば、有酸素システムが回転をつづける。

筋持久力トレーニング

筋持久力トレーニングは、筋力トレーニングの一形態であり、持久力の上限を決める、速筋／高出力筋線維の持久力を向上させるためにおこなう。このタイプのトレーニングは筋肉に大きな負荷を掛けておこなう。ただし、体全体を疲労させるのではなく、ある特定の運動に使う筋群を局所的に疲労させる。その方法は、急な山地を使うか、体に錘（おもり）を付けるか、後述するようなジム備え付けの特別なマシーンを使っておこなう。このトレーニング法はベース期全体を通しておこなうことが可能。筋力トレーニングの1つの形なので、その具体的方法については、203ページ以下の筋力に関するセクション（第7章）に書く。

無酸素インターバル

あなたは、なぜ……と疑問に思うかもしれない。本書が扱う持久系スポーツのアスリートであるあなたが、なぜ、スプリンターにのみ必須と思われる特性に関心を持ち、それを伸ばそうとしなければならないのか？　これまでずっと、百何十ページも費やして有酸素代謝システムは大事だ、と強調してきたではないか？　以下に書く方式における無酸素能力トレーニングは、実は、非常に特異な筋力トレーニングの形をとる。その結果、スポーツに特化したこのタイプの筋力が増すと同時に、**運動効率**が向上する。運動効率が向上するということは、いかなるスピードにおいても、エネルギーコストが低くなる、ということだ。それは、何時間もつづく大会で、大きな強みになるかもしれない。どんな持久系アスリートにとっ

2017年のフランス、ピエラ・メンタの4日目、固定ロープにクリップして尾根を渡るキリアン・ジョルネ。キリアンはこの年2位になった　写真：Jocelyn Chavy

ても、トレーニング全体に占める無酸素インターバルの割合は、わずかだろうが、重要な部分でもある。

　無酸素能力がなかなか増加しないというのは、アスリートがおこなうこのタイプのトレーニング量のせいである。有酸素ワークアウトは日々おこない、ときに1日に2回おこなうのに比べて、無酸素インターバルを実行できる分量は圧倒的に少ないのだ。その辺りを指摘して、多くのコーチたちは「スプリンターは生まれるが、長距離ランナーは作られる」と言う。言い替えれば、人の体はほぼ例外なく、持久力トレーニングに対して積極的に反応するが、スピードとパワーに対するトレーニング効果は遺伝的要素が大半を占めるため、トレーニング効果の現れ方は人によって大きく異なる。そのためにこれまでずっと、無酸素能力を引き上げることは不可能だと考えられてきた。しかし、長年にわたって観察してきた結果、最近分かってきた──適切なトレーニングを数年間つづければ、それを引き上げることは可能だ、と。わたしたちはこのトレーニングによって、あなたをもう1人のウサイン・ボルトにしようというのではない。トレーニングによってあなたの登る（アップヒル）スピードを改善し、結果的に持久力トレーニングの足しにしようというのだ。

図5.3　ヒル・バウンディング
弾むような歩調で、極端に歩幅を広げて両足が浮いている時間を長引かせる。下肢の回転数はヒル・スプリントの場合より少なくなる

　無酸素インターバル・トレーニングに用いる方法は、有酸素インターバル・セッションに用いる方法と基本的に同じで、強い運動と休息を繰り返す。ただし、こちらの場合は繰り返しのあいだの回復時間を長くとる。有酸素インターバルと違って、持久力を鍛えるわけではないから、毎回変わらず最大強度で繰り返せるように、休息期には毎回、無酸素代謝システムを完全に（もしくはほぼ完全に）回復させることが重要である。ということは、負荷の設定が適切なら8～15秒というごく短時間の作業を、最低でも1～2分という長い回復時間で区切って繰り返すことになる。回復時間：作業時間のレシオは、少なくとも4：1ないし5：1から、10：1まで。もしも、回復時間が短か過ぎると、そのワークアウトは持久力トレーニングに変質してしまう。というのは、あなたが鍛えようとしている高出力筋線維（FT）は持久力に乏しいので、休息時間内に十分回復できなくなって、動員可能な筋肉のプールから外れてしまう。その結果、もっと持久力トレーニングを積んでいるST（遅筋）モーターユニットがその役割を引き継いでしまい、結果的に、運動中の強度が上がらず、無酸素能力／筋力も向上しないということになる。

坂道全力走／坂道弾み登り、そして高速の下り坂走
（ヒル・スプリント／ヒル・バウンディング／ダウンヒル・スピード）

　無酸素能力と脚パワーの向上に効果的なワークアウトとして、わたしたちが好んで利用するのは、ヒル・スプリントもしくはヒル・バウンディングで、ベース期のあいだは、これを週に1回実行する。これは、8～10秒という非常に短時間のエクササイズを、1～2分の完全休息を挟んで繰り返す。初期段階におけるトレーニング効果は、主に神経的なもので、脳が全力疾走の動作や感覚を学習する

ワイオミング州ティトン山脈の岩稜を走るアントン・クルピチカ　写真：Fredrik Marmsater

ことにある。わたしたちの経験によれば、大方の持久系アスリートはこのワークアウトで苦闘する。なぜなら、このワークアウトを数回やっても疲れない、それで、これではトレーニングになってないかも……と感じ、**おれは、何でこんなことやっているんだ？**　という疑問が湧いてくる。回復のための休息時間が長すぎる気がして、ついつい短く切り上げたくなる。しかし、もしも、そのインターバルで疲れなかったというなら、あなたが使っていたのは主にST（遅筋）モーターユニットで、それが持久力を十分に貯えていたおかげで、8〜10秒では疲労を感じなかった、ということなのだ。**効果なし、と感じるのは、もっと力を出してFTを使えというサイン**。あなたの脳が、どうすればFT（速筋）をもっと多量に動員できるか会得すれば、あなたはもっと強くなれる。つまり、歩幅（ストライド）が広がり、エネルギー効率が向上する。

　スピーディーに駆け下ったり、スキーで滑り降りたりしようとするなら、練習が欠かせない。どちらの技術も、脚筋力と敏捷性を大いに必要とする。その技術を発達させるのにいい方法は、毎週おこなう低速での長距離走ワークアウトのどこかに、短時間（1〜2分）のダウンヒル・スピードを何度か織り込み、何週間かかけて、繰り返しの頻度と時間を増やしていく。

　ヒル・バウンディングは、片脚ずつジャンプしながら登って行くような運動である。（図5.3）歩幅を大きくとって両足が浮いている時間を長くして、下肢の回転をヒル・スプリントより少ない数で走る。スキーヤーはそれをポールを使っておこない、ランナーはポールを使わずにおこなう。

ヒル・スプリントとヒル・バウンディング、それぞれのガイドライン

傾斜30%の山地か、急な階段を利用する。筋力と筋パワーを養うためには、急な方が効果的だが、50%を超す山地では、靴底の摩擦が利かなくなる恐れがある。ひどい急傾斜になったら、階段を使うとよい（急で長い階段が見つかれば、ということだが）。階段を1段飛ばして、バウンディング・ワークアウトとする。以下に記すウォームアップを長めにおこなって、故障しないように。もし、このようなタイプのスプリント・トレーニングに慣れていないようなら、最初のインターバルでは全力の80〜85%でワークアウトを開始して、インターバルの回数が2回目、3回目と進むにつれて少しずつ全力に近づけていく。このプログラムの実行中は、故障のリスクが大きい。

注意：山地の斜面や階段の傾斜を表す％は、水平距離に対する垂直距離の割合である。30％（約17度）の角度は、水平に10メートル移動する毎に3メートル登るということである。一区切りの階段を駆け上がるのに10秒から12秒も掛かる階段は、なかなか見つからないだろう。普通のビルによく見られる非常階段は、普通30度〜40度なので、傾斜は理想的だが、約3メートルおきに踊り場がある。気にしない、気にしない、ほかにないならそれで十分。

ヒル・スプリント／ヒル・バウンディングのワークアウト

ウォームアップ

これが非常に大切！

❶ 20分のランニングでウォームアップ、徐々にペースを上げ、ゾーン3の強度で2〜3分つづけて終了。この間に発汗。これで筋肉が温まり、有酸素代謝システムが作動状態になる。

❷ 動的ストレッチを10分間。爪先立ちで軽くジャンプ、ランジ、脚振り、反動をつけて前屈しながら手指の先で足指にタッチ。これで各部の腱の伸長反射が活性化し、さあワークアウトを始めるぞ、という準備ができる。

❸ 20〜30秒の、中程度から高強度のヒル・ランニングもしくはヒル・バウンディングを2回。あいだに1〜2分かけて、ゆっくりくだってくる。これで、無酸素性代謝システムが目覚めるとともに、この種の作業に必要なFT（速筋線維）も目覚める。

❹ 上り坂でスキップ、20秒間を2本。登り終わったら、毎回、1〜2分掛けてゆっくりくだってくる。こうして、次の課題である動的で弾みをつけた負荷に、徐々に体を慣らしていく。

ワークアウト

体がしっかり温まって、痛みがないようなら、いよいよメインワークに取りかかろう。

❶最大パワーを発揮して大股のバウンディングか全力走を 10 秒間、それを 6 ～ 8 本実行。登った後は疲労回復のため、毎回 2 分かけてゆっくり歩いて降りる。もし、8 本以上繰り返したいときは、セット間の休憩を 3 分とる。

❷クールダウンとして、スロージョグを 20 分間。

ワークアウトの発展のさせ方

❶ワークアウトを更に進めるなら、繰り返しの回数を増やす。1 本の時間は 10 秒以上に伸ばさない。

❷このような形のトレーニングが初めての人は、くれぐれも慎重に。先に述べたように、このワークアウトはもともと故障の原因になりやすい。最大出力といっても最初はその 90 ～ 95％で始める。2 ～ 3 本、問題なくこなしてから運動強度を増す。

❸このエクササイズは、1 週間に 2 回止まりにする。

ノート：

持久系アスリートがバウンディングやスプリントというワークアウトを進める上で、最大の問題点は、今やっているこのトレーニングが、持久系アスリートにとってどんな強みになるのかという疑問だ。彼らは、休息が嫌いなのだ。このトレーニングによって彼らは発想の転換を強いられる。実は、長々と休養をとるのは、トレーニング効果を生み出すため必要不可欠なのだ。短距離走者たちが、1 回のワークアウトで合計 200 メートルほどしか走らず、芝生の上でえんえんとストレッチしたり休んだりしている。彼らは怠惰なわけではない。そういったワークアウトにおいては、最大強度を発揮することが絶対条件なのだ。

無酸素持久力

これは形容矛盾、と思われるかもしれない。せいぜい 1 分程しか持続しないパワーの出力を、どうして持久力と捉えることができる？ 持久系アスリートの大半にとって無酸素トレーニングは、年間トレーニング量のごくわずかな一部に過ぎない。読者はこの後のページで、キリアンがこういったワークアウトをほんの 2 つ、3 つするだけだ、と知るだろう。それでもこの能力は、どんな大会にしろ競い合う場面や、最大出力を必要とされる場面で、役割を果たす。このタイプのトレーニングは誤解されることが多く、その結果、誤用されることも多い。

このトレーニングは辛い。痛みを伴う。強い意思を必要とする。究極の最大負

ノルウェーでヒル・スプリント・トレーニングするキリアン・ジョルネ　写真：Jordi Saragossa

荷で、最大限の努力を強いられる。自分を疲労困憊の状態まで追い込まなければ、狙った効果は得られない。利用するなら、賢くなければならない。持久系アスリートの大半は、このタイプの作業に対する能力が、すごく低い。本書が対象にするような大会に必要な無酸素持久力を身につけるには、下記のワークアウトから2つ、3つ選んで、1週間から10日に1回織り込めばいいだろう。FT（速筋）に恵まれた、生まれながらのスプリンターなら、もっとトレーニングの量を増やして、もっと大きなものを得るだろう。だが山が舞台のアスリートにとって、そういう能力はごく小さな一部に過ぎない。どう見ても、トレーニング・サイクルのあらゆる段階でおこなうようなタイプのトレーニングではない。あまりトレーニング慣れしていない人は、自分にとって大事な短距離レース——たとえばVK（Vertical Kilometer＝標高差1キロ競争）の準備として、用心して用いるべきだ。得るもの

キリアンのノート

レース・シーズンが始まる前に、比較的短時間の無酸素インターバル・トレーニングを2～3回こなして、最大スピードを訓練する。このトレーニングでは、緩い傾斜の山地を短時間、できるだけ速く走る。1本20秒で、最大でも30秒。それを10本走り、少々休憩して、また、次の10本。もし、脚のバネと心拍に余裕が感じられたら、さらに10本、となるかもしれない。そんな追加の10本、となるのは、たいてい、2回目のトレーニングか、3回目のトレーニングである。このトレーニングのおかげで、レース中に（強力なライバルと競い合っているような時）、ほんの短時間だが頑張って、一段ギアを上げることができる。

が少ない割に、リスクは高い。

このタイプのトレーニングとして、よく用いられるインターバル方式を2つ挙げる。

■最大の出力で1回2分の登りを4～6本、もしくは、疲労困憊するまで。作業と休息のレシオは2：1。この運動により、乳酸の蓄積量が非常に多くなり、有酸素的にも無酸素的にも多くの有益な適応がこの種のワークアウトのおかげで起きることになる。ただ、回復時間が足りないと、疲労のせいで早々にワークアウトを停止することになって、トレーニング量が制限されその効果も小さくなるだろう。

■もう一つのタイプは、最大スピードで20～30秒登っては、2～3分間休息するという組み合わせで、8～12本繰り返す。このインターバルの方が、スピードが速くなり、回復時間も相対的に長くとるので、1回のセッションでこなせる量が増えるだろう。これから読むように、キリアンはこちらのタイプを好む。

以前に説明した有酸素インターバル・メソッドと違って、無酸素インターバル・メソッドの要点は、乳酸をできるだけ多量に産生しながら、できるだけ長時間、高いレベルの力を発揮することにある。このワークアウトは疲労が激しく、回復にも長時間要し、さらに、終わったあと、有酸素代謝による回復ワークアウトという健康薬を服用する必要がある。

プランニングを扱うセクション4で、あなたのトレーニング・プランに、こういった無酸素インターバルをどのように組み込んでいくか、例を挙げて説明する。

ATHLETE STORIES 13

マイク・フートの世界新記録
——スキーによる 24 時間の獲得標高——

ローラ・ラーソン

マイク・フートは、15 人の友人の先頭に立って、今回の挑戦の最終ラップ、60 周目に入っていた。5 月 18 日の、そろそろ午前 9 時になろうという頃、モンタナ州のホワイトフィッシュ・マウンテンリゾートのメインスロープ、'Ed's Run' の、1020 フィート（約 311 メートル）のシール登高とスキー滑降の周回に取り掛かってから、ほぼ丸 1 日過ぎていた。1 周前の時点で、すでに山岳スキー用具による獲得標高の世界記録を凌駕していた。だからこの最後の 1 周はお祭り騒ぎだった。

「本当に嬉しくて、特別で、周りに好きな人がいた。感動しました」とマイク・フートは言った。しかも、その周回の所要時間は、長い 1 日の中で 2 番目の短さだった。

フートがスロープの末端に到着したとき、前日の午前 9 時に出発して以来、すでに、累積標高差を約 6 万 1200 フィート（1 万 8653 メートル）稼いで、まだ 7 分間の余裕があった。フートは言う。「理屈からいえば、さらに 5 分間、スロープを登って降りてきてもよかったのだが、敢えてそうしなかった。それが潔いこと、とわたしは感じた。最後の 1 周を登り降りして、達成感を味わいました」

モンタナ州西部のミズーラを拠点に活動するウルトラランナーにして、スキーモ・レーサーは、それまで数か月にわたってトレーニングをつづけてきたが、彼の目指しているものは、ちょっと分かりにくいものだった。オーストリア人のエッケハルト・ドゥルシュラーグが 2009 年に、オーストリアのスキーリゾートで開催された 24 時間イベントの際に、獲得標高 6 万フィートちょうど（1 万 8287 メートル）を記録して、競争ラインを設定した。マイク・フート

は、たまたまその記録を知って、それを超えたいと熱望するようになった。元々 100 マイル山岳レースのスキーモ版を求めていたが、それがここにあった。ハードロック 100 や UTMB のような、急峻で長時間を要するトレール・レースで輝く男には、そんな努力目標が完璧に合致していた。

マイク・フートは 2017 年の 12 月、アップヒル・アスリートの主任コーチ、スコット・ジョンストンの協力を仰ぐことにして、2 人は共同でプログラムを組み上げ、すでに高いレベルのアスリートであるマイク・フートが、その日に合わせてどのようなトレーニングをするか決めた。算出した 1 時間当たりの獲得標高は 2800 〜 3000 フィート（853 〜 914 メートル）——この値は、登りくだりの移行に要する時間と、くだりに要する時間を含むものだった。

「彼が維持すべきペースを明確にすることで、どこを目標にするか決まり、それがトレーニング計画の基本を形作る。それは、実はそれほど複雑なものではありません」と、スコット・ジョンストンは説明する。「マイクは、元々、信じられないくらい大きな作業容量を持っているので、週によってはびっくりするほどの獲得標高をこなした。その数値は、ときに圧倒的だった」

3 月中旬までの 3 か月間、フートは週平均 2 万 9233 フィート（8910 メートル）登り、そのうち多い方から 3 週取り上げると、4 万 2360 フィート（1 万 2910 メートル）、5 万 0526 フィート（1 万 5400 メートル）、5 万 0942 フィート（1 万 5527 メートル）である。トレーニングに使う時間ほぼ毎週 20 時間以上で、最大の週は 24 時間である。

「わたしのワークアウトは、運動強度にはあ

186

モンタナ州ミズーラの自宅からカナダのアルバータ州バンフまでクラウン・トラバース（600マイル）のほぼ中間地点のマイク・フート　写真：Steven Gnam

　まり重きを置かず、長時間かけてゆっくりと体調が向上するよう努めている。そのようなゾーンをきっちり守りながら、非常に長い時間努力を重ね、その効果を実感するようにしている」と、マイク・フートは言う。「スキーなら衝撃がないので、体がうまく適応して、時間的に大きな量をこなせる」

　そして、記録への挑戦を 2、3 週後に控えた時期に、フートは 2 日連続で、これまでにない大掛かりなトレーニングを敢行した。2 日連続で、2 万フィート（6100 メートル）前後の標高をスキーで登った。このトレーニング・ブロックが、驚異的な効果を発揮した。「そのときに、この調子ならいけるぞ！　という気持ちになった」そうだ。しかし、その後、スイッチがパチンと切れて、体が反乱を起こした。「落ち込んで、その翌週は最悪。週末は遠出しなければならず、睡眠時間も長くとれず、回復もまともにできない。わたしは窮地に陥った」

　その窮地が尾を引いて、当日の 3 月 17 日、周回を始めると暗い気持ちに覆われて、フートはトレーニングをやり過ぎたのではないかと、危ぶんだ。「初めの 2、3 時間は、自分が無力に感じられ、ひどくネガティブな心理状態に陥って、このままでは、みん

187

なを失望させることになるかも……、これだけ時間を掛け、犠牲を払ってきたのに、失敗するかも、と思われて、精神的にすごく辛かった」

そんなあれやこれやも、結局、精神的な苛立ちに過ぎないと分かってきた。少しずつ体がほぐれて動きだすと、快いリズムが感じられるようになってきた。「何があろうと一定のペース、を心掛けた」と、フートは言う。「時計なんか見ないで、自分の感覚どおりにスキーを動かした」

そうした整然とした姿勢はくだりの部分でも変わらず、スピードを重視しつつも疲労回復を図った。「ダウンヒルの行程をいい加減にしないというのは、私にとって重要だった。毎回くだる度に、なるべくスピードを出しながら、同時に、自分を粗末に扱わないように、うまくバランスを取るようにした」と、フートは言った。

とはいえ、時間は常に気になるところで、マイク・フートは基点のエリアに人員とディナフィットの交換用スキー2組と、シールを数組用意して、くだりから登りにスムーズに切り替えられるよう手配した。1往復して降り切ったら、カチンとスキーを外し、あらかじめシールを貼ってある別のスキーに履き替えるというわけだ。

そのようにして周回を繰り返すあいだに、フートは定期的に燃料を補給する。その中身は各種ジェル類やコーラなどから、本物の食べ物——スープやピーナッツバターとジェリーのサンドイッチ、スイートポテト・マフィン、おこわおにぎりのベーコン巻までいろいろだった。「わたしは1時間毎に400キロカロリーほど食べる。それが、大きな力になる」と、フートは言う。「メープルシロップも2/3クオート（620ミリリットル）飲み干したけれど、それはわたしの自慢です」

12時間過ぎた時点で、マイク・フートはすでに3万3500フィート（1万210メートル）稼いでいた。ファンも若干集っていた。明るい内はコースの中間点付近にザ・ノース・フェイスのテントが立っていて、

それに惹かれて多くのスキーヤーが、いったい、何事？ と集まってきた（マイク・フートはザ・ノース・フェイス所属のアスリートなので、今回、特別仕立てのスキーモ用ウエアの提供を受けていた）。スロープの基点に、そういうスキーヤーたちが見物に来て声援を送って、フートのエネルギーを盛り上げ、楽しい応援の雰囲気を造り出していた。

昼間、天気は完璧だった。40°F（約4.4℃）で、日が出ていた。しかし、夜に入って気温が一気に20°F（約−6.7℃）まで下がった。昼間マッシュポテトのようだった軟雪が凍結し、極端に扱いにくい雪面となった。「シールが効かず、スキーがやたら後退した」と、フートは言う。「斜面を登るには、ポールとストラップで自分の体を押し上げなければならなかった」。マイク・フートはストラップに頼りすぎたため、数日経っても左腕が痺れていたそうだ。

さらに、その夜、雪面を吹き降ろす風と6時間以上闘わなければならず、フートの挑戦はさらに困難を増した。くだりになると大腿四頭筋から足先まで冷え切って、歯がカタカタ鳴り出した。

「くだって行って、でこぼこの激しい箇所に来る度に、毎回、大声で叫んでしまったけど、そんなことは初めて」と、フートは言う。彼の足は、24時間、湿ったスキー・ブーツに閉じ込められていたため、すっかり傷んでいて、こんな挑戦、しなければよかった、と後悔したくらいだったし、「最後にブーツを脱いだ時の有様は、文字通り見ものだった」

昼のあいだに稼いだ、過去の記録との差3000フィート（915メートル）は、1000フィート（305メートル）まで目減りしていた。しかしフートは普段よりもっと頑張る必要がある、と自覚していた。「わたしは、ペースメーカーを務めてくれた仲間たちに、感謝したい。なぜなら、彼らは予定どおりのペースを保ってくれたのに、わたしがついて行ききれなかったから」そんなペースメーカーの中に、仲間のルーク・ネ

モンタナ州の山地リゾート、ホワイトフィッシュで、世界記録更新を目指して力走するマイク・フート。彼はこのときスキーによる 24 時間の累積獲得標高の世界記録 6 万 1170 フィート（1 万 8644 メートル）を打ち立てた　写真：Steven Gnam

ルソンが交じっていて、ルークは 6 時間にわたってフートに付き添った。「ルークは、大きな視野に立ってわたしを鞭打ち、現場で計り知れない支援を与えてくれた」と、マイク・フートは言った。

夜が明ける頃には記録が目減りすることもなくなり、ガヤガヤとやかましい人たちに囲まれる中、マイク・フートは力強い足取りで挑戦を終了した。そのとき彼は、ひたすら前進をつづけ、足を一歩ずつ前へ出すことの大切さを再認識したのだった。

「降りてきて人が見えると、毎回、一瞬何が何だか分からなくなり、次の瞬間、あぁ 100 マイル山岳レースか何かの最中なんだ、と思い出す」と、フートは言う。

「ほかでは味わえない、独特な経験だった。これほど、止めたい、中断したい、と感じたことはなかったけど、そのうちに、また自分の動作に集中できるようになってきて、懸命に前進する内に、突然、自分の体と心が戻ってくる」

マイク・フートの成功は、20 数名に及ぶ友人クルーと、彼のガールフレンドと、コース脇で何かと手伝ってくれた人たちなくしては、成しえないことだった。手助けしてくれた人たちの中には、圧雪車の運転手たちもいた。彼らは頼まれたわけでもないのに、スロープの整備を始めて、フートのために柔らかいコーデュロイの新たな走路を用意して、歯の根をカタカタいわせる滑降の過酷さを、わずかなりとも和らげてくれたのだった。

「この記録は、自分 1 人じゃ絶対に作れなかった」と、マイク・フートは強調する。「喜びのときを手にするためには、支援の手を得ることがいかに大事か、思い知らされました」ペースメーカーを務めてくれた友人たちや、くだりから登りへ切り替わるとき、装備交換の準備をしてくれた友人たちだけでなく、傍らを登りながら食べ物を手渡してくれた友人たち、写真やラップタイムなど、世界記録挑戦に必要なあらゆる種類の資料を整えて、24 時間細かく見守ってくれた友人たちもいた。

「それは、チーム力を全面的に発揮した成果だった」

Laura Larson　元々アウトドア関係のライター兼編集者として出発し、セレブのゴシップ記事に手を染めたのち、アウトドア本の出版に戻ってきた。現在、時間をやりくりしてマウンテニアーズ・ブックス社のハウツー本や案内書の校正と、ウェブサイト「UphillAthlete」の記事執筆、飼い犬とともに地元でのトレイルランの 3 つに励んでいる。その飼い犬のおかげもあって、ローラは 2015 年以来、50 マイルレースを 2 回、50 キロレースを 6 回完走している。

SECTION 3
筋力とアップヒルアスリート

Chapter 6

アップヒル・アスリートの筋力トレーニング

アスリートが筋力トレーニングをおこなうのは、
それぞれの種目におけるパフォーマンスを向上させケガを予防するためであって、
ジムで強い人になるためではない。
これは、とりわけ持久系アスリートに当てはまる。

　持久系アスリートにはどの程度の筋力が必要か、という疑問に、数々の研究が答えようとしてきた。その結果、分かってきたのは、一見、相反するように見える2つのことだ。

■持久系スポーツでは、通常、最大筋力の25％までしか使わないが、それを何千回も繰り返す。

■それでいながら、最大筋力の増加は、持久力にも好い影響をもたらすようだ。

　この類いの研究で、持久系の山岳アスリートを対象としたものは、ほとんどないものの、以下のように仮定してほぼ間違いないだろう。自分の体を運び上げたり運び降ろしたりという動作を繰り返しながら、何千メートルという高低差をこなさなければならない山岳スポーツで、筋力が果たす役割は大きい。

　持久系スポーツでも最低限の筋力は必要だ、と感覚的には理解するものの、上記した■印の2つ目の項目が究極の結論だとしたら、オリンピックの重量挙げ選手が、最速のマラソン選手ということになる。が、明らかに、それは違う。なぜ？

　最大筋力の本質は、その大半が*神経的なもの*である一方、持久力の本質は、その大半が*代謝的なもの*である。言い換えれば——最大筋力は、ある課題に向けて筋線維を最大まで動員する脳の能力に依存する一方、持久力は、ATP分子を再合成する有酸素代謝の回転率に依存する。どちらにも「大半が」と限定したのは、持久系スポーツでは、2つの性質が重なり合い、依存し合っているからである。

　同じような実力の持久系アスリート同士を比較すると、筋力の強い方が好成績を上げる傾向がある。完走タイムが2時間10分〜15分のマラソンランナーを何

P190-191　筋力はアスリートのスピードに大きく影響する。2010年のスキーモレース「ピエラ・メンタ」で、モン・ブランを背景に、モン・コワンの鋭い氷雪稜を駆け抜ける　写真：Jocelyn Chavy

P192　チリ・パタゴニアのセロ・カスティーリョで、先頭に立ってラッセルするフォレスト・クーツ。彼は16日間にわたるスキー・トリップでこの地域を探った　写真：Jason Thompson

ケイティ・フレンチとアリソン・ディミット・グナムは、ワシントン州セント・ヘレンズ山を1周した際に、筋力を生かして小川の河床へ走り降りた　写真：Steven Gnam

人か取り上げて、完走タイムとある種の筋力テストの結果を1つの図にまとめると、両者のあいだに顕著な相関関係が見られる。むろん、床に置いたバーベルを腿の高さまで引き上げるデッドリフトで、重いバーベルを上げられるからといって、速いランナーだと保証されるわけではない。しかし、スピードが同じ程度のランナーの中で、デッドリフトの最大挙上重量（1RM）がほかの人より高かったら、ほかの人より速く走れる可能性は非常に大きい。さらに大事なのは、パフォーマンスを予測しようとするとき、汎用筋力よりもそのスポーツに特化した筋力の大小の方が関連性が高い。同じような持ちタイムのランナーを比較すると、たとえば立ち幅跳びや、片脚ホップ、30メートル全力走など、ある特定の筋肉に限った運動の成績が、5000メートル走のレース結果に相当程度影響するという研究結果もある。これらの運動はデッドリフトのような一般的な下肢の運動よりもランニングの特性を反映している。

　だとしたら、筋力はどの程度必要か？　確かなことは、誰も知らない。

汎用筋力 と 特化筋力

　筋力トレーニングの議論に入る前にいくつかの用語と概念を規定しておく必要がある。

　汎用筋力は、特に何のスポーツ用とも限らない筋力を指し、あなたがトレーニ

ングの対象とするスポーツの動きや、スピード、可動域などとは共通性が少なかっ
たり、ときにまったく無関係だったりする。汎用筋力は、1人のアスリートにとっ
て、これからおこなう、それぞれのスポーツに特化した筋力トレーニングの基盤
となり、故障しにくい体をつくる。

特化筋力は、何かのスポーツに特化した筋力を指し、そのスポーツが必要とす
る筋力に極めて近いもの（いや、ときにはまったくそのもの）である。このタイ
プの筋力トレーニングは、そのスポーツにおけるアスリートのパフォーマンスの
向上を、直接目指すものである。

汎用筋力のトレーニング

山岳スキーと、スキーモ、山岳ランニングは、いずれも常に動きつづけるスポー
ツで、片脚交互推進を基本とする。どの種目にしろ、効率的な動作は、股関節を
しっかり安定させて、主働筋に最良の仕事をさせる必要がある。だから、こういっ
たスポーツのためには汎用筋力トレーニングの中でも、特に片脚系の筋力エクサ
サイズを強調すべきだ。

ジムで人気の筋力エクササイズは、スポーツのためのトレーニングとして見れ
ば、ほとんどが「汎用筋力」のカテゴリーに分類される。

そんな汎用筋力トレーニングを、どうしてここでわざわざ持ち出したのか？
たしかに、汎用筋力トレーニングを端から避けている山岳アスリートもいるけれ
ど、他人がおこなっていることを無闇になぞるのではなく、まずは自分自身にとっ
て何が必要で何が不要か考えるべきだろう。それで、自分に汎用筋力が不足して
いるなら、ごく単純な筋力トレーニング・プログラムを実行すれば、得るものは
大きい。それが次の段階の、各スポーツに特化した筋力トレーニングの効果を一
層高め、そのまま成績の向上に繋がることになる。

ただ筋力トレーニングのプログラムを進め、自分の記録が上向いていく時期は
特に、この章の冒頭に掲げた言葉を思い出してもらいたい。あなたが最終的に関
心を持っているのは、ベンチプレスやデッドリフトじゃないよね。どれだけ速く
スキーを走らせ、ランニングし、登るかということ、だよね？　にもかかわらず、
ついつい周りに流されて汎用筋力トレーニングをやり過ぎてしまいがちだ。汎用
筋力トレーニングに多くの時間と労力を割いたら、有意義な特化筋力トレーニン
グが疎かになるばかりか、筋肉隆々の過剰な筋力を備えた力持ちになりかねない。

一例として、最もありふれた汎用筋力トレーニングのバックスクワットを取り
上げよう。バーベルを両肩で水平に支えながら、膝を曲げて上半身を上下させる
バックスクワットは、体幹とともに臀部と脚部の主働筋を働かせるので、さまざ
まなスポーツに有効である。このバックスクワットの強度をある程度まで向上さ

2015年のシャモニー・モン・ブランの80Kで優勝したディエゴ・パゾス　写真：Martina Valmassoi

せるとパフォーマンスの向上に繋がる。だが、ある程度ってどの程度？　ここでもまた、はっきりしたことは、誰も知らない。

　スプリント種目のように、筋力とスピード、パワーを要するスポーツや、投擲や跳躍などのフィールド競技、アメリカンフットボールなどの競技では、スクワット力の増加とパフォーマンス向上のあいだに、極めて緊密な相関関係があるだろう。一方、片脚ずつ交互に使って前進する持久系スポーツでは、バックスクワットのようなエクササイズは、あくまで汎用筋力トレーニングの範囲に留まる。

　わたしたちには、どれほどの汎用筋力が必要か、競技分野別の参考値を示すことはできないが、若干のヒントを記すことはできる。もしあなたが持久系山岳レースのアスリートで、肩に自重と同じウエートを背負って膝関節を90°まで曲げるハーフスクワットができないようなら、おそらく筋力を強化した分だけ、パフォーマンスも耐久力も上がるだろう。しかし、自分の体重の2倍のウエートを背負ってハーフスクワットができるなら、それ以上鍛えてもパフォーマンスの上乗せがあるかどうか疑わしい。却って低下する可能性も考えられる。スクワットの挙上重量を10キロ増加させようと努力するより、その時間を、自分のスポーツに特化した筋力エクササイズにあてた方が、成果は大きいだろう。

　同様に、懸垂は上半身の汎用筋力エクササイズとして極めて優れているから、

あなたがスキーモ・レーサーで普通の懸垂が1回もできないようなら、その汎用筋力を向上させれば、得るものは大きいだろう。

とはいえ、どんなアスリートも、とりわけアマチュアの場合、職場や、学校、家庭といった柵_{しがらみ}があるから、トレーニングに割_さける時間もエネルギーも限られる。もしあなたがVK（Vertical Kilometer＝標高差1キロ競争）のタイムを上げたいなら、あわててベンチプレス・プログラムを始めるのではなく、まず、目的のスポーツに求められる筋力がどんな性質のものか検討した方がいい。

特化筋力のトレーニング

このワークアウトは、それぞれの種目・競技の可動域やスピードに極めて近い状況を想定して構成する。それはなぜか？　脳の筋動員パターンは学習して初めて得られるからだ。シングルボックス・ステップ（208ページの図を参照）は、非常にゆっくりとした動きで負荷が大きく、特化筋力エクササイズに準じる運動として脚部全体に極めて有効な汎用筋力トレーニングだが、トレーニングを進めていく内にどこかの時点で、坂道全力走のような特化筋力トレーニングそのものに移行していく必要がある。筋肉の収縮スピードが速くなれば、対応する運動神経系（モーター・ニューロン）も、そのスポーツに特化した動きのパターンと収縮スピードを生み出すよう訓練される必要がある。特化筋力トレーニングを優先させる持久系アスリートの主張には、

モンタナ州ボーズマンの「The Mountain Project」でトレーニングするアン・ギルバート・チェイス　写真：Jason Thompson

そういう理由づけがあるのだ。

　本書が対象とする山岳スポーツの必要性に合致するシンプルなエクササイズは、坂道全力走と坂道弾み登りである。スピードと上り傾斜を加減することで、想定するスポーツに特化した動きのパターンを用いながら、望ましい筋力トレーニング効果を得ることができる。

運動効率と筋持久力

　持久系スポーツに参加するアスリートたちにとって、特別に高い水準の筋力は不要だし、かえって邪魔になるかもしれないが、**必要十分な筋力**とりわけ**必要十分な特化筋力**は、動きの効率化に寄与する。筋力が増すと、無理なくストライドを伸ばせるようになり、同じ１歩でも、最大筋力に対して以前より小さな出力割合で、遠くまで体を運べるようになる。特にウルトラランナーたちの場合、レース中に疲労のせいでストライドがどれだけ狭まるかが、結果を予測する上で最大の目安となるのだが、筋持久力トレーニングをしていると、レース後半に入って、それまで下り坂で酷使してきた神経筋の疲労を受け流す能力が大幅に改善してくれるかもしれない。

　筋持久力トレーニングについては、後で深く掘り下げる。

スピードと筋力

　動作スピードは、その動作に関わる筋群の筋力と直接結びついている。一般論として、筋力が強ければ、自分の動きに対する抵抗を、比較的楽に克服できる。山岳スポーツにおいては、登りで重力を克服したり、くだりで重力に抵抗したりするとき、筋力が必要になる。だから、筋力を得ること、とりわけ特化筋力を得ることは、ある程度まで有利なこととなる。しかし、過ぎたるは及ばざるが如しで、筋肉量が増え過ぎると、単位体重当たりの筋力が低くなってしまう。そこで、持久系の種目に向けたトレーニングを成功させるためには、単なる筋力ではなく、わたしたちが筋持久力と呼ぶ筋肉の性質がますます重要になってくる。これから示すように、その筋持久力を向上させる方法はいろいろある——筋持久力に特化したトレーニングや、サーキット形式のワークアウトから、ゾーン３のインターバル・トレーニングや山地を長時間走りつづけることまで。

筋持久力と筋力

　筋持久力と呼ぶ概念について話すとき（それは局所筋持久力とか、筋力の持久力とも呼ばれるが）、筋力と持久力を分かつ境界は曖昧である。筋持久力は、その呼び名が示すとおり、競技毎に異なる競技時間のあいだ発揮を維持できる筋力の

スペインのパルマ・デ・マヨルカで霧の中を走るヴェロニカ・ブラボー　写真：Martina Valmassoi

総量と結びついている。だからこの言葉が意味するものは、100キロランナーとVKランナーではまるで異なる意味を持つ。

　競技の距離が短くなればその分だけ、筋力の役割が大きくなるし、距離が延びればその分だけ、筋持久力の重要性が増す。だが、どちらの場合も基本的な考えは変わらない。筋力と持久力が分かち難い理由は、多数回の反復トレーニング（例えば最大筋力の50%で100回とか、20%で2万回）を想定すれば分かるように、それを達成するために必要とされる筋線維の最大筋力と持久力（代謝力）の双方に依拠しているからだ。筋持久力の評価とその改善の方法については8章で詳しく検討する。

まとめ

　この先本書を読み進めるに当たって、何点か心に留めておいてもらいたい。
- アスリート、とりわけ持久系アスリートは、筋力トレーニングを数あるツールの1つとして用いる。ただ筋力を強くするためにトレーニングするのではない。パフォーマンスを上げるためにトレーニングするのだ。
- ジムでバーベルやダンベルを挙げるだけが、筋力トレーニングではない。
- 持久系スポーツで決定的に大事なのは、体重を増やすことなく筋力を増加させることだ。結局のところ、その筋肉を持ち歩かなければならないのだから。
- 筋持久力が向上すると、パフォーマンスの向上に非常に強力な効果が期待できるので、ほぼすべてのトレーニングプログラムにおいて、重要な部分と考えるべきだ。疲労耐性を高めることで、長距離レースにおける走行効率を高いレベルに保てる。

ATHLETE STORIES 14

「なぜ？」はいつでも心の内に

クレア・ギャラガー

ウルトラ・レースに出ようということになると、身体的にも精神的にも多種多様な準備をするだけでなく、わたしは自分なりの「なぜ？」を、スタートラインに持ち込む。100マイル（160キロ）レースはいうに及ばず、50キロレースでも、わたしは、ただ走るために走る訳じゃない。もし、涼しい顔して、興奮が欲しくて走る、なんていう人がいたら、それは嘘だ。

誰だって、その人なりの「なぜ？」が必要だ。わたし自身の「なぜ？」は、このスポーツに関わってきたここ数年のあいだに、徐々に進化してきた。初めて50マイルレースを走ったのはタイで、それは、大学最後のトラックレースからわずか6か月後のことだった。それから2年たらず後、初めて100マイルレースに取り組むことにした。わたしにとって最初の「なぜ」は、「わたしにもできるだろうか？」という好奇心に加えて、「黄金の三角地帯を走りたい！」という興味が混じり合ったものだった。それがうまくいったので、「じゃ、次は100マイルレースね、差し当たって、ほかにやることもないし」ということになった。

しかし、わたしが走った数々のウルトラレースに共通する「なぜ」は──自分はちょっと頭がおかしいという事実はさておいて──山や丘を越えながら長い距離を走るのが大好きだから、ということだ。それも、何回走ってもちっとも易しくならない、と分かっていながら……。たしかに、事前の準備が要領よくなったり、体がそれに向いてきたり、経験を積んだり、テーパー期を設けたり、ということになるけれど、でも、わたしは未だにレースを終えて「ワオ、なんて愉快な走り旅だったの！」なんて思ったためしはない。どういうわけか、い

つも必ずひどい目に遭う。それでも、私はそれが好きだ。

くるぶしを捻挫したり、ソフトボトルが破裂して猛烈な暑さが予想される区間を前に、コーラがすっからかんになったり。股擦れが起きても気付かず、午前3時にカリフォルニア州オーバーン郊外のバスタブにたどり着いて、ピンクに火照る体を母さんに洗ってもらったら、実は、尻の割れ目の皮膚が、すっかりひり剥けていて、ギャーと叫んだり。疲れてのろのろ、自分がデブで愚かな気がして、途中で止めたくなったり。この世の終わりのような気がしてきたり。あッ、ガラスのかけら！　と思ったら、もう踏んづけていて悲惨な結果を迎え、それで終わってしまったり。

血尿が出たり、血便が出たり。パンツに大便が漏れてきてコースの脇に何度も穴を掘り、それで時間をロスしたり。飛ぶように走っていたら、親指の水ぶくれを尖った岩にぶっつけて、潰れて血が滲んできたり。友人が週末を返上して練習に付き合ってくれたのに、その人を大声で罵倒して、あとから泣いて許しを乞うてみたり。「鎮痛剤を探してきてくれなかったら……」といって、ボーイフレンドを脅してみたり。常緑樹を前にして、誰もわたしを助けてくれないじゃないとおぞましくなり、嘆き悲しんでみたり。アスペンの黄金に輝く葉群れに、笑いかけて挨拶したり。

自分が正気なのか、自信が持てない。

ひと瓶丸ごと生クリームを舐めたあと、コーラを1リットル飲んだり。野菜スープや、ソルト・タブレットの白昼夢を見たり。初めて走る100マイルレースの出だしの1マイル（1.6キロ）足らずで、ヘッドランプの電池がなくなったり。防火帯の平坦な

道に顔面から突っ込んで、元々痛めていた膝蓋骨を強打したり。最初のウルトラ・レースで、海藻風味のポテトチップスを丸1袋食べて病みつきになり、次のレースから必ず食べるようになった。もちろん吐いちゃうけど。DNF（途中棄権）して、心も体もボロボロになったり。

それでも、苦しみ満載のレース最終局面を乗り切ってから、まあ、およそ30分から3週間も経って、気がつけばあなたは、おずおずと調査を開始している——次のレースはどうしたものか、と。わたしたちは、どうしてそんなに愚かなの？

もしかしたら、苦難や難儀といったものには、例外なく何か魔術が仕掛けてあって、ウルトラレースの最中に、その魔術にかかってしまうのかもしれない。

わたしは完全な静謐を求めて、レースに戻ってゆく。深い森に浸り、高所の山岳トレールを走り、神に見捨てられたような防火帯に1歩ずつ足を運ぶ。わたしは静けさを求めて生きている。そこにいるのはわたし1人。人というささやかな存在が、自分の息を吐きながら、この美しい惑星のどこかを移動している。パタパタと靴音を立てながら遠くへ遠くへと動いていく。もし、異星人がレース当日に超々強力望遠鏡で地球を見ていたら、その表面を旅しているわたしを認めるだろう。その異星人がわたしの苦難や難儀に気づかなくていい……。それはわたしのもの、わたしにとって大切なもの。

クレア・ギャラガーは自分なりの答えを探して、コロラド州カズム湖までの冬のトレーニングランをおこなう
写真：Fredrik Marmsater

Clare Gallagher　トレイルランナー、奇人変人の気がある。プリンストン大学を卒業後、トラックにしろクロスカントリーにしろ、この町を走るのはかっこ悪いと考えて、タイに移住し、英語教師として勤めながら、最初のウルトラ・レースを経験。レース後、副賞にチャーハンとタイの菓子を計5キロ（これ、マジな話）贈られた。そのときほど不調に陥ったことは、その後ない（これまた、マジな話）。だから、アイスクリームを食べてね！

Chapter 7

汎用筋力の能力評価とその改善方法

持久系アスリートは、筋肉量を増やしても、強くなるとは限らない。増えた分の筋肉をいつも運ばなければならないし、その筋肉に燃料と酸素を補給しなければならない。その点を考慮して下記の情報を作成している。ここには筋肉量を増やすためのレシピはない。

下半身にとって第一の目標は、まず、片方の脚と臀部、膝の安定性を確保し、その主要な関節を通じて少しでも効率よくパワーを伝え、次の1歩で、少しでも遠くへ自分を運ぶこと。片側の脚部の安定性を生み出す一番の立役者は臀部であり、とりわけ臀筋群がその役割を担っている。この重要な筋群の力が不十分な場合、膝と足首のアラインメントが崩れてしまうことがよくある。そこまでではなくても、運動効率とか、パワーの発揮、歩幅などの点で不利になり、オーバーユースによる故障の原因にもなるだろう。片脚で立って膝を曲げ伸ばしした時、膝が内側もしくは外側にずれて動くようなら、それが弱点になるかもしれないので、基礎的な筋力トレーニングとともに、安定性を高めるための補助運動をおこなう。

ランナーだけでなく、とりわけスキーモ・レーサーがパフォーマンスを発揮するには、上半身の筋力が大切であるにもかかわらず、その役割をつい見落としがちだ。スキーの登りでもランニングでも、両肩や両腕、背中や胸部は、すべてストライドの大きさに直結する。もし、ランニングやスキーモにおいて、上半身や腕振りの役割など大したことないと思うなら、試してみるとよい――両腕を体側に縛りつけ、スピードを上げてランニングなり、スキー登行なりしてみる。分かっただろうか? ランニングでさえ、両腕の振りが、両脚に大きなエネルギーを伝えているのだ。

ランニングにしろスキーにしろ、肩周りをリラックスさせると腕の振りが滑らかになって、両脚に伝わる力が増し、ストライドが大きくなる。ランナーには、やたら高いレベルの筋力は重要ではないが、何時間も腕を振り続けるような持久力は**重要**だ。背中や肩が疲れてくると、思うように腕が振れなくなり、ストライ

レティシア・ルーはフランスの実力派スキーモ・レーサー。2015年のピエラ・メンタではフランス人のミレイア・ミロとともに優勝した　写真：Jocelyn Chavy

富士山を駆けるランナー　写真：Martina Valmassoi

ドも伸びない。
　以下に効果があると確認している基本的なエクササイズを示すとともに、それを日々のワークアウトにどのように組み込んで、数週間から数か月にわたって発展させていくか説明する。おこなうエクササイズは例示するものだけ、と固苦しく考えなくてよい。ほかにもいろいろある。同じようなエクササイズを加えたり、入れ替えたりしても、同じようにプラスの効果を得られるだろう。

脚部および臀部の筋力評価と
基本的エクササイズのプログラム

　筋力トレーニングプログラムを始めるに際して、簡単なエクササイズを用いて自分自身をテストし、自分の筋力の強みと弱みを知ることは有益だろう。この説明の後につづく一連のエクササイズを一通りおこなって、その能力を自分で評価する。筋力の自己評価にあたって、あらかじめ承知しておいてもらいたい――たとえばADS（有酸素能力欠乏症候群）から脱するには、おもしろくもないスロー・ランニングが必須なように、中には、まず地味な筋トレをつづけて基礎体力を作るのが最善の道、という人がいるだろう。その一方で、すでに基本的な筋力をしっかり身に付けている人は、段階を一歩先へ進めて特化筋力トレーニングに入る方がよいだろう。

　膝の安定性を評価する方法として、ほかにもいろいろ筋力の評価法があるなかで、ごくシンプルなものをいくつか提案する。ランニングによるオーバーユースで起こる膝と下腿の故障の多くは、臀筋群の中でも特に中臀筋の筋力不足が原因である。以下の各エクササイズにおいて注目すべき点は、正面から見て、膝が爪先の位置の真上を保っているかどうかだ。鏡の前に立つか単に目を落としてスクワットしながら、膝が爪先の真上から左右に逸れるかどうか観察する。体重をかけて膝を曲げたり伸ばしたりしたとき、膝が爪先より内側、つまり体の中心線寄りにずれて動くようだったら、下腿のアライメントに問題があり、それはそのまま臀部の安定性もしくは筋力の不足による可能性が極めて高い。

　その場合、下記に述べるエクササイズを用いて、股関節外側の筋を鍛えればたいてい症状が改善して、問題は容易に解決する。しかし、場合によってはプロの筋力トレーニングコーチの助けが必要な場合もある。以下に述べる簡便な評価基準は、プロフェッショナルなアドバイスに代わるものではない。

スクワットテスト（初級レベル）

　最も簡便な評価法。普通のスクワット姿勢をとる――両足を肩幅に開いて、爪先をやや開き、両腕を肩から前へ水平に伸ばす。背中を丸めたり反ったりせず、真っすぐにしたまま、臀部を踵のあいだへなるべく低く降ろしていく。臀部を沈め、引き上げていくあいだ、膝の位置を観察する。

■あなたの膝の動線が、わずかでも内側に寄っていくか？

■膝を外側へ開く意識でおこなえば、両膝を爪先の真上に保つことができるか？

　どうしても爪先の真上から外れてしまうようなら、そこでテストを止め、筋力強化プログラム Stage 1 をはじめる。意識的な努力をすることで爪先の真上に保っていられるようなら、次のテストに入る。

図7.1　スクワット・テスト

　まず、両足を肩幅に広げ、爪先をやや外側に開いて立ち、沈み込んでいき、太腿が床と平行になったら、立ち上がって元の姿勢に戻る。膝が、体の中心線に寄らないように、爪先の真上へ向かうようにする。右上の例では膝が体の中心線に寄っている

南アフリカ、ノーザン・ドラケンスバーグ山脈の「ドラケンスバーグ・グランド・トラバース」でFKT（短時間記録）に向けてルートの下見をおこないながらトレーニングするライアン・サンデス
写真：Kelvin Trautman

ボックス・ステップ・テスト（中級レベル）

　膝の位置よりやや低いボックス（もしくは段差）の手前に立つ。爪先はボックスから30センチほど離す。足をボックスに置いて乗り上がるとき、膝が体の中心線寄りにずれていくかどうか観察する。その後、ボックスから降りる。膝の動線を観察しながら、この動作を左右片脚ずつ、数回繰り返す。
■左右の膝は、どの程度体の中心線寄りに動くか？
■膝が内側寄りに動くと同時に、臀部はどの程度横にずれながら外側に突き出すか？

　膝の内側へずれる量が2.5センチ以上、もしくはボックスに上がりながら、同じ程度臀部が横にずれながら外側に突き出すようなら、そこでテストを止め筋力強

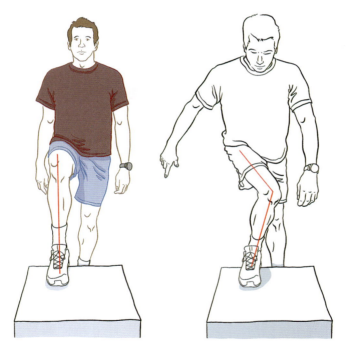

図7.2　ボックス・ステップ・テスト
　膝の位置よりやや低いボックス、もしくはベンチを用意し、その手前約30センチの位置に立つ。乗り上がるとき、膝が内側に入るかどうか、それとも、爪先の真上をなぞって動くか、観察する。上の図は、膝が爪先の上を通る正しいフォーム（左）と、膝が内側に入り込む悪いフォーム（右）の違いを示している

化プログラムのStage2をはじめる。膝の位置を正しく保っていられるようなら、次のテストに入る。

シット・トゥー・スタンド・テスト（上級レベル）

　腰掛けると膝が直角に折れ曲がって、床面と腿が平行になるような座面の堅い椅子、もしくは、ベンチの前に立ち、臀部を下げていって座る。座った時に脚部の筋肉を緩めず、即座に片脚で立ち上がる。腰を曲げて屈むことなく、上半身をできるだけ直立させたままに保つ。立ち上がりながら、足の爪先に対して膝の動きがどうであったか観察する。多くの人は脚力が足りず、座位から片脚で立ち上がるのは無理だろう。その場合、厚手の本を1、2冊、椅子もしくはベンチの上に敷いて、辛うじて片足で立てる程度に按配するか、ボックス・ステップ・テストに戻る。

■左右の膝が、どの程度体の中心線に近づいていくか？
■膝が内側にずれながら、臀部が外側に逃げていくか？

　もし、どちらかの膝が2.5センチ以上内側に入るようなら、筋力強化プログラムのStage 3をはじめる。膝の動きに関するこの難しいテストを無事こなせた人は、すぐさま特化筋力トレーニングに入る。

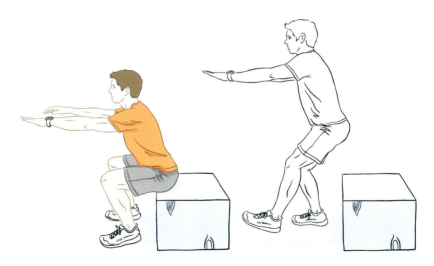

図7.3　シット・トゥー・スタンド・テスト
　ベンチもしくは椅子に腰を降ろしていく。腰掛けたらすぐに片脚だけで、立ち上がる。この動作はなかなか難しく、膝の制御力が試される

どのレベルにせよ、以下の筋力強化プログラムを3週間つづけても、膝の動きやその制御に目に見える改善が見られなかったら、適切な理学療法士の診察を受けて、何か構造上の問題が隠れていないか調べてもらう。一方、プログラムを続けた結果、膝の動きが適切な程度まで改善したら、一段上の筋力強化 Stage に進む。

Stage 1　脚部と臀部の強化プログラム（図7.4、図7.5）

この一連のエクササイズは、まず脳に外側の臀筋群を意識するように教え込み、次いでその筋群に一定程度の筋力をつけさせるものである。はじめた当初は、低い負荷で回数多くおこなう。たとえば20回×4セット、もしくは疲れるまで。各セット間に1分間の休息を挿む。こういった脚部エクササイズのセット間に、次のセクションで述べる上半身のエクササイズを挿む。2、3週間後に、膝のアライメントをもう一度テストして、適切な股関節の安定性が得られていたらStage 2に進む。

図7.4　膝上バンドのスクワット
ゴムバンドを両膝のすぐ上に回してスクワットすると、臀部強化のエクササイズとして効果的だ

図7.5　両膝バンドで片脚外側蹴り出し

さらに発展させた臀部強化のエクササイズとして、両膝の上部もしくは下部にゴムバンドを回し、片脚立ちになったら、浮かせた脚を外側後方45度に蹴り出す

Stage 2　脚部と臀部の強化プログラム（図7.6、図7.7、図7.8）

　初めは、正しいフォームとコントロールの利いた動き方を身につけるため、何も持たず自重のみで、15回ずつ3セットおこない、セット間に1〜2分の休息をはさむ。次第に回数を増やして、疲労困憊するまでトレーニングを進める。こういった脚部エクササイズのセット間には、次のセクションで述べる上半身のエクササイズを挿む。膝のコントロールとバランスを完璧に保ったまま30回ずつ3セットできるようになったら、Stage 3に移る。

Stage 3　脚部と臀部の強化プログラム（図7.6、図7.7、図7.8）

　Stage 2のエクササイズになれてきたら、Stage 2と同じエクササイズを、今度は負荷を高めて実行する。錘を入れた負荷ベストか、バックパック、バーベルを背負うなどして、完璧なフォームでなんとか8回反復できるように負荷を調節したら、その重さで6回の反復を、4セットおこなう。セット間の休息時間（2分間）には、次のセクションで述べる上半身のエクササイズを挿む。

図7.6　ボックス・ステップ・アップ

膝の高さ以下のボックス（または段差）から半歩離れて立つ。そして片脚をボックスの上に載せ、極力後ろ脚の助けを借りずに前脚に乗り込み、体を引き上げる。このエクササイズを通して、膝が爪先の真上を通るように維持する

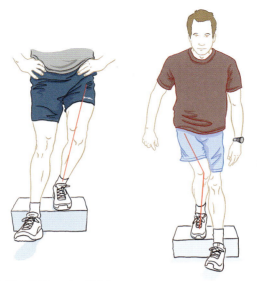

図 7.7　ボックス・ステップ・ダウン
左の人物は、膝のアラインメントを正しく保ちながら、運動をおこなっている。右の人物は臀筋の筋力が不足しているため、体重を支える膝が内側に入ってしまっている。このエクササイズのときに、膝のアラインメントを正しく保っていられないなら、ボックスの高さを低くする

図 7.8　フロント・ランジ
立った姿勢から、片足を踏み出し、膝を曲げて前足に体重を載せていく。前足を蹴って体を戻し、元の姿勢に戻る。足を交互に踏み出しながら、必要回数になるまで繰り返す。筋力がついてきたら、負荷ベストを着たり、肩にバーベルを背負ったり、胸の前にダンベルやケトルベルを持って、負荷を上げるとよい

イタリア、ヴァル・ディ・ファッサのマルモラーダ氷河で開催されたマルモラーダ・フル・ガス・レースで自分の力を試すディミトラ・ティオチャリス　写真：Federica Modica

上半身の筋力評価と
基本エクササイズのプログラム

　スキーやランニングにおいて、上半身の力はあまり目立たないが、それでもあなた個人の上半身について、どこが強みでどこが弱みか見極めた上で、弱点を克服していくことは非常に有益である。前述した脚部と臀部のテストや強化エクササイズと同じように、以下のテストは無理なく実行できる。また、ここで紹介する強化エクササイズは筋力トレーニングの経験がない人にも、あるいはほとんどない人にも必要とされる、最低限の筋力である。

腕立て伏せによる筋力評価

　このシンプルなテスト1つで、上半身の総合的な筋力を的確に把握することができる。また、エクササイズとしても腕や肩、体幹の筋力を要するため、ランナーには絶好である。腕立て伏せの初期姿勢のように、全身を一枚板のように伸ばし全体重を両手と両爪先で支える。背骨は真っ直ぐに伸ばし、腰を落としたり、突

スキーモ選手の上半身

スキーモは四足推進のスポーツ。つまり、体を移動させるために4本の手脚をすべて用いる。スキーモと兄弟関係にあるクロスカントリースキーでも、上腕と上半身は推進力に大きな役割を担っている（スキーモの登り行程とよく似ている古典的なダイアゴナル・ストライドでは、その貢献度は最大で20%となる）。ただしスキーモの登行セクションでは、スキーを滑らせる要素が少なくなる分、上半身の果たす役割は小さくなるが、それでも上半身と両腕の果たす役割は、おそらく5〜10%になるだろう。あなたは厳しい登り行程で、あー腕が疲れてきたと感じたことがありますか？ それがシール登行に上半身の力が伝わってい

る、いない、の目安になる。

ポールを突くために必要な腕の筋力と持久力が増えれば、シール登行時の持久力が改善することになる。これから先のページでスキーモ・レーサーが筋力と持久力を向上させるために使える有効なメソッドを紹介し、その後、あなたのトレーニング・プランに具体的にどんなワークアウトをどのように組み込んでいくか示す。もしもスキーに特化した上半身強化トレーニングを自分のプログラムに組み入れるつもりがないなら、その人は自分のパフォーマンスを最大化するためにあらゆることを試したことにならない——ここでは、そう言うに留めておこう。

き出したりしない。両手は肩の下、楽な位置に突く。

この初期姿勢のまま、腰を落としたり突き出したりせず5秒間保てなかったら、両手を椅子か、ベンチの縁に突いて、同じように、腕立て伏せの姿勢をとる。それで、この初期姿勢を5秒間保ち、2分間休息してから、腕立て伏せを何回できるか数える。もし、椅子またはベンチに手をあてがってもだめなようなら、高さ1メートルほどのカウンターに変えて、腕立て伏せを少なくとも1回はできるように按配する。明確に理解するため、図7.10を参照してもらいたい。角度を緩めなければならなかった人は、上半身強化プログラムのStage 1からはじめる。

腕立て伏せの初期姿勢を5秒以上保っていられた人は、2分間休んだ後、正しい姿勢を崩さずに腕立て伏せして、その回数を数える。5回以下の人は、上半身強化プログラムのStage 2へ。

正しい姿勢で5回以上できる人は、上半身強化プログラムのStage 3へ。

スキーモ選手のための懸垂による筋力評価

懸垂は順手（プルアップ）にしろ、逆手（チンアップ）にしろ、体を引き上げる際に基本となる上半身の筋力の指標として格好である。スキーに特有の片腕を交互に突く力とその持久力のト

レーニング法として（それについては、次の 8 章で詳説する）、ほかにもさまざまな方法があるが、汎用筋力の現状を評価する方法として、ここでは懸垂を用いる。

まず、順手、逆手のどちらかで鉄棒にぶら下がるが、両肘をわずかに曲げ、肩甲骨をやや引き下げ（軽く引き寄せ）た位置から開始する。体が伸びきった状態から始めてはいけない。

もし、軽く肩甲骨を引き寄せて鉄棒にぶら下がっていられないようなら、上半身強化プログラムの Stage 1 へ。

もしも、その体勢でぶら下がっていられるなら、次に、顎を鉄棒の上まであげてみる。顎を上げるために、必要ならスツールを用いたり、他人に助けてもらう（図 7.11）。そのままの体勢をなるべく長い時間保つ。2 秒以下であれば、下記の Stage1 へ。3 秒以上であれば、下記の Stage 2 へ。

懸垂を 1 〜 4 回できる人は、Stage 3 を用いる。5 回以上できる人は 8 章のスキーモのための特化筋力トレーニングへ。

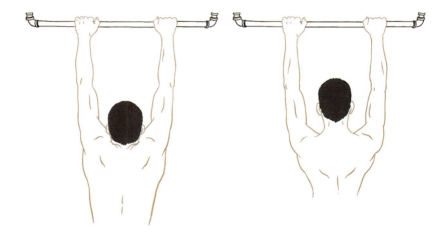

図 7.9　懸垂開始前の体勢
懸垂を始めようとして鉄棒にぶら下がったとき、右図のように肩甲骨をやや引き寄せる。左図のように力を抜いて体を伸ばしきってはいけない。肩の弱い人は、故障を誘発しかねない

わたしたちが考える設備の整ったジムとは、シンプルで清潔感のある空間に、基本的なフリーウエートやボックス、鉄棒、リングなどを設置しているもの。ユタ州サンディのモメンタム クライミングジムで上半身の強化に取り組むアーロン・ボルシュワイラー　写真：Andrew Burr

Stage 1　上半身の強化プログラム（図7.10、図7.11）

ランナー：前述の評価の結果に基づいて、適度な傾斜を設定し、その傾斜で最大反復回数の腕立て伏せを、3セット繰り返す。セット間の休息は2、3分とし、その間に脚部のエクササイズを加える。その条件で3セット目に8回以上可能になったら、傾斜を一段緩くして、最大反復回数をおこなう。そして再び3セット目に8回以上できるようにしていく。上半身の筋力がついてきたら、傾斜をさらに緩くしていく。

スキーヤー：前項に加えて、補助具利用の懸垂、もしくはラットプルダウン・マシンを用いた運動を実行する。なるべく最大反復回数で、3セット繰り返し、セット間の休息は2、3分とする。3セット目に8回以上できるようになったら、ウエートを加えるか、補助具を外す。（219ページの図を参照）

斜め腕立て伏せ

　前述した回数、セット数をこなせる程度に傾斜を設定して、218ページの指示通

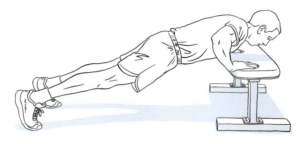

図7.10　斜め腕立て伏せ
平らな床面で普通の腕立て伏せができない人は、両手を階段やテーブルに置いて高くする。そうして、上半身と体幹の筋力を鍛える第一歩とする

り進める。

補助具利用の懸垂（スキーモ選手用）
　ラットプルダウン・マシンを利用するか、スツールやゴムバンドを利用し、負荷を軽くして懸垂する。その方法は219ページの図のとおり。補助する程度やウエートの重量を、ようやく6回できる程度に調整する。その状況で、先述した回数、セット数をこなす。そのワークアウトを計6日分実施したら、Stage 2へ移る。

Stage 2　上半身の強化プログラム（図7.12、図7.13）

　ランナー：斜め腕立て伏せの傾斜を緩めて、階段の1段目や低いベンチでできるようになったら、両腕や肩、体幹にある程度筋力がついてきたことになる。次の段階は、膝突き腕立て伏せに進む。これは体重を、床に突いた両手と両膝に分散

図 7.11　補助具利用の懸垂
もし両腕に全体重が掛かると懸垂できないようなら、片足をスツールに載せたり、強力なゴムバンドを利用して、負荷を軽くしてやる

する方法だ。この膝突き腕立て伏せを、最大反復回数で3セット、セット間に2分間の休息を入れ、その間に脚部エクササイズしよう。この膝突き腕立て伏せを8回×3セットできるようになったら、いよいよ普通の腕立て伏せとなる。まずは正しいフォームで普通の腕立て伏せをできるだけ多くおこない、そのフォームを維持できなくなったら膝突き腕立て伏せに変えて、8回×3セットこなす。最終的に、普通の腕立て伏せを8回×3セット以上できるようになったら、Stage 3 に移る。
スキーヤー：鉄棒に飛びつき、補助具の助けを受けながら、顎を鉄棒の上に持ち上げたら、補助具を外して、そのままの姿勢をなるべく長く保つ（アイソメトリック鉄棒引きつけ維持）。疲労したらいったん鉄棒から離れ、2分間休息する。その間を脚部エクササイズに割り当てる。それを4回繰り返す。4セット目に、顎を鉄棒の上に持ち上げる姿勢を5秒以上維持できるようになったら、肘を90度曲げた中間姿勢で、同じ手順を繰り返す。

Stage 3　上半身の強化プログラム（図7.14、図7.15、図7.16）

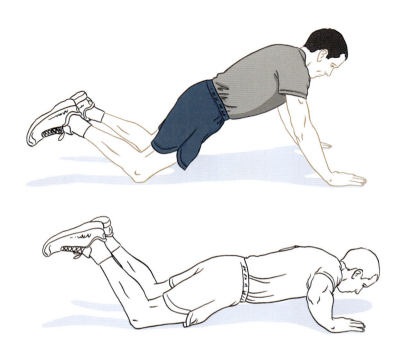

図7.12　膝突き腕立て伏せ
　床面で腕立て伏せができるようになる前段階の方法としてもう一つ、膝突き腕立て伏せがある。最初は足の爪先を突いてはじめられても、エクササイズの進行にともない姿勢が崩れてきたら膝を突いてそのセットをつづけてもいい

　ランナーの場合：ある程度筋力がついて、正しい姿勢で腕立て伏せができるようになったら、もっと難しくやりがいのある腕立て伏せで、さらに筋力を鍛えよう。ここに紹介するワークアウトでは、常に通常の腕立て伏せを少なくとも8回、1セットおこない、その後、1セット4回が限界というところまで負荷を高めて、3セット。セット間の間隔は2〜3分として、その間は脚部のエクササイズにあてる。手軽に負荷を高めるには、足先を階段、ベンチ、椅子などに乗せたり、バランスボールを用いたりする。筋力十分なアスリートが、さらに負荷を掛けたいときには、負荷ベストを着る方法がある。
　スキーヤーの場合：すでにあなたは、懸垂を最低1回はできるはずだ。少しずつ負荷を高め、体をゆっくり降ろす方法を習慣化すれば、たちまち筋力は増すだろう。最終的に2〜3回×4セットを目標にするが、各セットの最後の1回は3〜5秒

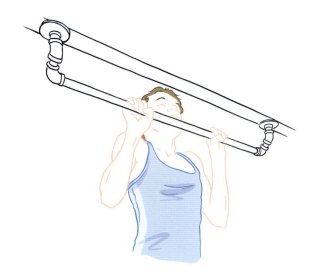

図7.13 アイソメトリック鉄棒引きつけ維持（スキーモ選手用）
懸垂の途中で動きを止めて中間姿勢を維持すると、肩周りの筋力を強化するエクササイズとして非常に効果的。スキーモ・レーサーが、シール登行時にポールで体を押し上げる能力を高めるのによい

かけてゆっくりと体を降ろしていく。負荷の重量を増すときには、2～3回がやっと、という程度まで増やす。順手と逆手どちらにしろ、ノーマルな懸垂が5回できるようになったら、8章の「特化筋力トレーニング・メソッド」に進む。

体幹の筋力

　体幹筋力は汎用筋力のもう一つの要素であり、スキーモやランニングといった一定出力で動きつづけるスポーツを支える能力として、決定的な役割を果たす。体幹がその機能を発揮し、脚部や両腕が効率的に推進力を産み出すには、骨盤と脊椎、そして肩を安定させる必要がある。中でも骨盤は、体重の大半を支えているのでその安定は重要であり、両脚を支持し、脊椎を安定させる基礎となる。ランニングにおける故障の多くは、骨盤に付着する体幹筋の不足、もしくはアンバランスに起因する。しかし、体幹トレーニングはその効果が全身に広くおよぶところから、持久系アスリートには重要でないものとして見過ごされがちだ。わたしたちは、その有用性を過小評価しないよう警告する。体幹筋は主に遅筋線維でできている。ということは、当然、持久力はあるけれど、筋力はそれほどでもない、ということ。だったら、たいていのアスリートは、少しでもその筋力を高めれば、

図 7.14　足の位置を高くした腕立て伏せ
普通の腕立て伏せから負荷を上げるさまざまな方法。腕立て伏せがなんとか 15 回できるようになったら、これらの方法を試してみよう

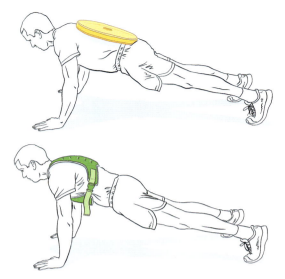

図 7.15　重りを負荷した腕立て伏せ
腕立て伏せに強くなる最善の道——負荷ベストを着るか、バーベル・プレートを背に載せる

図 7.16　懸垂
懸垂は、上半身の総合力を鍛えるエクササイズの王道——臀部より上のあらゆる筋肉を強化する

山岳ランニングでは強い体幹が必要とされる。夏の嵐の後、一面白くなった草原で距離をかせぐダン・パティトゥッチ。背景はユングフラウ　写真：Janine Patitucci

大きな違いをわがものにできる、ということ。

　ランニングにしろ、スキーにしろ、効果的な腕振りは、腰に対して逆向きのわずかな回転力を肩に起こさせ、その結果、脊椎がわずかに捩れることになる。もしも体幹が、腕振りで生まれたエネルギーを上半身から下半身へ効果的に伝えられなかったら、あなたは体力を無駄にすることになるだろう。

　体幹を鍛えるといっても、一筋縄ではいかない。というのは、先ずは腹横筋（TA）というインナーマッスル深部筋が効果的に働くように教え込まなければならないからだ。TAは前進動作そのものに役立つわけではないが、骨盤の安定にとって中心的な役割を担っている。両腕や脚部といった主要な動作筋と違って、大きな関節を動かすわけではないから、そこだけ独立して働かせるのは難しいのだ。そんなTAに働き方を教え込むのは（225ページ参照）、二頭筋カールや、スクワットで鍛えるようなわけにはいかない。だいたいTAが働いているかどうか、判断が難しい。

　なかなか進歩しなくても、がっかりすることはない。それが普通なのだ。正しいフォームを保つのが難しいとか、老馬のように背中が揺れるとか、床に寝て足を上げると、どうしても腰が反って浮いてしまうという人は、体幹が弱くて骨盤が安定しないのだから、その部分の筋力を強化すれば得るものは大きいだろう。

体幹筋力の能力評価

体幹筋力がひと通りあるかどうか評価するには、下記のテストをおこなう。そうすれば、成績に直結するこの体幹筋力を、どこまで上げたら効率的か分かる。

プランク（一枚板）

このエクササイズで、体幹を安定させるために最も重要な腹横筋（TA）の強度

体幹の深部筋を動員する方法

この章のエクササイズは正しいフォームでおこなって、脊椎を保護するとともに、目的とする深部筋を的確に強化する必要がある。TA（腹横筋）は体幹筋群の中でも最も深部にあって、脊椎を保護し、上半身と下半身を繋いでいる。TA はコルセットのように、内臓の諸器官を取り巻くと同時に、肋骨の下部6本と骨盤とを体幹前部で繋げ、背部は胸腰筋膜とあわせて、身体中間部をぐるっと取り囲んでいる。腹直筋（腹割で現れる筋肉）や外斜筋（腹筋運動で脊椎を曲げたり、ねじったりするときに使う筋肉）などと違って、TA はどこかを動かすために使う筋肉ではない。目的はもっぱら、動きを安定させることにある。TA を働かせているとき、その付着部はすべてしっかり固定されて、脊椎の下部と骨盤に安定をもたらす。だが、それは意識しておこなった結果ではないので、いつ TA が働いているか判別するのは難しい。

TA を活動させる最も簡単な方法は、TA に連動している骨盤底筋を働かせることである。TA を探し当てるには、仰向けに寝て、足を床につけたまま膝を立てたら、左右の手指をそれぞれの腸骨、つまり腰骨に置く。指先を内側へ2.5センチずらし、さらに、下へ2.5

センチずらす。その状態で、小便を止めるときの要領で骨盤底を持ち上げれば、左右の指先に TA が働いている感じが伝わってくるだろう。この感じに十分馴染んだら、今度は骨盤底の動きから TA を独立させるのだが、それには、臍を背骨の方へ引き寄せる――つまり、キツキツなジャケットのジッパーを引き上げているところを想像するのだ。TA の働かせ方を会得したら、椅子に掛けていても立っていても訓練できる。もし、背骨が曲って、クランチでもしているような感じがするなら、力の入れすぎで、腹直筋か外斜筋が働いていることになる。

このコルセットのような筋肉が硬くなってきたと感じたなら、次のプランク・エクササイズを始めるといい。前腕を床に置いてプランク・ポジションをとっても、TA の働きによって背も腰も曲がらずまっすぐに保持できる。これはアイソメトリック・エクササイズ（等尺性運動）と呼ばれるもので、震えだしたり、体勢が崩れて尻が落ちたり、逆に上がってくるまでその姿勢を保持するものである。ワークアウトを目的どおりにおこなうには、最初、足の爪先ではなく、膝を突いて始める必要があるかもしれない。

スイス・ラインヴァルトホルン山頂に迫るタマラ・ランガー、フィリップ・ライター、デビッド・ヴァルマン　写真：Mark Smiley

をテストする。もし、このテストがうまくできないようなら、直ちに231ページのStage 1、Stage 2のエクササイズを始める。

　プランクポジションをとる。肘は肩の真下で、背骨は一直線（上がらず、下がらず）。227ページ最上段図のように、体重を前腕と爪先で支え、そのままの姿勢を保って、正しいフォームが崩れるまでの時間を計る。背中が凹んできたり、山なりになってきたら、直ちに止める。エクササイズで得た結果を、以下の基準にあてはめて評価する。

Stage 1 - 30秒未満
Stage 2 - 30秒〜1分
Stage 3 - 1分以上

ワイパー

　このテストでは、腕振りの力を脚に伝える腹斜筋の筋力をテストする。名前の通り、車のワイパーの動きを両脚でまねるような動作を指す。

　床に仰向けに寝て、両腕を肩から外側に開き、掌を下に向ける。次に、両脚を揃えたまま腰を曲げ、爪先を天井へ向ける。ゆっくりと腰を回し、両脚を片側へ

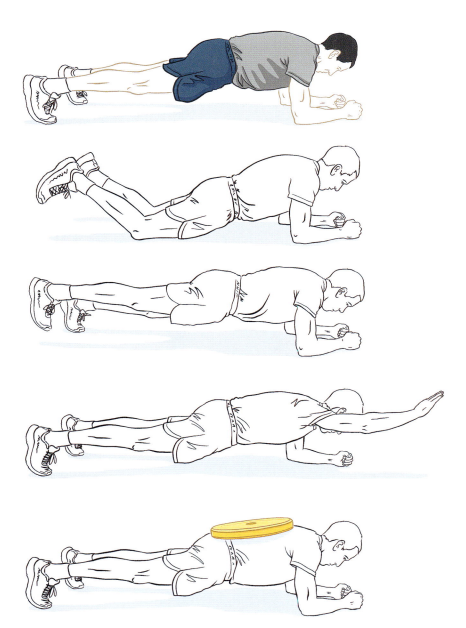

図 7.17　プランクのいろいろ
最上段は、正しいプランクの形。この体勢が保てなかったら、膝を突いた体勢から始める。余裕があるなら、交互に足を上げて、体勢が崩れるまで保つ。強いアスリートを目指して TA（腹横筋）をさらに鍛えるには、背中にウエートを載せたり、負荷ベストを着用するのもいい

倒していく。脚は離さず、膝を曲げない。肩も一緒に回りそうになるので、脚の向かっていく方の掌でこらえたくなるだろう。下側になった足先が軽く床に触れたら、両脚を12時の位置に戻し、これで1回。逆の方向に倒していって床に軽く触れさせ、12時の位置に戻す。

　この動作を、ゆっくりと、動きを制御しながら、正しいフォームでおこなう。どうしても膝が曲がったり、脚が離れたりする場合は、膝を曲げてもいいからしっかり閉じておこない、12時の位置に戻ったとき、膝が天井を指すようにする。エクササイズのStageを下記の基準に応じて判定する。

Stage 1 - 膝を伸ばしたまま0回
Stage 2 - 膝を伸ばしたまま左右それぞれ5回未満
Stage 3 - 膝を伸ばしたまま左右それぞれ5回以上

体幹の筋力強化のワークアウト

　正確なフォームが何より大事なのは、そうすれば、連動する筋肉のうち最も弱いものに的を絞ってトレーニングすることになり、ともすると強い筋肉に頼ってしまいがちな弱い筋肉を効果的に動員できるからだ。自分のフォームが崩れてき

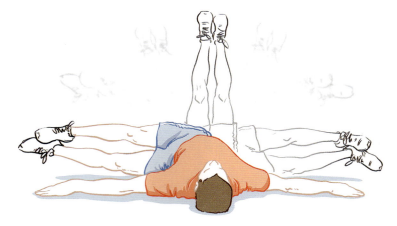

図 7.18　ワイパー
　両腕を肩から横へ直角に伸ばし、足先を天井へ向けたら、両脚で車のワイパーの動きをまねて、左右両側へ足先が触れる直前までゆっくり倒していく。膝を伸ばし、両脚を閉じ、爪先を上に向けたままおこなう。上半身が回ろうとするのを、両腕で抑える。左右それぞれ10回ずつできるようになったら、靴を履いたり、足首にウエートを巻いて、負荷を上げる

P228-229　筋力は、ここ一番というときの自信につながる。クリスタッロを背景にイタリア・ドロミテの山中でトレイルランニングするジャニーヌ・パティトゥッチ　　写真：Dan Patitucci

た——腰が落ちてきたとか、震えてきたとか、ふらついてきた——と感じるのは、狙い通りに過負荷を掛け、適切なトレーニング刺激を与えていることになる。

わたしたちはこの体幹強化ルーティーンを、主に、ウォームアップの最後に組み込み、そのあと、脚部強化ルーティーンに進む。

Stage 1

プランクとワイパー、この２つのエクササイズのどちらか片方、あるいは両方で、どうしても苦戦するようだったら、体幹を鍛える必要がある。苦戦の理由として考えられるのは、多分、体幹の筋肉をうまく働かせられないという単純なことだ。働かせ方を習得するには練習しかない。こういった簡単なエクササイズができないと、目的とするスポーツで筋肉を効果的に使うことができない。

エクササイズ

膝を突いたプランク姿勢で、15秒×6セット、もしくは姿勢が崩れるまで保持。セット間の休憩は１分。

膝を折ったワイパーを、最大反復回数で６セット。セット間の休憩は１分。

Stage 2

姿勢を崩さずプランクを１分間近くできるようになるか、膝を伸ばしたままワイパーを数回できるようになったら、セット数を増やして Stage 3 に備える。

エクササイズ

プランクを姿勢が崩れるまでなるべく長く保って6セット。セット間の休憩は2分。

ワイパーを最大反復回数で６セット。セット間の休憩は２分。

Stage 3

この水準に達したら、創意工夫してエクササイズの負荷を大きくする必要がある。次に挙げるリストから３～４種類のエクササイズを選んでみたり、同じような目的で努力している人を見つけて、その人の工夫をためらうことなく取り入れよう。どのエクササイズにしても負荷は 10 回の繰り返しが精一杯という強度、またはアイソメトリックな姿勢維持であれば 30 秒を超えない程度の抵抗を用意する。各エクササイズのセット数は５回以内とし、セット間の休憩は２分間。

加重プランク

腰にウエートを載せる。（このエクササイズについては 227 ページを参照）

加重ワイパー

足首にウエートを巻くか重いシューズかブーツを履き、脚を伸ばした状態で、ワイパーをおこなう。

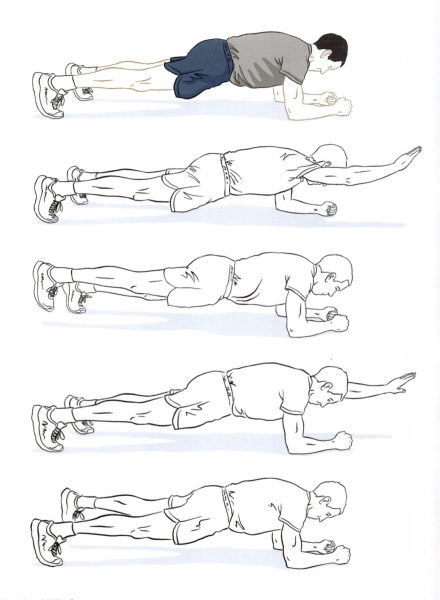

図7.19 前進プランク
　四肢を、順次、前へ運ぶ。1動作進む毎に体勢が崩れるまでこらえ、その後、次の動作に移る

図 7.20 カヤック漕ぎ
　腰を床に下ろしたら、両脚を浮かせ、両手で持った重いダンベルを左右交互に移動させ、下端を床に触れさせる

図7.21　立った姿勢で体幹ひねり
　両足を肩幅に開き、体の前にウエートを持ち、勢いよく左右に回す。回転動作を開始したり、停止させたりすることで、筋力を強化する。ウエートは重めに、回転は早めに

汎用筋力ワークアウト全体の組み立て方

　前述した身体各部の筋力評価をすませたら、脚部、上半身、体幹のそれぞれについて、どのStageからトレーニングを始めたらいいか自分で選択して、
①ウォームアップ
②体幹エクササイズ。自分で判定したStageにふさわしいエクササイズをおこなう
③以下のワークアウトのメインメニューに移り、自分に見合ったStageのエクササイズをおこなう

Stage 1 該当者のワークアウト

　以下のサーキットを4回繰り返す。その間の休憩は2分。
■膝上バンドのスクワットを20回。
■該当するStageの腕立て伏せを1セット。スキーモ選手は、該当するStageの

懸垂を加える。

■両膝バンドで片脚外側蹴り出しを 20 回。

■該当する Stage の腕立て伏せを 1 セット。スキーモ選手は、該当する Stage の懸垂を加える。

Stage 2 該当者のワークアウト

以下のサーキットを、3 回繰り返す。

■ボックス・ステップ・アップを、片脚 15 回ずつ。

■該当する Stage の腕立て伏せを 1 セット。スキーモ選手は、該当する Stage の懸垂を加える。

■ボックス・ステップ・ダウンを、片脚 15 回ずつ。

■該当する Stage の腕立て伏せを 1 セット。スキーモ選手は、該当する Stage の懸垂を加える。

■フロントランジを 15 回

■3 分間休憩したら、次の回へ。

Stage 3 該当者のワークアウト

以下のサーキットを、4 回繰り返す。

■ウエートを背負って、ボックス・ステップ・アップを。片脚 6 回ずつ。

■該当する Stage の腕立て伏せを 1 セット。スキーモ選手は、該当する Stage の懸垂を加える。

■ウエートを背負って、ボックス・ステップ・ダウンを片脚 6 回ずつ。

■該当する Stage の腕立て伏せを 1 セット。スキーモ選手は、該当する Stage の懸垂を加える。

■ウエートを背負って、フロントランジを 6 回。

■3 分間休憩したら、次の回へ。

ATHLETE STORIES 15

いずれ、事態は好転する

アントン・クルピチカ

「底を打ったら上がるのみ」とは、超長距離種目でよくいわれる。背後にあるのは、肉体的、精神的にどれほど消耗していると感じても、辛抱していれば——顎を引き、歯を食いしばり、己を信じていれば——いずれ窮状から抜け出して上昇に転じ、エネルギーの復活を経験する、という考えだ。

そういう経験がない人には、ちょっと信じ難い話で、実際、非論理的だ。

初めて参加した2006年の山岳ウルトラマラソン「レッドビル・トレール100」で、最低の状態に落ち込んだあと最高潮に達して、その典型例を体験した。80マイル地点でペースメーカーが盛んに励ましてくれるのにスピードが上がらず、平地でも、下り坂でも、両脚は走る動作を拒んだ。

しかし、そこからわずか5マイル（8キロ）先で、わたしは説明し難いエネルギーの盛り上がりを経験した。それは、レース前半には感じられないものだった。ほんの数分で、絶望感が消えてゴールへ向かう気持ちが沸き上がり、残り15マイル（24キロ）を、ペースメーカーを心配させる勢いで走った。そのときは、自分でも訳が分からず、レース前にベテラン・ランナーから聞いていた不思議な現象を、そのとき自分が経験しているとは信じられなかった。

ほかに、誰も教えてくれなかったこともあるようだ。長い長いレースが始まって4分の1から3分の1の地点でも決まって、同じような状況がこっそり忍び寄ってくる。そして、それをうまくやり過ごせなくても、必ずしも、自分のレースがぶち壊しになることはないのだ。

翌年のレッドビル・トレール100で、私の状態は絶好調。出だしから20マイル（32キロ）は先頭だったが、少しずつ迷いとか怯えのようなものに侵されてきた。

活力もやる気も一気に落ち込んだ。2位以下には、すでに圧倒的な差をつけていたけれど、心の中で密かに、いっそレースを棄権しようか、と考えていた。こんな、酷い状態なのに、標高3000メートルを超えるこのコースを、これから先80マイル（128キロ）も、どうしたら走り通せる？　幸い、少しスピードを落として、残りの長い距離を頭から押し出し、ちょっと余計に食べて、飲んで、しばらく経つうち、徐々に回復してきた。

40マイル（64キロ）地点の難関ホープ峠の登りに差し掛かる頃、わたしは1歩1歩、走っていて、そのまま走り切って、レースに勝った。自分のベストタイムは、レッドビル100の史上3番目の記録だった。

重要なのは、長い長い行程の前半部分で、調子が悪くて酷い状態でも、ジタバタしないこと。身体的エネルギーの山と谷は予測不可能だし、しばしば説明するのも困難だ——特に、長期にわたる漸減期を終えて、レースに臨んでいる時に、その傾向が強い。だが、自分には全面的に復活する力がある、これから最高の力を発揮するのだ、と思い出すこと。たとえ、そんなことは起こりそうになくともだ。一定の歩調と、現在と、積極性に焦点を絞る。これから先、まだどれくらい……と考えて、絶望に陥ることなく、栄養補給と水分補給を怠らなければ、いずれ事態は新たな展開を見せてくれる。

Anton Krupicka 12歳のときに最初のマラソンを経験。レッドビル・トレール100で2回優勝。世界中の山岳ウルトラ・レースに出場するベテラン・ランナー。以前は、登る手段はすべて走るか歩くか、どちらかだったが、この10年間は、季節に応じて、スキーとクライミング、自転車にも同じように精力を傾けている。コロラド州ボルダー在住。

P237　コロラド州ボルダーでトレーニングするアントン・クルピチカ　写真：Fredrik Marmsater

Chapter 8

特化筋力トレーニングの
メソッド

　わたしたちが「特化」というとき、それは、あなたのおこなう競技が必要とするさまざまな特性——関節の角度や、筋力、筋動員パターン、筋収縮速度などのほか、そのスポーツに必要な代謝系の動員様式などを、実戦をなぞる形でおこなうトレーニングを意味する。そのような、各競技に特化したメソッドは、自分が持つ汎用筋力がどのような水準であれ、それを、それぞれのスポーツに向いた筋力に作り変えることを意味する。

　この8章では、パワー（筋力×スピード）と筋持久力を共に改善するメソッドを検討する。このメソッドはどんな人にも利用可能だし、利用した人はパフォーマンスの向上を見込めるだろう。とはいえ、前の章で触れた通り、基本的な筋力に欠けるところがあるなら、以下のメソッドを利用する前に、その欠落を埋めておくことを強く勧める。

　この本で扱う山岳スポーツで、パフォーマンスを制限する最大の要因は、登り行程で重力を克服しなければならない点にある。エリートとアマチュアのあいだに見られる最大の違いは、登りのスピードである。登り行程におけるパワーと筋持久力を改善できれば、それがそのまま成績の向上に繋がるだろう。

筋力

　山地ランニングにしろ、スキーにしろ、特化筋力を強化すればパフォーマンスは上がる。特化筋力が高いレベルに到達することで、非常に重要な筋持久力も、さらに高まるだろう。山岳スポーツに特化した筋力エクササイズの一つに、わたしたちがヒル・スプリントと呼ぶものがある。ランナー向けの坂道全力走と、スキーヤー向けの坂道弾み登りの方法論については、5章の180ページ以降に詳しく書いておいた。ポールを併用すれば、スキーの登り行程を想定した訓練となる。あなたが中程度ないしそれ以上のレベルのアスリートで、前の7章で規定する基礎的な筋力が十分だというなら、ベース期トレーニングの初期から、このヒル・スプ

スイスのサース・アルマーゲルで急勾配の稜線を走るキンバリー・ストローム　写真：Dan Patitucci

リント／ヒル・バウンディングを組み込む。もしもあなたが、これまでのトレーニングによって既に高いレベルの登行脚力を備えているというなら、直ちに、以下に記す ME（筋持久力）ワークアウトに取り掛かることも考えられる。もしもそのどちらにも該当しない場合は、筋力とパワーを養うトレーニングを2〜3週間つづければ、得るものは大きいだろう。さらに、トレーニング計画の全体にわたって、折にふれヒル・スプリントを加えて、この特化筋力を維持するのもいいだろう。とはいえ、時間的な制約に直面して選択を迫られたら、ヒル・スプリントを短く切り上げるか省略して、その時間を筋持久力の養成にあてよう。

筋持久力

　すでに述べたように、この本が対象とするスポーツで重要なのは、著しく高いレベルの筋力ではない。ただし、筋力によく似た筋持久力と呼ばれる能力は、極めて重要である。実際、それは、持久系スポーツの成果を左右する大きな要素である。覚えておいてもらいたい——筋持久力とは、最大筋力に*かなり近い*筋力を、何度も何度も繰り返し発揮する能力、と定義する。筋持久力というのは、最大筋力に対する割合が小さければ、繰り返す回数が多くなるという*相対的な*性質を持つ。これから述べるワークアウトを実行中にあなたがすぐに感じるのは、稼働している筋の部位に偏在して起きる疲労のはずだ。誰でもこのメソッドから得るものがあるとはいうものの、最も大きな恩恵を受けられるのは、筋力と有酸素能力の大きいアスリートだ。筋持久力のトレーニングは、成績にもたらす効果がすぐさま、劇的に感じられるので、ついついやり過ぎる傾向がある。筋持久力ワークアウトを用いる際に肝心なのは、体のコンディションを維持するために、併行してゾーン1の基礎的な有酸素トレーニングを大量にこなすことだ。

　筋持久力を高める方法はいろいろある。ここに示すワークアウトは、わたしたちがさまざまなタイプのアスリートとともに用いて、おしなべて好結果を得たものである。読み進めていく上で注目してもらいたいのは、まるで異なるように見えるメソッドであっても、すべてに共通する要素が1つあるということ、つまり局所の筋に意図的に強い負荷を与えて疲労させるということだ。トレーニング中に、敢えてレースで体験するより大きな負荷をかけて、心臓血管系の能力というよりも、稼働中の筋肉の筋持久力を、限界まで働かせるのだ。本書ではウエートを背負ったり、非常に急な山道を使って、そういう条件を作り出している。

あなたにとって筋持久力は、もっと必要か？

　以前、高強度トレーニングについて議論した際に触れたとおり、ゾーン3やゾーン4のワークアウトは筋持久力に対して強力なトレーニング刺激を与える。キリ

イタリア・ドロミテの美しい一本道を走るオスカー・イルサーラとラファエラ・ランガー　写真: Dan Patitucci

アンの例を思い出してもらいたい。キリアンは長々とつづく急な登り坂をゾーン3のレベルで走ることで、この筋持久力トレーニングをおこなっていた。強度の高いセッションが効果的かどうかということは、アスリートの筋持久力が十分な水準に届いているかどうかにかかっている。キリアンは局所筋持久力を非常に高い水準で備えている。そのため、ワークアウトの間中ずっと、運動強度を高く保っていられるのだ。しかし、持久系アスリートの多くは、局所筋持久力が十分高い水準に達していない。あなたはワークアウト中に、特に2時間以下でグリコーゲンの蓄えがまだ尽きていないにもかかわらず、スピードが落ちてきたと感じますか？　長時間ワークアウトすると、体が重くなってきたとか、脚が動かずバネが利かなくなってきた、と感じますか？　高強度なトレーニングを進めるうち、脚部に軽く熱感を覚えたと思ったら、いきなり疲労感に襲われることがありますか？ 下り行程で脚に力が入らなくなったことがありますか？　そういうことがあるなら、筋持久力を向上させる必要がある。

臨界筋線維モデルという考え方
フロンティア・ファイバー

　脚が疲れてスピードが落ちてきた、というあの感じ。それは、当初その速さを可能にしていた筋線維の一部が、疲労して、稼働中の筋線維グループから脱落しはじめたということだ。思い出してもらいたい、それらの筋線維は、ゆっくり走っているときには動員されない速筋寄りの筋線維なのだ。スピードを一段階上げるために、脳が指令を出して、もう一段階強力な速筋線維を数多く動員する必要が

ハードロック100のコース偵察でグラント・スワンプ・パス下のガレ場を駆け下るジェフ・ブラウニング。コロラド州シルバートン　写真：Steven Gnam

ある。そうして以前より強い力を生み出して、そのスピードに乗る。そこで問題になるのが、高出力の速筋線維になればなるほど、持久力が小さいということ。そのスピードにおける筋持久力が臨界に達したということなのだ。筋肉にはスピードの段階ごとにそれまで使われていなかった筋線維グループが付加的に動員されるという性質があり、それを臨界筋線維という。最も早いスピードになると、最後まで使われずにいた筋線維グループ（最もパワーを出せる筋線維の束）が、脳からの指令で狩り出される。あるスピードを3時間維持するのに必要とされるフロンティア・ファイバーのグループ（ST線維）は、とても持久力に優れていて、

そのランニングが3時間を越えなければ、疲労は訪れない。その一方、VKレースのペースやゾーン4のインターバル・セッションを維持するために必要なフロンティア・ファイバーのグループ（FT線維）は、もっとずっと大きなパワーを持っているが、持久力という面では劣っていて、数分で疲労してしまうかもしれない。筋線維の出力目盛を上げていくにつれて、運動の持久時間は急速に短くなり、全力疾走で使うような最も強力な速筋線維は、わずか数秒で疲労してしまう。

　各運動強度で動員されるフロンティア・ファイバーの持久力が、あなたの能力の大枠を決める。従来おこなわれてきた持久力トレーニングでゾーン3やゾーン4のワークアウトを用いる理由は、主に、その段階で使われるフロンティア・ファイバーを動員することによって、その運動強度における持久力を強化するためだ。せっかく動員した筋線維が早々と疲労してしまったら、望んでいたようなトレーニング効果は得られない。いくら努力しても、スピードが上がらないばかりでなく心拍数も落ちてしまうようなときにはそのような状況になっているといえる。あなたは高強度ワークアウトの最中やレース中に、息切れしていないのに脚が動かなくなったことがあるだろうか？　もしあるなら、稼働筋の局所筋持久力が阻害要因になっているのだから、このタイプのトレーニングをプログラムに加えることを考慮すべきだ。

　一般的なゾーン3やゾーン4のワークアウトに沿った形で、これから局所筋持久力に特化したワークアウトについて述べよう。この種のワークアウトは効果的であるがゆえに、複数のワークアウトを密に詰め過ぎてしまったり、形式の似ているゾーン3やゾーン4のインターバル・トレーニングと合わせておこなううちに、結果的にやり過ぎてしまうという危険性がある。これらのトレーニングによる脚筋の疲労は、数日間残る可能性が大きい。そのため、このような形のトレーニングを初めて経験する場合は、ゾーン3やゾーン4の有酸素インターバル・トレーニングを始める前の準備期であるベース期に、この種のワークアウトを組み込むとよいだろう。ゾーン3やゾーン4のインターバル・ワークアウトと交互におこなうのもよい。ただし、その間隔を72時間以上しっかりと空け、その間にゾーン1の有酸素トレーニングを大量にこなすようにする。

　これはどんなトレーニングにも——とりわけ高強度のトレーニングについて——いえることだが、どれほどの負荷でどのくらいの頻度でおこなったらよいか、誰にもあてはまる唯一の公式などない。とはいえ、この種のトレーニングを始めたばかりの人には、週1回で十分だろう。高強度トレーニングの経験がある人や、筋持久力に優れている人なら、有酸素トレーニングの量が減らないように注意しながら週に2回こなせる人がいるかもしれない。このワークアウトを始めるにあたってわたしたちが勧めるのは、負荷を全く、またはほとんど加えずに、

ピエラ・メンタ 2017 の 4 日目、固定ロープで安全を確保するスワン・ジュイラゲット　写真：Jocelyn Chavy

　まず正しい動き方を身につけ、最低限の筋力をつけるとともに、筋・腱の柔軟性や弾性を養うことで故障を防ぐこと。それができてから、少しずつ負荷を加えていくようにする。
　筋持久力を向上させる方法は数多くあるが、ここに紹介する方法で多くのアスリートが長年にわたって素晴らしい成果を上げている。これらのトレーニングは、上り坂の持久力にほぼ即効性がある。それを実行していながら、何週間も登坂力の向上が感じられない場合は、トレーニングが不足しているというより、むしろやりすぎている可能性が高い。その間の回復が十分でないのかもしれないし、並行しておこなうべき強度の低い有酸素トレーニングが不足しているのかもしれない。

ジムでおこなう ME（筋持久力）ワークアウト

　山が舞台のスポーツを好む誰もが、容易に山地へ行けるわけではないし、もしかしたらあなたはランナーで、日差し薄く雪に覆われて寒い冬季に、筋持久力を増やしたいと思うかもしれない。執筆担当のスコット・ジョンストンが、初めてジムでおこなう ME（筋持久力）プログラムを経験したのは 1991 年のことで、クロスカントリースキーのエリート選手と組んで翌年のオリンピック出場を目指したのだった。それ以来、わたしたちはさまざまなスポーツに関わる、さまざまな選手と数知れぬプログラムを開発してきた。その経験を通してわたしたちは、ここ数十年のあいだ知見を積み上げてきた。そこで得た最も大切な教訓の 1 つは「以下に述べるワークアウトは、何かの種目に特化したものではないが、決して侮ってはいけない」ということだ。それは、上り坂や下り坂のランニング、スキーなど、何によらず、トレーニング効果が非常に大きいと証明されている。とりわけ、山

地へのアクセスが容易でない人たちには効果抜群だ。

ジムでおこなう ME（筋持久力）ワークアウト

ウォームアップ

このワークアウトには、十分なウォームアップが欠かせない。始める前に汗をかく必要がある。わたしたちが効果を認めるウォームアップは以下の通り。

図 8.1　ボックス・ステップ・アップ
膝よりやや低い高さのボックス、もしくは段差の、半歩手前に立つ。片足をボックスに上げ、主に前脚を使って乗り上がる。その際、後ろ脚の助けは極力受けない。膝が爪先の真上を通る正しい軌跡を、終始保つ

図 8.2　フロント・ランジ
真っ直ぐに立った姿勢から、片足を身長の半分ほど勢いよく踏み出し、その前脚にほぼ全体重を乗せる。前膝は常に前足爪先の真後ろに

図 8.3　スプリット・ジャンプ・スクワット
フロント・ランジの体勢から跳び上がり、空中で前後の足を入れ替えて着地する。負荷ベストかバックパックを利用して負荷を上げることもできる。飛び上がる毎に 1 回と数え片足につき 10 回ずつおこなう

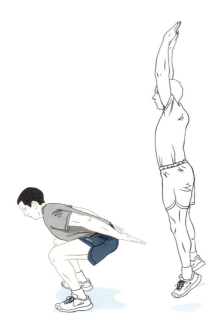

図 8.4　スクワット・ジャンプ
　スクワットの体勢から、思いっきり跳び上がる。両腕を力一杯振り上げると、両脚に対する負荷が増すとともに、動きがさらにダイナミックになる。足先と膝で衝撃を吸収して静かに着地する

　異なる体幹エクササイズを 4 〜 5 種類組み合せて、休憩を入れずに計 200 回。種目は、好きなものでも、歯ごたえを感じるものでも、どちらでも。各種目を最低 20 回おこなったら、休みを入れず別の種目に移る。次に、15 分ほどかけて有酸素代謝の活動レベルを上げる。種目は重要でなく、自転車漕ぎでも、ランニングでも、階段踏みでも、ボート漕ぎでも、その組み合わせでもいい。大事なのは、最後にゾーン 3 に相当するようなややきつ目の運動を 2 〜 3 分おこなって終わることだ。

ワークアウト
- ボックス・ステップ・アップを片脚 10 回× 6 セット。セット間の休憩は 1 分。片脚を 10 回こなしたら脚を入れ替える。
- フロント・ランジを片脚 10 回× 6 セット。セット間の休憩は 1 分。片脚を 10 回こなしたら脚を入れ替える。
- スプリット・ジャンプ・スクワットを片脚 10 回× 6 セット。セット間の休憩は

モン・ブランのイタリア側、クールマイユールのヴェニ峡谷で急勾配かつテクニカルなスプリントをおこなうキリアン・ジョルネ　写真：Sebastién Montaz-Rosset

1分。1回ジャンプする毎に、脚を入れ替える。
■スクワット・ジャンプを10回×6セット。セット間の休憩は1分。
　上記の各エクササイズを6セットずつおこなって終了。セット間の休憩は1分、エクササイズ間の休憩は2分以内。テンポは、1動作につき1秒の見当。

ワークアウトの進め方

■1回目、2回目のワークアウトは、体重のみでおこなう。セット間の休憩は1分。
■3回目と4回目は、体重の10%の負荷を加える。セット間の休憩は1分。
■5回目のワークアウトでは、体重の10%の負荷を加えて各エクササイズを8セットおこなう。セット間の休憩は1分。
■6回目と7回目のワークアウトでは、体重の10%の負荷を加えて、6セットおこなうが、セット間の休憩を30秒に減らす。
■8回目のワークアウトでは、体重の10%の負荷を加えて8セットおこない、セット間の休憩は30秒。
■日数があれば、引き続き以下をさらにおこなう。
■9回目のワークアウトは、負荷を体重の15%に増して、6セットおこなう。セット間の休憩は1分。
■10回目のワークアウトは、負荷を体重の15%×6セットのまま、セット間の休

憩を 45 秒とする。

■11 回目は、負荷を体重の 20% に増やして、6 セット。セット間の休憩は 1 分。

■12 回目は、負荷を体重の 20% × 6 セットのまま、セット間の休憩を 45 秒とする。

■負荷を増やすには、負荷ベストを着るか、バーベルを両肩に担ぐか、もしくは
ダンベルを両手に持つ。

　体重比で示した割合（%）は目安である。ほとんどのアスリートは掲出した割
合でうまくいくはずだが、基礎筋力の大小に応じて、増減させる必要があるかも
しれない。負荷は軽めに始めて、前回のワークアウトの効果が感じられてから、
一段階上げる。失敗しないために、負荷の調整は少しずつおこなう。ワークアウ
トの間隔は最大で 10 日程度あけてもよい。12 日以上空いてしまったときは、いき
なり次の段階へ進まないで、もう一度前回のワークアウトを繰り返す。トレーニ
ング効果を得るためには、必ずしも、8 段階のワークアウトをすべてこなす必要は
ない。ただし、シーズンオフで時間があるなら、9 回目以降のワークアウトをさら
に上積みすればより大きな効果を得られるかもしれない。

アウトドアでおこなう ME（筋持久力）ワークアウト

　このワークアウトは、一般的におこなわれているゾーン 3 やゾーン 4 のアップ
ヒル・インターバル・ワークアウトに類似する。大きくて急な山が近くにありな
がら、ジムやウエートを身近に持たない人には、特に効果的である。わたしたち
はスキーヤーにもランナーにもこのトレーニングを適用して、非常によい結果を
得ている。このトレーニングを実行するにはいく通りか方法があり、ある程度許
容範囲もあるから、細かな点にこだわりすぎないように。全体像を把握して、能
力の限界まで脚部を使って、作業の強度を維持する。とにかく脚部を疲れさせる！
呼吸が追いつかなくなる前に脚が疲れるようにするとよい。

　たいていの場合、最大の課題は、十分に傾斜のある山を見つけることだ。斜度
が 20 ～ 50% の山を探す。傾斜が急になればなるほど容易に自覚できる——自分の
登行スピードを制限しているのは、呼吸でも心拍でもなく、自分の脚力だと。脚
の筋肉への負荷を増やす手段として考えられるのは、傾斜を増す、歩幅を拡げる、
ウエートを加えるの 3 つ。どのような地形が利用可能か、そして、トレーニング
開始時のあなたの脚力の程度によって、この 3 つの要素をどう取り入れていくか
変わってくる。それをこれから検討しよう。

■傾斜を増す：傾斜が 20 ～ 50% 以上の山肌を、最大傾斜線に沿って駆け上ったり、
歩き登ること。ほとんどの人は傾斜が 20% を超えると、急なトレールというだ
ろうが、このワークアウトで最大の効果を上げるためには傾斜が強ければ強い

ほどよい。キリアンが、筋持久力（ME）ワークアウトとしてゾーン3の長く急なアップヒル、というときは、これを指している。脚部に低レベルの「燃える」感覚を覚えるほどのペースを保って、何十分もつづける。

■**歩幅を拡げる、または弾み登りする**：歩幅を広げて登ったり、ボールが弾むような感覚で登る。すると、筋肉に相当高い負荷がかかるので、長く続けるわけにいかない。キリアンが「歩幅を広げて2分登り、脚部が回復するまで短時間休み、今度は狭い歩幅で2分登る」と説明するときの状態である。思いきりバウンディングしていると、2分間は長い。お勧めは、初めのうちはバウンディングを10〜20秒、もしくは筋肉が熱感を持つまで続けたら、脚力が戻るまで回復につとめ、その後、歩幅の狭いランニング、もしくはハイテンポなランニングを、心拍数が上がって息苦しくなるまでつづける。このサイクルを、何回も繰り返す。

■**ウエートを加える**：傾斜の急な山地を利用できない場合、小型ザックに荷物を詰めて、上に述べた2つの手段のどちらかを実行する。最初は体重の10〜15%程度に抑える。その重さで効果を実感したら初めて、重さを増す。

　ベース期の間、このワークアウトは、1週から10日に1セッションで十分だ。そうしないと、疲労によりトレーニングの全体量を減らしてしまうというマイナスにつながりかねない。なぜならこの時期はゾーン1〜2のトレーニングを大量におこなうことが第一義だからである。

アウトドアでおこなう ME（筋持久力）ワークアウト

ウォームアップ

　ランニングを15分。徐々に運動強度を増し、最後の2〜3分はゾーン3〜4の強度にもっていく。

ワークアウトの進め方

　ジムでおこなう ME ワークアウトの進め方と同様、2日ほど筋肉痛や脚の怠さを覚悟してもらいたい。このタイプのワークアウトを2〜3回おこなっただけでも、山地へ出ていつもの有酸素運動をおこなったとき、楽に感じられるはずだ。

●**一般的なゾーン3のメソッドを登り勾配でおこなう方法：**

　最初は、ランニングもしくは山地歩行（どちらを選ぶかは、傾斜とその人の筋持久力による）で、脚部が軽く熱感を持つほどの速さで8〜10分間登る。それを2回おこない、あいだの5分間はゆっくり動きながら体を回復させる。長い登り坂

がなければリカバリーの5分は歩いて下ると良い。この方法であれば急斜面を使ってたっぷり40分間、鍛えることが出来る。

●荷物入りのザックを背負って、上と同じメソッドをおこなう方法：

　この方法はスキー登山をおこなう者にとって、とりわけ効果が大きい。スキー登山では、重い荷物を背負ってゆっくり登るのが普通だから。また、山地の急な斜面に行けない人が、この方法を用いてもいいだろう。このタイプのワークアウトを、高い建物の非常階段でおこなっても効果的である。

●弾み登りを取り入れるなら：

　最初、急な登りトレールで10秒間のバウンディングを10回繰り返す。毎回、脚力が回復するまで歩いて降り、次の回に入る。だが、決まり切った処方箋などない。もしあなたが有酸素能力を十分貯えていて回復が早いなら、15秒間のバウンディングを15回おこない、その間に1分間のランニングもしくはウオーキングで下って（どちらにするかは、傾斜による）、回復時間とすることになるだろう。このワークアウトをさらに進めて、20秒を20セット、セット間の回復として2分間のランニング、というところまで進めてもいいだろう。まだ、そこまで有酸素能力のない人は、先ほど触れたように、10秒×10セット、あいだに2分間の積極的回復、という辺りから始める。

　ジムでおこなうMEトレーニングと同様に、何週間もパフォーマンスの向上が見られないなら、おそらく、負荷が大きすぎるか、回復時間が十分でないか、どちらかだろう。

スキーモのための上半身トレーニング

　トレーニングを積んできたスキーヤーがパフォーマンスの向上を加速させるには、ベース期に、上半身に照準を当てた筋持久力トレーニングを取り入れるとよい。このトレーニングは脚の参加が最小限なので、オフシーズンにおこなう大量のランニング・トレーニングの中に組み込むのも容易だ。それどころか、脚の疲労回復を助けることになるかもしれない。以下にこのトレーニングの典型例を2つだけ紹介するが、ほかにもさまざまな形のトレーニング法が容易に思い浮かぶ。こういったワークアウトをおこなうことで上半身の筋持久力の限界を思い知らされて、その結果、あなたが脚の筋持久力トレーニングに積極的に取りくむようになったら、こちらの思惑通りということになる。ポールを1本ずつ交互に突いて進むシングル・ポーリングだと、利用する筋肉の量が少ないので、酸素供給役を担う心臓を酷使することはない。限界を感じるのは、明らかに両腕と両肩の筋だろう。

C型（クランチ）姿勢のローラースキー

ローラースキー・トレーニングに魅力を感じるのは、最上のトレーニング方式を探究している一部の読者に過ぎないだろう。それをここに入れたのは、完璧を期するためだ。ローラースキーは、雪上を滑るスキーに極めて近い動きを与えてくれる。上手なテクニックでおこなえば、体重移動の仕方が改善し、1足ごとの滑りが大きくなり、スキーに特化した筋肉を鍛えることになる。欠点を1つあげれば、舗装路の傾斜はほぼすべて、シール登行する雪面ほど急ではないことだ。それでも、両腕だけで前進すれば、緩やかな上り傾斜（アップヒル）でも、上半身の筋持久力に関しては、望み通りの効果を得られるだろう。必要な道具は、標準的なローラースキーと、尖端がカーバイドのスキーポール。警告：ローラースキーは、それなりの練習期間を必要とする。ブレーキがないので、下り坂は非常に危険である。

ローラースキーを使ったこの上半身のMEワークアウトを、ベース期の初期に取り入れるなら、比較的平坦な道路を選び、普段シール登行するときのポール動作のリズムでおこなう。上半身をやや前にかがめた体勢（C型姿勢）に保つことによって、少しでも多くの筋肉を前進運動に参加させるように配慮する。

● 初心者

ノルディックスキーにあまり馴染みのないスキーヤーは、平地で2～3分間ポールを突いただけで疲れてしまうかもしれない。そういう時は、こう考える——こ

図8.5　ローラースキーを両腕だけで
このエクササイズは、スキーモに必要な、上半身の筋持久力に特化したトレーニングとして最適だ。上半身と脚部をピタリと固定して、動かすのは両腕だけ。負荷の大小は、登り坂の勾配で加減する

こが弱点なのだから、たとえ短時間でもこのタイプのトレーニングをすれば、登行速度が大幅に改善するのだ、と。

● 導入時のワークアウト

初めは平地で、左右交互にポールを突いて 10 〜 15 分間つづけ、このタイプのワークアウトの感覚に慣れる。数回繰り返したら、いよいよ負荷をかけたい感じになるだろう。そうしたら、ごく緩い上り傾斜を、ややキツいと感じられる程度の力で 1 分間×5 回、あいだの休息 2 分でおこなうとよいだろう。慣れてきたら 10 分間×3 回、あいだの休息 5 分（その間、平地かごく緩い登り坂を、ゆっくりゆっくり滑りつづける）までもっていく。傾斜については、自分の上半身の筋力だったらどの程度が適当か、自分で按配する。

● 次の段階

上半身の筋力と筋持久力を備えている人も、ポールを交互に突くこの ME ワー

アップヒルアスリート世界本部のジムで、コンセプト 2 のスキー・エルゴメーターを使ってスキーに特化した上半身の筋持久力トレーニングをおこなう著者のスコット・ジョンストン
写真：Seth Keena

253

クアウトをおこなうが、もっと傾斜が急な場所でおこなう。急傾斜地での短時間の反復練習と、緩傾斜地で長時間の反復練習とを組み合わせておこなう。

　このタイプのワークアウトは、ベース期の初期において、脚に重点を置いたワークアウトの日々の中で補助的ワークアウトとして、週2回ほど加えるとよいだろう。このワークアウトをそのまま雪のシーズンに繋げて、体力維持を図るのもよい。レースとレースの間のブランクにおこなうのもよいだろう。

スキー・エルゴメーター
　クロスカントリー・スキーヤーがよく用いるトレーニング・マシーンにエルゴメーターがある。ボート漕ぎマシーンと同じように、ロープと抵抗（負荷）を使っており、ポール動作によく似た動作が可能だ。

　以下に、上半身の筋持久力に特化した強化ワークアウトの進め方の例を示す。これを、脚力に焦点を当てたワークアウト期間に、副次的なワークアウトとして用いるのもよいだろう。

ワークアウトの進め方
第1週：軽い負荷で交互引きを5分間おこなうが、最後の1分間は中程度の負荷
　　　　　まで上げてシングル・ポーリングをおこなう

第2週：重い負荷で2分間×5回。各回のあいだに積極的回復として2分間、トレッ
　　　　　ドミルでゆっくり走るか、登り坂を歩く

第3週：2分間×6回。あいだに2分間のアクティブ・リカバリー

第4週：2分間×7回。あいだに1分45秒間のアクティブ・リカバリー

第5週：3分間×7回。あいだに2分間のアクティブ・リカバリー

第6週：3分間×8回。あいだに1分45秒間のアクティブ・リカバリー

第7週：3分間×8回。あいだに1分30秒間のアクティブ・リカバリー

第8週：3分間×8回。あいだに1分間のアクティブ・リカバリー

まとめ
　ベース期は、アスリートとしてあなたが関わる種目の必要性に応じて、筋力と筋持久力を強化する。ただし、体力評価の結果、筋力が不足していると分かったら、最初のトレーニングサイクルは、汎用筋力トレーニングだけ、ということになるかもしれない。トレーニングを重ねて筋力強化が進んできたら、ベース期でも特化筋力トレーニングや筋持久力トレーニングを追加していくと、得るものが多いだろう。

イタリア・ドロミテを走るルーク・ネルソンと、クロエ・ランティエ、クレア・ギャラガー　写真：Eliza Earle

Section 4

トレーニング法

Chapter 9

プランの組み立て方

身体を動かしたからといってそれをトレーニングといわない
あなたの身体に効果をもたらすもの、それがトレーニングだ

レナート・カノーバ

　このセクションでは、効果的なトレーニング計画を組み立てるために役立つことを述べる。ただ、以下のページに具体的な処方箋が書いてあるわけではない。アスリートは1人1人違うし、必要としているものも1人1人異なるから、万人に適したトレーニング・プランなど、あるはずがない。ここまでずっと、本書を入念に読んできた人なら、すでに書いてきた一般的な原則を利用し、それに自分自身の背景や目標、自分に足りないものなどを加味しながら、自分専用のトレーニング・プランを作り出せるだろう。まるで、最適なコーチを得たように。このセクションでは、トレーニングの基本原則を、どのようにして実効性のある計画に落とし込んでいくか解説する。アスリートの競技レベルはまちまちだし、シーズン毎の目標設定も目指している大会も千差万別――そういう状況の中で、何かトレーニング・プランを作り出そうとしたら、そこに関わってくる変数の組み合わせは無限に近い。そこでわたしたちは、何週もの間にどのようなワークアウトをするか、典型的な例をいくつか示し、経験に基づいたガイドラインとともに説明を加える。あなたはそれを自分に適したものにアレンジすることになる。わたしたちは料理本のレシピのようなものを提供するつもりはない。

　「万人に適した」と謳うトレーニング・プランがぴったりと当てはまる人など、誰もいない。意識の高いアスリートとコーチが組んで、自分たちの可能性を限界まで引き出そうとしたら、並々ならぬ洞察力が必要なのである。アップヒルアスリートのウェブサイト「UphillAthlete.com」を見ていただけば、トレーニング・メソッドについて、もっと詳細な情報が得られる。たとえば、さまざまに異なるプログラムを例示して、これこれの週にどんなワークアウトをどのように実行したらよいか解説している。

P256-257　フランス・シャモニーのル・トゥールで早朝ランニングをするアレックス・アール
写真：Eliza Earle
P258　コロラド州サン・ファン山脈のハンディーズ・ピークを走るクリッシー・モール　写真：
Fredrik Marmsater

伝統のセッラ山塊1周レース（セッラロンダ・トレイルラン）の1コマ——イタリア・トレンティーノ・アルト・アディジェ州のセッラ峠にて　写真：Federico Modica

　トレーニング・プランが多少理想から外れていても、しっかり管理しながら実行すれば、世界最良のプランをいい加減にこなすよりよっぽどマシだ。トレーニングの効果を最大限に引き出すという点からいえば、立てたプランをうまく管理しながら実行することが、主要な課題となる。その時点で、コーチ術がコーチングの科学理論を引き継ぐことになる。というのは、日常生活でわたしたちが関わっているシステムの中で、人間の身体ほど複雑なものはない。その複雑さゆえに、わたしたちはトレーニングのストレスにうまく適応できるのだ。同時に、その複雑さゆえに、効果的なプランをプラン通りに実行するのが難しいのだ。そんなわけで、ここまで250ページほど費やしてきた。
　トレーニング・プランは、トレーニングを白黒はっきりしたものとして提示する。これにするか、あっちにするか、どちらかなのだ。ところが、コーチにしろアスリートにしろ成功するには、日常という白黒はっきりしないグレーゾーンの中で活動していかなければならない。そのグレーゾーンにおける判断が——たとえ彼が百戦錬磨のアスリートであっても、コーチの経験に頼る部分であり、セルフコーチするアスリートが、慎重にならなければない部分である。そのような理由から、本書ではこれまで多くの時間をかけて、トレーニングが体に及ぼす影響をどのように捉えるか論じてきた。
　トレーニング・プランに関する記述は、どうしても機械論的な見方にならざるを得ない。たとえば、Aというワークアウトを実行すれば、Bという効果が得ら

れる、と。そういう機械論的なアプローチが、指針・方針を与えてくれる。だが、あなたは日々、自分の現状をなんとなく評価・判断しているに違いない――機械論的に処方したこのワークアウトをおこなえる状態にあるかどうかということだけでなく、そこで得たものが、実際に活かせるかどうかということまで。わたしたちはあなたに、そのような評価をおこなうためのツールを身につけてもらい、必要に応じて、機械論的なプランに自分で手を加えてもらいたい。本書の前半部は、そのためにある。評価・判断するためのツールを提示し、いくつかの指針を記してあるから、これから自分が作ろうとしているトレーニング・プランを実際に応用する際の助けにしてもらいたい。忘れないでもらいたい、あなたが書くトレーニング・プランは、単なる提案であって、詳細な設計図ではない。それは、トレーニングが進むにつれて、必然的に改訂されることになる。どのようなトレーニング・プランにしろ、いたずらに固執したら、惨事に陥らないまでも、ほぼ間違いなく、貧しい結果につながる。

　自分自身をコーチするのは難しい。経験豊富なプロのアスリートがコーチを利用するのは、雇えるだけの金銭があるからではない。自分が迷ったとき、外側から客観的に見て指針を与えてくれる人が重要だ、と気づいていて、いろいろ意見をぶつけてくる人の価値を知っているからだ。

トレーニング・プランを立てるにあたって

　覚悟を以て継続し、結果に期待する。首尾よく期待を叶えれば、勢いがつき、将来の成功につながる。

現実的であれ

　自分のトレーニング歴と注ぎ込める時間を踏まえて、目標を設定する――それが、最初の1歩。自分の手に余ることをすれば、フラストレーションを溜めるのがせいぜい。いや、もっと深刻な問題が起きるかもしれない。たとえば故障とか、オーバートレーニングとか……。

目標を持つ

　どんな目標にしろ、何もないよりいい。それは、シンプルで競争を意識しない、あくまで個人的なものから、大きな大会で優勝するというものまでさまざまだろう。目標を持たないというのは、目的地を決めずに船出するようなもの。それが望みなら、トレーニング・プランという海図は不要だ。本書とわたしたちの提供するアドバイスが対象とするのは、自分の能力を最大限まで引き出し、本書を海図として利用しようとする人たちである。ともあれ、まず意識すべきは、さしあたっ

イタリア・ドロミテのラテマル山群に沈む美しい夕日を眺めながらトレーニング計画をこなすエンリコ・デフロリアン　写真：Federico Modica

てどこに上陸したいかだ。

　トレーニング・プログラムを開始するにあたって、どんな成果を挙げたいか決めるなんて当たり前すぎて、敢えて口にする必要などないくらいだ。ところが、意外なことに、基本的な目標を明確にしないまま始めてしまい、成功が間近になって頓挫するという例があまりに多い。

覚悟を決める

　世界最良のトレーニング・プランも、実行しなければ絵に描いた餅。本書が対象とするスポーツにおいて「実行する」という意味は、おそらくは1人で、ほとんど繰り返しの地味な動作を、何百時間もつづけることである。あなたは、そういうプロセスを受け入れる必要がある。さもなくば、最終結果は手から滑り落ちていくだろう。

　自分のポテンシャルを最大限に発揮して、野心的な目標を達成するためには、覚悟を持ってトレーニングするだけでは足らず、さらに犠牲を払う必要がある。トレーニングに勤しむだけでなく、設定した目標の障りになったり、目標達成の助けにならない物事を諦める、ということでもある。

プランニングの概要

　自分のトレーニングをどこからスタートさせるか？　基準になるのはトレーニング歴だ。自分の現在の状況と、自分がそれに割ける時間を誠実に評価する必要がある。以下の現状把握テストの助けを借りて、トレーニング量と、レース距離を選択する際の指針とする。

　1年を振り返って、仕事（または学校）と、睡眠、食事、旅行、家族団欒に週平均何時間使ったか、集計し表にまとめる。残った時間が、トレーニングやレース参加に使える時間となる。その値に沿った形で、トレーニングに使える絶対的な時間を割り出すため、現状を再チェックする。

　理想としては、主目標とする大会（優先度A）を1つか2つ設定して、トレーニングの目標とする。重要度の低い大会（優先度B、C）を設定しても、問題ない。ただ、優先度Aの大会が、短期間にいくつかあると、ずっと難しくなる。そういう場合の組み立て方も解説するつもりだが、それをこなせるのは、経験豊富なアスリートに限られる。最も効果的なプランは、優先度Aの大会同士の間隔を十分大きくとり、あいだの期間を使ってリカバリーと、できたら再トレーニングの時間を確保する、というものだ。

　自分の目指す大会が決まったら、カレンダーに記入し、そこにA、B、Cと優先度を書き加える。

■優先度 A の大会は大物だから、それを目指してトレーニング計画全体を組み立てる。大会前には、それなりの漸減期（テーパーリング）を導入する必要があるだろう。大会では、スタートラインに持ち込んだ自分の能力を、最大限まで発揮することになるため、終了後には、かなり長いリカバリー期間が必要になるだろう。一つのトレーニング・サイクル中に複数の優先度 A を組み込んだなら、その間に少なくとも数週間にわたる有酸素ベース再構築期間を設けることが大事だ。

■優先度 B の大会は、優先度 A の大会へつなぐための調整用であり、テスト大会である。その配置が適切で、自分の作業容量の蓄積が十分なら、トレーニング・プランを大きく妨げることはない。優先度 B の大会はレース距離が短く、あまり無理することもないだろうから、自分の体力の状況や全体的な戦略、装備や補給の按配、個々の戦術、心構えなどを、テストできるだろう。優先度 B の大会は、その時点で持っている作業容量を大きく超えるものではないので、大会前後の数日、トレーニング負荷を若干減らすだけで、計画に組み込むことができる。もし、負担が大きくて、トレーニング・プランの全体的な進行が崩れるようだと、その影響が優先度 A の大会準備にも及ぶことになるだろう。

■優先度 C の大会はトレーニングの一環と捉え、単なるワークアウトとして用いる。こういった大会は、なにも公式の競技会である必要はない。自分の体力の状況を見るつもりでトレーニング・スケジュールに組み込む、テストイベントのようなものかもしれない。C の大会は、トレーニング・プランの全体的な進行に馴染むものでなければならない。そのために、全体のプランを調整しなければならないようなものであってはならない。トレーニング・プランが変更になったら、その都度、プランの全体的な進行に支障が出ない範囲で、後から C 大会を付け加えてもよいだろう。

特に大きな目標はないけれど、効率的にトレーニングして基礎力を築きたい（基礎的な作業容量を向上させたい）というなら、基本的に、有酸素ベース・トレーニングだけおこなえばいい。そういう戦略でトレーニングを進めて、利益を得る人は多いだろう。なぜなら、山中におけるパフォーマンスを上げようとして頭打ちになる最大の要因は、おそらく、基礎的な作業容量の不足にあるからだ。本書が対象としているような大会のためには、この有酸素ベースを強化するのが、何よりも最終的な成果につながるだろう。キリアンのように、巨大な有酸素ベースを備えたアスリートは、そのベース能力をわずかに開放するだけで立派な成果を挙げられる。それだからこそ、1 年間に、あれほど何度もレースをこなせるのだ。

このカレンダーをこしらえて、自分が目標とする大会の準備に何週間割けるか分かったら、いよいよ全体的なプラン作成に取り掛かる。これまで体系的なトレー

夏のフランス、ピエラ・メンタのレースのスタートライン　写真：Ulysse Lefebvre

ニングに関わった経験がなければ、どれ程の量から始めたらいいか、迷うだろう。トレーニング歴がなければ基準点がないから、トレーニングに対して自分の体がどのように反応するか予見できない。トレーニング記録(ログ)をつけていなければ参照するものがないから、思い出すのはたいてい、楽しく充実した日々や高い数値ばかりで、平均的な週のトレーニング負荷の数値など、正確に覚えていないだろう。あやふやだったら、初めは軽めに。量も、強度も全体的に自分ができそうな値より小さく設定する。新たな目標を立てて、新たなシーズンを迎えるときは、調子に乗ってついつい無理しがちだ。わたしたちは大抵、自分の能力を買い被(かぶ)る傾向がある。少なくとも8か月のトレーニング・サイクルを完了し、その間のログを得て初めて、トレーニング・プランを立てるに相応しい立場となる。それまでは調整期間のつもりで、トレーニングのやり過ぎ(オーバーリーチ)に警戒し、新規まき直しにならないようにすることだ。

　体系的なトレーニング法に初めて接する人が、まず心得ておくべき大原則は——本書が提供する方式を1週8時間以上、数週間にわたって実行して、多少なりとも向上が見られなかったら、何か勘違いしている、ということ。生活上の何か別のストレスのせいでうまく回復できていないとか、トレーニングの負荷を上げすぎているとか、トレーニングの進行が速すぎるとか。いずれにしろ、トレーニング負荷か自分のライフタイル、そのどちらか、もしくは両方を調整する必要がある。

トレーニング・プランの作成

　以下の各章で、わたしたちがトレーニング・プランを作成する際に用いる方式を一通り紹介する。まず、10章と11章に掲げる数々の表が、メニューの役割を

ワシントン州のワンダーランド・トレールでFKT（短時間記録）に挑戦した際、胃の不調を落ち着かせようと、ジンジャー・ソーダを口にするクリッシー・モール　写真：Fredrik Marmsater

果たす。そのメニューに基づいて、1つの大会、もしくは複数の大会へ出場するつもりの数か月つづくシーズンへ向けて、さまざまに異なる期（ピリオド）の各週に、アスリート・カテゴリー別のワークアウトを日々どのように選んで、どの程度まで進めていくか、まとめてある。出場する競技種目に特化したワークアウトについても、その旨を記して適宜触れている。

　つまり、このセクション4では、レベルが異なり目指す大会も異なる各アスリートが、期分けしてそれぞれに設定する各週のサンプルを提供する。サンプルには、その1週間をトレーニング・プランにどのように当てはめ、ワークアウトをどう発展させていくか議論し、説明を加える。

ワークアウト・カテゴリー（5 ゾーン・システム）の復習

（85 ページを参照）

有酸素能力と有酸素容量の調整と強化：Z1、Z2

このトレーニングは、有酸素運動を大量にこなす能力（有酸素能力は AeT ペースを計れば分かる）を強化する。この能力は高強度トレーニングをおこなう際の助けにもなる。

● 1 時間以上。Z1、Z2 の低強度で、長時間ワークアウト。

● 気晴らし（169 ページを参照）または大股走。Z1 〜 Z2 のワークアウトを 45 〜 75 分おこなう間に、やや加速して、リラックスした速めのペースを 15 秒×6 回〜 30 秒× 8 回ほど織り交ぜる。あいだのリカバリーは 2 分ずつ。

● 定速ラン。Z2 の低強度を保って、30 〜 60 分。

有酸素持久力：Z3

登り坂で持続可能な最大速度を高め、そのペースを維持できる時間を延ばす。

● Z3 のテンポ走を 20 〜 40 分継続する。

● インターバル走。運動強度を LT（乳酸閾値）、もしくはその直前の心拍数（Z3）に保つ。持続時間は 8 〜 15 分。アクティブ・リカバリーを 2 〜 4 分。ワークアウトの合計時間は計 40 〜 60 分。

有酸素パワー：Z4

有酸素系と無酸素系、両方の代謝システムを併せた能力を最大限まで鍛える。インターバル方式でおこない、持続時間は 30 秒〜 8 分で、作業時間と休息時間の比は 1：1。体への負担が非常に大きいトレーニングなので、年間トレーニング量の 10％以下とする。運動強度は最大心拍数の 90 〜 95％まで上げる必要がある。登り坂でおこなうのが最適。

● 回復のためのインターバルを十分長くとって、毎回同じペースで、同じ心拍数を保っておこなう。作業時間は合計 15 〜 30 分。

● 30/30 セット　これについては、177 ページの［注］を参照。

● ハイテンポ走／高負荷インターバル走

キリアンが好きな運動の一つ。登り坂を使い、ハイテンポで心拍数を上げて 2 分間ランニングし、つづいて 2 分間のアクティブ・レスト、その後、歩幅を広げてさらに 2 分間。これを、疲労してペースが落ち、心拍数も落ちてきたと感じるまでくり返す。

無酸素運動の容量：Z5

坂道全力走もしくは坂道弾み登り（180 ページを参照）をおこなって、脚部の筋力／パワーを強化する。汎用筋力が十分であればベース期にこのトレーニングを週 1 回の割合で開始する。身近な山地で最も急で足場のよい斜面を使い、自分の最大に近い強度で行う。1 回 10 〜 30 秒。1 本ごとの間は完全回復（最低でも 2 分〜 3 分休憩）してから次の回に。10 秒× 6 回から始め、毎週 2 回ずつ増やす。

汎用筋力と最大筋力

移行期に体幹と汎用筋力の強化プログラムを週 2 回、実行する。また、ベース期の初期に週 2 回、最大筋力トレーニングをおこなう。試合準備期の最終段階として、VK レースや長距離スキーモ、トレイルランやトレイルレースのための ME（筋持久力）強化プログラムを加える。

Chapter 10

移行期のトレーニング

この期間の狙いは、あらかじめ体調や基礎体力を整えてベース期に要求される
運動負荷に備えるところにある。また、元々持久力トレーニングとか体系的トレー
ニングといったものに馴染みのない人たちや、相当期間トレーニングから離れて
いたけれど再開したい、という人たちにとっては、とりわけ大切な期間となる。

多くのアスリートは、いずれこの移行期の価値を知ることになるだろう。それは、
夏のランニングのシーズンが終わって、スキーモのトレーニングに切り替えるた
めに、わずか3週間おこなう人も、体系的トレーニングの最初のシーズンを迎え
るに当たって、8週間おこなう人も、変わらない。もっと上級のアスリートで、体
調が申し分ない感じなら、いきなりベース期に入る道を選んでもいいかもしれな
い。ともあれ、迷ったら控え目に——がお勧めである。

何からどう始める？

もしも、あなたが体系的なトレーニングに慣れているなら、プランを立てるとき、
以下のガイドラインが役立つだろう。

トレーニングから4週間以上離れていたなら、最初の週は、週平均のトレーニ
ング時間を、前回のトレーニング・サイクルの50%ほどに抑える。トレーニング
の休止期間が2週間以内で、目当てのスポーツを変える——たとえばランニング
からスキーに変えるだけなら、直近のトレーニング量の約80%から始めてもいい
だろう。

もしも、あなたが体系的なトレーニングへの入門者なら、先ず最初の1週間に
有酸素トレーニングをどの程度おこなうべきか見当をつける必要がある。未経験
者が1年（約50週）の累計で何時間くらいトレーニングするか、やや控え目な目
標値（分量）を掲げると、

■ジュニア（15歳以下）：年間累計300時間
■ジュニア（16歳〜19歳）：年間累計450時間
■20歳〜35歳：年間累計400時間

トランジションエリアはぐちゃぐちゃなことも多い。アイダホ州スタンリー近郊で走行を終えた
ルーク・ネルソン　写真：Steven Gnam

269

イタリア、トレンティーノ・アルト・アディジェ州のマルガ・セス・トレールを走るミケーレ・タヴェルナーロ。ロッレ峠にて　写真：Federico Modica

■ 35歳〜50歳：年間累計350時間
■ 50歳以上：年間累計300時間

注意：新たなプログラムに取り掛かろうというときは、モチベーションが高く、休養も十分な気がして、ついつい張り切り過ぎてしまう。だめ、だめ！ 移行期に入ってから初めの何週間かは、運動負荷を上げて頑張ってはいけない。気負いは禁物。新たなプログラムに取り組むときは、控え目過ぎるくらいがちょうどいい。数週間過ぎて物足りなくなったら、気兼ねせず、少しだけ負荷を上げよう。まだフレッシュな頃、逸るに任せて突っ走ったら、疲労を溜めて数週間後には、突然「タガが外れ」て途方に暮れる。そうなったら、元に戻るまで2、3週間かかる。そんなことは、あなたのトレーニング全体の流れから見て、不本意だろう。

　もしもあなたが、今シーズン初めて体系化したトレーニングに入門するなら、8週間の移行期を設定し、運動負荷をなるべく緩やかに増やしていく。この何週間かを賢く使って、長期的な成功を勝ち取ろう。

■ トレーニング負荷の増加を急がない。時間的な分量にしろ、標高差にしろ、距離にしろ、増加率は1週につき7〜10％を上回らない。ただし、体系化したトレーニング・プランの経験が少なくとも2年以上あって、前回のトレーニング・サイクルからの休止期間が3週間以内だったら、この限りではない。

週	有酸素運動の量
第1～第3週	体力積み上げのための3週間。開始時期の分量については、269ページのガイドラインを参照。毎週7～10%ずつ上乗せする
第4週	回復のための1週間。第3週より50%減らす
第5～第7週	体力積み上げのための3週間。5週目の分量は、第3週の値＋10%その後第6週、第7週と、5～7%ずつ上乗せする
第8週	回復のための1週間。第7週の分量の50%に落とす

図10.1　8週間続く移行期全体を、こういう形でトレーニング量を
　　　　増やしていく

	月曜	火曜	水曜	木曜	金曜	土曜	日曜
AM	オフ	Z2の強度で、週間総量の10%	すべてZ1で、週間総量の25%	回復レベルの強度で、週間総量の10%	Z2で、週間総量の10%	Z1または回復レベルで、週間総量の15%	Z1～Z2で長時間、週間総量の30%
PM	オフ	体幹と汎用筋力の強化	オフ	オフ	体幹と汎用筋力の強化	オフ	オフ

図10.2　移行期の第1～第3週と、第5～第7週における
　　　　体力積み上げのための1週間の参考例

	月曜	火曜	水曜	木曜	金曜	土曜	日曜
AM	オフ	Z1の強度で、週間総量の20%	すべてZ2で、週間総量の15%	オフ	回復のレベルで、週間総量の15%	Z1で、週間総量の20%	Z1もしくはZ2で長時間、週間総量の30%
PM	オフ	オフ	オフ	体幹と汎用筋力の強化	オフ	オフ	オフ

図10.3　移行期に2度挿む、回復のための1週間の参考例
　　　　前の週より負荷を50%減らす

271

■もう1か月以上も全然ランニングしていないとか、ここ3、4か月、ランニングはサボリ気味という人は、ランニングを量的に積み上げようとする際に、注意が必要だ。筋組織を支持している結合組織が整わないうちに、いきなり毎日、元のようにランニングしたら、故障に直結する。特にスキーヤーは、ランニングが原因で故障しがちだ。スキーシーズンが終わる頃、スキーヤーは有酸素能力は申し分ない状態にあるものの、ランニング用の筋力に欠けるので、まず、それを身につける必要がある。故障を避けるには、4～6週間かけて、徐々にランニングに復帰する。

■新たなプログラムを始めたばかりの頃は、つい無理をしがちだ。始めたら2週間で体を作らなければ……などと思わないことだ。

移行期のプラン作成に共通するガイドライン

　このトレーニングに入ったばかりの何週間かは、目指しているのがランニングでも、スキー登山でも、スキーモでも、トレーニング法に違いはない。目的は体全般の調子を整えることにある。もっと激しい作業に乗り出す前に、汎用筋力をつけ基礎体力を作っておけば、いずれそれが大いに役立つことになる。徐々に体力をつけていって、最後の第8週目にはトレーニング負荷を減らして、余裕ある体でベース期——トレーニングの肝、に入っていこう。

移行期のワークアウトに関する注意点

　あなたはスケジュールを調整して日々の生活にワークアウトを組み込み、自分の体力レベルを考慮したトレーニング・プランを作る必要がある。人によっては、1時間のハイキングを持て余すかもしれないし、人によっては、2時間のランニングでも、物足りないかもしれない。その辺りが分かる人は、あなた以外にいない。

■毎週1回、有酸素容量を増加させるために長時間のワークアウトを織り込む。あなたの AeT（有酸素閾値）に相当する心拍数が、LT（乳酸閾値）に相当する心拍数の10%以内に迫っている場合は、Z1の強度でおこなう。もし、あなたがADS（有酸素能力欠乏症候群 参照:46ページ）に陥っていて、AeTの心拍数とLTの心拍数の差が10%以上ある場合は、Z2の強度でおこなう。終えると疲労感が残るが、それは時間が長かったせいで、運動強度のせいではないはずだ。この長時間ワークアウトは、有酸素トレーニングの週間総量の30%とする。

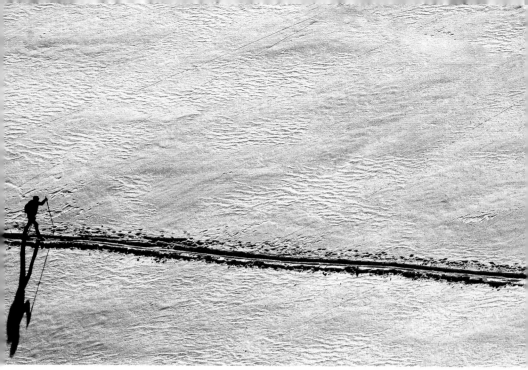

イタリアのブレンタ・ドロミテで開催されたステージレース「ドロミテカップ」に出場の選手　写真:
Federico Modica

■汎用筋力強化のセッションを週に1～2回。そのウォームアップとして、適切な体幹エクササイズをいくつかおこなう。移行期にどの程度の強度レベルでおこなうか、7章と8章に詳しく書いた筋力評価テストの項を参考にする。

■余った時間は、負担の少ないZ1～Z2、もしくは回復レベルの有酸素エクササイズで補う。

■有酸素運動は、スキーや、スキーによる大股走(ストライディング)、または山地のランニングやハイキングなど、すべて脚で体を運ぶ様式のものとする。

ATHLETE STORIES 16

レースシーズンの組み立て方

ルーク・ネルソン

心が動いた場所へ行く

わたしにとって魅力的な大会とは、コースが美しいか、挑戦的か、どちらかだ。つまり、美しいコースを走れるか、それとも地形的・環境的に厳しいコースを走れるか、どちらかなのだ。モンタナ州のザ・ラットは、最も好きなレースで、僅差で2番目、3番目に来るのは、キリアン・ジョルネとエミリー・フォースバーグが始めたトロムソ・スカイレース（ノルウェー）と、スコットランドで開催するグレン・コー・スカイラインだ。この3つのレースは、いずれも登山技術が必要な山岳レースで、縦走していく山々はどれも、週末の長距離ランのルートに取り入れれば面白そうだ。でも、週末の長距離ランに、ノルウェーまで行ける人なんて、まずいない。

そんな思いはトレイルランナー一般に、広く当てはまるだろう。先ず、これは！と思うレースを拾い出す。わたしの場合どうしても、ザ・ラットのようにテクニカルなものになるが、ほかの人にとっては、ずっと走りつづけられるような一本道の50マイル（80キロ）コースかもしれない。参加を申し込めば、トレーニングのモチベーションも高まって、日々のトレーニングをこなすだけでなく、大会当日が待ち遠しくなる。

グーグルで検索しまくる

どんなレースがあるか知るために、わたしはレースツアー報告をあれこれ検索する。スポンサーがついているランナーの記事も、個人的なウェブサイトの投稿記事も、どちらもだ。視覚的な魅力も大事にしているので、写真を見ただけでワクワクしてくることもある。アメリカの主要な

トレイル・レースを登録しているサイト、「UltraSignup.com」が参考になる。

早め早めのプランニング

レース距離の長短にもよるが、1年ほどまえには、具体的な計画をカレンダーに書き込む。その際、2年先、3年先の目標も考慮する。なんとしても成功させたい頂点のレースを選び出したものの、それなりに体調を整え持久力をつけて良い結果に結びつけるには、1、2シーズン必要なケースがあるかもしれない。思うに、レースへの参加を気まぐれに申し込む例が多過ぎる。根性で走りきれるかもしれないが、最良の経験を得るためには、最低でも6か月前に、プランニングとトレーニングに取りかかる。

細かい文字もしっかり読む

プランニングの幸先よいスタートには、体の準備のほかに、実務的な心配事がある。トレイルランニングやウルトラランニングの人気が高まるにつれて、有名なレースはすぐに定員一杯になる。受付開始から1、2時間で一杯になることもある。抽選、またはキャンセル待ちリストに記入ということもあり、出場が叶わなかった多くのランナーがいる。著名なレースを狙うなら、受付開始の正確な時刻を把握して、その時刻になったらすぐ自分の氏名を登録する。

中にはレースの参加資格として、ほかのレースで一定距離を完走した経験を要求されることがある。たとえば50マイル（80キロ）レースの参加資格として、50キロレースの完走経験を求められることもあれば、峻険なコースの場合には、登山技術があると証明させられることもある。事前調

コロラド州サン・ファン山脈のテクニカルな山道はルーク・ネルソンのインスピレーションの源
写真：Fredrik Marmsater

査を十分にして前提条件をクリアしておく。

バランスよくレースを配して、全部をメインレースにしない

　以前、多くのレースに出場していた頃、コーチのスコット・ジョンストンとわたしは、年間計画を組む際に、予定する大会が全部主目標になるような事態は避けるように按配したものだ。代わりに、一部のレースを大きなレースのトレーニングとして捉えることにした。そのいい例が2016年だった。スカイ・エクストリーム・ワールドシリーズに参加したのだが、その中に、ノルウェーの例のトロムソ・スカイも、スコットランドの例のグレン・コー・スカイも入っていた。その2つの海外レースのトレーニングとして、距離の短いアメリカのスカイランナー・シリーズのレースを利用した。国内のレースを軽く見ていたわけではない。ヨーロッパで成果を挙げることを、主目標としたのだ。スケジュール表を一杯にしながら、国内の比較的短距離のレースに出て、トレーニングを積んだ。

ウルトラレースを重ねない

　トレーニングの一環としてレースを利用する作戦は有効だが極めて慎重に進める必要がある。うっかりすると、飛び石つづきのレースのせいで無理が重なり、オーバートレーニングに陥る恐れがある。2016年のスカイランナー・シリーズは距離も短かった。主目標の2つの海外レースより、ずっと短い。そのため、一所懸命走っても体への負担は、ウルトラマラソンのエクストリーム・シリーズに出た時ほどではなかった。もしもウルトラ級の距離を走るシリーズに出ていたら、負荷が大きすぎて、シーズンが進んでいくにつれて、わたしのパフォーマンスは落ちていっただろう。

　世界一流のマラソンランナーが何をどうこなしているか見ると、参考になる。彼らが1年間に走るマラソンは2回。わたしたちウルトラマラソン・ランナーは、なぜ年に6回レースを走ってもトップレベルのパフォーマンスを発揮できる、と考えるのだ？　現実を直視する必要がある。

途中経過を楽しもう

　ランナーは目標のレースを決めると、それにこだわるが、そこに幾つか心から楽しめるレースを織り込むのが、健全なトレーニングだろう。家から出よう。山へ行こう。そして、そこにいることを楽しもう。大きな目標に至る1つの過程、トレーニングの一部として……。トレーニングはつらい単純作業ではない。人は、ついつい考えてしまう――同好の士が集まってわいわい楽しむのは、レースのあいだだけだ、と。だが、週末に友人たちと集まり、山々を長距離ランで巡っても、同じように楽しめる。そういうものをトレーニング・プランにうまくはめ込むのは、案外やさしい。

Chapter 11

ランにもスキーにも共通する
ベース期のトレーニング

　以前に触れた通り、山地ランニングとスキーモという2つのスポーツは、シーズン的に補完関係にあり、生理学的に要求されるものもほぼ同じ。トレーニング・メソッドも、ほぼ重なる。だから、両者を包括するトレーニング教本が出てきて当然なのだ。ただ、どこにフォーカスするかによって、アプローチに違いが出てくる。ランニングだけにするか、スキーモだけにするか、それとも両方にするか？残る3章では、その3つをあわせて取り上げよう。

　スキーモにしろ山岳スキーにしろ、時間的にもエネルギー的にも、登りのセクションに80％以上を費やし、ランニングでも登りに50％以上を費やす。登りのスピードを2〜3％改善するだけで、長い登りの部分で簡単に数分縮めることができる。だから、ここでは主に登り坂におけるパフォーマンスの改善に焦点を当てる。有酸素エネルギーをベースとしてランナーが走る距離は、スキーモの場合の獲得標高に相当する。ということは、スキーヤーはゾーン1〜2の有酸素運動で何千メートルという高さを積み上げ、さらに筋力強化と高強度トレーニングを補助的に加えるということになる。ランナーのトレーニングも同じことで、目的とする大会に応じた距離を走りながら、さらに十分な標高差を登ってくだって、準備しなければならない。いってみれば、どちらの種目でもトレーニングの大部分は、基本的に変わらない。レース・シーズンに向けていい準備をしたいなら、トレーニング時間の大半を費やして、自分の脚で山を登ったり降りたりすることになる。以下の情報を提供するのは、あなたのトレーニング歴を踏まえながら、それぞれの目的に合ったトレーニング・プランの作成を手助けするためだ。

　ベース期の狙いは、作業容量を積み増して疲労耐性を向上させることにある。そのようにして体の基礎力を上げておけば、自分が扱える作業量が増え、さらに、もっと強度の大きい作業もこなせるようになって、レースの準備が進むことになる。ここで用いるのは、これまでの各章で扱ってきた漸進法──つまり、ワークアウトの作業容量をわずかに増やしては、回復を図り、また作業容量を増やす、という手順を数か月単位で繰り返す方法である。増え方は緩やかで（そのようにして

イタリアのファッサ渓谷で開催された "バーティカル・キロメーター・クレバ・ネグラ・レース" に出場したバーティカルレースのヒーロー、ウルバン・ゼマー　写真：Federico Modica

体を適応させ）、継続的な（中断させない）ことが肝腎だ。それはトレーニング・プラン全体に通じることで、そうして初めてトレーニング効果に繋がる。気まぐれで散発的なやり方では、最良の結果は得られない。

　ベース期のほぼ全期を通して、少しばかり疲労を溜め込んだ状態にあるため、全力を出し切るのは難しい。そのためエリート・アスリートたちは、目当ての大会を含むレース・シーズンの前に、このベース期を置く。ベース期にレースを挟んだり、何か意図してトレーニング大会を入れるなら、優先順位の低い C レベルの大会に留め、トレーニングの範囲を超えないようにすべきだ。そうすれば、最終目的へ向かうトレーニングの進行に及ぼす影響を最小限に抑えられる。この辺りについては、74 ページに書いた「容量トレーニング vs 活用トレーニング」の内容を思い返してもらいたい。運動容量（基礎体力）の効果的蓄積を図りながら、そこで得たものをレースや重要な大会で最大限まで活用しようというのは、できない相談なのだ。たとえば、スキーモのトレーニング・プログラムを 12 月になって開始したら、レース・シーズンと重なってしまうので、トレーニングかレース結果のどちらか、もしくは両方とも、中途半端になるだろう。

　この本が紹介するプランは、いずれも、自分の潜在能力を最大限まで発揮したいと考えている人が、数か月間つづく体系的トレーニング・プランに進んで取り組むことを前提にしている。本書も、中に書いてあるプランも、近道を求める人は対象から外れる。

　近道はないのだ。

　ここで改めて力説したいのは次の原則であり、それを守る必要があるということだ。——日々のトレーニングは、数日ないし数週間単位で徐々に負荷を増加させながら、その中にハードなものから楽なものへの繰り返しを含みつつ、一貫性をもって堅実につづける。

できることから確実に

弱点を鍛え、強みで競え
——エディ・ボリセヴィッツ（有名な自転車競技コーチ）——

　トレーニング全般に通じることだが、ベース期は各人必要に応じて自分専用の特注品にすべきだ。エディ・ボリセヴィッツの賢明な助言を念頭に、先ずは自分自身を理解する必要がある。自分の弱点は何と何？　伸び悩みの原因はどこ？　そのためには、客観的な分析と共に若干の知識を必要とする。その知識を伝えて、あなたが少しでも正しい情報に裏打ちされた決定を下せるよう、本書の前半部を

モンタナ州グレイシャー国立公園で、咲き誇るベアグラスに囲まれた高山のシングルトラックを何キロも走るアリソン・ディミット・グナム　写真：Steven Gnam

費やして、持久系トレーニングの基礎知識を縷々(るる)述べてきた。
　これから自分の弱点を見出すコツを幾つか伝えるが、その際、絶対にしていけないのは、自分の得意なこと、楽しめることばかりを、トレーニングに取り入れることだ。えっ、それのどこが悪いの？　何もかもだ。わたしたちは誰も、人生のほとんどの場面で、自分の得意なことに惹かれ、逆に、楽しめないこと、得意でないことは避けて通ろうとする。わたしたちはしばしば、すでに強みである分野のトレーニングに血道を上げて、結果的に向上の余地ある部分を切り捨てている。元々得意な分野で、引きつづきそれなりの成果を挙げようとすると、何年か経つうちに成績が頭打ちになってくるが、その一方で、トレーニングの重点分野を自分の弱点に変更すれば、大きな成果を得られるかもしれない。よくある例を2つ、3つ挙げると、
■もしあなたが、レースの登り区間では比較的強いのに（むろん、自分と同等な競技レベルの人たちと比較しての話だが）、平坦でスピードを出しやすい区間で遅れをとるというなら、おそらく、有酸素持久力に比べて走効率が劣っているのだろう。そういうタイプのランナーは、トレーニングの重点を少し平坦地のスピード区間寄りに変えて、ランニングのテクニックを磨くのが賢いやり方だろう。
■もし、元々スキー滑降が得意で、スキモ・レースのダウンヒル区間では上位

279

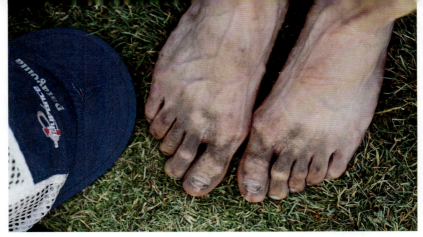

モンタナ州ビッグスカイで開催された「The Rut 50K レース」を走った後のルーク・ネルソンの足
写真：Steven Gnam

に位置するものの、登り坂でタイムが遅れるというなら、有酸素持久力が向上するよう努力するのが賢明だろう。
■もし、長距離を走ったり、登降差の激しいレースに出場したあと脚が痛くなり、数日にわたって筋肉疲労が残るというなら、ベース期に脚部の筋力と筋持久力を増加させる必要があるだろう。

スポーツにおいて、自分の現状を知る上で競技会に勝るものはない。自分の競技歴を精査しよう。競技レベルが同じような仲間に比べて、自分はコースのどんな部分で、さらには、どんなタイプのコースのどんな部分で強いのか、弱いのか？ 同じレベルの仲間たちと比べて劣るところが、注目すべきポイントだ。何かのスポーツを始めた当初、人は大抵、あらゆる分野で向上が著しく、成績がぐんぐん伸びていく。だが、成績が上がってくるにつれて、どこを伸ばせばよいのか分からなくなる。

プロのアスリートでさえ、エネルギーと時間には限りがある。ましてアマチュアの大半は、トレーニングに使える時間もエネルギーも大きく制限される。だからアマチュアは、とりわけトレーニング時間の使い方に賢くなる必要がある。ここで伝えたいのは、走る距離を単に延ばすだけ、獲得する標高差を単に増やすだけでは——それは、たしかに大事ではあるものの——どこかの時点で、トレーニングという投資に対する見返りが鈍化してくるので、賢いコーチとアスリートは、なおも利潤を得るために、トレーニング刺激に変化を与える必要が出てくる、ということだ。

有酸素ベースという土台

　本書の読者の大半にとって、また本書が扱うすべてのスポーツにとって、トレーニングで真っ先に焦点を当てるべき分野は、例の最重要課題——有酸素ベース容量を増やすこと、である。この基礎がなければ、ほかのすべては飾り棚の衣装となる。有酸素運動の基礎をがっちり固めているベテランの持久系アスリートなら、多岐にわたるトレーニングができるし、そうしなければならず、したがって、メニューも複雑になるだろう。もしもあなたが、279ページに■で示した最初の例を読んで「なるほど」と頷いたなら、レースでは有酸素持久力が足枷になっているわけではないと認識した上で、勇気をもって、自分の強みばかりトレーニングするという安易な傾向から抜け出す必要がある。有酸素トレーニングを中断して……ということではなく、トレーニング時間の配分を調整して、平地のスピードを意識したトレーニングを加えようということだ。

　走効率やスキーモ・テクニックのトレーニングにどれほど時間を割く必要があるか、簡単に見分ける基準はないけれど、ベース期の現時点で自分の有酸素ベースが十分かどうか判断し、どの時点で高強度トレーニングを導入したらいいか判断するのは、ずっと簡単だ。

　基本的な有酸素運動に、あとどれほど重きをおくか、また、もっと高強度の持久力トレーニングを加えるべきか——それを決める最良の方法は、本書の91ページの「解説」に戻って、「10%テスト」をおこなうことだ。あなたのAeT（有酸素閾値）とLT（乳酸閾値）の差が、心拍数の比較で10%以内の場合、ベース期にゾーン3以上の高強度な有酸素持久力セッションを最大で週2回まで取り入れてもいいだろう。AeTとLTの差が10%以上開いている場合は、ゾーン3ワークアウトの導入を遅らせて、高強度なワークアウトを多くても週1回に抑える。

　その理由は、有酸素運動能力の大きい人は、その分だけ高強度な運動をこなせるから、回復が早く、その効果も大きいのだ。有酸素運動の基礎能力の低い人でも強度の高いトレーニングをおこなえば、確かに利益を得られるが、その効果は、有酸素容量が高い人ほど大きくないし、長持ちもしない。

　ベース期における筋力トレーニングは、（むろん大事ではあるが）もっぱら補助的なもので、それぞれのスポーツに特化した筋力トレーニングの前段階をなすものだ。7章にある筋力評価の結果、基礎的筋力が不足していると判明したなら、このベース期にその部分を補う筋力トレーニングに取り掛かるべきだ。基礎的筋力がある程度備わっている人には、特化筋力トレーニングのお勧めメニューが役立つだろう。だが、筋力トレーニングをおこなうといっても、ジムで毎週何時間もウエート・トレーニングに費やすのは避けよう。

ATHLETE STORIES 17

「よーい、ドン！」で、勝利はわが物

リコ・エルマー

スイスの北東部、リント川に近い小さな谷間の村でわたしは生まれた。周りの山は3000メートル前後と高くないが、沢床は300メートル、山並みに囲まれた袋小路になっていて、西から寄せてくる湿った空気を閉じ込めてしまうため、雪は毎年大量に積もる。この辺の子供たちの例にもれず、わたしは幼い頃にクロスカントリー（XC）スキーを始めた。小さい頃からトレーニング会や競技会に参加した。ワールドカップ・レベルのXCスキー大会でも滑ったが、それを心から楽しいと感じたことはなかった。技術が際立っていたわけでなく、雪の状態が悪いときを別にして、大きなレースでいい成績を残すことはできなかった。

初めて山岳スキー・レースに参加したのは20代の初めで、25歳のときにグレゴール・ハグマンの指導を受けるようになった。

当時スイスには、アスリートならスイス国境警備隊の隊員に応募できる、という制度があり、給料をもらいながらトレーニングに励み、結果を出せば、それでよかった。わたしは26歳のときに採用され、フルタイムのトレーニング生活に入った。結果はついてきた。29歳のとき、大きなレースで初めて優勝した。パトルイユ・デ・グレイシャー大会で、チームメイトのエマニュエル・ブッフスとダミアン・ファルケとともにコースレコードを記録した。

当時、山岳スキーというスポーツでは、上りくだりの切り替えはあまりなく、1回のレースで1回から3回が普通で、平地滑走の部分が大半だった。それで、XCスキー

の経験豊富なわたしは、スキーの滑らせ方を知っているので、重宝された。私は若い頃のXCスキーの経験に、大いに助けられた。

グレゴール・ハグマンのコーチを受けるようになってから数年間、私は毎年強くなっていく気がした。その後2000年から2004年まで、スタートラインにつく度に自信満々で、何か大きなミスを犯さないかぎり優勝する、と思っていた。その間、実力が向上している実感はなく、このレベルを維持したいと思っていた。2006年になると、体力レベルが落ちてきて、このスポーツを長くつづけ過ぎたように感じられてきた。心身共に疲れてきたのだろう。

毎年、夏の間にトレーニングを大量にこなした。典型的な1日を記すと、朝起きると、20〜30分走り、帰ってきてから朝食を摂る。その後、その日のロング・ランに行ってくる。昼食後、軽く昼寝してから、午後のランニングをちょっと短めに1、2時間走ったあと、体幹の筋力トレーニング。ランニングの途中にローラースキーを交ぜることも、しばしばだった。ローラースキーは山岳スキーのトレーニングとして優れている。わたしはローラースキーで両腕突き（ダブル・ポーリング）をさんざんおこなった。

大きな基礎体力を備えることが、レース当日に成功するための鍵だ、と信じている。ただ、トレーニングに関していえば、ほかにもパズルを解く鍵はいろいろあり、その1つにインターバル・トレーニングがある。インターバルは、わたしの能力向上にいつ

パートナーのダミアン・ファルケとともに、3日間にわたるイタリアのトランスカヴァロ・ワールドカップ・スキーモレースに出場したリコ・エルマー。2004年シーズンのヨーロッパ選手権でこのペアは3位となり、総合優勝を果たした　写真：Rico Elmer Collection

も大きな役割を果たしていた。山岳スキーのシーズンが終わると1、2か月、私は完全にトレーニングから離れ、雪の解け具合に合わせて、再び走り始める。そして2、3か月のあいだ、山岳ランニングやローラースキーで有酸素容量を蓄積してから、インターバル・トレーニングに入る。わたしはあらゆる種類のインターバルをおこなった。30/30方式、ピラミッド方式、前方後方の蛙跳び（フロッグ・ホップ）ほか、コーチのグレゴールの考え出したインターバルを実行した。わたしは長期にわたるトレーニングの最中に、しばしばインターバルを交ぜるが、思いつきでやったことはない。すべて、計画的におこなった。

秋になると必ず、何かレースに参加した。マウンテンバイクや山岳ランニングのレースで、スキー・レースではない。自分の気持ちをレースモードにして、少しでも速く、と自分に思い込ませるためだった。

食事もまた、重要だった。栄養学にこだわらず、十分に食べた。試しに体重を落としたこともあった。身長177.8センチで、ベスト体重は70キロだった。いっとき65キロに落としたが、速くなることはなく、いつもぐずぐず調子が悪かった。トレーニング中はバランスのよい食事を摂り、常にいろいろなものを少しずつ食べるようにしていた。

レース前にわたしは、決まった手順を欠かさなかった。もしレースが土曜日にあるなら、水曜にはインターバル・トレーニングを1セット、強度を上げて短時間おこな

い、木曜にはバイクを楽なペースで20分漕いでから、レース会場まで移動した。金曜にはスキーを履いてコースに出て、しっかり下見する。この下見の最中に、1回1分以内で2、3回、毎回スピードを上げながら疾走し、最後の1本は心拍数を最大まで上げた。その晩はレースまえの食事として、スパゲティにオリーブオイルを掛けて食べた。味つけせずに。そしてレースが始まる3時間まえに、ミューズリーかパンを食べ、レース開始の15分まえにもう一度、炭水化物を少量食べた。レース前日の朝食は、ヘルシーな食品である限り、どんなものでもほとんど食べることができた。

いいレースをしようとすると、わたしはどうしても神経過敏になった。過敏になるあまり、手指がチクチクと痛むこともあった。それはつらいことだった。だが、わたしは常に、レースを優先させ、毎年1レースか2レースに焦点を絞った。

Rico Elmer　スイスの山岳スキーヤー。2000年代初頭の山岳スキーレース・サーキットを席巻した。2003年にヨーロッパ山岳スキー選手権のチーム部門にダミアン・ファルケと組んで優勝。個人タイトルとしては、翌2004年の世界選手権で優勝した。世界中の主要な山岳スキー大会のほぼすべてで優勝している。その中には、パトルイユ・デ・グレイシャー（1998年、2000年）とメッツァラマ・トロフィー（2003年）を含む。スイス山岳スキー競技代表チームの元ヘッドコーチ。チームとしてまた個人として6度ワールド・チャンピオンとなったフローラン・トロワレのコーチでもあった。

プラン作成の仕組み

これまで多くのページを使って個人差重視の必要性を説き、自分のトレーニングをモニターし微調整して、最善の結果に結びつける方法を書いてきた。コーチングという作業を科学というより芸術に近いものにしている、あの微妙なグレーゾーンを強調してきた。だがここからは、以前「機械論的アプローチ」と書いたものに乗り出す。あなたが自力で長期プランを展開する方法を書いていく予定だ。

イタリアのサッソ・ポルドイで開催されたドロミテ・スカイレースに出場したタデイ・ピブク　写真：Federico Modica

ただ、わたしたちは承知している――あなたの狙いがどれほど理論的なものであっても、いずれあなたは自分が立てた長期プランから、いや、どんな長期プランにしろそこから、逸れていく。

そこで、逸れるにしても、大きく逸れないように、また、その長期プランに過激な変更を加えなくてすむように、わたしたちはある方法を開発した。それを使えば、これまでの各章を参照しながらあなた専用の長期プランを独自設計（カスタマイズ）できるし、必要に応じて途中で微調整を加えられる。

繰り返し説明してきた通り、「それ一つで万人に合う」トレーニング法などない。目覚ましい成果を挙げているアスリートのトレーニング法をそのまま真似しようとしても、失望し、現状を悪化させるのがせいぜいだ。

トレーニング・プランを機械論的に作成するにあたり、まず全体の流れを示そう。

第1段階　アスリート・カテゴリーを選択する

図11.1　プランニングの流れ

第1段階 アスリート・カテゴリーを選択する		第2段階 マクロサイクルのプランを選択する		第3段階 週単位メニューのタイプを選択

まず、自分の現状に近いアスリート・カテゴリーを選択する。第2段階でマクロサイクルのプランを選択する。ここでは、実際に日々何をどう進めるかということより、これから先の何週間、何か月間を見通して、数々の例からプランの大枠を選択する。第3段階で、選択したマクロサイクルのプランの全ての週に対して、日々のトレーニング内容を組み立てる。ただし、1週7日間、実際に日々どんなワークアウトをどう並べるか、1、2週間前に決めればよい。そうすれば不測の事態が起きても、プランを変更する頻度が減るし、以前注意したような「やたらプランに固執」するような傾向も減らせる

北イタリア、カモニカ渓谷の丘陵地帯を激走するフェデリカ・ビオファバ　写真：Davide Ferrari

　この作業に取り掛かるにあたって、自分がこのトレーニング計画に何を期待しているか、正直に見極める必要がある。
　たとえば、これまで山岳スポーツには馴染みがなかったけれど、これから50キロの山岳レースに出て完走したいという人や、来たるべき冬のシーズンに1つ、2つスキーモ・レースに出てみようという人、一生に一度だけスキーツアーに出掛けて頑張ってみようという人、そういう人が必要としているものと、何シーズンもトレーニングを積んだ経験豊富な山岳アスリートで、レース経験が何回もある人が必要としているものは、まるで違う。まず、カテゴリーを2つに分けるから、自分がどちらに当てはまるか選択する。

■カテゴリー1は、ビギナーで経験があまりなく、各種の基礎体力を**積み上げる**必要がある人たち。
■カテゴリー2は、最低1シーズン（できれば数シーズン）のトレーニングで成功体験を持ち、今後自分の基礎体力を**維持する**とともに、さらに補強する必要があるアスリート。

カテゴリー1

　こちらのアスリートは、基礎体力の構築を必要としている。
■ランニングもしくはスキーモに焦点を絞ったトレーニングをこなした時間が、過去2年間に、年平均400時間以下の人。
もしくは
■18歳未満。
もしくは
■過去12か月の内に、自分が狙ったレースや大会で、距離的もしくは時間的に満

足な結果＊を得られなかった人。

> ＊満足な結果とは：自分の持てる力を十分に発揮して、その結果に喜びを感じること。自分
> が設定した目標を達成するか、それに近い成果を得て、心が満たされることを指し、その
> 大会のせいで落ち込んだり、故障したりしていないこと。

このカテゴリーにあてはまる場合、あなたにできる最も効果的なトレーニングはただ一つ、とにかくトレーニングの量を増やすこと。オフシーズンに長い時間をかけてそれができれば、理想的。

注意：年間のトレーニング時間が 400 時間を大幅に下回るときは、このベース期に入る前にトレーニング・サイクルをもう一つ追加することになるだろう。このような措置は、特にジュニアや未経験者に必要だろう。早まってカテゴリー 2 のトレーニングを始めないこと。さもないと、トレーニング負荷をうまく消化できずに、足踏みすることになりかねない。

カテゴリー 2
積み上げてきた基礎体力を維持しつつ、さらに補強する必要があるアスリート。

■少なくとも過去 2 年間にわたって、年平均 400 時間以上のトレーニングをつづけている。そういうアスリートは短い中断期があっても、止めてしまうことはないから、その基礎体力が高い状態を維持している。

■年齢は、18 歳以上。

そして、

■過去 12 か月間に、距離もしくは競技時間の点でそのトレーニング期間の目標に設定していた数値、もしくはそれに近い数値＊で、首尾よく競技会や大会を終えたことがある。

＊それに近い数値の中には、そのトレーニングサイクルにおいて、タイムや距離の点で、目標にしていた大会より一段下のレベルのレースや大会に出場して成功した経験を含む。

さらに、

■1 年を通じて、3、4 回以上のレースに出場している。

もしもあなたがこのグループに入るなら、特異性に配慮したトレーニングを増やせば、得るものが最大となる。つまり、大会に必要な要素をそのままなぞった形のトレーニングを増やして、ゾーン 1 ～ 2 の有酸素トレーニングの量を目立って減少させない範囲で、高強度トレーニングの量を増やすとよい。

第 2 段階　マクロサイクル・プランを選択する
以下に、マクロサイクルの典型と見られるプランを 9 例ほど提示する（プラン

がプラン通り運ぶことは、まずないが……）。その棒グラフの中から、現在の自分の目的と必要性に合ったものを選ぶ。バラエティーに富んだプランを用意したので、自分に適したもの（もしくはほぼ適したもの）が見つかるだろう。このシステムでは、自分の長期プランを構成する際にできるだけ自由度を高くする一方で、そのプランを具体化し実行する際には、適切なトレーニングを当てはめられるように、ガイダンスを添え書きしている。

　次の図11.2は、トレーニング負荷の尺度として走行距離（km/mile）を用いて、生まれて初めて50キロのウルトラランニングを目指す人の、トレーニングの進め方を示している。

　グラフの棒の天辺に記す頭文字は、その週のトレーニング・タイプを示す。**B**はBase Week（ベースの週）を表し、以下、**I**はIntensity Week（高強度トレーニングの週）、**R**はRecovery Week（回復の週）、**S**はSpecificity Week（特異性トレーニングの週）、**T**はTaper Week（漸減期の週）、**G**はGoal Week（レースに出場予定の週）を、それぞれ表している。自分のプランを組み立てるには、まず、エクセル・シートか、書き込みできるカレンダー、またはノートを用意して、そこに、自分が該当するマクロサイクル・プランの週タイプと、さらに（12章、13章を参考にして）日々のワークアウトを転記することから始める。

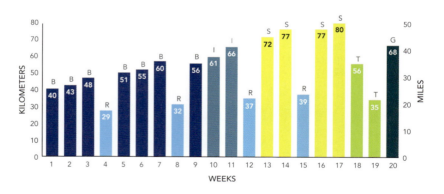

図11.2　典型的なマクロサイクル・プラン
　　　　対象：カテゴリー1、50キロの山岳レースを初めて目指す人

初めて50キロのレースを走ろうというアスリート用。レースが目的ではなく、個人的な目標として同じ程度の距離を走ろうというレクリエーション・ランナーにも役立つプラン

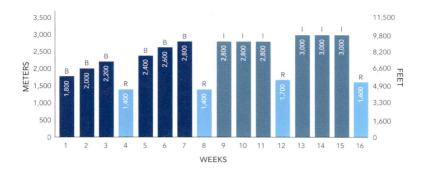

図11.3　シーズン前のスキーモ選手のトレーニングの進め方
対象：カテゴリー1で、初めてのシーズンを迎えようというアスリート

来るべきシーズンに初めて2つほどスキーモ・レースに参加しようという人のためのプラン。このプランに入る以前の条件として、週平均の獲得標高が1500〜1700メートル前後のトレーニングを8週間続けた実績を要する。それよりトレーニング実績が少ない場合は、プラン1週目の獲得標高を1600メートル以下に抑え、その後、この図と同じ割合で獲得標高を増加させていく。

図11.4　シーズン初めのスキーモ選手のトレーニングの進め方
対象：カテゴリー2のアスリート

こちらは夏季の山岳ランニングで、過去8週間にわたって週平均2000〜2200メートル前後の獲得標高をつづけるアスリートが、スキーモ向けに体作りするときの移行プラン。冬の盛りのレース・シーズンに入ると、このプランは終わる。山小屋泊のスキー登山や、アルプスのオートルートのような大きな目標のためのプランとしても有効

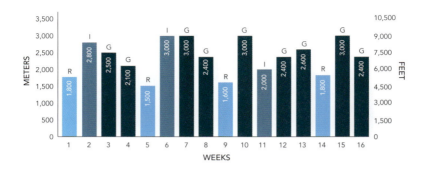

図 11.5　スキーモ選手のレース・シーズン中のトレーニングの進め方
　　　　　　対象：カテゴリー 2 のアスリート

このプランは、12 月から 4 月までつづく冬のレース・シリーズに参加して何戦も闘うアスリート向けのもの。このプランの次の段階として、図 11.6 に近似のプランがある

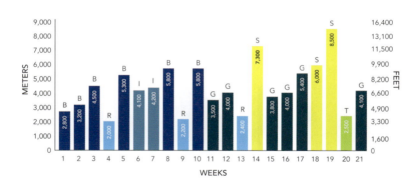

図 11.6　スキーモ・トレーニングの実例
　　　　　　対象：カテゴリー 2 のアスリート

これは国を代表するスキーモ・レーサーが、シーズン終盤の 3 月に優先順位 A のレースに出場するために立てた、実際のトレーニング・プラン。冬に入ってからトレーニングとして C ランクのレースに何回か出場する予定にしている。現実には、おそらくこのプラン通りに進んだわけではないだろう。にも関わらず、このアスリートはシーズンを通して、自己ベスト記録をいくつも達成した。このプランは、夏期のベース・トレーニングのあと、10 月中旬から始まった。「パトルイユ・デ・グレイシャー」や「パワー・オブ・フォー」といったレース用に利用できる

図 11.7　獲得標高の増やし方
　　　　　対象：山小屋利用のスキーツーリング

山小屋利用で数日つづくスキーツアーを余裕をもっておこないたい人が、獲得標高を積み上げるときの例。アルプスのオートルートや、カナダのワプタ・トラバースの準備に利用できる。オーストリアのホッホ・チロル・トラバースをおこなうには、これが最低のライン

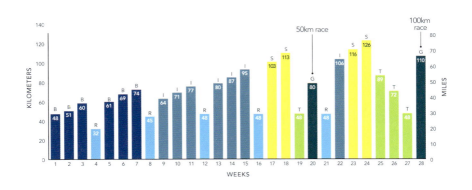

図 11.8　トレーニング・プランの理想的な進め方
　　　　　対象：カテゴリー 2、優先順位 A の 100 キロレース 1 回をシーズン中の最
　　　　　終目標とするアスリート

優先順位 A の 100 キロレースをシーズンの最終目標に据え、間に優先順位 B のレースを挟む、典型的なプラン。カテゴリー 1 の多くのアスリートが、体系的なトレーニングによって 2 シーズン目の体作りをする上で、このプランは、理論に適っている。個人的に山岳ランニングのプロジェクトがあってそれを成功させたいと思っているレクリエーションレベルのランナーにも、うまく当てはまるプラン

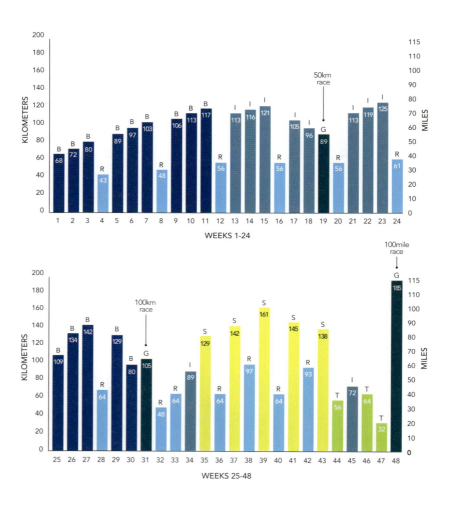

図 11.9　100 マイルのランニングレース（160 キロレース）に向けて、トレーニングを組み立てる

これはトレーニングの進め方の理想的な例として、シーズン中に 1 回だけ優先順位 A の 100 マイルレースに出場するため、優先順位 B のレースに 2 回参加する例をグラフ化したもの。カテゴリー 2 のランナーにとって、このようなプランは極めて合理的だ。カテゴリー 1 のランナーたちは、こういった長距離レースへ一気に進みたがる傾向があるが、燃え尽き症候群や故障のせいでやめることなく、長期間にわたって好成績を維持したかったら、数年間継続してトレーニングをつづけ、ランニングの基礎力を積み上げるように、とわたしたちは強く勧める

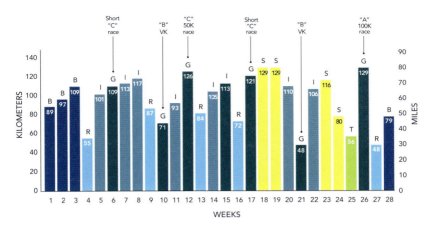

図11.10 有酸素ベースが十分なカテゴリー2ランナーの、トレーニングの進め方

これはカテゴリー2の山岳ランナーが、春、夏、秋とつづくレース・シーズンをどのようなプランで迎えるか、その一例を示すグラフ。このアスリートの体は基礎体力レベルが高いので、予定しているレースはいずれも現在の体力容量を超えない範囲にある。この人はシーズンを通して参加する数々のレースを、ちょっと厳しめなワークアウトとして捉えて、トレーニングの通常の流れを中断しない。一方、非常に多くのアスリートは、基礎体力が小さいうちから、このようなシーズンを送ろうとして、結果的に故障したり極度の疲労に陥って自信を失い、やめてしまう。是非、長期的な視野を持って数年に及ぶ地道な努力を重ね、このレベルに達してもらいたい

第3段階　週タイプ別に掲げるメニューから、ワークアウトを取り出して組み立てる

　自分が選択した棒グラフの、それぞれの棒の天辺に記すアルファベット（B、I、R……）は、6種類の週タイプ（Bタイプの週、Iタイプの週、Rタイプの週……）に対応する。つづく12章、13章に、それぞれの週タイプに対応する、日々のワークアウトを週間メニューの形で具体的に列記し、実行する際の要点と特記事項を添えてある。あなたが次におこなう作業は、週間メニューにある各ワークアウトを該当する週の曜日に割り振って、自分のトレーニング・プラン・カレンダーに書き込むこと。その際、ワークアウトの種目毎に記したガイドラインをよく読んで、自分のスケジュールに合わせる。

Bタイプの週（Base Week ＝ベースの週）

　基礎づくりの週であり、ほかのトレーニングはすべて、この基礎の上に組み上げることになる。具体的には、①有酸素容量の蓄積、②走効率の改善、③筋力の増加。①はゾーン1、ゾーン2の有酸素ベース強度で（85ページの図3.3「5 トレーニ

ングゾーン」を参照）、時間と距離と獲得標高を積み上げるのが狙いだ。もしも有酸素容量が不足しているなら（ADS を経験しているなら、91 ページの解説「10％テスト」を参照）、有酸素ベース・トレーニングのほぼすべてをゾーン 2 でおこなう。もしくは、ゾーン 2 の量を週間トレーニング量のせいぜい 15％に留め、残りすべてをゾーン 1 でおこなう。

筋力強化：週 2 回。汎用筋力もしくは特化筋力を鍛える。どちらにするかは人によって異なる。7 章の筋力評価で得た結果に基づいて、どちらか自分に適した方を選ぶ。2 種類の体幹筋力ワークアウトは、筋トレの日でも他の日でもよいが、週 2 回おこなう。

積極的回復（アクティブ・リカバリー）：体のどこかに違和感があれば、そのケアも含めて全身のアクティブ・リカバリーを試みる。ストレッチや、ロール、マッサージ、水泳。セルフ・メンテナンスを積極的に取り入れる。少なくとも週 3 回はおこなう。

リカバリー・ワークアウト：このワークアウトもその週の有酸素ベースの距離として加算する。激しい 1 日の後、ごく軽いトレーニングの日として組み込んでおくとよい。また、ウォームアップしても気分が「乗らず」、体の方から「追い込む気になれない」と伝えてくることがある。そんな日は、日誌（ログ）に C か D の評価を記入して、運動強度を大幅に下げ、必要とあらば時間も短く切り上げる。リカバリー・ワークアウトは、始めたときより終わった直後、もしくは 2 ～ 3 時間後の方が気分がスッキリしていなければならない。どうしてもだめなら、翌日の休養も考える。

有酸素ベース・ワークアウト：B タイプの 1 週間を組み立てるには、まず、週に 1 回おこなう長時間ワークアウトの日取りを決める。目安として、その日 1 日のラン／スキーで稼ぐ距離／獲得高度が、1 週間に稼ぐ距離／獲得高度の 30 ～ 40％となるように設定する。運動の総量がまだ少ないうちは、この 1 日の運動量が全体に占める割合を大きめ（40％寄り）にし、1 週間の運動量が増えるにつれて、この長時間ワークアウトが 1 週間の運動量に占める割合を小さめ（30％寄り）にする。残りの距離を少なくとも 4 つのワークアウトに分割して、別の日、あるいは午前／午後に分けておこなう。それぞれの距離には、ヒル・スプリント／ヒル・バウンディングや筋持久力（ME）ワークアウトのためのウォームアップとクールダウンとして走る距離も加える。この 4 回に分けたランのうち 2 つには、気晴らし（ピックアップ）として、早駆けダウンヒルを適量加える。スキーモを目指すなら、スキー滑走やローラースキーを加えてもいいだろう。山岳スキーヤーは任意で、スキー・ストライディング（313 ページを参照）を加えるのもいい。

筋持久力（ME ＝ muscular endurance）：ME が自分の弱点だというなら（240 ページを参照）、ME に焦点を当てたワークアウトを始める好機だ。山岳スキーが目当てなら、初めのうちは週に 1 回取り入れる。

イタリア・ドロミテを走るルーク・ネルソンとクロエ・ランティエ、クレア・ギャラガー　写真：Eliza Earle

I タイプの週（Intensity Week ＝高強度トレーニングの週）

　詳細は「高強度トレーニング」（305ページ以降）のガイドラインに譲るとして、このタイプの週には、ゾーン3、ゾーン4の高強度トレーニングを導入する。そうすれば、その分だけ持久力が増すだろう。そしてBタイプの週のトレーニングを補完してくれる。ただし、週タイプBの代用として機能するわけではない。もし、有酸素能力が不足しているようなら（ADSを経験しているなら91ページの解説「10％テスト」を参照）、Iタイプの週におこなう有酸素ベース・トレーニングのほぼすべてを、ゾーン2の有酸素トレーニングに費やす。さもないと、ゾーン2にも落ちこぼれて、ベース・トレーニングをゾーン1からやり直すことになるだろう。

筋力強化：週に1日を、ヒル・スプリント／ヒル・バウンディングに充てる。週に2日、体幹筋力のワークアウトをつづける。山岳スキーヤーはヒル・バウンディングを利用する。

積極的回復（アクティブ・リカバリー）：体のどこかに違和感があれば、そのケアも含めて全身の積極的回復を試みる。ストレッチや、ロール、マッサージ、水泳。セルフ・メンテナンスを積極的に取り入れる。少なくとも週3回はおこなう。

リカバリー・ワークアウト：このワークアウトもその週の有酸素ベースの距離に

加算する。あまり急でない地形でおこなう。激しい1日の翌日に、ごく軽いトレーニングの日として組み込んでおくのもいい。ウォームアップの後どうも「気分が乗らず」、体も「追い込む気になれない」と伝えてくることがある。そんな日は、日誌にCかDの評価を記して、運動強度を大幅に下げ、必要とあらば時間も短く切り上げる。リカバリー・ワークアウトは、始めたときより終わった後の方が気分がスッキリしていなければならない。たとえ直後はそうでなくとも、2〜3時間後には。どうしてもだめなら、翌日の休養も考える。

有酸素ベース・ワークアウト：Iタイプの1週間を組み立てるには、まず、週に1回おこなう長時間ワークアウトの日取りを決める。目安として、その日1日のラン／スキーで稼ぐ距離／獲得高度が、1週間に稼ぐ距離／獲得高度の30〜40％となるように設定する。運動の総量がまだ少ないうちは、この1日の運動量が全体に占める割合を大きめ（40％寄り）にし、1週間の運動量が増えるにつれて、この長時間ワークアウトが1週間の運動量に占める割合を小さめ（30％寄り）にする。残りの距離を少なくとも4つのワークアウトに分割して、別の日、あるいは午前／午後に分けておこなう。それぞれの距離には、ヒル・スプリント／ヒル・バウンディングや筋持久力（ME）ワークアウトのためのウォームアップとクールダウンとして走る距離も加える。また4回に分けたランのうち2つには、気晴らしとして、早駆けダウンヒル（ピックアップ）を適量加える。スキーモを目指すなら、スキー類似動作（シミュレーション）もそこに加える。山岳スキーヤーは任意で、実際のスキーかスキー・シミュレーションを加えるのもいいだろう。（スキー・シミュレーションについては313ページの「解説」を参照）

筋持久力（Muscular Endurance）：MEワークアウトを外して、ゾーン3、もしくはゾーン4のワークアウトを組み込み始める。山岳スキーが目当てなら、週2回

イタリア、カモニカ渓谷の高台にあるプラザ・ゲルを走る　写真：Davide Ferrari

に増やす。

高強度トレーニング：この問題に関しては、305ページで詳しく論ずる。この週にはゾーン3のインターバルを加える。最初は1週間の合計時間の5%以下に抑えたところから始め、時間的にも運動量的にも、48時間で回復する範囲に留める。72時間経っても脚部に疲労が残っていたら、次回は元に戻す。ゾーン3で、週間トレーニング時間の10%までこなせるようになったら、ゾーン3の一部をゾーン4に入れ替えていく。スキーモなら、スキーに特化したモードを用いる。山岳スキーヤーはこのトレーニングをしなくてよい。

Rタイプの週（Recovery Week ＝リカバリー・回復の週）

このタイプの週は、トレーニング効果を身につけ定着させるためにある。運動総量の50%をカット。この週の最優先事項は体を回復させること。このRタイプ

イタリア・トレンティーノ地方のヴェネジア渓谷で雪上に出て有酸素ベースのワークアウトをおこなうリッカルドとジュリア・ダリオ　写真：Federico Modica

の1週間ないし数日間の目的は、フィットネス銀行の預金残高を増やすことではなく、体をなるべく早く、十分に回復させて、さらに一段、調子を上げる準備に入ることにある。この週の組み立てはできるだけ緩くしておいて、幾日か休養したり、並外れの軽いトレーニングで終わらせてもいいようにしておく。日曜には、さあ明日からまた攻めるぞ、という気分になっていたい。そうでなかったら、まだ回復していないということだ。別種のリカバリー・トレーニング——水泳や、軽いサイクリング、その他好みのアクティビティーを入れてもいいだろう。もしも有酸素能力が不足しているようなら（91ページの解説「10%テスト」を参照）、有酸素ベース・トレーニングのほぼすべてをゾーン2でおこなう。もしくは、ゾーン2を週の総量の15%に抑えて、ゾーン1の有酸素運動をおこなう。（ADS＝有酸素能力欠乏症候群については46ページを参照）

筋力強化：週に一度、体幹筋力を鍛えるワークアウト。ヒル・スプリント／ヒル・バウンディングの量を半分にカットした上で、週の後半に持っていく。山岳スキーヤーはヒル・バウンディングを用いるが、量は半分にする。

アクティブ・リカバリー：Rタイプの週は、違和感を覚える部分に集中してアクティブ・リカバリーを施す。ストレッチやロール、マッサージ、水泳など積極的にセルフ・メンテナンスを取り入れる。1週間に最低でも3回おこなう。

リカバリー・ワークアウト：少なくとも週に２回、リカバリー強度（85ページの「5 ゾーンシステム」参照）でワークアウトする。その運動量は週間有酸素ベースの距離に反映させる。あまり傾斜のない場所でおこなう。このワークアウトは、激しいトレーニングの翌日に、あらかじめ１日、２日、非常に軽いトレーニングの日として予定するとよい。予定していなくとも、ウォームアップの後どうも「気分が乗らず」、体も「あまり動きたくない」といってきたという日に、これを用いる。そんな日は、トレーニング日誌にＣかＤの評価を記して、運動強度を大幅に下げ、必要とあらば時間も短く切り上げる。このリカバリー・ワークアウトは、始めたときより終わった後の方が気分がスッキリしていなければならない。たとえ直後はそうでなくとも、数時間後には……。どうしてもだめなら、翌日の休養も考える。

有酸素ベース・ワークアウト：週間総走行距離／獲得標高の 40％前後をこなす長時間ワークアウトの日を、１日設ける。週後半の体が回復してきた頃がいい。この40％の中には、その途中で付随的におこなうヒル・スプリント／ヒル・バウンディングや高強度トレーニングの前後におこなうウォームアップとクールダウンのランニングも加える。この週には、この強度でもう一度ワークアウトするが、その割合は週間総走行距離／獲得標高の 20％とする。残る 40％はリカバリー・ゾーンでおこなう。この２回のランのどちらかに、気晴らしに早駆けダウンヒル_{ビックアップ}を適量加える。スキーモ・レーサーは、スキー歩行や、ローラースキー、ムース・フーフィング（313ページを参照）を取り入れるのもいい。

筋持久力：メニューから外す、もしくは 50％カット。

高強度トレーニング：すべて、前の週より 50％カット。週の終わりに１度だけワークアウトする。スキーモ・レーサーはスキー歩行や、ローラースキー、ムース・フーフィングを取り入れるのもいい。山岳スキーヤーはメニューのこの項目を無視してよい。

Ｓタイプの週（Specificity Week ＝特異性の週）

　このタイプの１週間は、優先順位Ａのレースに必要とされる特異的な能力を準備するためのもので、マクロサイクルの終盤に入ってくる。ウルトラランナーや山岳スキーヤーだったら、長距離ラン／長距離スキーを何日か連続して繰り返すことになるだろう。そうすれば、目指す大会の条件を幾つか模して、超長時間レースに向けたトレーニングとして効果を得られるが、それでも本番に比べればストレスは小さく、リカバリーに要する時間もぐんと短い。

　もっと距離が短く、運動強度の強い大会——たとえばVK（バーティカルキロメーター）やスキーモの場合は、有酸素ベース・トレーニングの割合を減らして、その分ゾーン４のインターバル・トレーニングを加える。もし、有酸素能力が不足

している場合は（ADSについては46～47ページを参照、また91ページの解説「10％テスト」を参照）、有酸素ベース・トレーニングはほぼすべてゾーン2でおこなう。さもなければ、ゾーン2をせいぜい15％程度に抑えて、残りのすべてをゾーン1でおこなう。

筋力強化：ヒル・スプリント／ヒル・バウンディングを週に1回。引きつづき週2回の体幹ワークアウト。

筋持久力：山岳スキーヤーはMEワークアウトを、週1回。ランナーやスキーモ・レーサーは、すでに高強度トレーニングを十分積んでいると思われるので、省略する。

積極的回復：体のどこかに違和感があれば、そのケアも含めて全身のアクティブ・リカバリーを試みる。ストレッチや、ロール、マッサージ、水泳など。積極的にセルフメンテナンスに向き合い、最低週3回おこなう。

リカバリー・ワークアウト：Sタイプの週には、リカバリー強度のゾーン（85ページの「5ゾーンシステム」参照）で、最低週2回ワークアウトする。その運動量はその週の有酸素ベースの距離に加算する。傾斜は緩くなければならない。この手のワークアウトは、激しくトレーニングした日の後に、ごく軽くトレーニングする日として、計画に組み込むといい。予定していなくとも、ウォームアップ中に、どうも「気分が乗らない」、体も「あまり動きたくない」といっているような日に、これを用いる。そんな日は日誌にCかDの評価を記して、運動強度を大幅に下げ、必要とあらば時間も短く切り上げる。リカバリー・ワークアウトは、始めたときより終わった後の方が気分がスッキリしていなければならない。たとえ直後はそうでなくとも、2、3時間後には……。どうしてもだめなら、翌日の休養も考える。

有酸素ベース・ワークアウト：長距離競技会のためのトレーニングなら、Sタイプの週には、2日連続で長距離走をおこなう。目標は、1週間の目標走行距離／獲得標高の60～80％をその2回のワークアウトでこなすこと。残りの距離／獲得標高を、少なくとも3回のワークアウトに分割する。その3回にはMEワークアウト、ヒル・スプリント／ヒル・バウンディング、そしてウォームアップとクーリングダウンによってこなす距離／獲得標高をすべて合算して考える。こうしたワークアウトのうち2回は、早駆けダウンヒルか、スキーの気晴らしを加える。スキーモ・レーサーなら、スキー・ストライディングやローラースキー、ムース・フーフィングを加えるのもいいだろう。

　VKレースのように、通常のスキーモより距離が短いレースのためのトレーニングなら、高強度ワークアウトを2倍に増やす。

高強度トレーニング：ウルトラランナーは、ゾーン3のトレーニングを全てカットし、ゾーン4のインターバルを1回だけおこなう。その量は、前の週の量を超えない程度。そのワークアウトは、2日連続の長距離走をおこなってから、最低

72 時間空ける。

　VK レーサーもしくはスキーモ・レーサーの場合、ゾーン 3 のトレーニングを全てカットして、ゾーン 4 のインターバル・セッションをもう一つ付け加える。ただし、前回のゾーン 4 インターバルからリカバリー・ワークアウトを挿んで最低 72 時間は空ける。ゾーン 4 トレーニングの 1 週間の合計時間は、前の週の全走行時間の 15％程度に抑える。

T タイプの週（Taper Week ＝漸減期の週）

　テーパーリングは個人の好みによるところが非常に大きい。キリアンのようにレース前にテーパーリングしないトップアスリートもいる。レースに年中出ているようなアスリートには、特にその傾向が強い。そういう人はテーパーリングの機会が多すぎると、シーズンが過ぎていくうちに、結果的に調子を落とすことになるからだ。テーパーリングは、一般的に数日間から、ウルトラレースの場合は時に数週間にわたって、レース前に負荷を下げていき、アスリートは試合当日を新鮮な状態で迎える。どれほどの期間、どの程度負荷を下げるかについては、経験から学ぶほかない。ここに提供する参考例では、あくまでテーパー期の一般的な方法を示すことになる。総論として、優先順位 A のレース前は、優先順位 B のレース前よりテーパーの程度を強調してしかるべきだ。優先度 C のレースは、通常のワークアウトと同じ扱いにする。テーパー期に入ったら、通常のトレーニングは中断する。調子を上げようとか、少しでも速くなろうとして、何か特別なワークアウトとか、新たなワークアウトを紛れ込ませてはいけない。今さら、そんな時期ではない。必要最小限の範囲で、徐々にトレーニング負荷を下げつつ、調子を落とすことなく、脚力をリフレッシュさせる。そのバランス調整は、トリッキーだ。

筋力強化：週に 1 度、体幹のワークアウト。ヒル・スプリント／ヒル・バウンディングは、1 週につき 30％ずつ減らしてゆく。

積極的回復：違和感を覚える体の部分に集中してアクティブ・リカバリーを施す。ストレッチや、ロール、マッサージ、水泳など。進んでセルフ・メンテナンスに向き合い、最低週 3 回おこなう。

リカバリー・ワークアウト：T タイプの週は、トレーニング量を全体的に減らす。強度的には、2 つのリカバリー・セッションを除いてすべて、12 章の表に示す所定の強度範囲でおこなう。

有酸素ベース・ワークアウト：長距離ランもしくは長距離スキーは、1 週間でこなす予定の走行距離／獲得標高の 50％ほどを目安とする。その数値には、ヒル・スプリントや高強度トレーニングの前後におこなうウォームアップとクールダウンも加える。ほかに 1 週間でこなす予定の走行距離／獲得標高の 10％程度を、ゾー

ン2で1回おこなう。短距離の高速ダウンヒル・ランも2、3回加える。スキーモ・レーサーの場合は、テンポの早い気晴らし（ピックアップ）を2、3回加える。

高強度トレーニング：高強度の種目はすべて、運動時間を短くし、休憩時間を長くとる。高強度トレーニングの総量は、週毎に30％ずつ落としていく。そうして心身を研ぎ澄ませる。

Gタイプの週（Goal Week ＝レース出場の週）

レース当日を含む1週間。テーパー期（漸減期）の一部でもあるが、同時に、しっかり養生する期間でもある。レース会場への移動もあるだろう。この週に何をしたところで、速くならないだろうが、あれこれやれば遅くなる。体と気持ちを楽にしながらも、日々活動的に過ごす。休養も過ぎると、だらける。

筋力強化：この週は筋力トレーニング、ゼロ。

積極的回復（アクティブ・リカバリー）：Gタイプの週は、違和感を覚える体の部分に集中してアクティブ・リカバリーを施す。ストレッチや、ロール、マッサージ、水泳など。進んでセルフ・メンテナンスに向き合い、最低週3回おこなう。

リカバリー・ワークアウト：この週はリカバリー・ゾーンの運動のみ。4日以内に留めて、脚を休ませる。

高強度トレーニング：リカバリー・ワークアウトのうちに2回、楽しめる程度までスピードを上げて30秒のランを3、4回、あいだに軽めのジョグ3分間を挟んでスパイスを振る。山岳スキーヤーには不要。

ベース期のガイドラインあれこれ

プランの強度を大幅に引き上げる時には、次の原則を忘れないように。体系的トレーニング・プランのベース期へ初めて乗り出すに当たって、考えるべき最も重要な要素は、トレーニング負荷をどのように増加させるか、ということだ。増加のスピードが速すぎれば疲労が溜まってきて、回復のために予定外の休養が必要になる。悪くすると、故障したりオーバートレーニングに陥って、何週も、ときに、何か月も計画を頓挫させることになる。正しい計画というのは、適切な週間獲得標高を選択して、自分が制御できる範囲内で増やしていくことだ。出発点となる獲得標高の適切な値がいくつか、誰も教えてくれない。本書ではガイドラインらしきものを示唆しているが、それとても、トレーニングに対する個々人の反応を産み出すさまざまな要素に依存する。たとえば、年齢、トレーニング歴、遺伝的特質、生活ストレス、などなど。本書の各図では、オーバーユースによる故障や、オーバートレーニングを防ぐため、週間獲得標高の増加率を控え目に設定しているが、それでも体が違和感を訴えているようだったら、そのまま頑固に先へ進んではいけ

モンタナ州ミズーラ郊外でスキーツアー中、歩行系のトレーニング量を確保するためアイゼンに履き替えるジャッキー・レビィとアリソン・ディミット・グナム。写真：Steven Gnam

ない。自分の体の声に耳を傾けることだ。

注意：年間のトレーニング時間が、400時間を大幅に下回るときは、トレーニングの基礎力蓄積期（ベース期）に取り組む以前に、追加のトレーニングサイクルを設けることになるだろう。このような措置は、特にジュニアや未経験者に必要だろう。早まってカテゴリー2のトレーニングを始めないこと。さもないと、トレーニング負荷の扱いに苦労して、足踏みすることになりかねない。

トレーニング量の増やし方（週単位の獲得標高と走行距離）

10数ページ前のグラフで、週間走行距離の一般的な推奨値を棒の高さで示したが、以下に、プランを作成するにあたって留意すべき点をいくつか記す。

トレーニング負荷を増やすときのガイドラインは、次の5点。

■長期にわたってスムーズに増やしていくため、走行距離にしろ、獲得標高にしろ、運動時間にしろ、負荷の増加率は1週あたり10％以下に抑える。ただし、リカバリーの週明けは例外で、もう少し増やしてもかまわない。

■走行距離と獲得標高については、3週以上連続して増加させない。

■走行距離と獲得標高、運動強度の3つを、1週の内に3つとも増加させない。1度に1つだけ増加させる。2つ増加させる必要があるときは、2つあわせた増加率を15％以下に抑える。たとえば、走行距離を10％増やしたら、獲得標高を5％増

やすとか、ゾーン3のトレーニング時間を8%増やしたら、距離を7%増やすとか。

■走行距離にしろ獲得標高にしろ、連続する2週分の増加率を足して、15%以上にしない。

■走行距離にしろ、獲得標高にしろ、運動強度にしろ、大きく（15%近くまで）増加させたときには、直後に1週間のリカバリー期間を設けて、体を適応させる。

トレーニング負荷の変動調整

先に例示したマクロサイクルのグラフでは、多くの場合、3週間かけて徐々にトレーニング負荷を増加させ、つづく1週間のリカバリー期間は、トレーニング負荷を大幅に減少させている。ただし3：1の構成比は硬直したものではない。実はあなたの体には2：1サイクルの方が適しているのかもしれない。それが判明するまであれこれ試す必要があるし、トレーニングに対する自分の体の適応状態に応じてその比を修正する必要があるかもしれない。どんなプランにしろ、それに対して自分の体がどのように適応しているか注視せず、頑なにそれを踏襲してはいけない（オーバートレーニングについては、133ページ以降で詳しく論じている）。何より大事なのは、自分が立てたプランに変動調整を加える必要があるということ。休養は切羽詰まって取るものではなく、計画的にとるもの。ハードワーク後の回復期に、その効果が定着するのだ。リカバリーの週が終わったときに新鮮な気持ちになれるよう、リカバリーに十分な日数を充てる。

トレーニング負荷をモジュレーションする際のガイドライン

■自分の体調に注意する。日誌をつける。いろいろ試して、何が自分に適しているか見つける。

■獲得標高／走行距離をモジュレーションするに当たって、その値がマクロサイクルの週ごとの変化と相似形になるようにする。可能な限り漸進性にこだわり、気紛れに数値を飛躍させない。

■リカバリーの週は、トレーニング負荷を過去数週間の最大値より、少なくとも40〜60%落とす。高強度セッションは、多くても週1回に留める。

■高強度トレーニングの経験があまりない場合、とりわけ成功体験がない場合は、高強度セッションの疲労を十分回復させるため、上述した3：1の割合を2：1、もしくは1：1にする必要があるかもしれない。

■意図的にオーバーリーチ期間（99ページ参照）を利用したなら、つづいて迎えるRタイプの週は、思い切って負荷を70%削減してプランを立てる。

週間獲得標高

走行距離と同じで、各週のトレーニング予定表に書き込む獲得標高の値（メー

トル）は、いくつもの要因によって変わる。目指すレースの獲得標高の値や、トレーニングに使える山や丘が近くにあるかどうか、その人のトレーニング歴などなど。最良の結果を望むなら、自分が利用できるトレーニング環境に応じて目標を選び、そのレース内容と似通った場所で自分を鍛えることだ。週間走行距離と同じで、もしもこの種のスポーツの経験がないなら、とにかく小さな値から始め、全体のプランを通じて、徐々に獲得標高を積み上げていく。一方、相当量のトレーニング経験があるなら、週間獲得標高をもっと高いところから始めて、それを維持する。

週間獲得標高に関するガイドライン

■こういったスポーツの経験がない人は、最初の週の獲得標高を、目標とする大会の合計値の1/3 〜 1/2 から始める。
■最低でも、目標とする大会の獲得標高の合計値を、ベース期の終盤に 2 週間かけてこなせるようプランを立てる。
■主たるワークアウトは、脚を使っておこなう。ランニングや、スキーシミュレーター、ローラースキー、または実際のスキーなど。
■獲得標高の大きな週は、走行距離も自ずと増えるので注意する。
■リカバリーの週には、走行距離を減少させる割合と同じ割合（40 〜 60％）で、獲得標高を減少させる。

高強度トレーニング

　低強度トレーニングは、ほとんどの場合、多ければ多いほどいいので、比較的容易に分量を処方できるが、何か特定の高強度ワークアウトを処方するのは、遙かに微妙で難しい。運動強度という言葉に触れた途端に、個別性の原則が表面化してくる。それぞれの段階において、高強度の運動をどれほどの頻度で、どれほどの量をこなしたらいいかとなると、各人のトレーニング歴が関わってくる。もしあなたが高強度トレーニングの経験者なら、それをどのように適用したらいいか理解し、またそのワークアウトからうまく回復する方法を理解しているだろう。もしあなたがトレーニングを積んで基礎力を大量に蓄えていて、そこへ新たに高強度ワークアウトを加えようというなら、やや慎重に構えて、大量の有酸素容量を維持しながら、どれほどの強度の運動をどれほどの頻度で取り入れたらいいか習得する必要があるだろう。

スキーモ・レーサー：スキーモのトレーニングにおいて、高強度ワークアウトは重要な役割を担っている。なぜなら一般的にスキーモ大会は、ウルトラランニングのレースよりかなり高い運動強度で展開するから。とはいえ、高強度ワークアウトはあくまで補完的なものであって、あなたが必要としている有酸素ベース・ワークアウトの代用にはならない。とりわけカテゴリー 1 のアスリートが、最初

305

のスキーモ・シーズンを迎えようという時は、高強度トレーニングより、登坂系の有酸素ベース・ワークアウト（ゾーン1〜2）を優先すべきだ。理想をいえば、自分の AeT（有酸素閾値）心拍数と LT（乳酸閾値）心拍数の差が10％以内になるまで、高い強度のワークアウトを控えた方がいいが、それも又、必ずしも現実的とは言えない。（10％テストについては、91ページの「解説」を参照）

ランナー：出場するレースの距離に対して、あなたが充分な有酸素容量を備えているなら、そこに高強度トレーニングを加えれば、それが成績向上のための価値あるツールとなる。けれど、レース距離をもっと延ばして、新たな領域に踏み込むぞというときには、高強度トレーニングを加える前に、走行距離と獲得標高を延ばすことを優先する方が賢明だろう。

　スキーモにしろ、ランニングにしろ、現実の状況としては、有酸素容量の状態いかんに関わらず、どこかの時点で、高強度トレーニングを加えることになるにちがいない。そんなときは、最初のレースの2か月前から、毎週1回、ゾーン3のワークアウトを加える。ただし高強度トレーニングを加えたからといって、ゾーン1〜2の通常トレーニングの量を5％以上減らしてはいけない。そんなことをしたら、せっかく積み上げた有酸素ベースを失う危険がある。プログラムに高強度トレーニングを導入するに際してどのようにバランスを取るかは――トレーニング全般に言えることだが、個人差が大きく、なかなかうまくいかない。以下に、助けになるようなガイドラインを何点か記す。

高強度トレーニング導入のガイドライン

■高強度トレーニングの導入法としてキリアンが好むのは、ゾーン3のワークアウトを用いる方法だ。ゾーン1〜2の運動量を楽にこなせたと感じた日に、週に1回、ゾーン3のワークアウトを加える。しっかりトレーニングを積んだアスリートなら、1週間に2回、計1〜2時間、ゾーン3のセッションを加えても、まだ余裕があるかもしれないが、そこまで有酸素容量を蓄積するには何年もかかるだろう。カテゴリー1のアスリートにとって最善の導入法は、ゾーン3のワークアウトを週に1回、無理せず計20〜30分間おこなう。具体的にはゾーン3の強度のインターバル・トレーニングとして、たとえば7分×3本、もしくは8分×3本を、運動時間と積極的回復（アクティブ・レスト）の比率を3:1〜4:1でおこなう。このワークアウトで十分回復しないようだったら、ちょっと自分を追い込みすぎているか、さもなければトレーニングの総量が多すぎるのだろう。修正を加えて、次回に臨む。

■各週の高強度トーニングの総量も、各ワークアウトにおける運動量も、あまり高くないところから始めて、徐々に増やしていく。増やしていくにつれて、有酸素ベース（ゾーン1〜2）のトレーニング量を減らさざるをえなくなるが、

その低下率が5%にならないうちに、増やすのを止める。ゾーン1〜2のトレーニング量を維持できないと、ピーク状態の期間が短く、じき成績が落ちてくる危険が高い。

■プログラムに加える高強度トレーニングのタイプは、目指す競技会の性質による。ゾーン3の長時間セッションは、長距離レースにうまく当てはまるだろう。その一方で、ゾーン4〜5の短時間セッションは、VKレースや、短距離系のレースのトレーニングとして効果的だろう。

■まず、週に1回、ゾーン3のワークアウトを加えることで、緩やかに高強度トレーニングに入っていく。初めはゾーン3の強度で、週間トレーニング量の約5%から始める。徐々にゾーン3の量を増やしていくが、それでも1週あたり10%以内に抑える。

■高強度トレーニングの量を増やすタイミングについて、キリアンが勧めるのは、そのときにおこなっている容量トレーニングと高強度トレーニングの組み合わせが楽々こなせるようになったときに初めて、ということだ。アスリートが犯す間違いの中で最も多いのは、強度を高めるのが早すぎることだ。

■プランにゾーン3もしくはゾーン4のワークアウトを加えるようになったら、ゾーン2のトレーニングを外すか、減らし、その分だけゾーン1の有酸素ベース・ワークアウトをおこなう。

■ゾーン3の量が増えて週間運動量の10%を超え、しかもそれだけの量を楽々こなせる——つまり、十分に回復して、しかも1週間の運動総量に落ち込みが見られない。そうなって初めて、ゾーン4インターバルの導入を考える。

■ゾーン4インターバルを加えるときは、毎週少しづつ、ゾーン3の量をゾーン4に入れ替えていく。初めはゾーン4の量が、週間総量の5%を超えないようにする。もし、ゾーン1〜2の週間運動量を5%以上減らさなければならないようなら、ゾーン3の割合を増やして、楽にこなせるようになるまでそのまま保つ。

■体系的トレーニングを初めて経験する人は、ゾーン4インターバルを30/30方式（177ページを参照）で始めるのがよいだろう。その後、もっと長時間の、もっときついインターバルへと進んでいく。

筋力トレーニング

まず心すべきは、筋力増強のための筋力トレーニングではないということ。持久系スポーツにおける筋力の用途は、もっぱらパフォーマンスを向上させ、故障を回避するためである。その役割は補助的なものだ。この手のスポーツに最も役立つ筋力トレーニングの形は、筋持久力トレーニングだ。さまざまな方法で筋持久力を向上させれば、それがそのままパフォーマンスの向上に繋がる。

ATHLETE STORIES 18

山のお化け

ルーク・ネルソン

山に噂（うわさ）が広まっていた。圧雪車を運転するコース整備員（グルーマー）たちも、山には何かいる、と言っていた。長年運転しているベテランでさえ、何かおかしいと首を捻っていた。わたしも長時間のトレーニング・セッションを終えて、ロッジで朝食を摂っているとき、そんな話を小耳にはさんだ。

「サンシャイン・チェアーの下の急斜面だが、わしが通過する度にあるんだな——新しい足跡が」ある整備員が言った。「4往復すると、その度に新しい足跡が1組ずつ」

別のグルーマーが補足して、「そいつは、いきなりそこに現れてどこかへ消えちまう。おかしい。きっとお化けか何か……」

わたしはハッシュブラウンの卵添えをかきこみながら、くすっと笑った。スキー場のコースを整備するグルーマーたちが、この冬は夜中になるとお化けが出る、と怖そうに噂するのを聞くのは、これが初めてではない。わたしがこの辺りで夜中や明け方の暗い中トレーニングしているので、わたしもお化けにビクビクしているとみんなも思っているだろう。

しかしわたしは知っている——お化けは、わたし。

迫り来るアメリカ山岳スキー選手権の準備に真剣に取り組むわたしは、雪上でおこなうトレーニング・ブロックに注力しているものの、最近始めた仕事のために、明るいうちは手を空けられない。それで、どうしても暗闇の中でトレーニングすることになってしまう。トレーニングは毎日欠かさず、たいてい1日2回おこなっていた。獲得標高を大きくするため、できるだけ低い位置に車を駐める。それで圧雪車の運転手たちには、わたしの車が見えない。わたし

のトレーニングの大部分は、整備されたコースから大きく外れているので、ヘッドランプの明かりが見られることはない。週に1、2回インターバルをおこない、その一環として、シール登高からツボ足登高への切り替え訓練を織り込み、後半は圧雪した急斜面をツボ足で登る。そのタイムを計って、圧雪車と所要時間を競う。競争になれば、相手がいない時より自分を追い込める。インターバルの前半はシールを貼って登り、途中でツボ足に切り替えるから、足跡が見えるのはキックステップになってからだ。圧雪車が斜面の天辺で回転する頃には、私はスキー滑降に移って森の中に消え、斜面の最下部へ向かっている、というわけだ。

そんな調子でたっぷりひと月トレーニングをつづけ、アメリカ山岳スキー選手権まで1週間ほどになった頃、わたしは予定どおり、そのスキーエリアを下から上まで登り切るのにどの位かかるか、タイムトライアルすることにした。森の中から圧雪車の隣へ私が出て行くと、運転手がびっくりして、山の天辺へ向かって、キャタピラを全速で回した。接戦になったが、最後は圧雪車に引き離された。上に着くと運転手は飛び降りて、最後の斜面を登って行く私を待っていた。そして、「参ったな」と漏らしながらハイタッチして言った。「おれにビールをおごれよ。ビクビクさせやがって」。お化けの正体がわたしと分かって、ホッとしていた。

1週間後、ジャクソンホールの選手権会場で、わたしは表彰台のトップに上がった。闇夜でも計画通り進めたトレーニングは、報われた。

全長93マイルのワイオミング州グレイズリバー・バレーを走るルーク・ネルソン。チームがスタートした時の気温は華氏マイナス20度で、ツアー中はずっと寒いままだった　写真：Fredrik Marmsater

Chapter 12

スキーモと山岳スキーに特化して
トレーニングを組み立てる

　この章では、スキーに特化した情報を提供して、あなたのプランが最大の効果を発揮するよう手助けする。たとえば、競技シーズン中に起こりがちな特別な状況にどう対処するか、週単位の計画例を交えながら示した。

　冬季におこなうスキーモの成績を上げたり、山岳スキー体験を実りあるものにする最善の方法は、夏のあいだに長時間、山岳ランニングに注ぎ込み、何万メートルという大量の標高差を獲得することだ。ただ、山を駆け登る動作はスキー登行と似ているが、夏の終わりから秋にかけて、スキーに特化した筋持久力ワークアウトと、さまざまなスキー類似動作を取り入れて、たとえば、スキー大股歩きや、坂道弾み登り、ローラースキーなどに馴染んでいれば、実際に雪上でおこなうトレーニングへ移行する際の助けになるだろう。

　スキーモと山岳スキーの主な違いは、登りのスピードにある。言い変えると、シール登行における運動強度の違いが、最も大きい。山岳スキーでは装備類（シールや、兼用靴、ザックなど）が重く、深雪ラッセルの可能性もあるため、腕と脚部の回転率が、スキーモに比較して小さくなる。また、この重量の追加分のおかげで、山岳スキーでは、筋持久力（ME）が物をいうことになる。従って、山岳スキーヤーのトレーニングでは、ゾーン3〜4のインターバル・トレーニングの代わりに、MEトレーニングを増やす必要がある。

カテゴリー1のアスリートが、
スキーモや山岳スキーを目的として
トレーニング・プランを組み立てる

　この項には、カテゴリー1のアスリート用に、目的に応じて3つの週間プランを例示する。例に挙げた週のサンプルはいずれも、これまで述べてきたさまざまな知識——トレーニング・プランを立てて、それを管理し、微調整する方法——と併用してもらいたい。そうすれば、スキーモと山岳スキーのどちらにも応用で

フランスで2012年開催の第27回ピエラ・メンタ。ゼッケン29Aのトニー・スバルビはチームメイトのジョン・ペリシエとともに総合9位でフィニッシュした　写真：Jocelyn Chavy

311

きる。山岳スキーの場合は、筋持久力（ME）トレーニングに、より一層力点を置くべきである。

ベース期の初期、1週間の例　対象：カテゴリー1

	午前	午後	コメント
1日目	休息日		オフ、もしくは前週末の強めのトレーニング後の積極的回復運動（リカバリーアクティビティ）（ストレッチやヨガ、マッサージ、ロール、水泳など）に良い日
2日目	筋力トレーニング：205ページの筋力評価を用いて、自分がどのStageへ進むのが適当か決め、該当するワークアウトを。トレーニングを積んだアスリートはヒル・バウンディングを用いる	任意で上半身のME（筋持久力）ワークアウトをもう一つおこなってもよい。何をどれだけするかについては217ページ以下を参照	筋力トレーニングの間隔は、72時間空ける
3日目	有酸素ベース：週間獲得標高の25%まで	任意でワークアウトをもう一つおこなってもよい：Z1、もしくはリカバリー強度のどちらか選んで、週間獲得標高の10%まで	もしADSに陥っているなら、Z2の強度で。ADSがないなら、Z1中心におこなう。スキーもしくはローラースキーを利用するなら、登り坂を早いテンポで15秒×8本を加え、間に3分間の楽なテンポを挿む
4日目	リカバリー・ワークアウト：疲労度に応じて、心拍数はZ1もしくはリカバリー強度でおこなう。最低でも週間合計タイムの15%	オフ	平地ないし緩傾斜地でおこなう
5日目	筋力トレーニング：汎用筋力もしくは特化筋力。火曜日にヒル・バウンディングだったら、この日はME（筋持久力）ワークアウト	任意でワークアウトをもう一つおこなってもよい：Z1もしくはリカバリー強度のどちらか選んで、週間獲得標高の10%が上限	
6日目	有酸素ベース：週間獲得標高の20%まで	オフ	もしADSに陥っているなら、Z2の強度で。ADSがないなら、Z1中心におこなう。スキーもしくはローラースキーを利用するなら、登り坂を早いテンポで15秒×8本を加え、間に3分間の楽なテンポを挿む
7日目	有酸素ベース：Z1で、山地でおこなう。週間獲得標高の40%まで	オフ	たとえ歩くことになったとしてもゾーン1にとどまる

図12.1　ベース期の初期、1週間の例

注：この表にある%（パーセンテージ）の値は、おおよその目安で、厳密なものではない

スキー類似動作3種(シミュレーション)

登り坂のランニングは、スキー登行と似通っている。とはいえ、それなりに違いもあるので、夏から秋のトレーニングとして、もっとスキー寄りのトレーニング法を追求する意義は大きい。クロスカントリー・スキーヤーは雪のない土地でスキーに似た動作を工夫して、ゾーンの異なる数種類のトレーニングを考案している。スキー・バウンディングについては（下の図を参照）、筋力トレーニングとして既に触れた。ゾーン1〜2の登り坂訓練を長時間にわたっておこなうときは、雪面にスキーを滑らせるときの大きなストライドをイメージしながら、スキー・ストライディングを用いる。ゾーン3のワークアウトとしては、ムース・フーフィングを利用する。これは歩幅も強度も、スキー・バウンディングとスキー・ストライディングの中間程度となる

図12.2　ムース・フーフィング
このタイプの動きを説明するとすれば、低強度のバウンディングといったところだ。歩幅を思い切り拡げ、体の前に足を投げ出すだけなので、ランニングではない。イメージとしては、スキー・ストライディングの強度を上げる感じ。バウンディングは十秒単位しか続かないのに対し、こちらは分単位で続けられる強度となる。

図12.3　スキー・バウンディング
大股で弾けるように跳ね上がるバウンディングは、筋力とパワーを要するスキー登行に特有な動作だ。その動作は十数秒というごく短時間、最大強度を発揮しようという時に役立つ。滞空時間を最大まで保った後、着地と同時に全力で地面を蹴る。

図12.4 スキー・ストライディング
これはスキーの登りを真似た動きで、低強度で長時間つづける能力を養うトレーニングとしておこなう。動きとしてはランニングというよりスキー登行にそっくりだが、登り坂でこれをおこなったあと普通のランニングで戻ってくればベスト。

ATHLETE STORIES 19

ねらったレースに合わせて鍛える

ハビエル・マルティン・デ・ヴィラ

「その大学に編入したい理由は？」スペイン山岳連盟の事務主任が、推薦手続きの書類を作成しながら訊いてきた。

わたしは説明した——来年、世界選手権の3位以内に食い込みたい、そのためには、マドリード大学で勉強をつづけるより、シエラ・ネバダ山脈に近いグラナダ大学で勉強しながらトレーニングした方が有利だから、と。

主任が気遣いを見せながら、気持ちばかり先行しているのではないか、自分の将来に、もう少し現実的になるように、とアドバイスしてくれた。だが、その言葉が、かえってわたしの決意を強めた。編入を諦めるどころか、ますます自分の思い通りに事を運ぼうというつもりになった。

実はその年の春、スロバキアで開催したヨーロッパ山岳スキー選手権2003で、わたしは予想を大きく下回る成績に終わった。それで、次の世界山岳スキー選手権2004では、もっといい成績を残そうと心に決めたのだった。次の開催地は故国スペインのピレネーなので、その気持ちはなおさらだった。わたしはコーチのホセと、トレーニング・プランについて話し合った。強くなりたかったら、何かを変えなければならないと。

夏の初めにわたしたちは、わたしの過去5年間のトレーニングを見直すとともに、世界選手権2004年のさまざまな要件を分析した。とにかく最善の準備をしたかった。大会期日は分かっているから、そこへ向けてトレーニング・プランの時間的な枠組みが決まってくる。次に、わたしが参加する

のはバーティカルのチームレースではなく、個人総合レースと決めていたから、競技時間は40分～最大2時間となる。スタート地点の標高は2000メートルと分かっているから、高度が深刻な問題になるだろう。個人総合レースの内容は、長い登り3～4か所に加えて、テクニカルな滑降があり、獲得標高の合計は1600メートル前後だ。

こうした情報を基に、来年3月の世界選手権で好成績をあげ、うまくいったら優勝する、という明確な目標を掲げ、1つの計画を描き出した。だが、まずはそのトレーニングを日々の生活の中にうまく嵌め込む必要がある。

当時わたしは、アスリートとしての経歴作りとマドリード大学での学究生活とバランスを取りながら暮らしていたので、トレーニングに十分時間をとれない状況だった。冬季、町から離れてスキーに乗れる日が週3日あるなんて、珍しかった。それで目標とするレースのために、グラナダへ引っ越そうと決意したのだった。そうすれば、大学で研究をつづけながら、わずか40分で、標高2100メートルから3400メートルの高地に広がるスキーリゾートに通えるのだ。その高さは2004年世界選手権のコースと重なっているし、スキーを走らせる日数を増やすことができるだろう。

その年の夏と秋は、時間ができたし日も長いので、わたしは精一杯運動量を蓄積した。そして雪が積もるようになると、持久力トレーニングを週平均で12時間（スキーの場合は登りの時間のみ積算）おこない、筋力トレーニングに週2日をあてた。

スタートに向けて集中するハビエル・マルティン・デ・ヴィラ。クロアチアにて　写真提供：Dynafit

315

コーチとわたしは、ほかに、いつもより高い衝撃を与える「ショック週間」を3つ割り当てた。1つ目は10月中旬にスペイン代表チームに加わって、フランスのティーニュでおこなわれる毎年恒例のトレーニング・キャンプに参加した。目的は、可能な限り長時間——週20〜25時間、スキーで登ること。それがわたしのトレーニング期間中でも運動容量蓄積の最高到達点となり、その後は、そこで蓄えたものを、山岳スキーに特化した動きに移行させることになる。

2つ目の「ショック週間」は大学の冬期休暇に当て嵌め、運動容量と高強度ワークアウトを組み合わせておこない、その時点から、目指すレースの実際のペースと、そこで要求されるものに特化した、高強度トレーニングが始まる。最後、3つ目の「ショック週間」はバーティカルレースに参加することから始まり、スペインでおこなう世界選手権で終わる。この週の主目的は、あらゆるものを、わたしの最終レースに向けて最終調整し、ギア類も、作戦面も、ペースも、細部まで詰めること。

3月、世界選手権のインディビジュアルレースのスタートラインに並んだとき、わたしは1年前にスペイン山岳連盟の主任が、グラナダ大学編入に際して言った言葉を思い起こしていた。わたしの野心について、彼がどのように見込んでいたにしろ、自分はこれから自分にとって最高のパフォーマンスを発揮して、最良の結果を得るのだ。

結局、わたしは学生部門で2位になった。デニス・トレントとわたしは最後まで競り合い、ゴールラインの手前100メートル地点で互いに交錯し、転倒した。相手の方がわたしより先に立ち上がり、わたしより2、3秒先にゴールインした。丸々1年使って体調面でも、技術面でも、このレースに特化して訓練をつづけたことが鍵となって、この誇らしい成果を達成したのだった。

Javier Martín de Villa スペインの登山家で、プロ山岳スキーヤー。スペイン代表チームのメンバーとして100を超す国際レースに出場し、2004年世界選手権での銀メダルをはじめ、7つのメダルを獲得した。競技会に出場していないときは、高い能力を持つアスリートのトレーナーを務めたり、山岳ガイドや、ディナフィット・インターナショナルのコンサルタントとして働いている。今もグラナダに住んでいるのは、単にグラナダがトレーニングに最適、というだけではないだろう。

2016年開催のピエラ・メンタで、素早いトランジション技術を披露するスペイン・ナショナルチームのメンバー　写真：Ulysse Lefebvre

スキーモの技術的側面

　スキーモは、技術的要素が非常に大きな部分を占めるスポーツであり、成績を左右する最大の要素は、身体のフィットネス状態だといいながらも、テクニックを軽視しているとそのうち順位が頭打ちになる。紙幅に限りがあるため、ここでは、重ねて練習しなければ習得できないスキーモテクニックを幾つか挙げるに留める。
- 登りからくだり、くだりから登りへの移行時の技術（トランジション技術）
- キックターン
- シールの取り扱い
- ブーツの収納
- ハイピッチなシール登行
- 高速ダウンヒル

　最も好ましいのは、上に挙げた要素を、精神的重圧がかからない状態かつ、無理のない強度で、初めは指導を受けながら経験して学ぶことだ。自分のペースでゆっくり確実にできないことを、緊張感の中で速いスピードでこなすことなどできるわけがない。上記の技術が上がってきたら、そのうちの幾つかを含む短いコースを設定して、自分にチャレンジすると面白い。しっかりウォームアップしたあと、10分から15分で完了するそのコースを、（全力ではなく）たとえばゾーン3ほどの強度で——自分の技術をあれこれ試しつつ、疲労しない程度のスピードで走り通す。しっかりとした技術を身につけたいわけだから、常に自分をコントロールすることに焦点を当て、数週間から月単位での効果を期待する。最初は1週間に1度、コースを1周するに留める。体力が上がり、技術に習熟してきたら周回を増やし、あいだに数分間の休憩を入れ、前回どこで過ちを犯したか反省し、次回、どうしたらその過ちを避けられるか考える。

リカバリーのための1週間の例　対象：カテゴリー1

　ここに例示するリカバリーのための1週間は、長期にわたってトレーニング負荷を向上させるために必要不可欠だ。狙いは、この1週間で回復することにあり、フィットネスの基礎を築くことではない。体調をできるだけ手早く、十分に、回復させられれば、再び有酸素ベースを溜め込む準備に取りかかれる。このリカバリー・ウイークの計画には、余裕をもたせておく。日曜日には、さあ来週もトレーニングをするぞ、という気持ちになっていなければならない。そうでなかったら、回復が十分でないことになる。ほかのリカバリー・トレーニングを入れるのもいいだろう。たとえば、水泳とか、のんびりサイクリングするとか、その他、好みの回復アクティビティーを。

	午前	午後	コメント
1日目	休息日	オフ	オフ、もしくは前週末の強めのトレーニング後の軽い積極的回復運動（ストレッチやヨガ、マッサージ、ロール、水泳など）に良い日
2日目	リカバリー・ワークアウト：すべてをリカバリーの心拍数でランニング。週間合計タイムの20%	オフ	指定のゾーンにとどまる。平坦地ないし緩い傾斜地でおこなう
3日目	有酸素ベースのためのランニング：Z2で週間獲得標高の20%	オフ	
4日目	筋力トレーニング：通常の筋トレ・ワークアウトの量を50%カット	オフ	
5日目	休息日	オフ	
6日目	リカバリー・ワークアウト：すべてをZ1の心拍数でランニング。週間合計タイムの20%	オフ	指定のゾーンにとどまる。平坦地ないし緩い傾斜地でおこなう
7日目	有酸素ベース：週間獲得標高の40%まで	オフ	もしもADSに陥っているなら、Z2の強度で。ADSでないなら、Z1中心でおこなう。スキーもしくはローラースキーを利用するなら、登り坂を早いテンポで15秒×8本こなし、間に3分間の楽なテンポを挿む

図12.5　ベース期の初期における、リカバリーのための1週間の例

注：この表にある%の値は、おおよその目安で、厳密なものではない

スキーモレースでもスタート時、選手たちの動きは素早く、はっきりと姿が見えないほど。フランス、ピエラ・メンタ　写真：Ulysse Lefebvre

スキーモの試合準備期のある 1 週間の例　対象：カテゴリー 1

　初めて参加するスキーモ・レースまであと 2 か月になると、トレーニングの狙いはゾーン 3 の高強度トレーニングを含め、狙っているレースに特化したワークアウトに移っていく。その際、以下の点を忘れないでもらいたい。
- ゾーン 2 ワークアウトをゾーン 3 ワークアウトに入れ替える際には、複数のゾーン 2 ワークアウトを 1 つのゾーン 3 ワークアウトに置き替える。ゾーン 3 のワークアウトは負担が大きい。
- 有酸素ベースを維持するためのワークアウトはゾーン 1 でおこなう。
- ゾーン 3 のワークアウトで脚部の筋肉を使うので、脚部の特化筋持久力トレーニングは減らす。
- 上半身の ME トレーニングは週に 1 回の割合でつづける。
- 汎用筋力トレーニングもしくは特化筋力トレーニング（ヒル・バウンディング）と、体幹筋力トレーニングは、7 〜 10 日に一度、続けてもよい。
- 有酸素ワークアウトでは、週 1 回の頻度で、ピックアップによるクイックテンポを交える。

	午前	午後	コメント
月曜日	休息日		オフ、もしくは前週末の強めのトレーニング後の軽い積極的回復運動（ストレッチやヨガ、マッサージ、ロール、水泳など）に良い日
火曜日	筋力トレーニング：上半身のMEと体幹。217ページ以下の筋力トレーニングの項を参照	任意でワークアウトをもう一つおこなってもよい：その場合は、Z1の有酸素ベース・ワークアウトを週間獲得標高の8%まで	
水曜日	Z1〜Z3：週間獲得標高の15%まで。その内Z3の割合は5%〜7%とする。ウォームアップに10〜20秒×8本のクイックテンポを含み、その間に2分間の楽なスキーのリカバリーを挿む	体幹の筋力トレーニング	Z3の運動はスキーに特化したモードでおこなう：スキー、もしくはローラースキー、もしくはスキー類似動作。インターバルでも連続走でもよい。持続時間を少しずつ延ばす
木曜日	回復：Z1もしくはリカバリー強度で。最低でも週間合計タイムの15%	任意でワークアウトをもう一つおこなってもよい：その場合は、緩い傾斜地でZ1、もしくはリカバリー強度のどちらかを選ぶ	指定のゾーンにとどまる。平地か緩い傾斜地でおこなう
金曜日	筋力トレーニング：急傾斜地でヒル・バウンディング	任意でワークアウトをもう一つおこなってもよい：その場合は、Z1もしくはリカバリー強度のどちらかを選んで、週間獲得標高の5%まで	
土曜日	Z1：週間獲得標高の15%まで		後期の週であって、回復していると感じたなら、ビルドアップ走の終盤にZ3〜Z4のワークアウトを若干追加してもよい
日曜日	有酸素ベース：週間獲得標高の40%まで	オフ	もしADSに陥っているなら、Z2の強度で。ADSでないなら、Z1中心でおこなう。スキーもしくはローラースキーを利用するなら、登り坂を早いテンポで15秒×8本こなし、間に3分間の楽なテンポを挿む

図12.6 スキーモレーサーの試合準備期のある1週間の例

注：この表にある%の値は、おおよその目安で、厳密なものではない。

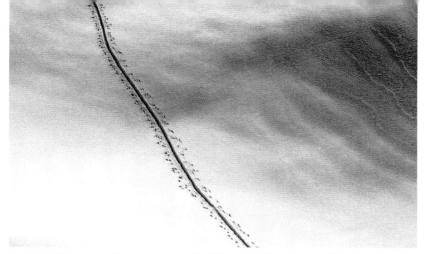

スイス国境近く、フランス、ボーフォールテンのポワント・デュ・ダールを横切るシール走行の軌跡　写真：Ulysse Lefebvre

カテゴリー2のアスリートが、スキーモや山岳スキーを目的としてトレーニング・プランを組み立てる

　この項ではカテゴリー2のアスリート用に、さまざまな形の週間プランを例示する。現状でもあなたは相当量のトレーニング経験を持っているのだから、わたしたちは以下の情報を記して新たな考え方とツールを提供し、これまであなたにそれなりの成功をもたらしてきたやり方に修正を加え、微調整して、さらに磨きをかけることを目指す。

ベース期の初期

　あなたは夏の間に中・上級アスリートとして、おそらく確固たる有酸素ベースを蓄え、筋力トレーニングも補完して、いつでもスキーモに特化したトレーニングを開始できる状態になっていることだろう。それでもなお2週間ほどかけて、スキーに特化した有酸素ベース・トレーニングを大量におこなうのが賢明だろう。キリアンが好むのは、秋に氷河トレーニング・キャンプと称して、スキーモに特化した低強度トレーニングを大量にこなすことだ。ローラースキーも利用する。「9月に氷河」の機会はあなたには無理だろうが、目指すところは変わらない。スキーに特化した基礎体力トレーニングに、多くの時間を費やすことだ。

	午前	午後	コメント
1日目	休息日		オフ、もしくは前週末の強めのトレーニング後の軽いリカバリー・アクティビティ積極的回復運動（ストレッチやヨガ、マッサージ、ロール、水泳など）に良い日
2日目	体幹トレーニングと、上半身と脚部のME。上半身と体幹のエクササイズについては筋力トレーニングの項（191ページ以降）を参照	2つ目のワークアウト：リカバリー・ワークアウトを週間獲得標高の5%まで	
3日目	Z1：週間獲得標高の15%。スキーもしくはローラースキーの場合、15秒間の気晴らし_{ピック・アップ}×8本をこなし、間に3分間の楽なテンポを挿む	任意でワークアウトをもう一つおこなってもよい：Z1またはリカバリーの強度のどちらかを選んで、週間獲得標高の5%まで	ADSに陥っていたら、Z2でおこなう
4日目	Z2：スキーモに特化した長距離の登り。週間獲得標高の10%から始める	2つ目のワークアウト：リカバリーの強度。週間獲得標高の5%まで	少なくとも6週間経ったら、このワークアウトの一部にZ3の運動を導入してもよい
5日目	筋力トレーニング：ヒル・バウンディング	任意でワークアウトをもう一つおこなってもよい：Z1またはリカバリーの強度のどちらかを選んで、週間獲得標高の10%まで	
6日目	Z2：週間獲得標高の10%	オフ	スキーもしくはローラースキーを用いるなら、登り坂で15秒×8本のハイテンポなストライディングを含み、間に3分間の楽な登りを挿む
7日目	有酸素ベース：Z1で。週間獲得標高の40%まで	オフ	もしもADSに陥っていたら、Z2

図12.7　スキーモレーサーのベース期初期における1週間の例

注：この表にある%の値は、おおよその目安で、厳密なものではない

	午前	午後	コメント
1日目	休息日	オフ	オフ、もしくは前週末の強めのトレーニング後の軽い積極的回復運動（ストレッチやヨガ、マッサージ、ロール、水泳など）や休養するのに良い日
2日目	筋力トレーニング：上半身のME（筋持久力）と体幹。筋力と体幹筋力については、218ページ以降を参照	積極的回復運動（ストレッチやヨガ、マッサージ、ロール、水泳など）	
3日目	Z1、またはリカバリー強度。このゾーンにとどまる。週間獲得標高の10%まで	オフ	屋外の丘陵地帯でおこなえたらベスト。ただし、高層ビル内の階段やトレッドミル、階段踏みマシーンでの代用も可
4日目	Z1、またはリカバリー強度。このゾーンにとどまる。週間走行距離／週間獲得標高の10%まで	オフ	屋外の丘陵地帯でおこなえたらベスト。ただし、高層ビル内の階段やトレッドミル、階段踏みマシーンでの代用も可
5日目	Z2：週間獲得標高の15%まで	オフ	屋外の丘陵地帯でおこなえたらベスト。ただし、高層ビル内の階段やトレッドミル、階段踏みマシーンでの代用も可
6日目	Z1：週間獲得標高の25%まで。ADSで苦しんでいるならZ2になる可能性もある	オフ	準備期の後半では、この日はスキーで過ごすのが望ましい
7日目	Z1：週間獲得標高の40%まで。ADSで苦しんでいるならZ2になる可能性もある	オフ	準備期の後半では、この日はスキーで過ごすのが望ましい

図 12.8　山岳スキーヤーが数日がかりのスキーツアーに行く準備として、ベースと特異性の両方の強化を目指してトレーニングする1週間の例

注：山岳スキーヤーにとってME（筋持久力）トレーニングの優先順位は高い。特に、冬になっても長時間スキーに乗る機会を得られない人はそうだ。ベースを中心とする週と、特異性を中心とする週の違いは、トータルのトレーニング量の多寡の違いに過ぎない

スキーによるアップヒルを楽しむ　写真：Kilian Jornet

スキーモの試合準備期の中盤から後半におけるトレーニング

　シーズン初めのレースまでほぼ2か月になったら、いよいよ高強度ワークアウトを加える。

　何点かアドバイスを記すと、

■ゾーン3の分量が、週間獲得標高の5％になったら、ゾーン2のワークアウトをゾーン1に入れ替える。

■また、ジムにおける脚部を対象にしたMEトレーニングの量を減らす。というのは、野外でおこなうゾーン3ワークアウトが、筋肉への負担を増すから。

■一方、上半身のMEワークアウトは、7日～10日に1度という頻度を維持する。

■ヒル・バウンディングと体幹筋力ワークアウトは、週1回ずつ。

■引きつづき毎週1度だけ有酸素ワークアウトにハイテンポの気晴らしを交える。

■ゾーン3のワークアウトを4週間つづけたら、週に1日だけ短めのゾーン4のインターバルを取り入れる。ゾーン4のインターバルの経験が少ないなら、取り敢えず30/30方式（177ページの解説を参照）で始める。ゾーン4を取り入れる際には、初めのうちゾーン3に費やす時間を半分に減らして、その分をゾーン4に充てる。そしてこの運動強度の増加に自分の体がどのように反応しているか観察し、適宜微調整する。

	午前	午後	コメント
1日目	休息日		前週末の強めのトレーニング後の軽い積極的回復運動(リカバリー・アクティビティ)(ストレッチやヨガ、マッサージ、ロール、水泳など)に使うのもよい
2日目	Z1～Z3のスキー特化ワークアウト。週間獲得標高の15%から始め、その内5%～7%をZ3とする	リカバリー・ワークアウト。週間獲得標高の5%まで	Z3はテンポ走(170ページ参照)もしくはビルドアップ走(170ページを参照)、もしくはインターバル走でおこなう
3日目	リカバリー・ワークアウトを少なくとも週間合計タイムの10%	筋力トレーニング:上半身のMEと、体幹筋力ワークアウト	指定されたゾーンにとどまる。平地ないし、緩傾斜地でおこなう
4日目	Z1:週間獲得標高の15%。ウォームアップに加え、20秒×8～10本の速いテンポ走の気晴らし(ピックアップ)を2分間の休憩を挿んでおこなう	リカバリー・ワークアウト。週間合計タイムの5%まで	
5日目	Z1:週間獲得標高の20%まで	インターバルトレーニングをおこなっていたらリカバリー強度、そうでなければZ1で週間合計タイムまたは週間獲得標高の5%まで	ADSに陥っていたらZ2で。プラン後半の週になったら体調を見ながら、任意でZ4のインターバルを加えてもよい。Z4の分量は週間合計タイム/週間獲得標高の5%以内
6日目	筋力トレーニング:ヒル・バウンディング	Z1もしくはリカバリー強度で週間合計タイム/獲得標高の10%まで	
7日目	有酸素ベース:Z1で週間獲得標高の約30%		ADSに陥っていたらZ2で

図12.9 スキーモ・レーサーのベース期後期から試合準備期における 1週間の例

注:この表にある%の値は、おおよその目安で、厳密なものではない

カテゴリー1とカテゴリー2アスリートの、試合期のトレーニング

　前項に概略を記したトレーニングは、シーズン初めに体をレース向きに仕立てるためのものだが、シーズンが進んでもなお、パフォーマンスは上がっていくだろう。レースに出場すれば、レースの特異性に合致したスピードにおける持久力に磨きがかかっていくのだから。ただ、レースに出る頻度が高くなってくると、本当の難問は、自分の有酸素ベース容量をどのようにして維持するか、ということになる。頻繁に出場するレースから充分回復しようとすると、厳しいワークアウトなど論外で、ゾーン1〜2で長時間トレーニングする日さえ、なかなか取れなくなってしまう。先ずはレース前の漸減期に2日ほど、レース会場まで行くのに1日、レース後の帰り旅とリカバリーに2、3日、それでようやく、また効果的なトレーニングができそうな感じになってくる。こんなスケジュールでは、レースとレースの間にベースを維持するためのトレーニング時間などろくにとれない。

　レースを中心にして、その前後のトレーニングをどう組み立てるか——それは、一流選手にとっても難問なのだ。フィットネス・レベルが余程高い人でなかったら、5、6日置きにやってくるレースとその往復の旅に2日を要するという状況で、効果的なトレーニングを挿もうとすれば、かえって、次のレース・パフォーマンスを低くする危険が高い。

　レース・シーズンに向けたアドバイスを幾つか記すと、

■トレーニングで得た基礎力が大きければ大きいほど、強度が高いレースに頻繁に出場しても、それをこなすのが楽になる。ただ、そのためには、数年に及ぶ地道なトレーニングを必要とする。基礎力が小さい割に、レースの強度や頻度が高すぎると、次第にパフォーマンスが落ちてくる。

■レースに優先順位をつける：Aレースは、シーズン中の目玉となるレース。Bレースは、重要度がそれ程ではなく、事前に1日、2日、普段より軽目にトレーニングした上で出場するつもりのレース。Cレースは、きつ目のワークアウトと見なして、トレーニング・プランに組み込むレース。

■もし可能なら冬のレースシーズン中に1つ2つ、2〜3週間のトレーニング・ブロックを組み込む。このトレーニング・ブロックの間、集中的にトレーニングできるようにする。Cレースを1つ2つ含む前後の期間とか、Bレースを迎える手前の期間に、このトレーニング・ブロックを置くといいだろう。そうすることで、あなたはシーズンを通してずっと、良好なフィットネス状態を保つことができる。

■以下に例示する3つのプランは、アスリートがシーズン中に直面する3つの典型的なシナリオに対応するものである。

	午前	午後	コメント
1 日目	前回のレース翌日。積極的回復運動(ストレッチやヨガ、マッサージ、ロール、水泳など):気持ちよくこなせたなら、軽くリカバリー・ワークアウト		この週の運動量/獲得標高に関しては、ベース期中期の週におこなっていた量の平均値を用いる
2 日目	リカバリー・ワークアウト、週間獲得標高の5%〜10%	体幹筋力強化	
3 日目	Z1:週間獲得標高の15%	ヒル・バウンディング15秒×6本	シーズンを通して筋力を維持するため
4 日目	Z2:週間獲得標高の15%。ウォームアップ中にクイック・テンポ走(20秒×8〜10本、あいだに2分間のリカバリー)を挿む	オフ	
5 日目	Z1:週間獲得標高の15%	オフ	
6 日目	Z4:週間獲得標高の10%。Z4の時間は、週間合計タイムの7%以内	オフ	
7 日目	Z1:週間獲得標高の35%	体幹筋力強化	

図 12.10 シナリオ 1 の第 1 週
試合期にベース容量の再構築を図って 3 週間のトレーニング・プランを挿む例

注:この表にある%の値は、おおよその目安で、厳密なものではない。

327

	午前	午後	コメント
8日目	積極的回復運動（ストレッチやヨガ、マッサージ、ロール、水泳など）	オフ	この3週間の運動量に関しては、ベース期中期の週の平均値を用いる
9日目	Z1～Z3：全体で週間獲得標高の15%。週間獲得標高の10%をZ3で	オフ	Z3はなるべく長時間のテンポ・ワークアウト（170ページを参照）で
10日目	スキー登行によるリカバリー。緩傾斜地で週間獲得標高の5%	ヒル・バウンディング15秒×6本	シーズンを通して筋力を維持するため
11日目	Z1：週間獲得標高の10%。ウォームアップ中にクイック・テンポ走（20秒×8～10本、あいだにリカバリーを2分ずつ）を挿む	オフ	
12日目	リカバリー強度でスキー：週間獲得標高の10%	体幹筋力強化	
13日目	優先度CまたはBのレース。もしくはZ4インターバル。週間獲得標高の15%。Z4の時間は週間総量の10%以下	スキーによるリカバリー：週間獲得標高の10%	レース後のクールダウンをいつもより長く
14日目	Z1で長時間：週間獲得標高の35%	オフ	

図12.10 シナリオ1の第2週

	午前	午後	コメント
15 日目	積極的回復運動（ストレッチやヨガ、マッサージ、ロール、水泳など）	オフ	
16 日目	Z1 ～ Z3：全体として週間獲得標高の 10% まで。その内 5 ～ 7% は Z3	オフ	
17 日目	リカバリーのためのスキー：週間獲得標高の 15%	ヒル・バウンディング、15 秒×6 本	シーズンを通して筋力を維持するため
18 日目	Z1：週間獲得標高の 35%	オフ	
19 日目	スキーで Z1：週間獲得標高の 15%、気晴らしにクイック・テンポ走 15 秒×6 本を交える	オフ	
20 日目	移動日。スキーでコースを下見する。レースがないなら Z1：週間獲得標高の 20 ～ 25%	オフ	
21 日目	優先度 A または B のレース。レースがないなら Z4 のインターバル：週間獲得標高の 15%。Z4 の時間は週間総量の 10% 以下	スキーによるリカバリー：週間獲得標高の 5%	

図 12.10 シナリオ 1 の第 3 週

カナダ、ブリティッシュ・コロンビア州のロジャーズ・パスの上部のコースに分け入る、クリスティーナ・ルステンバーガーとタナー・フラナガン　写真：Fredrik Marmsater

シナリオ1：作業容量の銀行口座に追加預金する。

　もし、レースとレースのあいだに2、3週の間隔が空いたら、初心に戻って各種基礎体力のベース容量を積み増ししておくのが賢明だ。この作業は少々疲労を伴うので、このトレーニング・ブロックが続くあいだは優先度Aのレースは入れない。このブロックの後に優先度A、もしくはBのレースや大会を狙うなら、その前にやや軽めのトレーニングを数日間、挿む必要があるだろう。この、ちょっと長いレース中断期間を利用して、あなたは後々役立つベース体力を一定量積み増し、さらには、そのトレーニングの疲労から回復して、次の重要なレースに備えることができる。

シナリオ2：優先度Aのレースに2週連続、週末に出場する。

　2つはどちらも大事なレースなので、休養十分な状態で会場に入り、次の週末までに回復している必要がある。レースのあいだの1週間、ベースの容量を積み増すトレーニングはおろか、疲労から回復できるかどうかも怪しい。できるのは体

	午前	午後	コメント
1日目	Z1 またはリカバリーのペースで緩やかな地形でおこなう。必要なら、積極的回復運動（ストレッチやヨガ、マッサージ、ロール、水泳など）	オフ	必要に応じて、積極的回復運動（ストレッチやヨガ、マッサージ、ロール、水泳など）にも時間をとる
2日目	Z1 またはリカバリーのペースで緩やかな地形を。もしくは、積極的回復運動（ストレッチやヨガ、マッサージ、ロール、水泳など）	オフ	必要に応じて、積極的回復運動（ストレッチやヨガ、マッサージ、ロール、水泳など）にも時間をとる
3日目	Z1 ～ Z4 のスキー登行：週間獲得標高の 15%。Z4 の時間は、週間総量の 5%以下	オフ	
4日目	ヒル・バウンディング 10秒 × 6本、あいだに 2分のリカバリーを含む	オフ	
5日目	移動。到着後、軽くランもしくはスキー	オフ	
6日目	優先度 A のレース	オフ	
7日目	移動の前に、長時間の Z1 もしくはリカバリー・ペースのワークアウト	オフ	

図 12.11 シナリオ 2 の第 1 週

優先度の高い 2 レースを含む 2 週間のトレーニング・プランの一例

注：この表にある%の値は、おおよその目安で、厳密なものではない

	午前	午後	コメント
8日目	積極的回復運動（ストレッチやヨガ、マッサージ、ロール、水泳など）	オフ	できるだけ時間を作ってリカバリーに努める
9日目	Z1～Z4のスキー：週間獲得標高の10%。Z4の時間は週間総量の5%未満	オフ	できるだけ時間を作ってリカバリーに努める
10日目	Z1のスキー：週間獲得標高の15%	オフ	
11日目	ヒル・バウンディング10秒×6本、あいだに2分のリカバリーを挿む	オフ	
12日目	移動、現地に到着後、軽くラン、またはスキー	オフ	
13日目	優先度Aのレース	オフ	
14日目	移動前に、長時間のZ1もしくはリカバリー・ペースのワークアウトをおこなう	オフ	前日から優先度Aのレースが続くことも

図12.11 シナリオ2の第2週

イタリア、アダメッロ・スキーライドで競技中の選手　写真：Federico Modica

調の維持管理のみ。ハイテンポのワークアウトと有酸素能力維持のセッションを組み込む。残りはすべて、リカバリーか技術系のワークアウトに振り向ける。そんな短期間に何をしようと、速くなる術はないが、落とし穴に陥って遅くなるのは簡単だ。

シナリオ３：優先度Ｂ、またはＣのレースを活用してＡレースに臨む。
　ＢレベルやＣレベルのレースを重要なＡレースの準備段階と位置づけてプランに組み込むと、効果的な場合がある。その手のレースを一つの厳しいワークアウトとして捉え、その前後に１日ずつ軽めの日を設ける。ＢやＣのレースであれば精神的重圧はほとんど感じることなくリラックスして、新たな作戦や新たなペース配分を試みることができるだろう。レース経験の価値は計り知れないから、そういった日々を、体力トレーニングとしてだけでなく、メンタルトレーニングの場としても利用する。たとえば、優先順位の低いＢやＣのレースを利用しながら２週間かけて力を蓄え、優先度Ａのレースを迎えようという場合、以下のようになるだろう。

	午前	午後	コメント
1 日目	積極的回復運動（ストレッチやヨガ、マッサージ、ロール、水泳など）	できるだけ時間を作ってリカバリー強度のワークアウトを追加	週の運動量はベース期後期のリカバリーの週の平均値に準ずる
2 日目	Z4：週間獲得標高の 15％。Z4 の時間は週間総量の 5％以内	オフ	
3 日目	Z1 でスキー。週間獲得標高の 15％	オフ	
4 日目	ヒル・バウンディングとテンポ走でワークアウト	オフ	
5 日目	移動日。到着後、軽くラン、もしくはスキー	オフ	
6 日目	B レベル、もしくは C レベルのレース	オフ	
7 日目	Z1 もしくはリカバリー強度のワークアウトを緩傾斜地で	オフ	確実に回復した状態にもっていく

図 12.12 シナリオ 3 の第 1 週

2 週間という期間中に B もしくは C レベルのレースを取り入れて、A レベルのレースに臨む例

注：この表にある％の値は、おおよその目安である

	午前	午後	コメント
8日目	緩傾斜地で Z1 もしくはリカバリー強度のワークアウト。回復した状態を保つ	オフ	週の運動量はベース期後期のリカバリーの週の平均値に準ずる
9日目	Z4 で短時間：Z4 の週間総量の 5％未満	オフ	
10日目	ヒル・バウンディングと速いテンポ走の気晴らし ピックアップ	オフ	
11日目	Z2 でスキー：週間獲得標高の 10％を Z2 でおこなうが、体調がよさそうであれば、短時間 Z3 で。Z3 の時間は、週間総量の 5％以下	オフ	
12日目	移動日。到着後、軽くランもしくはスキーで脚部の移動の疲れをほぐす	オフ	
13日目	優先度 A のレース	オフ	
14日目	移動前に Z1 もしくは短いリカバリー・ワークアウト	オフ	

図 12.12 シナリオ 3 の第 2 週

Chapter 13

山岳ランニングに特化して
トレーニングを組み立てる

　山岳ランニング大会へのエントリーを考えたとき、たぶん、その大会の走行距離と、獲得標高と下降標高がどれほどの値か調べるだろう。それが分かれば、トレーニングを進めるにあたって、ある程度定式化した方法を採ることができる。トレーニングを通じてそのような数値を身をもって理解することは大切だし、さらに、目標とする大会にできるだけ似通った地形の場所をトレーニング地に選ぶべきでもある。

練習量

　自分にとって現実的な目標を設定しようするとき、以下のガイドラインが参考になるだろう。例に挙げる距離を1週間だけこなせたからといって、その距離を、何週間、何十週間という*長期*に*わたって維持*できるとは限らない。50キロレース（本書で取り上げる最短距離のレース）でさえ、それに備えてトレーニングを積み上げていくためには、週間走行距離を少しずつ継続的に増やしていって、何か月もかかる。

　127ページの解説『キリアンのトレーニング記録法』を思い出してもらいたい。彼は、時間と距離、獲得標高、トレーニング場所の技術的難度の4点を記すという。賢明でありたかったら、このシステムをまねることだ。そうすれば、こういったそれぞれの要素が組み合わさって自分に対してどのような効果をもたらしているか知ることができる。

山岳レースに出場するために必要な、
最低限の週間走行距離

　50キロレースなら：体系的トレーニング・プランを始める時点で、すでに、次の距離を楽にこなせる必要がある。通常の週＝計40キロ、最大の週＝計80〜88キロ、多い方から12週の平均値＝50キロ。

イタリア、ブレンタ・ドロミテを走るピーター・シュリッケンリエダー。背後にタケット小屋が見える　写真：Federico Modica

100 キロレースなら：トレーニング開始時点で、上の 50 キロレース用トレーニング負荷を楽にこなせる必要がある。その上で、ピークの週＝計 120 ～ 130 キロ、多い方から 16 週の平均値＝ 75 キロ。

100 マイルレースなら：100 マイル＝ 160 キロ。トレーニング開始時点で、前ページの 100 キロレース用のトレーニング負荷を楽にこなせる必要がある。その上で、ピークの週＝ 145 ～ 160 キロ、多い方から 18 週の平均値＝ 100 キロ。

むろん、トレーニングで走る距離が上記の値を維持できて、さらに、それを超えられればその分だけ、レースで好結果を得る可能性が大きくなる。

トレイル・レースとトレーニングに関するお勧め7箇条
by キリアン・ジョルネ

多くのレースに出場した。過去 10 年間、毎年 30 ～ 50 レースに参加してきたから、過去 15 年間で 450 レース以上に参加したことになる。実をいうとわたしは、このレースの方が、あのレースより大切だ、などと考えたことはない。すべてのレースで良い結果を望んでいる。だが 1 つだけいえるのは、レースをトレーニングに利用しているということ。だからといって、レース中、気楽に構えているわけではなく、高強度ワークアウトとして捉えている。若い頃、わたしはインターバル・トレーニングと筋力トレーニングに励んだけれど、今は、筋力トレーニングはしないし、インターバル・トレーニングもほぼゼロだ。代わりに、レースを活用してスピードを鍛え、レースがないときは有酸素容量を増やしている。容量トレーニングは楽しい。わたしに味方して、リカバリーを早め、そのまま血となり肉となってくれる。

そういうアプローチを、誰もが取るべきだというつもりはない。わたしは、ごく若い頃からずっと持久系アスリートで、何年ものあいだ 1 人のコーチといっしょに努力を重ね、自分自身も大学でスポーツ科学を学んできた。そのようなバックグラウンド

を持った上で自分を鍛え、レースに参加してきたのだ。

普通ランニングやスキーモ・レースを始める時点で、すでに大人になっていて、体系的トレーニングの経験もない。長年にわたるスポーツ科学の学習経験もない。さらに、何年もランニングしている人たちでさえ、トレーニングを誤解していることが多い。このスポーツにおける新人であろうと、経験豊富なベテランであろうと、以下のお勧め 7 箇条を心に留めておいてもらいたい。

❶**日常生活のストレスを考慮する。**

年齢が上がってから持久系スポーツに入ってくる人は、それなりのレベルからスタートしがちだが、そういう人は日常生活におけるストレスを考慮しないことが多い。仕事をこなし、家族の一員としての責務を果たしながらトレーニングに励んでいると、気づかないうちに、それがストレスとなって体に現れてくる。それを解消するには時間が必要になる。

❷**トレーニングをやりすぎない**

多くの人はフルタイムで働き、その傍らトレーニングする。その理由は、ランニン

グが心底好きだから。そういうランナーの中から、ときにチャンスを得てスポンサーがつき、思い切って仕事を減らしてトレーニングに邁進する人が出てくる。だが、その内に、そういう人のパフォーマンスは落ちてきて、オーバートレーニングに陥り、燃え尽きてしまう。トレーニングできる時間が増えるということは、その時間をすべてトレーニングで埋めなければならない、ということではない。

❸現実を直視した上で目標を設定し、結果を予測する

優勝を目指すのか、自分が設定したタイムでのゴールを目指すのか、完走を目指すのか――目標設定は、トレーニングの原動力になるだろう。辛くなったときに頑張る動機を与え、進歩に繋がる。だが、自分に何ができるのか、謙虚になる必要がある。まずは、誠実に自分を分析する。自分の長所と短所、仕事の現状、栄養状態、会場までの往復などなど。自分の力を過大評価してはいけない。自分の目標に照らして、その実現に向かって何をどう変える必要があるのか検討し、見込みがあるかどうか判断する。

設定した目標が元々非現実的なものだったら、たぶん、結果はそこまで届かず、モチベーションも下がるだろう。あなたが悪い結果と見なすものが、実は非常に好い結果で、単に自分が目指した結果でなかった、ということもあり得る。その場合、問題はあなたのパフォーマンスではなく、単に目標が高すぎた、ということになる。

❹段階を踏む

大事なのは、トレーニングの内容も走行距離も段階を踏んで先へ進んでいく、と理解すること。近頃、人は100マイルレースに出場したがるようだ。まるで、フルマラソンでは不十分だといわんばかりに。たぶんそういう人は、100マイルレースに1度出場して、よーし完走したぞ、となる。それで、2度目の100マイルに出て、たぶん完走し、3度目に出て、それっきり5年

は間が空く。必要なのは、10キロ、20キロ、30キロ、さらにその先と、積み上げていくこと。わたしだって、最初から100マイルを走っていたわけではない。何年もかけて体系的にトレーニングを進めながら進歩してきたのだ。

❺コースの技術的特徴に合わせて備える

走行距離と獲得標高だけでなく、それ以外の変数を考えることも大事。今挙げた2つの数字について、人はよく知り理解しているが、しばしばコースの技術的状況を想像しない――足元が軟らかいか、草地か、硬いか、岩がちか、など。わたしたちはノルウェーのトロムソ近郊で「スカイレース」を開催している。そのコースにはⅢ級の岩場が何か所かあり、下りの部分に1か所、オフトレールになり雪田と岩場の交じる部分を横切る区間がある。登山とはいえないものの、単なるランニングともいえない。たとえ、標高差の大きい登り降りが頻発する100マイルランニングをこなせるランナーでも、このような技術的困難度の高いレースは、完走できないかもしれない。

❻どんな要素も鍛えておく。要素はすべて、互いに関連している

レース結果は、あらゆる要素を反映する。肉体的な準備状況が技術的な準備状況に関係するし、それが又、精神的な準備状況や持参する道具類に結びつく。どの要素もほかの要素に影響を及ぼすから、すべてを並行して進化させる必要がある。

❼真剣にも程がある

トレーニング意欲を高く維持するためには、真剣になりすぎないこと。山を走ったり、山をスキーで巡るのは、まず第一に楽しいからであり、好きだから。むろん真剣に取り組むのはいいことだけれど、真剣になり過ぎないようにする。しっかりトレーニングしても、自分の世界がそれだけにならないようにする。義務のように感じてはいけない。そこから、問題が始まるのだ。わたしがトレーニングするのは、それが好きだから。

ATHLETE STORIES 20

痛みの境を踏み越えて

エマ・ロッカ

2014年、コロラド州でレッドビル・トレール100に優勝してから、わずか2週間しか経っていない。なのに今わたしは、トランスアルパイン・ランに乗り出した。このステージ・レースは、2人1組で数日かけて、アルプスのドイツ＝オーストリア＝イタリアに広がる山域を走り抜けようというものだ。わたしが参加するのは混合部門で、一緒に走るのは同じチーム・バフの仲間、ジェラルド‘ブラッキー’モラレス。これから2人で、長く辛い8ステージ、計293キロ、獲得標高1万3700メートルのランに挑む。きっと、忘れ難い経験になるだろう。

このトランスアルパイン・ランは、1年毎に南下ルートと北上ルートを交代し、今年2014年はドイツのルーポルディングを出発し、イタリアのセストまで走った。コースは難所ばかりでなく、美しい場所もあり、3000メートルの高い峠も越し、緑濃いアルプの谷間の素晴らしい景観を抜けた。雪山を走ったり、歩いたり、方向を探りながら岩場つづきで木の根で滑りやすいテクニカルなトレールを走ったり、花崗岩の大岩が散在する稜線をたどった。あの有名なトレ・チーメ・ディ・ラヴァレードの直下を通り、そこらじゅう茸だらけの森を横切った。わたしたちは自分の身体的な限界も精神的な限界も超えていた。ステージ間の回復時間も最小にして、毎日、毎日走った。

このレースがわたしの体に及ぼす過酷な負荷について、わたしは人と違う見方をしていた。この大変な奮闘努力が肉体というシステムにストレスを与える、と分かっているが、わたしは生化学のドクターコースの学生として、このステージ・レースが生化学的に、また生理学的にどういう影響を与えるか、ほかの人より深く理解している。それでこのレース中も、わたしは自分なりの見解に基づいて研究を進めていた。

ブラッキーとわたしは、8人から成るスペイン・チームの一員だったので、全員に血液と尿を提供してもらって、トランスアルパインのような長期レース中に起こる変化を解明しようとしていた。だから、スタート前からゴールしたあとまで数々のテストを実施して、わたしたちがどの程度回復しているのか、いないのか、判定していた。その結果から、ステージが進むにつれて、自分たちの体がどんどん壊れているのは、はっきりしていた。

そんなとき、人はこう考える——ウルトラランニングの生理学に詳しいなら、何か工夫して無理のない走り方に変えるだろうとか、15年も海外のウルトラレースに参加して世界選手権の優勝経験があるなら、何をどうしたら自分の体にベストなのか分かるはずだ、と。だが、そうならないこともある。例の「医者の不養生」の喩え通り、トランスアルパインを走る内にわたしの中に負けじ魂が盛り上がってきて、論理重視の科学者を抑え込んでしまったのだ。

あのレッドビル・トレール100から十分に回復しないまま、わたしはチームの一員として圧力を感じながら——チームとして表彰台を狙っていた——すでに無理していた体に、さらなる負担を重ねたのだった。男性中心のレースに、女性が加わるのは、それだけで大きな挑戦といえる。身体的疲労も心理的疲労も、たやすく外に流れ出して、わたしは一緒に走るブラッキーと時に気まずい状態に陥った。だが裏を返せば、それは彼とわたしが全体としてうまくいっていた、ということになる。各ステージで、

イタリア、セストでゴアテックス・トランスアルパイン・ランの最終ステージを終え、クールダウンしながらチームの勝利の余韻にひたるエマ・ロッカ　写真：Harald Wisthaler

わたしは彼に大いに助けられた。

　トランスアルパインの初日が終わった時点で、わたしは左膝に痛みを感じ、日が経つにつれてその痛みが増してきた。そのうち、朝起きると、まず次の中継地の街中にエアロバイクのあるジムを探し、その近くのホテルを予約した。そうすれば、そのジムでウォーミングアップできる。それでも、新たなステージに入る度に、わたしは半ば足を引きずって歩くが、そのうちに膝が温まりリズムに乗り始め、その日のステージを終え、先頭としてリードを保つのだった。でも毎日1日が終わる頃になると痛みが酷く、涙が流れ、歩けなくなる寸前だった。大会が終わってからMRIで確かめると、大腿骨骨頭に疲労骨折が認められ、そのせいで、わたしは6か月間動けなかった。

　わたしが疲労骨折していたにもかかわらず、わたしたちはその年のトランスアルパイン・ランで優勝した。忍耐力と不屈の精神、目的意識と負けじ魂を推進力として、わたしは痛みを乗り越え1位になった。完走し優勝するためには、体力と不退転の決意が必要だった。たとえ、症状が悪化するリスクを冒しても……。

　トランスアルパインのような超長距離レースに参加して、身体的のみならず精神的にも、あれほどの疲労や痛み、衝撃を、日々体験し、分析し、感得するとき、自分に向かって当然の疑問を投げかけることになる──体が止めろといっているのに、わたしたちは、なぜ走りつづけるのか？　それに対して、わたしは説得力のある答を持っていない。鎮痛物質（エンドルフィン）が存在することは確かだし、そのときは苦しかったのに、その苦しさを忘れて、あとで良かったところだけ思い出す、ということもある。

　ステージ・レースのあいだにわたしの心の中で何が起こっていたのか分かる。自分の体が休養を求めていたのに、過去のウルトラマラソンや長距離山岳レースの経験から、今回のこの体験が精神的にかけがえのないものになる、と分かっていたのだ。ウルトラランニングに伴うユニークで素晴らしいアドベンチャーを取り逃がすくらいなら、わたしは喜んでその代価を払う。

　　　Emma Roca　スペインの超持久系種目のアスリートで、職業は消防士。事業家にしてライター。3児の母。現在、生化学博士号の取得を目指している。

山岳ランニングのトレーニング・プランを組み立てる
対象 カテゴリー1のアスリート

　もしあなたがこのグループに当てはまるなら、レース成績を上げるためにできる唯一最大の方策は、もっとトレーニングすることだ。もっと激しいトレーニングをするのではなく、トレーニングの時間をもっと増やして、累積標高を積み上げ、走行距離を増やすのだ。というのは、本書で扱うスポーツにおけるパフォーマンスは、ほぼ全面的にその人の持つ有酸素容量に依存するのだから。有酸素容量を増やす唯一の方法は、ゾーン1〜2の低強度ないし中強度のトレーニングを増やすことだ。基本となる有酸素容量を大きくしておくことが、これから先成功するためのキーとなる。だから、ここではその点に主眼を置いたプランになっている。近道もなければ、秘密のトレーニング法もない。まず必要なのは、大量のトレーニングをこなせるように体の調子を整えること。体ができてきたら、次にそれまでより強度の高い作業の層を重ねる。そうすることで、ランニングにしろスキー登高にしろ、より速いスピードを長時間保てるようになる。だが、カテゴリー1のあなたの現状では、山道を日々1、2時間走りつづける能力はないのだから、まだまだ高強度トレーニングがどうのこうのと思い煩うことはない。ここで紹介するのは、基礎から積み上げる方式であり、後のち積み重ねていく高強度トレーニングの各層はすべて、それより下の基盤に支えられ、それが上の層を支える。

　このカテゴリーに入るアスリートが、週毎のトレーニング容量を増やすにあたって特に強調すべきは、極めてゆっくり増やす必要がある、ということだ。わたしたちが勧めるトレーニング容量の増やし方は（288ページの図11.2を参照）、ごく控え目なものになっている。というのは、ランニングに起因する故障において、最もよく見られる例は、圧倒的に下肢において起こり、その原因は走行距離の増加を急ぎ過ぎたことにある。着地時の衝撃が慢性的に加わり蓄積する結果、使い過ぎによる故障へと発展してしまうのだ。厄介なのは故障に気づいた時点で、すでに損傷の程度が大きく進行していて、回復までに何週間もかかることだ。こうしたタイプの負傷を防ぐことが、トレーニング・プランを立てるときの第一条件となる。いったん故障したら、どんなプランもご破算となる。

　脚部の結合組織は、おいそれとランニングのストレスに適応してくれない。ランニングの距離を増やしたり、強度を高めたりするときにアドバイスするとしたら、細心の注意を払うように、というしかない。腱であれ筋膜であれ、柔軟性や耐久力を増して日々何千回、何万回繰り返す衝撃をうまく扱えるようになるまでには、何十週にわたって、粘り強く、繰り返しランニングする必要がある。一歩毎の衝撃は、少なくとも体重の2倍、くだりではそれよりずっと大きくなる。ランニングの量を増やそうというとき、忍耐は美徳である。自分の体に優しくあれ。

イタリア、カナツェーイで開催された「2015 Crepa Neigra Vertical-K」の最終セクションはウルバン・ゼマーにとって大きな試練になった　写真：Martina Valmassoi

時間的な余裕を与えて体に馴染ませ、しかるのち、大きなものを受け取ろう。

　50kmレースは、ウルトラレースへの登竜門。そう心得て、この章の初めには、あまり走り慣れていないランナー――ランニング歴が比較的短浅く、走行距離の少ないランナーに、特に必要とされることを、示していく。そのような人が初めて50キロレースに参加するとしたら、最短でも20週間のトレーニング・プランが必要だ、と考えている。

　ここしばらくランニング歴がほとんどない、という人は、ベース期に先立って少なくとも6週間の「移行期」プログラム（269ページ以下の10章を参照）をこなすのが賢明だろう。ただし、毎週コンスタントに35～50キロ走るという人は、ベース期の第1週から始めてもよい。冬のあいだカウチ・ソファーに座って過ごしていながら、いきなり週に65キロから再開して好結果を得よう、などと考えてはいけない。たとえ冬の間中スキー登行をしていたとしても、ランニング用の脚を取りもどすには、少なくとも短期間の移行期が必要だろう。それを忘れば、何週間か経って、故障を引き起こすかもしれない。

　トレーニング・プランを組み立てるときには、次に挙げる要点を思い出してもらいたい。適切なトレーニング・プランを立てるときの助けになるだろう。この点についてはセクション2「持久力トレーニングの基本方針」（68-189ページ）で詳細に論じている。

■本当のトレーニングが始まるのは、自分の脚で走った距離の累積が160キロ（100

イタリアのカモニカ渓谷のモルティローロ峠で羊と一緒に走るのは、スペインで雄牛と走るよりもずっと安全　写真：Davide Ferrari

マイル）を超す辺りからだろう。それまでは日々のトレーニングをこなせるようになるために脚部のコンディションを整えているにすぎない。トレーニング・サイクルの初期においてその状態までもっていくには、何シーズンか経験したランナーでも、2週間ほど必要だろう。初心者なら少なくとも6週間かかる。

■本気でトレーニングする週に入ったら、その間(あいだあいだ)に、負荷が比較的低い週を挟むことで、ベース期のトレーニング効果を自分の体に馴染ませ適応させる機会を作る。何週ものあいだ、トレーニング負荷を一定に保ってはいけない。波動調整(モジュレーション)の欠如は停滞をもたらし、その行く手には、オーバートレーニングの気配がチラつく。

■特異性の原則に照らして、山岳ランナーのあなたは走り、そして急傾斜を歩き登ってトレーニングする必要がある。自転車も、水泳も、素晴らしいエクササイズに違いないけれど、故障して走れない期間は別として、ランニングの代用にはならない。ただしリカバリー・ワークアウトとしては効果的で、疲労した脚部を休ませることができる。また、できるだけ自分が目指す大会と似たような地形の場所を選ぶ必要がある。岩場が続いたり、荒れた地形でレースするのと、平坦なトレイルで競う場合では、必要とされる神経と筋の協調作用が、まったく異なるだろう。特に、ひどく荒れた山岳地形のトレイルでは、突然、高速で短く下る区間が頻繁に現れるので、筋力と敏捷性を養う必要がある。

カテゴリー1の山岳ランナーの週間プランの例

次頁以降に示す3つの例を参考にして、1週間をどのように組み立てるか、一般的な展開の仕方を理解してもらいたい。

P344-345　ハードロック100のコースを偵察するため、コロラド州のアイランド・レイク付近を走り抜けるジェフ・ブラウニング。ジェフは2018年のこのレースで優勝した　写真：Steven Gnam

	午前	午後	コメント
1日目	休息日	オフ	オフ、もしくは前週末の強めのトレーニング後の軽い積極的回復運動（ストレッチやヨガ、マッサージ、ロール、水泳など）に充てる
2日目	Z1：週間獲得標高の15％まで。ADSに陥っている場合はゾーン2	体幹筋力と汎用筋力のトレーニング	筋力評価の結果に応じて、筋力トレーニングの適切なStageを選択する
3日目	Z2：週間獲得標高の15％まで	オフ	
4日目	Z1もしくはリカバリー強度：少なくとも週間合計タイムの15％	任意だが、おこなうなら自分に適したME（筋持久力トレーニング。240ページを参照）を選ぶ	ゾーンにとどまる。平坦地、ないし緩やかな地形でおこなう
5日目	ヒル・スプリント10秒×6〜8本	オフ	適当な時期を見て、ヒル・スプリントを導入して筋力強化を図る
6日目	Z2：週間獲得標高の15％まで	任意でワークアウトをもう一つおこなってもよい：Z1もしくはリカバリーの強度のどちらかを選んで、週間獲得標高の5％まで	
7日目	Z1：週間獲得標高の40％まで	オフ	ADSに陥っている場合はZ2

図13.1　カテゴリー1の山岳ランナーがベース期の初期に用いた
　　　　週間メニューの例

注：ベース期初期のこういった週は、最低でも8週間つづけ、その主目的は走行時間を増やすこ
　　とにある。強度を弱く保って、とにかく距離を稼ぐ。このコンディション調整期間は、トレー
　　ニング・プラン全体の成功とトレーニング期間中の故障を避けるための鍵となる。もし汎用筋
　　力が十分でないなら、そのMEワークアウトを始める

	午前	午後	コメント
1日目	休息日	オフ	オフ、もしくは前週末の強めのトレーニング後の軽い積極的回復運動（ストレッチやヨガ、マッサージ、ロール、水泳など）に充てる
2日目	Z1、もしくはリカバリー・ワークアウト：週間走行時間の10%まで	体幹筋力トレーニング	ゾーンにとどまる。平坦地、ないし緩やかな地形でおこなう。脚部に前週末の疲労が感じられるようだったら、ごく軽いリカバリー・ランに留める
3日目	Z1〜Z3：週間獲得標高の15%まで。Z3は、5〜8%まで	オフ	Z3は8分×3本から始め、増やす場合は自分の体が許す範囲に留める
4日目	Z1：週間獲得標高の15%まで	オフ	ADSに陥っている場合はZ2
5日目	ヒル・スプリント10秒×6〜8本	任意でワークアウトをもうーつおこなってもよい：Z1もしくはリカバリーの強度で、週間獲得標高の5%まで	
6日目	Z1：週間獲得標高の15%まで	オフ	ADSに陥っている場合はZ2
7日目	Z1：週間獲得標高の40%まで	オフ	ADSに陥っている場合はZ2

図 13.2　カテゴリー 1 の山岳ランナーがベース期の後期に用いた週間メニューの例

注：このような週に、運動量を増やすとともに、高強度トレーニングの導入を図る。ゾーン3のワークアウトを開始したら、ME トレーニングを割愛するか、その分量を減らす

	午前	午後	コメント
1日目	休息日	オフ	オフ、もしくは前週末の強めのトレーニング後の軽い積極的回復運動（ストレッチやヨガ、マッサージ、ロール、水泳など）に充てる
2日目	Z1、もしくはリカバリー・ワークアウト：週間走行時間の10%まで	体幹筋力トレーニング	ゾーンにとどまる。平坦地、ないし緩やかな地形でおこなう。脚部に前週末の疲労が感じられるようだったら、ごく軽いリカバリー・ランに留める
3日目	Z1〜Z3：週間獲得標高の10%まで。Z3は5%まで	オフ	Z3は8分×3本から始め、増やす場合は自分の体が許す範囲に留める
4日目	Z1：走行距離と獲得標高のどちらも、週間総量の10%まで	オフ	ADSに陥っている場合はZ2で
5日目	ヒル・スプリント10秒×6〜8本	オフ	
6日目	Z1：走行距離と獲得標高のどちらも、週間総量の30〜40%まで	オフ	ADSに陥っている場合はZ2で。この週は試合で長い距離を走るという特異性を考えて、長めのランを2日つづける
7日目	Z1：走行距離と獲得標高のどちらも、週間総量の30〜40%まで	オフ	ADSに陥っている場合はZ2で。この週は試合で長い距離を走るという特異性を考えて、長めのランを2日つづける

図13.3　対象：カテゴリー1の山岳ランナーがベース期の後期に用いた、長距離レースの特異性を考慮した週間メニューの例

注：2日に分けて長距離走をおこなうことで、実際のレースで必要とされる条件を多少なりとも擬似体験することになる

山岳ランナーのトレーニング・プランを組み立てる
対象 カテゴリー2のアスリート

　もしもあなたが、286ページのカテゴリー分けで2つ目の枠に入るアスリートで、過去2、3シーズンにわたって満足のいくレースを幾つもこなして、走行距離も獲得標高もたっぷり積み上げているなら、すでにトレーニングの基礎をしっかり築いているはずだ。そうなると、レースをただ完走するだけでは物足りなくなってくるだろう。もっと長距離のレースに興味を抱くようになっているかもしれないし、自分の成績をもう1段階引き上げる方法を探しているかもしれない。あるいは登降差がもっと大きい大会への出場を目論んでいるかもしれない。もしもそういうことなら、次の各ガイドラインを参考にして、トレーニングをさらに進化させるといいだろう。

レース距離を1段階延ばしたいなら

　これから半年先、もしくはもっと先に、これまで参加してきたレースより大幅に距離の長いレース——たとえば100キロレースから100マイル（160キロ）レースに移行しようとするつもりなら、進むべき道は明瞭だ。ランニングの量を増やすこと。通常1週間60〜80キロ、多い週は100〜120キロという距離を保っていたなら、それを徐々に増やして通常で週110キロから130キロ、多い週は160〜180キロ程度にもっていく。

　自分がこのクラスに該当するなら、288ページの図11.2で例示した増加割合に倣（なら）ってトレーニングを進める。何年か前に、あなたが初めて長距離レースを目的として、集中的に努力して運動量を積み上げていたときと同じことの繰り返しになる。まずは有酸素トレーニングを大量にこなして、自信を持って目標の距離を走り切れるようになってきたら、様子を見ながら、控え目に高強度トレーニングを取り入れていく。

　3つの異なるシナリオを例に、理想化したランニング量の増加プランを291ページから293ページに掲げているので、参考にしてもらいたい。

①優先度Bの50キロレースをあらかじめ経験した上で、最終的に優先度Aの100キロレースに参加しようという28週間プラン。（図11.8 291ページ）
②優先度Bの100キロレースを事前に経験してから、優先度Aの100マイルレースに参加しようという48週間プラン。（図11.9 292ページ）
③優先度Cと優先度Bのレースを複数、経験してから、優先度Aの100キロレースに参加しようという28週間プラン。（図11.10 293ページ）

	午前	午後	コメント
1日目	休息日	オフ	オフ、もしくは前週末の強めのトレーニング後の軽い積極的回復運動（ストレッチやヨガ、マッサージ、ロール、水泳など）に充てる
2日目	Z1 もしくはリカバリー強度：週間合計タイムの10%まで	体幹筋力トレーニング	ゾーンにとどまる。平坦地もしくは緩い傾斜地。脚部に週末の疲労が感じられたら、ごく軽いリカバリー・ランに留める
3日目	ME（筋持久力トレーニング240ページを参照）	オフ	ベース期のかなりの部分でZ3 ～ Z4 インターバルに替えて、ME を用いる
4日目	Z1：走行距離と獲得標高のどちらも、週間総量の10%まで	オフ	ADS に陥っていたら Z2
5日目	Z1：走行距離と獲得標高のどちらも、週間総量の10%まで	オフ	
6日目	Z1：走行距離と獲得標高のどちらも、週間総量の30%まで	オフ	ADS に陥っていたら Z2。この週は試合で長い距離を走るという特異性を考えて、長めのランを 2 日つづける
7日目	Z1：走行距離と獲得標高のどちらも、週間総量の30 ～ 40%まで	オフ	ADS に陥っていたら Z2。この週は試合で長い距離を走るという特異性を考えて、長めのランを 2 日つづける

図 13.4　カテゴリー 2 の山岳ランナーが体力ベースの蓄積に目的を特化して用いた週間メニューの例

注：このアスリートはベース容量の増加を図って、これまでより距離の長い大会に出場しようとしている

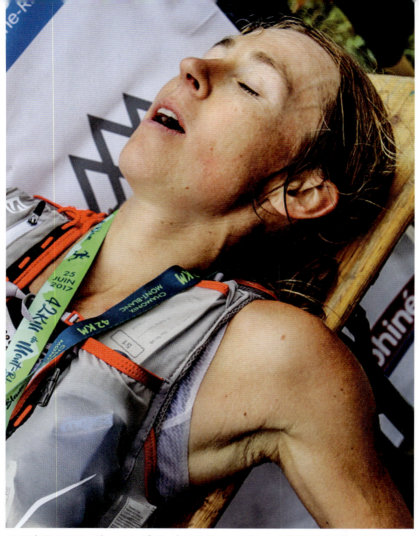

2017年のマラソン・デュ・モン・ブラン（フランス・シャモニー）の勝利のあと回復につとめるメーガン・キンメル　写真：Martina Valmassoi

レースへの出場回数を増やしたい、もしくはレース成績を上げたいなら

　出場するレースの距離を、今のトレーニング量に見合ったものから、もっと長いものにしようというつもりはなく、レースの成績を上げようとか、シーズンを通してもう少し頻繁にレースに参加したい、ということなら、トレーニング・プログラムに、もう少し余計に高強度トレーニングを取り入れることを考えよう。ここまで数ページにわたり図13.1〜図13.5として揚げた1週間の例は、有酸素ベー

	午前	午後	コメント
1日目	休息日	オフ	オフ、もしくは前週末の強めのトレーニング後の軽い積極的回復運動（リカバリー・アクティビティ）（ストレッチやヨガ、マッサージ、ロール、水泳など）に充てる日
2日目	Z1 ～ Z3：走行距離と獲得標高のどちらも週間総量の15%まで。Z3 は段階的に増やすが、全体の 5% に留める	体幹筋力トレーニング	インターバルとテンポ走（170 ページを参照）を用いて、その距離を徐々に延ばしていく。Z3 の量は自分の体の許す範囲に留める
3日目	Z1 またはリカバリー：週間時間の 10% まで	オフ	ゾーンを維持。平坦地、ないし緩傾斜地でおこなう
4日目	Z1 のワークアウトをおこなうあいだに、ヒル・スプリント 10 秒 × 6 ～ 8 本を挿む。週間距離の 10% まで	オフ	
5日目	Z1 ～ Z4：走行距離と獲得標高のどちらも、週間総量の10% まで。Z3 で 4 ～ 6 週続けた後、徐々に Z4 を加えて全体の 5% まで	オフ	Z3 を一定量（週間総走行距離の 10% まで）楽にこなせるようになったら、Z4 のインターバルを 30/30s 方式（177 ページの解説を参照）で加えていく
6日目	Z1：走行距離と獲得標高のどちらも週間総量の 15% まで	オフ	
7日目	Z1：走行距離と獲得標高のどちらも週間総量の 40% まで	オフ	

図 13.5　カテゴリー2の山岳ランナーが、ベース期の後期に用いた週間メニューの例

注：このアスリートは 1 シーズン中に、これまでより距離の短いレースに、もっと頻繁に出場したいと思っている

スをしっかり固めた上で、ADS に陥っておらず、10％テスト（91ページを参照）に合格したランナーを対象にしている。

運動強度を高める際の注意点

■自分のトレーニングに、どういったタイプの高強度プログラムを加えるか？ それは、自分が目標とするレースによって違ってくる。ゾーン3の長時間セッションを繰り返せば、長距離レースに役立つだろう。その一方、ゾーン4～5の短時間セッションを繰り返せば、VK レース、もしくは比較的短い距離のレースのトレーニングとして、極めて効果的だろう。

■通常トレーニング計画は、さまざまな強度のワークアウトを組み合わせて全体を作り上げる。その際、人によって意見が大きく異なるものの、持久力の積み上げに関しては、ある方法がほかの方法より優れているという決定的な証拠はない。また、アスリートの有酸素能力が大きければ大きいほど、高強度トレーニングに（たとえば、ゾーン4で6分を超すインターバルに）耐えることができるので、結果的に高強度の運動量が増えて利益を得られる。

■高強度トレーニングの量を、週毎に、そしてワークアウトの度毎に、どの程度にするかだが、とにかく初期値を高めに設定せず、増加率も少しずつにする。有酸素ベース（ゾーン1～2）のトレーニング量を5％以上減らさない範囲で高強度ワークアウトを増やす。ゾーン1～2のトレーニングが減ってしまうと、パフォーマンスのピークが短くなり、その後、坂道を転げ落ちる恐れがある。

■トレーニング計画にゾーン3のワークアウトが加わってきたら、ゾーン2のトレーニングはすべて、取りやめる。有酸素ベース・トレーニングはすべてゾーン1でおこなう。ほとんどのアスリートにとって、運動強度を上げるようになったら、ゾーン2では負担が大き過ぎるだろう。

■脚の特化筋力を鍛え、それを維持するために、ヒル・スプリントワークアウトを（182ページを参照）ほぼ毎週、1回ずつおこなう。

■ME（筋持久力）を強化する必要があるなら、早い時期からME ワークアウトを始め（240ページを参照）、ゾーン3やゾーン4のワークアウトを導入するようになったら、いったんやめる。具体的にいえば、ゾーン1～2の有酸素ベース・トレーニングを始めて最低4週間経ったら、ME ワークアウトを加える。そして毎週1回、8週間にわたってつづける。その後 ME をやめるが、次に導入するゾーン3とゾーン4の高強度トレーニングが、一度作り上げた ME を保ってくれるだろう。

■ゾーン3のワークアウトを首尾よく組み込むことができて6～8週間経ったら、ゾーン4のトレーニングを取り入れる好機だろう。 ゾーン3の一部を、その半

ATHLETE STORIES 21

野生動物との出合い

ジェフ・ブラウニング

コロラドでおこなう自然剥き出しで厳しいハードロック100マイル耐久レースの途中、ポール・クリークの急流と並行するトレールの、岩塔が散在する細い道をくだっていた。この辺りは中央分水嶺（コンチネンタル・デバイド）の一部。晴れた美しい夜で、もうすぐ満月という頃だった。わたしはわずか19日の間隔で実施される2つのクラシックレースであるウェスタン・ステイツ100とハードロック100の合計タイム記録を塗り替えるペースで進んでいた。聳え立つ岩塔群の華麗なシルエットも、激しく流れ落ちる水も、すぐ左手に並行している。わたしのヘッドランプが右手前方に、眼球の煌（きらめ）きを捉えた。

いったん止まって、その眼球の主を確かめるのは、夜間山岳ランニングの鉄則。私はボタンを押してランプの輝度を最大にした。100メートル先まで届く光の束が照らし出したのは、1頭ではなく、2頭のクーガーだった。小高い一枚岩（スラブ）の上で寛いでいる。とっさに辺りをうかがうと、このトレールと突き出したスラブのあいだを、幅30メートルほどの藪の帯が隔てている。

2頭いるクーガーの手前の1頭が起き上がった。わたしは命令口調で低くいい放った。「このー、おれなんか喰ったって、仕方なかろう！」光のビームを2頭に当てたまま、拳で胸を叩き、度を失った未開人のように声を上げながら、トレールを歩きくだる。大きい方が、岩の上をわたしと平行に移動する。幸いスラブはすぐに途切れ、トレールが回り込んでわたしの姿は岩塔の陰に入った。

前を向き、10キロレースを走る勢いで疾走した。山中をすでに80マイル（128キロ）以上走ってきた疲労など、どこかへすっ飛んでいた。50メートルから100メートル毎に立ち止まって振り返り、野獣の眼光を探すが、ない。それでも、ふたたび走った。何かを盗んだあとのように……。

自然豊かな山中をトレイルランニングするとき、人は目立たない存在だ。とりわけ、ソロの場合には。おかげで野生動物に出合って、普段と違う独特な状況に陥る。特にネコ科の動物はわたしの気持ちを奮い立たせて、痛みの洞窟から引き出してくれる。

つけ狙うものと、狙われるもの

クーガーと遭遇したのは、あのハードロック100の時が3回目で、いずれも100マイル・レースの夜間区間だった。2度目の出合いはなんともなかったが、初めて遭ったときは、ひどく面食らって動転した。それは、サンディエゴ100の97マイル地点のことだった。夜に入ってレースは野生動物の実地見学会さながら、ペースメーカーのジェスと私は、83マイル（約133キロ）地点のパシフィック・クレスト・トレールの一画でタランチュラを見つけて驚嘆し、次いで、しつこいスカンクが現れ、4分の1マイル（400メートル）ほど追いかけられた。

ジェスとわたしがスカンクの臭いから逃れようと全力疾走した1マイル先で、左手に動きの気配を察知した。自動車サイズの岩の上から、何かがこちらへ向かって跳び出して、深い藪の中に入った。わたしは足を止め、ヘッドランプを強力ビームにした。20メートルほど前方で、ネコ科の動物が草の上に頭をもたげていた。闇の中に緑色の眼が2つ、光っていた。

「クーガーだ！ クーガーだ！」と後ろに伝えると、ジェスが慌てて、「えッ、どこ？」と大声を出し、すぐに、「いたッ」

コロラド州スティームボート・スプリングスで開催された「ラン・ラビット・ラン100」で、未明の完走直後のジェフ・ブラウニング　写真：Fredrik Marmsater

　わたしたちは叫び声を上げ、ヘッドライトのビームを当ててクーガーの眼を眩ませた。跳びかかってこられるほどの近間でビクビクだった。やつがあの力強い後肢で地面を蹴ったら、ひと跳びで、わたしたちは餌食にされてしまう。ヘッドライトのビームを2本、クーガーの眼にしっかり固定したまま、わたしたちはカニ歩きで、そろりそろりトレールを歩きくだった。そのうちにクーガーは頭を下げ、草むらに消えた。
　「あいつ、どこ行った？」ジェスがいった。
　あいつは、遠からぬ場所に現れ、わたしたちと並行して移動していたが、そのうち、

倒れかかった木の下にうずくまった。緑色の不気味な眼光が、こちらの動きの一つ一つを見ている。そこから十分距離が離れたと見て、わたしたちは、ついにまた走り出したものの、40メートル毎に立ち止まって真後ろから左右両側に目を走らせ、追われていないことを確かめた。そのときは、ビクビクものだったが、今ではこうして話のネタにしている。

跳び越す楽しみ

野生動物との出合いは、必ずしも、いつも危険なわけではない。ワイオミング州の北寄りで開催するビッグホーン100トレイルランの最中、リトル・ビッグホーン渓谷沿いのトレールを、全力でくだっているときのことだった。3キロ半のあいだに600メートルの高差をくだるという急坂の所々に、右斜面からヒイラギガシの藪が覆い被さってくる箇所がある。それまでしばらく、テクニカルな地形の攻略に没頭していた私は、ガサッ、という物音を耳にして、パニックに陥った――クマ？ ヘラジカ？ おれは死ぬかも！

ところが、現れ出たのは、マーモット。精一杯のスピードでチョコチョコと足元のトレールを横切っていく。わたしはクッキーを取り上げられた3歳児のようにギャーと叫び、ペースを落とすことなくそいつを跳び越した。心拍数が急上昇したが、クマではなくてホッとして、くだりながら肩越しに叫んだ。「びっくりしたぜ！」

ヘルメットは必需品

ウルトラランニング中の、面白おかしい野生動物との出合いは、いま思い出しても、頬が緩む。カスケード山脈100マイルレースの52マイル（83キロ）地点付近で、わたしはワシントン州の中部を先頭で嬉々として走っていた。黄昏どきにキーチェルス尾根を駆け登っていると、バサバサバサッと頭上1メートルの高さに鳥の羽音が聞こえた。見るとアメリカフクロウが、滑るように上昇してモミの木に止まり、賢そうな大きな両眼でこちらを見降ろして

いた。とっさに、わたしの頭に浮かんだのは、P.D. イーストマンの児童書『サムといたずらほたる』の一節だった。以前自分の幼い子供たちに、いつもその本を読んで聞かせていたのだ。わたしは、フクロウが夜のお遊びに誘う時の台詞を口にした。「だーれだ？ だれかな？ 遊びたがってるのは？」この思いつきにクスクス笑いながら、そのまま道路を駆け上がっていった。

何か気配を感じて振り向こうとしたその瞬間、フクロウが滑空してきて、嘴で後頭部を突っつかれた。うーっ！ 反動で頭がガクンと下を向いてしまい、わたしは頭から血が出ていないか調べた。おそらく、あのフクロウは遊びたがっていたのだ！ わたしは小砂利を手に取って、フクロウが止まっている辺りに投げつけると、彼は飛び立っていった。そのまま道路を登りつづけたが、その間ずっと、サムの姿を求めて、わたしはときどき肩越しに振り返った。

壮大な山岳風景や原生自然の中を走っていると、自分の想念に入り込んでその思いに耽りがちだが、さまざまな危険があると理解することもまた重要で、特に、野生動物には要注意だ。自分が走る予定の場所でどのようなタイプの野生動物に遭遇する危険があるか、あらかじめ調べて対策を考えておくことが重要になる。全速力で逃げたり、じわりじわり後ろ向きに逃げたり、マーモットを飛び越えたり。どんな形で遭遇するにしろ、いろいろな手を心得ていることが、安全に逃げるための第一歩。そうすれば、後々人に語るときいいネタになる。

Jeff Browning　別名 'ブロンコ・ビリー'　プロのウルトラ・ランナーにして、持久走トレーニングのオンライン・コーチ。壮大な自然景観の中を走る中で得られるゆったりとした時の流れと安らぎをこよなく愛している。20年近い長きにわたって、彼がウルトラマラソンを走り、競ってきた原動力は、大空間（といっても肉食系の野性動物は別）を抱きしめるところにある。彼のコーチ・サービスや数々の実績に関しては、彼のサイト「GoBroncoBilly.com」を見るか、X（旧ツイッター）とインスタグラムの @GoBroncoBilly をフォロー。

分の量のゾーン4に入れ替える。たとえば、それまでゾーン3で30分間おこなっていたなら、15分間をゾーン4に入れ替えるのだ。すでに述べたように、ゾーン3やゾーン4が加わってきたら、ゾーン2のワークアウトはすべて削る。有酸素ベースの維持はすべて、ゾーン1もしくは、さらに強度の低いリカバリー強度でおこなうことになる。ゾーン4を導入する際にキリアンが好んで用いる方法は、30/30方式である（177ページを参照）。

獲得標高を増やしたいなら

　1週間のトレーニング計画を立てるにあたって、獲得標高をどの程度に設定すべきか？ 考慮すべき要素は幾つかある。たとえば、目指す大会の獲得標高や、トレーニングをおこなう山までのアクセス、自分のトレーニング歴など。最良の結果を得るには、自分が利用できるトレーニング環境に合わせて目標を選び、選んだレースと似たような地形の山でトレーニングすることだ。

　すでに毎週のトレーニングに獲得標高の要素を取り入れて、目標のレースに特化した筋力を鍛えているけれど、ほかの要素に比べて脚部の筋力が弱点のようだ、というなら、プログラムにMEトレーニングの時間を組み込むようにする。

週間獲得標高に関する注意点

■獲得標高を徐々に増やしていくにあたって、第1週は、目標とする大会の獲得標高の2分の1程度に抑える。

■プランには最初から、関連する筋肉の持久力トレーニングを組み込んでおき、効果を確認するまでつづける。（詳細は240ページ以降の筋力トレーニングの章を参照）

■試合準備期の間に少なくとも2回、目標とする大会の累積獲得標高を1週間でこなす週を設ける。

■その間は走行距離もまた延びることになる。

■走行距離と、獲得標高と、運動強度、この3要素を、1週間の内に3つとも増やしてはいけない。1度に1要素だけ。もし2要素を増やす必要があるなら、増加率を計15％以内に抑える。たとえば、走行距離を10％増やしたなら、獲得標高を5％に抑え、ゾーン3の時間を8％増やしたなら、走行距離を7％に抑える、というように。

■走行距離と同じように獲得標高の増加率も、連続する2週の合計で10％、4週の累計（3週の積み上げと、1週のリカバリー）で20％以内に抑える。

■リカバリーの週には、走行距離を40〜60％減らし、獲得標高も同じ割合で減らす。

	午前	午後	コメント
月曜	休息日	オフ	オフ、もしくは前週末の強めのトレーニング後の軽い積極的回復運動（ストレッチやヨガ、マッサージ、ロール、水泳など）に充てる
火曜	ME と体幹筋力トレーニング。240 ページの筋力トレーニングの項を参照	積極的回復運動（ストレッチやヨガ、マッサージ、ロール、水泳など）	
水曜	Z1 もしくはリカバリー強度。ゾーンにとどまる。週間獲得標高の 10％ まで	オフ	野外の丘陵地帯を走れればベスト。ただし、高層ビルの階段やトレッドミル、階段踏みマシーンでの代用も可
木曜	Z1、もしくはリカバリー強度。ゾーンにとどまる。走行距離と獲得標高のどちらも、週間総量の 10％ まで	オフ	野外の丘陵地帯を走れればベスト。ただし、高層ビルの階段やトレッドミル、階段踏みマシーンでの代用も可
金曜	Z2: 週間獲得標高の 15％ まで	オフ	野外の丘陵地帯を走れればベスト。ただし、高層ビルの階段やトレッドミル、階段踏みマシーンでの代用も可
土曜	Z1：週間獲得標高の 25％ まで。ADS に陥っている場合は Z2 への置き換えもあり得る	ヒル・スプリント 10 秒 × 6 ～ 8 本	野外の丘陵地帯を走れればベスト。ただし、高層ビルの階段やトレッドミル、階段踏みマシーンでの代用も可
日曜	Z1：週間獲得標高の 40％ まで。ADS に陥っている場合は Z2 への置き換えもあり得る	オフ	野外の丘陵地帯を走れればベスト。ただし、高層ビルの階段やトレッドミル、階段踏みマシーンでの代用も可

図 13.6　カテゴリー２の山岳ランナーが、ベース期の初期に用いた週間メニューの例

注：このアスリートは週に 1 回 ME ワークアウトを組み込んで、以前より獲得標高の大きいレースでの完走を目指している

ATHLETE STORIES 22

仕合わせの中身

エミリー・フォースバーグ

人と競うために走るわけではない。レースで勝つためにトレーニングするわけではない。わたしが走るのは、喜びをもたらしてくれるから。

わたしがレースの世界に入ったのは、他の人たちより遅い。子供の頃にあらゆるスポーツを経験したが、15歳の時にロッククライミングに心を奪われると、自由時間はすべてクライミングに注ぎ込んだ。初めはナチュラル・プロテクションのトラッド・クライミングが好きで、その後スポーツ・クライミング中心になった。ランニングとスキーも持久力トレーニングとしてつづけていたが、クライマーを自認していた。

22歳になって初めて、情熱を注ぐ対象はランニングだ、と自覚した。自分の生活の中心にあるのはクライミングではなく、ランニングになっていた。自分が生活し、働き、学んでいるこの土地を囲む山々を、この足で走って探った。

ランニングという単調な動作に、わたしは惹かれた。シューズをつかんで表に出て、新鮮な大気を吸い、心を空にして、自然に浸る。山塊を一巡りすれば、向こう側がどうなっているか分かるし、このトレールがどこへつづくのか知りたかったら、登ればいい。わたしは山頂に駆け登り、付近の山頂を巡った。この足で何キロ走れるか知りたくて、わたしは走った。

毎年2レースほど走るうちに、レースが好きになった。わたしと同じことを気に入っている大勢と知り合える。それに、1人で走っているときより、ちょっぴり自分を追い込めるのがいい。自分がプロの山岳アスリートになるなんて、思いもしなかった。わたしはただ、楽しいことをしていただけ。夏場はランニングして、山に雪が積もって走れない冬は、スキーをした、ただそれだけ。

25歳のとき、フルタイム・ランナーの世界に紛れ込んだ。サロモン・スウェーデン・チームに加わると（なんと、シューズは無料！ 参加費支給！）、国際チームのトレーニング・ウイークに招かれ、初めての国際レース、ドロミテ・スカイレース2012に挑むことになった。

会場に現れたランナーの数に、わたしはびっくり仰天。スタート時点でちょっと怖じ気づいて、最初の登り坂で力強い2人の女性ランナーに遅れまいと、懸命に後を追った。最高地点では3位、ゴールしたときは1位で、大会記録だった。このレースの一歩一歩が楽しく、もっと競技をつづけたいと思った。

プロのランナーになると決断するのは、簡単ではなかった。生物学の研究論文をほぼ仕上げたところに、海外レースに参加する機会が訪れたのだった。わたしはランニングを選び、結果は上々だった。しかし、わたしは今も、これからも、自分がなぜ走るのか、その理由を常に意識していようと思う。何を置いても優先すべきは、楽しさを失わないこと──それが、ランニングを中心に人生を築こうと決めたときに抱いた気持ち。レースの目的は優勝することではない。自分の人生を好きになることにある。

わたしにとってレースは、これまでも、これからも、何よりも大切というわけではない。優勝することは大事だけれど、それがすべてではない。これはわたしに限っていえること。これまでに会った多くのアスリートにとって、最も大事なのは、トレーニングして何としても 'A' ランクのレースで優勝することだ。その決意のほどに、感

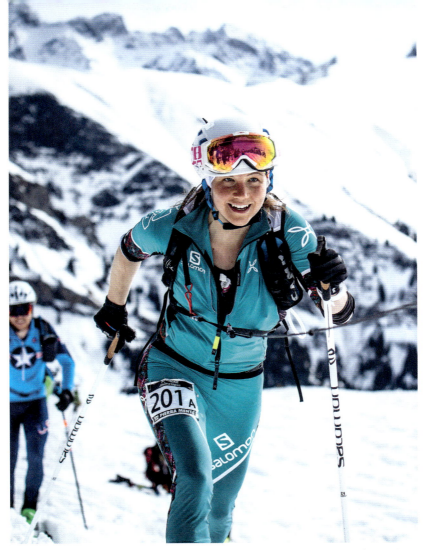

パートナーのレティシア・ルーとともに2017年のピエラ・メンタで優勝し、満面の笑みを浮かべるエメリー・フォースバーグ　写真：Jocelyn Chavy

心するけれど。

　最終的にトレーニングが自分を強くするわけだから、わたしたちは誰も、トレーニングする動機を自分で探し出さなければならない。わたしにとってレースは、楽しくなければならない。でも、そのために自分の健康や仕合わせを犠牲にするつもりはな

い。レースはわたしにとって、一種の贅沢であり、頑張って、これまでよりも強い自分になるのは、楽しい。

Emelie Forsberg　心底からの山好きで、小さな農場を営み、誇り高き菜食主義者(ビーガン)で、熱心にパンを焼く。

361

用語解説

1RM
→最大挙上重量を参照。

アデノシン三リン酸（ATP）　Adenosine Triphosphate
各細胞内でエネルギー伝達媒体として機能する分子。ATP は細胞代謝の最終産物の1つで、化学的結合が壊れるときに、筋収縮のためのエネルギーを生み出す。食物中の栄養素が代謝されるときに放出されるエネルギーを用いてATP が合成される。ATP は絶えず分解されるとともに、代謝プロセスを経て再合成される。ATP が再合成される割合は、人体が実行できる仕事率を決定する。

異化　Catabolic
エネルギーを放出するために大きな分子をより小さな分子に分解する代謝プロセス。なお、体内のタンパク質構造を過度に異化すると、体の衰弱を引き起こす可能性がある。

1回拍出量　Stroke Volume
1回の心筋の収縮により、心臓から排出される血液量。1回拍出量はトレーナビリティが高く、持久力トレーニングによって、各アスリートの遺伝によって決定されている限界点近くまで向上させられる。

インスリン　Insulin
体内の炭水化物と脂肪の代謝を調節するのに中心的な働きをしているホルモンのこと。インスリンは血中からグルコースを吸収し、肝臓、骨格筋、脂肪組織の細胞に供給する役割を担う。肝臓と骨格筋ではグルコースはグリコーゲンとして貯蔵され、脂肪細胞ではトリグリセリドとして貯蔵される。

インターバルトレーニング、間欠的トレーニング　Interval Training
高強度の運動を、休息をはさみながらおこなう持久力トレーニングの方法。この方法を用いると、同じ強度の高強度運動を持続的（連続的）におこなう場合よりも、少ない疲労でより多くの運動量をこなすことができる。

運動強度、トレーニング強度　Intensity
運動の強さを意味するが、生理的には身体が消費するエネルギーの、単位時間あたりの消費割合を表す。筋が優先的に使用するエネルギー物質（炭水化物か脂肪かといった）は、運動強度に依存する。また、トレーニングによる生理的な適応の様相も、運動強度によって異なるものになる。運動強度を知る指標として、心拍数、主観的運動強度、血中乳酸濃度、$\dot{V}O_2$max の何%に相当するか、などがある。

運動効率、エコノミー　Economy
ある運動をした時に、単位時間あたりに消費したエネルギーをいう。運動強度が同じであれば、この値が小さいほど運動効率（エコノミー）がよいと表現する。この値は運動の様式やスピードによって異なったものになる。たとえば、平地走行で高いランニングエコノミーを発揮できる人でも、急な登り坂走で高いエコノミーを発揮できるとは限らない。

運動単位　Motor Unit
筋線維と、それらを支配する運動神経のまとまりのこと。

オーバートレーニング　Overtraining
トレーニング期間の後に超回復が起きないという、持久系アスリートによく見られる望ましくない状態で、パフォーマンスも低下してしまう。オーバーリーチングが過度になりすぎた場合にも起こる。そこから回復するためには綿密な介入が必要となる。

オーバーリーチング　Overreaching
アスリートに一時的に過度なトレーニング負荷を与える方法。最短で1～2日、最長で1週間程度が用いられる。アスリートの日常生活でのストレスが最小限のときを選んで、よく管理された方法でおこなう必要がある。トップアスリートはこの方法を時々使用するが、これをおこなった後にはしっかりした回復期間を設けなければならない。

解糖、解糖系　Glycolysis
グルコース（炭水化物に由来する糖の一種）をピルビン酸と ATP に分解する代謝プロセス

のこと。解糖系は酸素を必要としない代謝プロセスである。この系の最終産物であるピルビン酸は、有酸素能力が充分ある場合にはミトコンドリア内に入り、有酸素性のエネルギー代謝経路で分解される。また、筋肉の有酸素能力が不十分な場合には乳酸に変換され、持久力に悪影響を与える。解糖系は脂肪の分解よりも速い速度で進行するので、高強度の運動におけるATP合成の主要なエネルギー供給源になる。

回復時間　Recovery Time
サーキットトレーニングやインターバルレーニングにおいて、セット間や個々のエクササイズ間にはさむ小休止時間のこと。

活用トレーニング　Utilization Training
アスリートがその競技で特に必要とする能力を改善するため、目標とする試合に向けた強化期間や試合期の合間に優先的に実施される。このトレーニングは、アスリートのパフォーマンスを一時的に改善させるのに効果的だが、年間を通して続けたりすると逆効果をもたらす。ユーティライゼーショントレーニングともいう。

換気閾値、換気性作業閾値、VT Ventilatory Threshold
運動強度を徐々に上げていった時、呼吸の深さと速さが顕著に変化するポイントのこと。これは細胞内での呼吸、いいかえると代謝に変化が生じたことを示す。VT は機器を用いずに、運動強度をリアルタイムで把握する指標として役立つ。運動生理学では2種類の換気閾値があるとしており、VT1 は有酸素閾値（AeT）に、VT2 は乳酸閾値（LT）に相当するとされる。

機能的適応　Functional Adaptation
トレーニングにより体系的に繰り返し与えられるストレスにより生じる人体の変化の一種。トレーニングへの適応は一般的に2つに分類される。1つはさまざまな身体システムの機能変化に関連する機能的な適応であり、もう一つは身体の構造変化に関連する構造的な適応である。

局所筋持久力　Local Muscular Endurance
→筋持久力を参照。
心臓血管系に大きな負荷をかけることなく、比較的小さな筋群の筋持久力を向上させるトレーニングのこと。目標とする筋に的確な負荷抵抗を加えることでトレーニング効果が得られる。これによりハイパワーを発揮する際の筋線維の有酸素性能力が改善し、筋疲労が遅延し、レースでのパフォーマンス増大につながる。この種のトレーニングによる疲労は、トレーニング刺激が与えられた小さな筋群にのみ起こる。

期分け　Periodize
最も大切な大会で最良のパフォーマンスを発揮するために、年間を通してトレーニング負荷を変化させ、体系的にトレーニングを組み立てること。現代ではあらゆるスポーツでおこなわれている。ピリオダイゼーションとも。

筋持久力（ME）Muscular Endurance
局所筋持久力と同じ意味。ある筋に負荷抵抗をかけて筋収縮を繰り返しおこなう場合に、どれだけ続けられるかという能力を指す。筋持久力の制限要因とは、心臓血管系ではなく局所的な筋疲労である。VK レースなどでは、局所の筋持久力がパフォーマンスの決定要因となる。

筋線維　Muscle Fiber
ヒトの骨格筋組織を構成する細長い多核細胞のこと。ミオサイト、または筋細胞とも呼ばれる。

筋線維の転換　Muscle Fiber Conversion
筋線維は、トレーニング刺激に反応して適応する。数か月にわたる特定の種類のトレーニングには、筋線維の特性を変化させる効果がある。数年にわたる変化を調べた研究によれば、長期の持久力トレーニングは、トレーニング刺激を受けた筋肉内の速筋線維の持久力を向上させると報告されている。

筋肥大　Hypertrophy
筋力トレーニングのうちで、筋肉の成長を促すトレーニング方法のこと。筋肉量の増加は、筋形質の体積の増加、または収縮性タンパク質の増加によってもたらされる。

筋力トレーニング　Strength Training
筋肉の収縮能力の改善を目的としたトレーニング法の総称。筋力、筋持久力、筋パワーなど、改善したい筋の性能の違いにより、異なるトレーニング方法が用いられる。

クレアチンリン酸　Creatine Phosphate
骨格筋内に貯蔵されているエネルギーで高エネルギーを持つ。ホスホクレアチンとも呼ばれ、PCr または CP と略される。CP の貯蔵量は少なく、激しい運動に用いると5～8秒しかもたない。CP は酸素を用いずリン酸基を ADP に提供し、筋肉収縮のための ATP を作る。低強度の運動の間、余分な ATP は CP の再合成に使われる。クレアチンがリン酸と結合し CP を再合成する過程を、リン酸化反応と呼ぶ。この一連のメカニズムにより CP が再合成され、高強度の作業を繰り返すことができるようになる。

クレブス回路　Krebs Cycle

クエン酸回路とも呼ばれる、有酸素性エネルギー代謝プロセスの一部。ミトコンドリア内でおこなわれ、ATP を産生する。

継続時間　Duration

トレーニングにおける持続時間のこと。1 種目の運動を遂行するのに要する時間を指したり、いくつかの運動をひとまとめにしておこなうのに要する時間を指したりする。

継続性、継続性の原則　Continuity

定期的なトレーニングスケジュールをしっかりと維持し、トレーニングの中断を最小限に抑えること。

交感神経系　Sympathetic Nervous System

自律神経系の一種で、心拍数を上げ、血管を収縮させ、血圧を上げる働きをする。闘争・逃走反応の際に主要な働きをする。

恒常性　Homeostasis

→ホメオスタシス参照

酵素　Enzyme

生命を維持する無数の化学反応を可能にする生物学的触媒のこと。他の触媒と同じように、酵素は反応物の活性化エネルギーを下げることで化学反応を加速させるが、反応中に消費されることはない。場合によっては、100 万倍以上も反応速度を高める。

構造的適応　Structural Adaptation

長期にわたるトレーニング負荷によってもたらされる、人体のタンパク質構造の変化のこと。

個別性、個別性の原則　Individuality

トレーニングを計画する際、個々のアスリートの遺伝的特徴、トレーニング歴、ライフスタイルなどを考慮しておこなう必要があること。

サーキット、サーキットトレーニング　Circuit

複数のエクササイズを次々におこなう一連の運動を1周期（サーキット）と見なし、これを何度も繰り返す筋力トレーニング。休息時間を変えておこなうことで、トレーニング効果も変わってくる。

最大挙上重量　One-Rep Max

1 回のレップで1回だけしかできないような高い負荷強度のこと。1 レップでの最大遂行可能運動強度。筋力トレーニングの場合には最大挙上重量と呼ばれる。インターバルトレーニングの場合には、1 回目はできるが2回目にはできなくなるような高負荷の運動強度を指す。

最大酸素摂取量　$\dot{V}O_2max$

そのアスリートの有酸素性能力の最大値を表す指標。漸増運動負荷試験を疲労困憊までおこない、その時の酸素摂取量を測定することで求められる。

最大乳酸定常状態　Maximum Lactate Steady State

→乳酸閾値（LT）を参照。

サイトゾル（細胞質基質）　Cytosol

さまざまな細胞構造を内包する細胞内液のこと。解糖系の代謝はサイトゾル内で起こる。有酸素性エネルギー代謝はサイトゾルの中にあるミトコンドリア内で起こる。

細胞小器官、オルガネラ　Organelle

細胞内構造の一部。本書ではミトコンドリアを指す言葉として使用する。

持久力、持久性　Endurance

運動時の疲労に抵抗する能力のこと。高強度の運動では、持久力は分単位で評価される。低強度の運動では時間単位、場合によっては1日単位で評価されることもある。運動の持続時間は運動の強度に反比例する。適切な持久力トレーニングプログラムを実行することで、アスリートがある特定の強度の運動をおこなった際の、疲労するまでの時間を効果的に延長させることができる。

仕事量　Work

物理学用語。力と、その力がかかる方向に移動した距離を掛けた値が仕事量となる。たとえば、50ポンド(20キログラム)の重量を、10フィート（3メートル）持ち上げると、500フィートポンド（60キログラムメートル）の仕事がおこなわれたことになる。

脂肪　Fat (Dietary)

非水溶性の化学化合物の多様なグループのこと。脂肪は、飽和脂肪、不飽和脂肪、トランス脂肪に分類できる。脂肪の化学結合は、炭水化物やタンパク質と比べて、単位重量あたりではほぼ2倍の化学エネルギーを蓄えられる。このため脂肪は、低強度から中強度運動時には豊富なエネルギーを提供できることになる。

脂質適応　Fat adaptation

筋での有酸素代謝の主要な燃料として炭水化物

と脂質の二通りあるが、貯蔵量の少ない炭水化物をセーブするために、低強度トレーニングの積み重ねによって、貯蔵量の莫大な脂質をよりたくさん利用できるようになった体質のこと。

脂肪分解　Lipolysis

長鎖脂肪酸や遊離脂肪酸をアセチル CoA に分解する代謝プロセスのこと。アセチル CoA は、ATP 産生のために有酸素性エネルギー代謝で使われる。

触媒　Catalyst

化学反応に必要な酵素の活性化エネルギーを低下させることで、化学反応を加速させる物質のこと。その反応で触媒が消費されることはない。生化学反応を起こすのは酵素である。

自律神経系　Autonomic Nervous System

呼吸や心拍、消化プロセスのように、無意識のうちに身体機能の制御をおこなっている神経系の一種。

神経支配　Innervate

組織への神経の分配。筋線維が数十から千本以上の単位で運動神経細胞に支配されている。

心拍出量　Cardiac Output

心臓が 1 分間に送り出す血液量のこと。1 回の拍出量と、心拍数を掛け合わせたもの。

スポーツ特化筋力　Sport-Specific Strength

目的とするスポーツで特異的に働く筋力のこと。この能力を強化するためには、そのスポーツと類似した動作を用いて、実際の試合でかかる負荷よりもさらに高い負荷を筋にかけるようなトレーニングをおこなう。

生合成　Biogenesis

既存の有機体から新しい有機体を生み出すこと。ミトコンドリアの場合でいえば、細胞内で大きさと数の両方を増加させるような生合成がおこなわれる。

セット　Set

反復（レップ）の集合体のこと。1 セットという場合、1 レップから複数レップまでを含む。筋持久力トレーニングの場合であれば、たとえば 20 レップを 1 セットとしてそれを何度も繰り返す。

漸進性、漸進性の原則　Gradualness

トレーニング刺激への適応は徐々に進行するので、一定の期間が必要となる。このため負荷を急激に高めても成功するわけではない。よいトレーニング効果を得るためには、数週間から数か月をかけて体系的にトレーニング負荷を増やす必要があり、身体が対応しきれないような大きすぎる負荷の飛躍は避けなければならない。

速筋線維　Fast-Twitch（FT）Fiber

高出力の運動で用いられる筋線維の一種。速筋線維は、遅筋よりも速く、より大きな力で収縮する。また断面積が大きく、ミトコンドリアや筋線維をとりまく毛細血管床の密度が低いため、ATP 産生において解糖系の代謝に大きく依存している。持久力は遅筋線維よりも劣るが、FTa と呼ばれる速筋線維は、トレーニングによって持久力を高めることが可能である。

体幹筋群、コア　Core

胴体の筋肉組織を指す用語で、肩甲帯から骨盤までの間の筋の連鎖的な結びつきのことをいう。アスリートの場合、運動時に体幹を安定させるという静的な役割や、動きを伝達するという動的な役割のいずれにも関わっている。

体幹筋力、コア筋力　Core Strength

体幹筋群の強化は、静的・動的どちらの利用においても、すべてのアスリートに重要である。体幹筋群だけを強化する方法、片方の腕や脚で生み出した力を、体幹筋群を介して反対側の腕や脚に伝えることにより鍛える方法、重力への抵抗を利用して鍛える方法など、様々なトレーニング法がある。

代謝　Metabolism

一般的には、生物内で発生するすべての化学反応のことをいう。スポーツにおいては、筋活動をおこなったり ATP を再合成したりするために必要なエネルギーの産生のことを指す。

体重（自重負荷、自体重負荷）　Body Weight

懸垂や腕立て伏せなど、自分の体重を抵抗（レジスタンス）としておこなう運動負荷のこと。

炭水化物　Carbohydrate

炭素、水素、酸素のみからなる有機化合物のこと。食物としての炭水化物には、主に穀物、フルーツ、デンプンがある。

遅筋線維　Slow-Twitch（ST）Fiber

速筋よりも持久力のある筋線維のこと。遅筋線維は、多くのミトコンドリア、高密度の毛細血管、高いレベルの有酸素酵素を持っている。断面積が小さく、速筋線維よりも小さい力で収縮する。ミオグロビンの濃度が高いため、速筋

線維よりも赤く見える。

超回復　Supercompensation

トレーニング後に、改善を狙いとした能力がトレーニングの前よりも高いレベルにまで向上すること。

テーパー、テーパリング　Taper

より高いレベルのパフォーマンスを発揮するために、一定のトレーニングを積み上げた後、試合の前に負荷を大幅に減少させること。

同化　Anabolic

代謝時に小さな分子を大きな分子に合成するプロセスのこと。体内で新たにタンパク質が合成されることは、同化作用の一例である。タンパク質合成の代謝を刺激するホルモンは、アナボリックステロイドとして知られている。トレーニング効果は、トレーニングによって刺激を受けた同化プロセスによって得られる。

特異性、特異性の原則　Specificity

そのスポーツ特有の性質を表した言葉。トレーニングの際には、そのスポーツでおこなわれる動作と類似した動作様式を用いておこなうことになる。

トリグリセリド、中性脂肪　Triglycerides

血液中にある脂肪の一種のこと。体内の貯蔵脂肪はこれに分解されてからエネルギー代謝に使われる（その逆の経路もある）。

トレーニング効果　Training Effect

アスリートの身体が、様々なトレーニング刺激にどのように反応し、また適応するかを定性に表す用語。

トレーニング刺激　Training Stimulus

目的とする適応が身体に起こるように計画された一連の運動のこと。

トレーニング負荷　Training Laod

1回のトレーニング、あるいは一定期間のトレーニングにおいて、そこで課される負荷の種類と量を定性的および定量的に表現する用語。トレーニング効果はトレーニング負荷によって生じる。その効果の様相は、その期間におこなわれたトレーニングの種類、強度、および量に依存する。

乳酸　Lactate、Lactic Acid

筋細胞内での解糖系代謝の生成物。この物質はすぐに乳酸と水素イオン（H+）に分離され

る。乳酸にはエネルギーとして使用される2つの主要な経路がある。1つはピルビン酸に変換され、有酸素性エネルギー代謝のクレブス回路で使用される。もう一つは、糖新生の過程において肝臓でグルコースに変換される。水素イオンは、血中の pH 値を下げる（酸性度を上げる）が、この状態が緩和されないまま続くと、筋肉の焼けるような感覚と強制的なペースダウンが起こる。

乳酸閾値（LT）　Lactate Threshold

→無酸素作業閾値を参照。

乳酸の産生と除去とが釣り合う強度のこと。この強度を超えると、乳酸が急速に蓄積し始める。運動強度がLTレベルを少しでも超えると、長時間の持続はできなくなる。そして運動強度が高くなるほど、持続時間はより短くなる。

乳酸シャトル　Lactate Shuttle

1980年代初頭に、生物学者のジョージ・ブルックス教授が見いだしたメカニズム。乳酸は、それが産生された筋細胞から遅筋細胞へと移動し、遅筋細胞の中で有酸素性エネルギー代謝経路に入り、ATP産生のための燃料として使われる。このメカニズムは高強度トレーニングをおこなう際に有酸素ベースの能力が重要であることの説明となる。つまり遅筋（ST）線維での乳酸回収、および乳酸処理能力が高いほど、より高強度での運動を長く維持できることになる。

乳酸バランスポイント　Lactate Balance Point

乳酸の産生が乳酸の除去能力と等しくなるポイント。乳酸値が増加することなく、その運動を30分から1時間くらい維持できる最大強度であると考えられている。乳酸閾値（LT）、最大乳酸定常状態（MLSS）とも呼ばれる。この代謝ポイントは、$\dot{V}O_2max$ 強度での疲労困憊までの時間とも強く関係しており、アスリートの持久力に深く関わっている。またこの代謝ポイントは、活動筋が乳酸を酸化する能力に大きく依存する。したがって、遅筋線維の有酸素性能力と、乳酸シャトルの能力がともに、高強度運動の持続能力に関わることになる。

バーティカル・キロメーター・レース　VK Vertical Kilometer Race

急傾斜地で垂直方向に 1km の高度を駆け上がるレース。

パワー、仕事率 Power

仕事量を、仕事を完了するまでに要した時間で割った値。エネルギーや仕事量とよく混同されているが、それらとの根本的な違いは分母に

時間が置かれていることである。パワー＝筋力×スピードという関係にもあり、パワーと筋力とは区別して用いることが必要である。

汎適応症候群　Generalized Adaptation Syndrome (GAS)

ハンガリー系カナダ人で内分泌学者のハンス・セリエ（1907-1982）が提唱した、ストレスを受けることで起きる、一連の予測される身体反応のこと。

反復またはレップ　Repetition or Rep

あるトレーニング動作の1回分のこと。1回の懸垂動作は1レップとなる。インターバルトレーニングで2分間のランニングを反復する場合であれば、2分間の運動が1レップとなる。

ピーエイチ　pH

ペーハーともいう。物質の酸性またはアルカリ性の尺度のこと。化学や生物学で使われ、化合物の相対的な酸性度を示す。

ピルビン酸　Pyruvate

解糖系代謝の最終産物の1つ。次の2つの代謝経路のうちどちらかを通る。1) 筋細胞に十分な有酸素能力がある場合、ミトコンドリア内に入り、有酸素代謝を受ける。2) 細胞のサイトゾルに蓄積し、乳酸に変換される。

頻度、トレーニング頻度　Frequency

1週間あたりでおこなうトレーニングの回数のこと。

負荷、負荷重量　Load（Weight）

トレーニングで使用する抵抗の大きさのこと。移行期であれば、1RM の 50 ～ 75％の負荷を用いる。最大筋力の強化期では 1RM の 85 ～ 90％の負荷、または 5RM 程度の高負荷を用いる。

副交感神経系　Parasympathetic Nervous System

自律神経の一種。心拍数を下げ、腸や腺の活動を高め、括約筋を弛緩させる。休息や消化をはじめとして、じっとしているときの生命活動を司っている。

ベース期、基礎期　Base Period

期分けの一期間。アスリートが、目的とする競技において必要とされる基礎的な能力や体力などの改善に集中的に取り組むトレーニング期間のこと。

ヘモグロビン　Hemoglobin

Hb、または Hgb と略される、赤血球内の酸素運搬分子のこと。

ホメオスタシス・恒常性　Homeostasis

生物における安定した一定状態のこと。正しいトレーニングとは恒常性を適度に崩すことにより、将来身体に同様のトレーニング負荷がかけられたとき、より確実に対処できるように変化させることである。

ポラライズドトレーニング、分極化トレーニング　Polarized Training

トレーニング強度の分布の特徴を表す用語。一流の持久系アスリートのトレーニング内容を分析すると、低強度運動を 80％程度、高強度運動を 20％程度、そして中強度運動が少々というように、分極化しているのが特徴である。一方、レベルの低いアスリートではこのような分極化は見られず、ほとんどのトレーニングを中強度付近でおこなっているのが特徴である。

マイクロサイクル　Microcycle

メゾサイクルの期間中に、さらに何回か繰り返される小さなトレーニング期間（通常は1週間）を指す。

マクロサイクル　Macrocycle

1年の中で最も大切な大会に照準を合わせるためのトレーニングサイクル（期分け）のこと。通常は、トレーニング期、試合期、そして次年度のための回復期といった1年間単位でのサイクルを指すが、1年間に2回のマクロサイクルを設定する場合もある。

ミトコンドリア　Mitochondria

すべての動物細胞の内部にある小さな（0.5 ～ 1マイクロメートル）細胞小器官のこと。ATP 産生の大部分を担う。細胞のエネルギー産生におけるその重要な役割から、しばしば細胞の発電所と呼ばれる。本書では、主に筋細胞内のミトコンドリアのことを指す。

無酸素（乳酸性）作業閾値、乳酸閾値、LT Anaerobic (Lactate) Threshold

解糖系の代謝で産生された乳酸が、有酸素代謝のエネルギー源として筋で処理される能力を超えて蓄積しはじめる運動強度。この強度を超えると血中乳酸濃度も上昇し始める。この地点から先は、運動強度が高くなるにつれて血中乳酸値が加速度的に上昇する。

無酸素代謝、無酸素性エネルギー代謝　Anaerobic Metabolism

　酸素を使わずにおこなわれるエネルギー代謝のこと。この代謝反応は、ミトコンドリアの外側の筋細胞内で起こる。無酸素性のエネルギー代謝には2種類ある。1つはATP-CP系と呼ばれ、非常に短時間（10秒以下）かつ高強度の運動時に、筋細胞内に蓄えられた高エネルギーリン酸（ATPおよびCP）を用いてエネルギーを生み出す。もう一つは解糖系と呼ばれ、もう少し時間の長い高強度運動時に、ブドウ糖（グルコース）の分解によってエネルギーを産生する。運動強度が高くなり、有酸素系だけではATPの再合成ができなくなってくると、その不足分は無酸素性エネルギー供給系によって補う。乳酸は解糖系の副産物であり、運動強度の指標として用いられる。

無酸素持久力、無酸素性パワーの持久力　Anaerobic Power Endurance

　60秒以下の時間で、かなり強度の高い運動を持続的におこなうような持久力。このような高強度でのトレーニングは、持久系アスリートにおける年間トレーニングのごく一部を占めるにすぎない。ただし、一般的な持久力トレーニングよりもはるかに大きな筋力を発揮することになるため、そのスポーツにおける特化筋力を向上させたい場合には有用である。

メソサイクル　Mesocycle

　数週間ほどでおこなわれるトレーニング期間のことで、この中で1つあるいは複数の生理的能力を改善することを狙いとする。

毛細血管　Capillary

　体内にある血管の中で最も小さいもの。毛細血管の断面は赤血球ほどのサイズである。毛細血管は密接する器官や筋肉に、血液と共に栄養素や酸素を運ぶ。

モジュレーション、波動調整　Modulation

　トレーニング効果をうまく引き出すために、1日単位や週単位といった視点で、トレーニング負荷を低負荷から高負荷まで、意図的に変動させること。

有酸素閾値、有酸素作業閾値、AeT　Aerobic Threshold

　脂肪の燃焼（有酸素系）よりも解糖系によるATPの合成が優位となり始める運動強度のこと。この時点で、血中の乳酸濃度は安静時のレベルを超えて増加し始める。一般的には、約2ミリモルの血中乳酸濃度がAeTに相当す

る。有酸素作業閾値の別の指標として、呼吸の深さと速さも参考になる。会話が通常のリズムで維持できないときには、第一換気性作業閾値（VT1）に達している。VT1はAeTとほぼ同じ地点にある。AeTやVT1は、有酸素能力を向上させるのに有効なトレーニングゾーンの上限に位置する。AeTは、運動を2分間以上持続するようなすべての持久系アスリートにとっての基本的な能力指標となる。AeTはトレーニングによってかなり高めることができる。トップクラスの持久系アスリートのAeTは、乳酸閾値（無酸素閾値）の10%以内のところに達する。

有酸素代謝、有酸素性のエネルギー代謝　Aerobic Metabolism

　本書では、筋細胞中に点在するミトコンドリアの内部で起こるエネルギー生成過程を指す。脂肪、炭水化物、タンパク質が分解されてできた最終産物が、酸素と結合してATPを生成するプロセスのこと。おおよそ2分以上持続する運動では、この代謝経路が主要なエネルギーを産生する。

有酸素能力欠乏症候群（ADS）　Aerobic Deficiency Syndrome

　中～高強度のトレーニングに過度な時間を割り当てている持久系アスリートによく見られる状態。このようなトレーニングは解糖系の発達を促すが、その反面で有酸素系の能力向上を抑制する。そしてこのような状態が長期に及ぶと、有酸素作業閾値が低下してしまう。

有酸素ベース　Aerobic Base

　低～中強度の持久力トレーニングを幅広くおこなっている持久系アスリートの生理的能力のこと。このようなトレーニングをおこなうと、筋では有酸素系の能力、特に脂肪を利用する能力が改善する。持久系アスリートの場合、このようなタイプのトレーニングが年間のトレーニングの大部分を占めることになる。これが激しいトレーニングやレースによる疲労からより早く回復することに役立ち、結果として高強度のトレーニングをより多く実行できることにも寄与する。

容量トレーニング、キャパシティトレーニング　Capacity Training

　長期的な視点で見て、パフォーマンスの発揮能力を最大化させるようなトレーニングのこと。低強度で量を重視するのが特徴。キャパシティトレーニングともいう。

索引

あ

アーチーズ国立公園　112
アール、アレックス　256 〜 57、259
R タイプの週（Recovery Week）　297 〜 99
I タイプの週（Intensity Week）　295 〜 97
アイソメトリック鉄棒引きつけ　218 〜 19、221
アダメッロ・スキーライド　333
アッシニボイン山　162 〜 63
アデノシン三リン酸→ ATP を参照
アデノシン二リン酸　38
アマ・ダブラム　150、151
アルジャンティエール氷河　76
アルティトイ・テルヌア大会　75
アルプス　14、29 〜 31、340
アレン、マーク　49
安静時心拍数　125 〜 26
アンダートレーニング　137
アンブローズ、カレブ　119
イーストマン、P.D.　357
閾値インターバル　176 〜 77
移行期
　移行期とは　145
　回復のための 1 週間の参考例　271
　週当たりの有酸素運動の量　271
　体力積み上げのための 1 週間の参考例　271
　何からどう始める？　269 〜 70、272
　プラン作成　272 〜 73
　目的　269
イルサーラ、オスカー　241
インターバルトレーニング
　原則　174 〜 75
　高強度の　57、172 〜 73、183、185
　30/30 方式　177
　小史—インターバル・トレーニングの正体　173 〜 74
　無酸素インターバル　174、178 〜 80
　有酸素インターバル　174、175 〜 77
ヴァルマン、デビッド　154、226
ヴァレスコ、クリスチャン　108
ウィーン、オーストリア　29
ヴェニ峡谷　248
ヴェネジア渓谷　298
ウォームアップ　166、167

腕立て伏せ

腕立て伏せ
　足の位置を高くした　220、222
　腕立て伏せによる筋力評価　214 〜 215
　重りを負荷した　223
　斜め　217 〜 18
　膝突腕立て伏せ　218 〜 19、220
UltraSignup. com（ウルトラサインナップ・ドット・コム）　274
運動強度（intensity）
　運動強度に関するおさらい　79
　運動強度のゾーン　81、84 〜 85、89 〜 92、96 〜 97
　運動強度を測る　80 〜 81
　ATP と運動強度　39
　乳酸と運動強度　43
　ベース期と　305 〜 07
運動効率　32 〜 33、55、58 〜 59、198
AeT　→有酸素閾値を参照
ATP（アデノシン三リン酸）
　運動強度と　40、42
　ATP の役割　33、36
　ATP を産み出す二通りの経路　36 〜 40、42、44 〜 45
　再合成　36、38 〜 39
　持久力と　33、36、38 〜 39
ADS　→有酸素能力欠乏症候群を参照
ADP　→アデノシン二リン酸を参照
ST 線維　27、43、101
S タイプの週（Specificity Week）　299 〜 301
エストゥロイ島　20 〜 21、23
エトナ山　139
FT 線維　27、43、101
エネルギー
　エネルギー源としての脂肪　60 〜 65
　エネルギー源としての炭水化物　60 〜 65
　（エネルギー不足で）気力がわいてこない　124
エベレスト・マラソン　114 〜 15
MAF 方式　→最大有酸素機能を参照
ME　→筋持久力を参照
エリクソン、K.アンダース　160
LT　→乳酸閾値を参照
エルマー、リコ　282、283 〜 84
オーグ、ローラ　112

369

オートルート　289、291
オーバートレーニング　137、141 〜 44
オーバーユースによる故障　143 〜 44
オクリーニ峠　19
オストランド、ペール　172
オハナ・トレール　142
オンダルスネス　22、23

か

階段昇降テスト　126
解糖系　→無酸素解糖による代謝経路を参照
回復　→リカバリーを参照
回復ゾーン　84 〜 85
高黎貢（ガオリゴン）山地　148 〜 49
覚悟を決める　262
獲得標高／下降の累計　128 〜 29
加重　231
活用トレーニング　74 〜 80
カテゴリー 1 とカテゴリー 2 のアスリート
285 〜 287
カノーバ、レナート　73、102、259
カモニカ渓谷　286、296 〜 97、346
カヤック漕ぎ　233
カルシウム蓄積タイプ　119
キーチェルス尾根　357
機械的な効率　32
機能的閾値のパワーまたはペース　→乳酸閾値
を参照
気晴らし（ピックアップ）　169
脚部
　　脚部と臀部筋力の能力評価　205 〜 06、208
　　〜 10
　　脚部と臀部の強化プログラム　210 〜 13
キャッスル・バレー　16、17
ギャラガー、クレア　200、201、254、255、295
キャンベル、ジャレッド　134、135、164、165
強化トレーニング
　　脚部と臀部の強化プログラム　210 〜 13
　　上半身の　217 〜 21
　　体幹（コア）の　225、230 〜 33
　　特化筋の〜　239
　　汎用筋の〜　234 〜 35
　　ベース期の〜　281、302 〜 04
期分け　144 〜 45
筋持久力
　　アウトドアでおこなう ME ワークアウト
250 〜 51
　　運動効率と筋持久力　198
　　筋持久力はもっと必要か　240 〜 41
　　筋持久力と筋力　198 〜 99
　　ジムでおこなう ME ワークアウト　245 〜 49
　　スキーモのための筋持久力　251 〜 54
　　定義　178、240
筋線維

動かない、重い、バネがない　123 〜 24
　　筋肉痛　121 〜 22
　　体幹の深部筋を動員する方法　225
　　遅筋線維 vs. 速筋線維　27、37、43、101
　　臨界筋線維　241 〜 44
筋肉システム　27
キンメル、メーガン　352
筋力
　　下半身の筋力　203
　　筋持久力と〜　198 〜 99
　　持久力と〜　193 〜 94
　　上半身の〜　203
　　スピードと〜　198
　　汎用筋力と特化筋力 194 〜 98
筋力評価
　　脚部および臀部の筋力評価　205、208 〜 10
　　上半身の〜　217 〜 21
　　体幹の〜　225 〜 27、230
筋力の容量　77
クーツ、フォレスト　192、193
クールダウン　167
クーンプ谷　150、151
グナム、アリソン・ディミット　68 〜 69、71、
　　162 〜 63、175、194、279、303
クラウン・トラバース　187
グラント・スワンプ・パス　134、242
グリーン・キャニオン　156、157
グリコーゲン　24、37、49、61
クリスタッロ　228 〜 29、230
クリティカル・スピード　→乳酸閾値を参照
クリティカル・パワー　→乳酸閾値を参照
クリティカル・ペース　→乳酸閾値を参照
クルピチカ、アントン　181、236、237
グレイシャー国立公園　68 〜 69、71、175、
　　279
グレイズリバー・バレー　308、309
グレン・コー・スカイライン　274
クロス・トレーニング　100 〜 02
継続性　97 〜 98、163
継続トレーニング
　　基礎的有酸素代謝容量向上を図る　163、166
　　強度をあげて継続ワークアウト　170
ゲイツ、リッキー　93、94 〜 95
怪我
　　オーバーユースによる故障　143
　　怪我と体幹の筋力　221、224
ケリー、ジョン　86 〜 88
ゲルシュラー、ヴォルデマール　173
コーナー、ハル　16、17
懸垂（chin-ups）　221、223
懸垂（pull-ups）　196、221、223
　　開始前の体勢　216
　　懸垂による筋力評価　215 〜 16
　　補助具利用の懸垂　218、219

ゴアテックス・トランスアルパイン・ラン
341
呼気ガステスト　155
個別性　102 〜 03、106

さ

ザ・ラット　274
サース・アルマーゲル、スイス　238、239
最大挙上重量（＝1RM）　194
最大酸素摂取量（$\dot{V}O_2$max）　32、55、56 〜 57、
59 〜 60、120、155
最大強度の無酸素運動　96 〜 97
最大有酸素機能（MAF 方式）　152 〜 53
ザイラー、ステファン　92、173
サッソ・ボルドイ　285
サワッチ山脈　164
30/30 方式　177
サン・ファン山脈　97、134、258、259、275
サン・ホアキン・クーロワール　13
山岳ランニング
　カテゴリー1 アスリートのトレーニングプラ
　ン　342 〜 49
　カテゴリー2 アスリートのトレーニングプラ
　ン　350 〜 51、353、359
　高強度トレーニング　306
　山岳ランニングのための登りのスピード
　277
　週間獲得標高　358
　推奨されるトレーニング　337、338 〜 39
　スキーモと山岳スキーを補完する山岳ランニ
　ング　17、277
酸素
　最大酸素摂取量　32、55、56 〜 57
　酸素供給システム　26
　酸素利用システム　27
サンデス、ライアン　121、206、207
G タイプの週（Goal Week）　302
試合期　146
試合準備期　145 〜 46、319 〜 20、324 〜 25
シェルトン、ジェン　122、172
持久力　→筋持久力も参照
　持久力と ATP の役割　33、36
　持久力と疲労　25 〜 27
　〜と筋力　193 〜 94
　〜の進化　23 〜 25
　代謝と持久力　33、36 〜 45
　定義　23 〜 25、38 〜 39
持久力トレーニング
　持久力トレーニング中の効果の連鎖　72 〜
　74
　〜は反直感的　53 〜 54
　小史　71
　哲学　65
　目的　25、26 〜 27、32 〜 33、36、45 〜 46

持久力パフォーマンス
　酸素利用と持久力パフォーマンス　27
　持久力パフォーマンスの改善　45 〜 46、48
　〜 50、52 〜 55、58 〜 59
　〜を決定する要素　27、32 〜 33、45 〜 46
脂質
　エネルギー源としての脂質　60 〜 65
　蓄えられたカロリーとしての〜　24、61 〜
　63
　脂質適応　61 〜 63
シット・トゥー・スタンド・テスト　209
シハラ山　159
ジュイラゲット、スワン　244
10%テスト　91、151、281
シュトフィー、ダヴィデ　19
シュリッケンリエダー、ピーター　336、337
ジョーンズ、ダコタ　82、83
上半身
　スキーモ選手の上半身　215
　上半身の筋力トレーニング　215、217 〜 21
　〜の筋力評価　214 〜 16
食事　110
ジョルネ、キリアン　10、11、13、14、15、23、
55、66 〜 67、70、71、72、76、80 〜 81、89、
90、100、102、105、106、109、110、118、
126、127、136、138、158、160、174、179、
183、184、185、241、248、250、264、267、
274、301、306 〜 07、321、337、338 〜 39、
358
ジョン・ミューア・トレイル　122
ジョンストン、スコット　12、14、47、49、
56、105、164、168、186、244、253、275
シングル・ポーリング　251、254
心臓　26
心拍数
　安静時心拍数　125 〜 26
　心拍数と乳酸　152 〜 53
睡眠　110 〜 11
スキー・エルゴメーター　253、254
スキー・シミュレーション　313
スキー・ストライディング　313
スキー・バウンディング　313
スキーモと山岳スキー
　アイソメトリック鉄棒引きつけ維持　221
　試合期のトレーニング　326 〜 35
　カテゴリー1 アスリートのためのトレーニン
　グプラン　312、318 〜 20
　カテゴリー2 アスリートのためのトレーニン
　グプラン　321 〜 23
　技術的側面　317
　懸垂による筋力評価　215 〜 16
　高強度トレーニング　305 〜 07
　スキーモと山岳スキーの上半身トレーニング
　215、251 〜 254

371

スキーモと山岳スキーの違い　17、311
　上りのスピード　277
　補完し合う関係の山岳ランニング　17、277
　補助具利用の懸垂　219
スクワット・ジャンプ　247
スクワット・テスト　205、206
ステップ・テスト　→階段昇降テストを参照
ストレス　73〜74、113、302〜03
ストローム、キンバリー　150、151、238、239
スバルビ、トニー　310、311
スピード　198
スプリット・ジャンプ・スクワット　246
スマイリー、ジャネル　28、29、30〜31
スマイリー、マーク　29、30
セイヤーズ、チャド　159
ゼマー、ウルバン　276、277、343
セリエ、ハンス　73
セルフマッサージ　112〜13
セロ・カスティーリョ　192、193
漸進性　97〜99
漸進的長時間走　170〜71
前進プランク　232
セント・ヘレンズ山　119、194
速筋（FT）　27、101
ゾーン・システム　84、85
ゾーン1トレーニング　85、89、267
ゾーン2トレーニング　85、89〜91、267
ゾーン3トレーニング　85、91〜92、96、267
ゾーン4トレーニング　85、96、267
ゾーン5トレーニング　85、96〜97、267
ソマトトロピン　111

た

ターノポルスキー、マーク　111
第1換気性作業閾値（VT1）　79
体幹の筋力
　体幹の筋力のワークアウト　230〜34
　〜を鍛える　225
　能力評価　225〜27、230
　有効性　221、224
耐久力の重要性　104
代謝　→有酸素性代謝経路、無酸素性代謝経路
　を参照
　持久力と代謝　33、36〜45
　定義　36
代謝の効率　32
第2換気性作業閾値（VT2）　33、79→乳酸閾
　値も参照
タヴェルナーロ、ミケーレ　270
立った姿勢で体幹ひねり　234
タトゥーシュ山脈　80
タホマ　80
ダリオ、ジュリア　298
ダリオ、リッカルド　298

炭水化物
　エネルギー源としての〜　61〜63
　蓄えられるカロリーとしての〜　24
チェイス、アン・ギルバート　197
遅筋（ST）　27、101
遅発性筋肉痛（DOMS）　122
中央管理者理論（セントラル・ガバナー・セオ
　リー）　26、120
中央分水嶺（コンチネンタル・デバイド）　355
中断からトレーニングに復帰する　129、133
ツールマレーのコル　75
デ・ヴィラ、ハビエル・マルタン　314、315〜
　316
Tタイプの週（Taper Week）　301〜02
TA　→腹横筋を参照
ティオチャリス、ディミトラ　214
停滞　97
ティトン山脈　181
ティベッツ、ベン　76
テクニック　32、55、58〜60
テクニックの容量　77
テスト法　152〜58→筋力評価を参照
テッシュホルン　10、11、13
デナリ　14、80
デフロリアン、エンリコ　262〜63
デル・ランゲ・ヴェーグ（ロングトレイル）
　28、29、30、154
電気筋刺激マシン　110、112
10%テスト　91、151、281
臀部
　臀部の強化プログラム　210〜13
　臀部の筋力評価　205、206、208〜10
テンポ走　170
ドゥヴェルネ、シモン　130〜31
ドゥルシュラーグ、エッケハルト　186
特異性　100〜02
途中棄権（DNF）　51
ドラケンスバーグ・グランド・トラバース
　206、207
トランスカヴァロ・ワールドカップ　282、283
トルテル、アルノー　109
トレ・チーメ・ディ・ラヴァレード　340
トレーニング　→ベース期、継続トレーニング、
　強度、インターバルトレーニング、回復、移
　行期、ワークアウトも参照
　アンダートレーニング　137
　オーバートレーニング　137、141〜44
　クロストレーニング　100〜02
　継続性　97〜98、163、166
　高強度トレーニング vs. 低強度トレーニング
　53〜54、57
　試合期のトレーニング　326〜35
　ストレスとトレーニング　73〜74、113
　漸進性　97、98〜99、117

372

中断した後に復帰する　129 〜 33
特異性　100 〜 02
　トレーニングに対する強迫観念、義務感
　132、137
　〜の過ち　17 〜 18、106
　〜の期分け　144 〜 45
　〜の個別性　18、23、102 〜 03、106
　プランの組み立て方　259 〜 66
　変動調整　97、99 〜 100
　モチベーション　137、141、200
　モニターする　117 〜 29
　目標の設定　65、261 〜 62、338 〜 39
　容量トレーニング vs. 活用トレーニング　74
　〜 80
トレーニング効果　73 〜 74、127
トレーニング負荷
　最適なトレーニング負荷を判断する 158 〜 60
　定義　127
　トレーニング効果と負荷　127
　トレーニング量の増やし方　303 〜 04
　変動調整　304
　モニタリングする　127 〜 29
トレーニング・ログ　127 〜 29
ドロミテ　34 〜 35、36、228 〜 29、230、241、
　254、255、262 〜 63、295
ドロミテカップ　273
トロムソ・スカイレース　274
トロワレ、フローラン　284

な

ニース、フランス　29、31
乳酸
　運動強度と乳酸　43
　心拍数と血中乳酸濃度の数値　152 〜 53
　乳酸シャトル　50、52
　乳酸除去力の増加　52 〜 53
　乳酸の産生 44 〜 46、49
　問題となる乳酸　41
　役に立つ乳酸　41
乳酸閾値　33、44、45、46、55、78、79、81、
　85、90、91、96、103、151、155、161
乳酸カーブテスト　154 〜 55
忍耐の局面　49
ネルソン、ルーク　14、20 〜 21、23、107、
　156、164、165、188 〜 89、254、255、268、
　269、274、275、280、295、308、309
ネロン尾根　116、117
ノーランズ14　164 〜 65
脳
　管制塔としての脳　26、120
　筋肉システムと脳　27
ノックス、ティム　26、120

は

バークレー・マラソン　86 〜 88、135
バーティカル・キロメーター・クレパ・ネグラ・
　レース　111、141、276、277、343
ハードロック100　104、105、134、135、186、
　242、344 〜 345、346、355
肺　26
ハウス、スティーブ　13、15
ハグマン、グレゴール　283
パシフィック・クレスト・トレール　355
パゾス、ディエゴ　196
バチェラー山　44
バックスクワット　195 〜 97
パッソ・デル・トナーレ　176
パティトゥッチ、ジャニーヌ　228 〜 29、230
パティトゥッチ、ダン　224
パトルイユ・デ・グレイシャー　283、284、
　290
パリジャン、サビーナ　53
ハルダーグラート　130 〜 31、148
バルド山　48
パルマ・デ・マヨルカ　199
パレ・ディ・サン・マルティーノ山脈　108
パワー・オブ・フォー　290
反解糖（アンチグリコティック）トレーニング・
　メソッド　49
ハンディーズ・ピーク　258、259
汎適応症候群　73 〜 74
Bタイプの週（Base Week）　293 〜 94
ビエン、ロッド　51、142
ピエラ・メンタレース　58 〜 59、140、179、
　190 〜 91、193、202、203、244、265、310、
　311、317、319、361
ビオファバ、フェデリカ　286
膝上バンドのスクワット　210
膝突腕立て伏せ　218 〜 19、220
ヒト成長ホルモン　111
ピナクル・ピーク・トレール　80
ピブク、タデイ　285
ヒマラヤ　11、115
病気からトレーニングに復帰する　129 〜 133
ヒル、アーチボルド　56、120
ヒル・スプリント／ヒル・バウンディング
　180 〜 83、239 〜 40
ピルビン酸　37、38、40 〜 46
ピレネー　66、67、75、102、140、315
疲労　→回復も参照
　原因　118 〜 20
　持久力と疲労　25 〜 26
　短期疲労　117 〜 18
　疲労耐性　27
　疲労とトレーニング効果　73 〜 74
　疲労による中断　129 〜 30
　疲労の権威者としての脳　26、120

疲労の症状　121〜25
疲労はトレーニングへの反応　107
疲労の受け入れ　118〜19
臨界筋線維モデルと疲労　241〜244
フート、マイク　14、104、105、186、187、188、189
ファルケ、ダミアン　282、283、284
フェイディピデス　93
フェリチン　123
フェルプス、マイケル　74
フォースバーグ、エミリー　13、274、360、361
腹横筋（TA）　224、225、227
富士山　204
ブッフス、エマニュエル　283
ブラウニング、ジェフ　97、113、156、157、242、344〜45、346、355、356、357
プラザ・ゲル　296〜97
フラナガン、タナー　330
ブラボー、ヴェロニカ　199
プランク
　ウエートを乗せたプランク　227
　前進プランク　232
　プランクのいろいろ　227
ブラチェス、ビビアン　76
フレンチ、ケイティ　194
フローズンヘッド州立公園　87
フロスト、アンナ　114、115
フロント・レンジ　213、246
分極化（ポラライズド）トレーニング　92
プンタ・ロッカ　34〜35、36
ベース期
　いきなりベース期に入る　269
　ガイドライン　302〜07
　概要　145
　高強度トレーニングとベース期　305〜07
　週間獲得標高　304〜05
　週タイプ別メニュー　288〜302
　できることから確実に　278〜80、281
　トレーニング量の増やし方　303〜04
　〜の筋力トレーニング　281、307
　〜のプラン作成　284〜302
　〜の有酸素ベースの増大　281
　ベース期のアスリートのカテゴリー　285〜287
　ベース期間中のレース　278
　ベース期の目的　277〜78
　変動調整とベース期　304
ベースウィーク　322、323
ベアーズ・イヤーズ国定公園　164
ヘイリー、コリン　76
ベコシャンスキ、ユリ　46
ベッカーリ、フィリッポ　125
ペリシエ、ジョン　310、311
ヘルガルード、ヤン　75〜76

変動調整（モジュレーション）　97〜98、99〜100
ホイットニー山　122
ボウマン、ボブ　74
ボルダー、コロラド州　236、237
ボルダー＝ホワイト・クラウズ山塊　165
ボーフォールテン　58〜59、321
ボックス・ステップ・アップ　212、245
ボックス・ステップ・ダウン　213
ボックス・ステップ・テスト　208
ボックス、ジョージ　23
ホッホ・チロル　291
ボノ、ケイティ　80
ボリセヴィッツ、エディ　278
ボルシュワイラー、アーロン　217
ポレッティ、ミシェル　149
ホワイトフィッシュ・マウンテンリゾート　186
ポワント・デュ・ダール　321

ま

マール・リュ・リッジ　86
マイクロサイクル　145
マクロサイクル　144〜45、288〜93、299
マッキャベリ、ミケーレ　34〜35、36、48
マッサージ　111
マッターホルン　30
マフェトン、フィル　49
マルガ・セス・トレール　270
マルモラーダ氷河　214
ミトコンドリア　37、40〜42
ミラー、ジル　112
ミロ、ミレイア　202、203
ムース・フーフィング　313
無酸素閾値　→乳酸閾値を参照
無酸素インターバル　174、175、178〜80、185
無酸素解糖による代謝経路（解糖系）
　代謝ミックスと無酸素解糖による代謝経路　39〜40
　概要　37〜38
　代謝経路を強化する　65
　ピルビン酸と無酸素解糖による代謝経路　37
無酸素活用トレーニング　78
無酸素運動の容量　77、267
メゾサイクル　144〜45
メッツァラマ・トロフィー　284
モール、クリッシー　147、148、149、258、259、266
目標の重要性　82〜83、134〜35、339、360〜61
モチベーション　137、141、200〜01、338〜339
モラレス、ジェラルド"ブラッキー"　340
モルティローロ峠　346

374

モン・コワン　190 〜 91、193
モン・ブラン　76、109、190 〜 91、193、352
　→ UTMB を参照
モンタス＝ロッセ、セバスチャン　76

や

野生動物　355、357
有酸素閾値（AeT）　42、43、45、46、55、63、
　79、81、85、89、90、103、151、152 〜 55、
　160 〜 61
有酸素閾値におけるスピード　89
有酸素インターバル　174、175 〜 78
有酸素活用　77 〜 80
有酸素コンディショニング　85、89、267
有酸素持久力　56、154、175 〜 76、267、278
　〜 280
有酸素代謝経路
　概要　38
　代謝ミックスと有酸素代謝経路　39 〜 42
　タンパク質と有酸素代謝経路　38
　ピルビン酸と〜　42
　有酸素代謝経路の強化　65
有酸素代謝システム　27
有酸素能力欠乏症候群（＝ADS）　46 〜 49
有酸素パワー　96、267
有酸素ベースの増大　158 〜 62、281
有 酸 素 容 量　46、49、52 〜 55、61、65、75、
　78 〜 79、85、89 〜 91、92、99、152、153、
　158、160 〜 61、163、170、267、272
UTMB（ウルトラ・トレール・デュ・モンブラ
　ン）　104、147 〜 49、186
ユングフラウ　224
容量トレーニング　74、74 〜 75、76 〜 80
ヨセミテ国立公園　122、171

ら

ラ・トゥルネット　83
ラーソン、ローラ　186、189
ライター、フィリップ　30、154、171、226
ラインヴァルトホルン　226
ラゴライ・チーマ・ダスタ山岳スキー・レース
　168
ラッセル山　172
ラテマル山群　262 〜 63
ラン・ラビット・ラン100　356
ランガー、タマラ　226
ランガー、ラファエラ　241
ランティエ、クロエ　254、255、295
レッドビル・トレール100　236、340
リカバリー（回復）
　オーバートレーニングとリカバリー　137
　リカバリー（回復）のための時間　107 〜 09
　リカバリー（回復）のためのワークアウト
　113、167 〜 169

リカバリー（回復）を観察する　117 〜 25
リカバリー（回復）を促進させる　109
リトル・ビッグホーン渓谷　357
両膝（ラテラル）バンドで片脚外側蹴り出し
　211
臨界筋線維（フロンティア・ファイバー）モデ
　ル　241 〜 44
ル・トゥール、フランス　256 〜 57、259
ルー、レティシア　202、203、361
ルーベ、レミー　116、117
ルイス山脈　175
ルウィット・トレール　119
ルステンバーガー、クリスティーナ　330
ルビローラ、マルク ピンサック　138、139、
　140
レースシーズン（試合期）
　トレーニング　326 〜 35
　トレーニング・プランの作成　265 〜 66、
　274 〜 75
レーニア山　80
レヴィ、ジャッキー　303
ローラースキー　252
ローン・ピーク　107
ロゴツケ、ケイティ　68 〜 69、71
ロジャーズ・パス　330
ロッカ、エマ　340、341
ロングズ・ピーク　53

わ

ワークアウト　→トレーニングを参照
　回復のためのワークアウト　113、167 〜 69
　カテゴリー　267
　強度を上げて継続ワークアウト　170
　結果にグレードを与える　129
　ジムでおこなう ME（筋持久力）ワークアウ
　ト　245 〜 249
　漸進的長時間走（ビルドアップワークアウト）
　170 〜 71
　体幹の筋力強化のワークアウト　230 〜 34
　テンポ走　170
　汎用筋力ワークアウト　234 〜 35
ワイパー　230
ワサッチ山脈　135
ワプタ・トラバース　291
1 RM　→最大挙上重量を参照
ワンダーランド・トレール　266

パフォーマンスを
さらに向上させたいと願う
アスリートのために

監修者あとがき

　このあとがきは翻訳者である海津正彦氏が書くはずだった。ところが本文の最終確認を終えた直後、それを書くことなく急逝されてしまった。これまで数多くの山岳書の翻訳や、海外の登山情報の紹介を続けてきた氏にとって、本書が絶筆とも遺作ともいえるものとなってしまった。心からご冥福をお祈りしたい。

　国際化が進んだと言われる現代でも、英語の原書を読むことは、大多数の日本人にとっては大変な作業である。本書についても、その存在は知っていても、しっかり読み込んだという山岳アスリートは少ないだろう。海津氏のおかげでそれが可能になったことの意義は大きい。今回の翻訳は氏にとって、慣れない専門分野の話も多く、4年間にわたる訳出作業の苦労はひとしおであったと思う。

　トレイルランニング関係の本は、日本でもすでに数多く刊行され、翻訳書もいくつかある。本書は、トレイルランニングだけでなく山岳スキーやスキーモにも対象種目を広げて、初級者の段階を過ぎ、パフォーマンスをさらに上げたいと望む人のための、身体に焦点を当てたトレーニング書である。

　少し長くなるが、以下に本書ならではの特色について解説を加えたい。

　本書は、アルパインクライミング界のレジェンドであるスティーブ・ハウス、トレイルランニング界で同様の位置にあるキリアン・ジョルネ、そして様々な持久系アスリートのコーチを長年続けてきたスコット・ジョンストンが、知恵を出し合って作り上げた傑作である。

　キリアンは、1週間足らずのうちにエベレストの無酸素登頂を2回も果たすなど、登山家としても傑出した業績を持っている。またジョンストンは、ハウスのクライミングパートナー兼トレーニングコーチであるが、かつては一流のクロスカントリースキー選手だった。本書では、このようなトップクラスの山岳アスリートやコーチ、さらには彼らの仲間たちの経験知も融合して、より高度に昇華された実践知が随所で紹介されている。

　本書の原本刊行の5年前（2014年）に、ハウスとジョンストンは『Training for the New Alpinism』という、アルパインクライマー向けのトレーニング書を

刊行した。それが、アルパインクライミング界だけでなく、その何倍ものトレイルランナー、山岳スキーヤー、スキーモレーサーに愛読されるという意外な結果をもたらした。そこで改めて、その世界の第一人者であるキリアンにも加わってもらい、幅広い山岳アスリートを対象として上梓したのが本書なのである。

　種目によらず、アスリートが競技力を上げていくためにはトレーニングに長い時間を要するが、とりわけ持久系のスポーツではその傾向が顕著である。また山岳アスリートの場合、複雑きわまる大自然の地形、植生、気象などに対処する経験知も積み重ねる必要があり、そのためにも莫大な時間を要する。

　一方で、ほとんどの山岳アスリートはアマチュアであり、限られた時間をやりくりして、その努力をしなければならない。そう考えると、同じ時間をかけてトレーニングをするにしても、本書の内容を活用するかしないかで、その成果は大きく違ってくることは容易に想像できる。

　本書を類書と比べた時、最大の特色だと筆者が考えるのは、アスリートの「個別性」を最重視し、一人一人の山岳アスリートが以下の3段階を踏んで、自分に最適なトレーニングを実践できるようになること、を目指している点である。

　　1）持久運動に関する運動生理学の基礎を学ぶ（セクション1）
　　2）持久力と筋力を改善するためのトレーニング理論と、具体的なやり方を学ぶ（セクション2と3）
　　3）自分の特性に合わせて、各種のトレーニングを最適化していくための方法論を学ぶ（セクション4、ただし2と3にも各所にその説明がある）

　本書で解説されている方法論の基盤をなす考え方は、下界の競技スポーツではすでに共通認識となっている。本書はそれを山岳スポーツに当てはめたものである。ただし山岳アスリートの場合、コーチを持たない人が多いので、自身で「セルフコーチング」ができるよう、具体的かつていねいな解説がなされている。

　本書を読み進めていくと、トレーニングを効果的に行い、成功に導くための重要なキーワードがたくさん出てくる。それらの中でも、現代のアスリートやコーチが特に重視しているものを、以下にあげてみる。

　「トレーニングゾーン」：同じような持久運動を繰り返しているだけでは、能力の向上は頭打ちになってしまう。その限界を打破するため、運動の強度を5段階のゾーンに区分し、戦略的に組み合わせて行う。本番のレースで行うような高強度のトレーニングはもちろん大切である。だが高強度トレーニングの反復を可能にする強靱なベースの体力は、低強度トレーニングを多量にこなすことによって初めて身につけることができる、という認識が必要である。

　「筋力トレーニング」：持久系のアスリートは筋力を軽視しがちだが、そうではない。特に、垂直方向への運動が多くなる山岳アスリートでは、一定水準の筋力

がなければ、持久力もテクニックも十分に発揮できない。また故障も起こしやすくなる。ただし、余分な筋を身につければ重しにもなってしまうので、必要な部位に過不足のない筋力や筋持久力をつけることが求められる。

「期分け」：目的とする大きなレースでよい成績を出すためには、体力のピークを作って臨む必要がある。しかしそのピークは１年に１〜２回しか作れない。そこで大きな大会に向け、移行期、ベース期、試合準備期、試合期の４つに分けて、半年〜１年がかりで少しずつ体力のピークを作っていく。また、その大会が終われば心身ともにかなり疲弊してしまうので、再び移行期に戻ってベースの体力づくりからやりなおす。

「モニタリング」：日々のトレーニングが適切な強度や量で実行できているか、また年間の期分けに沿って順調に進行しているかを確認することで、無駄な努力を最小限にでき、故障の回避もしやすくなる。具体的には、走行距離、心拍数、疲労感覚といった指標に着目し、練習記録をとり続けて身体の状況を可視化する。体力テストも定期的に行って、その改善度合いを確認する。そしてこれらのデータを参考にしながら、トレーニングに修正を施していく。

ITが発達した現代では、スマートウォッチやスマートフォンのアプリを使って、走行距離や心拍数などのモニタリングが容易にできるようになった。たとえば、毎日トレーニングゾーンを確認しながら運動したり、定期的に体力テストを行うこともできる。また長期にわたる期分けのアドバイスをしてくれるアプリもある。つまり、前記のキーワードを押さえながらトレーニングをする上で、極めて便利な時代になっている。

ただし大切な注意点がある。本書に解説されている運動生理学やトレーニング理論の基礎を理解せずにアプリを使ったとしても、うわべをなぞるだけの結果となり、十分には生かせないということである。むしろアプリの指示に振り回されて、逆効果を招くことにもなりかねない。

トレーニングの情報といえば、「これこれのトレーニングを、これくらいずつやるとよい」といった、単純化されたノウハウをイメージする人が多い。そのような表現の方が頭ではわかりやすいので、情報の送り手も受け手も、本来は極めて複雑な内容を過度に単純化してしまうのである。だがそのような情報は、初級者には役立っても、アスリートのレベルでは役立たない。本書でも「万人共通のトレーニングメニューなどどこにもない」と繰り返し強調される。

この理由は、レベルが上がるほど個別性の影響力が増大していくからである。下界のスポーツでも、アスリートやコーチが最も苦労するのは、この個別性という問題である。本書のセクション４で紹介されているたくさんのトレーニングプランは、一見すると煩雑に見えるかもしれない。だがアスリートが能力を向上さ

せるには、それを自分の身体に当てはめて試行錯誤することが、避けて通れない関門なのである。

　私事になるが、筆者は二つの体育大学で 40 年近く教育と研究に携わってきた。様々な種目に携わる体育大学生とともに、試行錯誤を繰り返しながらたどり着いた結論は、やはり前記した 3 段階を踏むことの重要性であった。アスリートとして自立していくためにも、また人によってはその後、指導者として活動していくことを考えても、不可欠なステップであるというのが実感である。

　身体の仕組みを理解した上でトレーニングをすれば、心臓、肺、筋といった様々な身体機能の現状やその変化を、より敏感に感じ取ることができる。それはトレーニングへの意欲を高め、また効果も高めてくれる。何よりも、自分の身体にどのような可能性が潜んでいるのかを知り、それを自身の手で開発し、よい方向に変えていくという体験は、素晴らしい喜びをもたらしてくれるだろう。

　筆者はこのような経験を踏まえて、『アスリート・コーチ・トレーナーのためのトレーニング科学』（市村出版、2021 年）、『登山の運動生理学とトレーニング学』（東京新聞、2016 年）という二書を上梓している。本書とは相互に補完しあう内容が多いので、興味のある方はご覧頂きたい。

　英語圏の山岳アスリートは本書を原書で苦もなく読み、独自の工夫も加えながら、セルフコーチングに役立てている人も多いだろう。海津氏の翻訳により日本語で読めるようになった本書が、日本の山岳アスリート（アルパインクライマーなど困難な登山を目指す人も含めて）の能力向上に役立つとともに、本書の考え方をさらに進化させて、より斬新なトレーニングの方法論が生まれてくることを願っている。

2024 年 9 月　山本正嘉

**高みをめざす
アップヒルアスリートのトレーニングマニュアル**

2024 年 11 月 26 日　第 1 刷発行

著　者　スティーブ・ハウス／スコット・ジョンストン／キリアン・ジョルネ
訳　者　海津正彦
監　修　山本正嘉
発行者　岩岡千景
発行所　東京新聞
　　　　〒100-8505 東京都千代田区内幸町２-１-４ 中日新聞東京本社
　　　　電話　[編集] 03-6910-2521
　　　　　　　[営業] 03-6910-2527
　　　　FAX　03-3595-4831
装丁・本文デザイン　堀江純治
印刷・製本　株式会社シナノパブリッシングプレス

©2024 Masahiko Kaitsu, Printed in Japan
ISBN978-4-8083-1105-6 C0075

◎本書のコピー、スキャン、デジタル化等の無断複製は著作権法上での例外を除き禁じられて
います。本書を代行業者等の第三者に依頼してスキャンやデジタル化することは、たとえ個人
や家庭内での利用でも著作権法違反です。